클라우드와 알고리즘을 앞세운 새로운 지배 계급의 탄생

테크노퓨달리즘

[일러두기]
- 테크노퓨달리즘(Technofeudalism): 기술 봉건주의. 이 책에는 영문을 소리나는 대로 적었다.
- 국내에 출간되지 않은 도서는 원서 명을 그대로 적되, 독자의 편의를 위해 직역을 병기했다.

TECHNO FEUDALISM

클라우드와 알고리즘을 앞세운 새로운 지배 계급의 탄생

테크노퓨달리즘

야니스 바루파키스 지음 | 노정태 옮김 | 이주희 감수

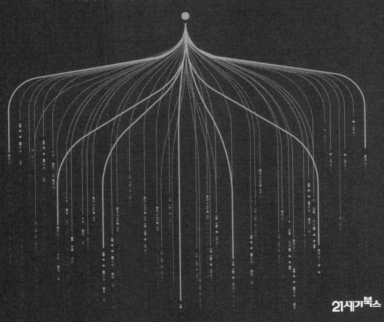

21세기북스

모든 중요한 것은

그 대립물을 함께

배태하고 있음을 가르쳐주신

아버지께

1장   헤시오도스의 탄식   027

야니스 바루파키스는 뛰어난 경제학자이자 정치분석가다.

_노엄 촘스키^{Noam Chomsky} (매사추세츠공과대학교 명예교수)

우리가 처한 혼란을 이해하고 싶은 사람이라면 누구나 읽어야 할 책. 그리고 우리는 모두 이 혼란 속에 있으니, 이는 모두를 위한 책이다.

_슬라보예 지젝^{Slavoj Zizek} ('동유럽의 기적'이라 불리는 세계적인 석학)

기술이 변화함에 따라 자본주의가 변화할 것이라는 저자의 핵심 포인트는 분명 옳으며 필수적이다. 야니스 바루파키스처럼 경제에 재능이 있는 재무장관은 거의 없다.

_조지프 스티글리츠^{Joseph Stiglitz} (노벨 경제학상 수상자, 《불만 시대의 자본주의》 저자)

우리 시대의 투키디데스(Thucydides).

_제프리 삭스^{Jeffrey Sachs} (컬럼비아대학교 교수)

분석가와 몽상가가 절묘하게 결합된 이 책에서 야니스 바루파키스는 언제나처럼 독자에게 깊은 생각을 불러일으킨다. 이 책은 그의 훌륭한 업적이다.

_〈파이낸셜 타임즈^{Financial Times}〉

예리한 비판! 2023년 최고의 기대작이다!

_〈가디언^{The Guardian}〉

국제적인 베스트셀러 목록에 오른 드문 경제학자인 바루파키스는 그리스의 재무장관으로 재직하면서 중도좌파의 정치적 입장과 거침없는 발언으로 유명하다. 그의 새로운 책은 자본주의는 끝났다고 주장한다. 자본주의의 대체물은 세계 사회의 대부분을 혼자서 장악한 빅테크의 형태로 등장했다고 그는 쓰고 있다.

_〈블룸버그 뉴스^{Bloomberg News}〉

지적 회고록, 역사, 경제와 기술사를 혼합한 이 책은 읽기에 진정한 즐거움을 주고 우리에게 깨달음을 준다.

_〈워싱턴 포스트^{The Washington Post}〉

우리의 데이터를 인질로 잡은 디지털 플랫폼에 우리 모두 빠져 있다는 야심찬 사상가이자 생동감 있는 작가인 바루파키스의 주장은 옳다.

_〈런던 타임즈^{The Times (London)}〉

탁월한 스토리텔링으로 야니스 바루파키스는 자본주의가 스스로를 파괴하는 과정을 보여준다.

_브렛 스콧^{Brett Scott} (영국 최고의 금융 저널리스트, 《클라우드 머니》 저자)

특유의 매력적인 스타일로 독자들을 현대 경제의 주요 트렌드로 안내하며, 거대 기술 기업들이 어떻게 자신들에게 유리한 경제를 구축했는지, 그리고 다른 이들이 어떻게 권력을 되찾을 수 있는지 명확하게 보여준다.

_그레이스 블레이클리GRACE BLAKELEY (영국의 경제학자이자 저널리스트, 《금융 도둑》 저자)

정말 놀라운 작품이다. 획기적이고 생각을 자극하며 누구나 쉽게 읽을 수 있다. 모두가 읽어야 할 책이다. 이것이 우리가 가고 있는 방향이다. 우리 시대의 어둡고 무섭지만 흥미진진한 이야기다. 100점 만점에 100점!

_어빈 웰시Irvine Welsh (스코틀랜드 소설가, 《필스》 저자)

천 년에 한 번 있을까 말까 한 획기적인 변화의 관점에서 무슨 일이 벌어지고 있는지 설명하는 중요한 책이다. 야니스 바루파키스에 따르면, 이것은 단지 새로운 기술이 아니다. 완전히 새로운 경제 시스템과 그에 따른 정치 권력과 씨름하고 있는 세계를 다루고 있다.

_캐롤 캐드월래어Carole Cadwalladr (영국의 저널리스트이자 기고 작가)

자본주의가 죽었는데 자본가들조차도 눈치채지 못한다면 어떻게 될까? 디지털 플랫폼이 자본주의를 대체하고 훨씬 더 나쁜 것을 도입했다. 이 책은 우리가 데이터와 알고리즘을 통제해야 한다는 시급한 메시지를 전달하고 있다.

_코리 닥터로우Cory Doctorow (자유 저작권 운동가, 《게이머 걸》 저자)

바루파키스는 복잡한 경제 문제들을 종합하는 재능을 가지고 있다. 그 이야기는 재미있고, 저자의 주장은 경제 이론가들과 학생들 사이에서 인기가 있을 것이다.

_〈키커스 리뷰Kirkus Reviews〉

자본주의의 계승에 대한 이러한 종류의 거시경제학적 고찰은 심각하게 받아들일 가치가 있다. 왜냐하면 독자들은 우리가 비즈니스를 평소처럼 관찰하고 있는지 아니면 다른 어떤 것을 평소처럼 관찰하고 있는지, 그리고 심지어 평소처럼 비즈니스가 무엇을 의미하는지에 대해 질문하게 되기 때문이다. 특히, 자본주의의 발전을 인터넷과 컴퓨터의 진화와 연결시켜서 말이다.

_〈워싱턴 프리 비컨The Washington Free Beacon〉

이 책의 주요 덕목은 전 세계적으로 디지털 방식으로 매개되는 가치의 문제를 제기한다는 것이다. 이것은 우리가 '기술 봉건주의'라는 용어를 채택하든 그렇지 않든 그 자체로 깨달음을 준다.

_〈프론트 포치 리퍼블릭Front Porch Republic〉

매력적인 글이다. 경제 발전을 쉽게 설명하는 야니스 바루파키스의 재능은 설득력 있고 깨달음을 준다. 방해가 되는 앱, 끊임없는 광고, 냉혹한 알고리즘에 지친 독자들은 이 책에 빠져들 것이다. 우리 모두는 그와 같은 동지가 있다는 사실에 감사해야 한다.

_〈자코빈Jacobin〉

자본이 자본주의를 죽였다?

이주희(이화여자대학교 사회학과 교수)

아마존에서 직구를 하고, 챗지피티의 도움을 받으며, 구글 맵으로 약속 장소를 찾는 우리에게 《테크노퓨달리즘》이 전달하는 메시지는 충격적이다. 자본주의 역사상 절정의 승리를 보여주는 클라우드 자본은 일종의 변종 자본으로, 마치 너무나 힘센 바이러스가 숙주를 죽여 함께 멸망하듯이, 그 자본이 자본주의를 죽여 훨씬 더 나쁜 무언가, 즉, 테크노퓨달리즘을 만들어냈다는 것이다. 이 책은 이 효율적이고 친숙한 삶의 도구들이 어떻게 우리를 자본주의 이후의 황폐한 세계로 내던졌는지, 그래서 과연 우리가 무엇을 해야만 하는가와 관련된 중요한 화두를 담고 있다.

이 책의 저자 야니스 바루파키스는 그리스가 채무 위기에 처했던 2015년 잠시 재무부 장관직을 맡았고 그 이후에도 정치적 활동을 계속하긴 했지만, 그 누구보다도 탁월한 아테네대학의 경제학자이다. 그는 이런 주제에 익숙하지 않은 독자도 쉽게 이해하고 공감할 수 있는 방식으로 이 책을 저술하였다. 그것은 수년 전 돌아가신 아버지가 한 중요한 질문, "이제 컴퓨터끼리 서로 대화하는 세상이 되었구나. 이 네트워크는 자본주의 세상을 더욱 공고히 만들까, 아니면 결국 자본주의가 지닌 약점, 아킬레스건을 드러내 줄까?"에 대해, 마치 아버지와 직접 대화하듯이, 가장 설득력 있는 답변을 쌓아가는 것이었다.

나는 그리스가 폭동에 휩싸였던 2008년 12월, 바루파키스 교수가 조직한 국제학회에서 그를 처음 만나 그의 가족에 대해서도 알게 되었다. 그의 아버지는 좌파 사상을 이유로 대학 시절 정치범 수용소에 갇히는 고난을 겪었지만, 흔들림 없이 평생 신념을 유지하였다. 정치적 우파에 속하는 가족 배경을 가졌던 그의 어머니는 대학 시절 그의 아버지를 만나 남편과 함께 세상을 바꾸는 일에 동참하게 된다. 그의 아버지처럼 현실의 자본주의가 더 나은 무언가로 대체되기를 바랐던 사람이라면, 바루파키스의 주장처럼 세상이 신기술로 무장한 빅테크가 지배하는 봉건주의로 후퇴했다는 진단에 여러 반론을 제기하고 싶을 것이다. 다행히 그는 《테크노퓨달리즘》에서 그의 아버지와 우리가 공유하는 의문점들에 대한 통찰력 있는 답변을 제시한다. 그의 주장에 동의하든 않든, 바로 그 진단에서부터 우리가 나아갈 수 있는, 또 나아가야만 하는 미래를 위한 기반이 마련될 수 있다는 진실은 변하지 않는다.

바루파키스에 따르면, 클라우드 자본은 오리지널 인터넷의 개발로 시작되어 2008년 금융위기를 계기로 폭발적인 성장을 이루게 된다. 선진국의 중앙은행들이 돈을 찍어내어 위기에 처한 은행을 구하고 일반인은 가혹한 긴축으로 몰아넣었는데, 이 과정에서 빅테크 소유자들은 넘쳐나는 달러를 자본확충에 투자하면서 새로운 세계의 지배계급으로 부상하였다. 테크노퓨달리즘은 불로소득 자본주의와 유사한 개념이지만, 미묘하게 다르다. 같은 지대추구형 경제라 해도 테크노퓨달리즘은 더 이상 자본주의가 아니다. 바루파키스는 그 이유를 이윤과 시장이라는 자본주의의 두 근간이 플랫폼이라는 디지털 영지로 인해 사이드쇼로 전락했기 때문이라 설명한다. 산업 자본가는 이제 상품을 팔 때마다 디지털 영지에 천문학적인 수수료를 내는 봉신에 불과하다. 빅테크 영주를 사랑하는 테크노 농노는 기꺼이 삶과 밀착된 정보를 생산해 영주가 더 많은 광고료를 벌 수 있도록 돕는 한편, 희망 없는 변방에서 불안정 저임금 노동에 종사한다. 우크라이나 전쟁 발발 이후의 미국과 중국 간 새로운 냉전은 두 종류의 테크노퓨달리즘, 즉 달러화에 기초한 그것과 위안화에 기초한 그것, 이 두 집단 간의 근본적인 충돌의 여파로 설명 가능하다.

정교하고 치밀한 이론화 작업에도 불구하고, 나는 바루파키스가 이 세상을 테크노퓨달리즘이라 부르든, 자본주의의 후진적인 한 형태로 부르든 크게 개의치 않을 것이라 확신한다. 그가 이 책을 통해 우리에게 정말 전하고 싶었던 것은 마르크스의 격언이다. 이론과 실천은 분리될 수 없다. 핵심은 세계를 해석하는 것이 아니라 변화시키는 것이다. 바루파키스는 과연 21세기 버전의 마르크스일까? 그 답은 독자들께 맡기겠다. 어쨌든 그는 마르크스를 연상시키는 발언으로 책을 마무리한다: "우리의 정신을 온전히 우리의 것으로 지키려면, 클라우드 자본을 공유화^Cloud Capital Commons 해야 합니다… 전 세계의 클라우드 농노, 클라우드 프롤레타리아, 클라우드 봉신들이여, 단결하세요! 우리는 우리 정신에 채워진 족쇄 외에는 잃을 것이 없습니다!"

자본주의는 죽었다!

최배근(건국대학교 경제학과 교수)

　자신이 살아가는 사회를 이해하는 것은 매우 중요하다. 우리가 어디에 서 있고, 우리가 살아가는 사회는 어디를 향해 가고 있는지 등을 이해하는 주요한 단서이기 때문이다. 우리는 '불확실성'과 '위기' 등의 용어가 일상화된 시대를 살아가고 있다. (조금은 극단적인) 비유로 들릴 수 있지만, 달빛조차 없을 정도로 칠흑같이 어두운 밤에 두 눈을 가리고 숲이 울창한 깊은 산속으로 끌려간 후 두 눈을 떴을 때 어떤 느낌일까를 생각하면 된다. 내가 서 있는 곳이 어딘지 가늠조차 되지 않고, 심지어 보이지 않는 앞이 가늠되지 않아 발을 내딛는 것조차 주저되는 상황에 비유할 수 있다. 그런데 우리가 살아가는 시대의 성격을 규정할 수 있고, 이해할 수 있다면 적어도 우리가 어디에 서 있는지는 아는 것이기에, 개인적으로는 최소한 어떻게 살아가야 할지를, 그리고 공동체는 무엇을 목표로 삼아야 할지를 알 수 있다.

　역사 이행기를 살아가는 이들은 자신의 살았던 시대의 성격을 시간이 흐른 후 아는 경우가 많다. 마치 하늘에 그려진 하얀 선 자국을 보고 비행기(제트기)가 날아간 것을 추정하는 것과 같다. 예를 들어, 방적기의 발명, 새로운 에너지원으로 석탄이 부상하며 증기기관과 철 제련 기술의 발명 등으로 상징되는 이른바 산업혁명이 1760년대부터 1820년대에 영국에서 진행되었다는 사실을 우리는 알고 있다. 산업화는 도시화와 사실상 동의어이듯이 1800년경 영국 도시 인구의 비중은 20%를 넘어섰다. 그런데 이 시기 영국에서 정치에 참여할 권리는 토지지배층인 지주에게만 허용되었다. 당대 사람들은 자신들이 살아가던 시대를 자본주의라고 묘사하지 않았다. 산업혁명이라는 용어는 1844년(엥겔스, 토인비), 그리고 (경제와 사회 체제로서) 자본주의라는 용어는 1861년(프루동)에 처음 사용하기 시작했다. 그런데 훗날 역사가들은 훨씬 이전인 16세기부터 자본주의가 발전하기 시작했다고 얘기한다.

그렇다면 1800년 전후의 산업혁명 시대와 비교해도 절대로 뒤처지지 않는 기술혁명들이 진행되고 있는 우리 시대는 과연 자본주의가 맞는가? 이미 자본주의가 끝나 다른 시대로 넘어갔는데 자본주의 시대를 산다고 생각하고 있다면, 우리는 좌표와 방향을 잃어버린 것과 다를 바가 없다. 그리스의 경제학자이자 정치인인 야니스 바루파키스Yanis Varoufakis는 자본주의는 이미 죽었으며 현시대를 '테크노퓨달리즘'으로 규정한다. '테크노퓨달리즘' 개념에서 가장 큰 의미는, 전 지구적 차원의 지배–예속의 생산관계(경제체제)에 있다. 근대 산업문명의 산물인 기후변화나 팬데믹 등이 개별 국가 차원의 문제 해결 방식을 무력화시켰듯이, 자본주의의 쌍생아인 일국 차원의 민주주의나 강력한 조직 노동 등이 '테크노퓨달리즘' 시대에 무력화된 이유를 설명할 수 있다는 점이다. 한 걸음 더 나아가 바루파키스는 국가 화폐(달러) 체제의 운명, 미국과 중국의 충돌 이유와 전개 방향, 중국 시진핑 실험의 성공 가능성 등에 대한 영감을 주고, 또 상상력의 지평을 열어준다.

자본주의의 역사를 다루는 책을 쓰기로 결심하면서 나는 당시 12살이던 나의 딸에게 이야기 해주는 형식을 취하기로 했다. 워낙 막대한 작업이기도 하거니와 자본주의의 본질에 대한 핵심에 집중하기 위해서다. 나는 그래서 제니아의 허락도 받지 않은 채(아직도 용서하지 않고 있다!), 나는 딸에게 보내는 긴 편지 형식의 책을 썼다. 그 어떤 전문 용어도 (심지어 '자본주의'라는 단어마저) 동원하지 않기 위해 나는, 다음 세대를 위해 자본주의를 설명할 수 있느냐 없느냐는 나 자신이 자본주의의 요체를 얼마나 잘 파악하고 있는지를 드러내는 시금석이나 다름없다고 끝없이 되뇌었다. 그 결과 《딸에게 들려주는 경제 이야기》라는 얇은 책이 세상에 나올 수 있었다. 책은 제니아가 던진 간단한 질문과 함께 시작한다.

"세상은 왜 이렇게 불평등한가요?"

그런데 책의 출간을 앞두고 있던 2017년부터 나는 뭔가 걸리는 기분이었다. 초고를 탈고하고 내 손에 인쇄본이 들어오기 전까지, 마치 1840년대를 살아가면서 봉건주의에 대한 책을 펴내는 듯한 기분에 사로잡혔다. 좀 더 나쁘게 표현하자면, '구 소련의 붕괴를 앞둔' 1989년 말의 어느 시점에 소련 중앙 계획 경제를 다루는 책을 써놓고 나오기를 기다리는 듯한 느낌이랄까. 돌이켜보면, 정말 그랬다.

《딸에게 들려주는 경제 이야기》는 먼저 그리스어로, 나중에 영어로 출간되었다. 그 해 나는 '자본주의가 쇠락하고 있(고, 이번 위기는 지난번 몇 차례 인상적인 변신을 통해 극복해온 것들과는 다르)다'는 가설을 품고 있었는데, 그 가설은 점점 더 설득력을 더해갔다. 코로나 팬데믹을 겪으며 나의 가설은 확신이 되었고, 나는 강렬한 충동에 사로잡혔다. 나의 친구나 적들이 내 생각의 전체적 면모를 알지도 못한 채 폄훼하기 전에 책으로 써서 펴내야 했다.

나의 가설은 이렇다. 오늘날 자본주의는 죽었다. 자본주의의 동역학[1]이 우리의 경제를 지배하지 못한다는 의미에서 그렇다. 그 역할은 근본적으로 다른 무언가에 의해 대체되었는데, 나는 그 무언가를 '테크노퓨달리즘Technofeudalim'이라 부른다. 이 주장의 핵심에는 자본주의를 죽인 것은 자본 그 자체라는, 일견 혼란스러운 모순처럼 보

---

1 물체의 운동과 힘의 관계를 다루는 학문. 역학의 한 분야이다. 뉴턴의 운동 법칙에 따라 물체에 힘이 작용할 때 그 힘에 비례하고 질량에 반비례하는 가속도를 계산하여 물체의 운동을 해석한다.

이는 내용이 담겨 있고, 나는 독자 여러분께 그 점을 완벽하게 이해시켜 드리고자 한다.

여기서 '자본'이란 우리가 산업혁명의 여명 때부터 알고 있던 그것이 아니다. 지난 20여 년간 등장한 새로운 유형의 돌연변이 자본인데, 이 자본은 숙주마저 죽여버리는 너무도 강력한 바이러스와도 같은 존재다. 왜 이런 게 등장하게 되었을까? 두 가지 커다란 원인이 있다. 미국과 중국의 빅테크 기업들이 인터넷을 사유화했고, 서구 정부와 중앙은행이 2008년 금융위기에 대처한 방식이 잘못됐기 때문이다.

이 지점에 대해 더 설명하기에 앞서, 나는 이 책이 기술이 우리의 삶에 미치는 영향에 대해 설명하는 책이 아님을 강조하고 싶다. 이 책은 우리의 일자리를 가져가는 AI 챗봇, 우리의 생계를 위협하는 자동화된 로봇, 혹은 마크 저커버그$^{Mark Zuckerberg}$가 엉뚱하게 저질러버린 메타버스 따위에 대한 책이 아니다. 우리는 다들 스크린이 장착되어 있고 클라우드 서비스와 연결되어 있는 기기를 들고 다니며 사용한다. 랩탑과 스마트폰의 존재는 일상이 되어 식상하게 느껴질 정도다. 그런데 그것들은 2008년 이후 중앙은행과 정부의 방침과 맞물려 자본주의에 **이미** 돌이킬 수 없는 영향을 끼쳤고 결국 그 여파는 우리에게까지 미치고 있다. 내가 조명하는 자본의 역사적 돌연변이는 진작 출현했고 무대에 끼어들었지만, 부채에 대한 근심, 코로나 팬데믹, 전쟁, 기후 위기 등으로 인해 우리는 거의 눈치채지 못하고 있었다. 이제는 정신을 차려야만 한다!

조금만 주의를 기울여보자. 내가 '클라우드 자본$^{cloud\ capital}$'이라 부르는 자본의 돌연변이가 자본주의의 두 기둥인 시장과 이윤을 파괴해버렸다는 사실을 알아채기란 어렵지 않다. 물론 시장과 이윤은 여전히 세상에 두루 퍼져 있다. 사실 시장과 이윤은 봉건제 하에서도 널리 퍼져 있었다. 그런데 지난 20여 년간 그 이윤과 시장이 우리 경제, 사회 체제의 중심에서 쫓겨나고 주변부로 밀려나 한계에 몰리더니 결국 대체되는 일이 벌어지고 말았다.

무엇으로 대체되었을까? 자본주의의 매개체인 '시장^{market}'은 디지털 거래 플랫폼으로 대체되었다. 디지털 거래 플랫폼은 마치 시장처럼 보이지만 실은 그렇지 않다. 차라리 (봉건시대의) 영지^{fiefdom}라 이해하는 편이 타당하다. 자본주의의 엔진인 이윤은 봉건시대의 할아버지라 할 수 있을 지대^{rent}에게 자리를 내주었다. 특히 플랫폼과 클라우드에 더욱 폭넓게 접속하려면 내야 하는 어떤 유형의 지대가 있다. 나는 그것을 '클라우드 지대$^{cloud\ rent}$'라 부른다.

그 결과 공작기계, 건물, 철도, 전화망, 산업로봇 등 전통적인 자본의 소유자들은 오늘날 진정한 힘을 갖고 있지 못하다. 그들은 여전히 노동자의 임금 노동으로부터 이윤을 뽑아내지만 예전과 달리 지배자가 아니다. 이후 살펴보겠지만 전통적인 자본가는 클라우드 자본을 소유한 '신흥 봉건 영주owners of cloud capital'라는 새로운 계급의 가신이 되었다. 그조차 되지 못하는 우리 대부분은 새로운 지배 계급의 권력과 부에 무임금 노동으로 봉사하며, 기회가 주어질 때 간간이 임금노동을 할 수 있는, 자본주의 이전 계급인 '농노'로 전락하고 말았다.

이 모든 것이 우리의 삶과 경험에 영향을 준다는 말인가? 분명히 그렇다. 이후 5, 6, 7장에서 다루겠지만, 우리가 테크노퓨달리즘 세상에서 살게 되었다는 것을 깨달으면 크고 작은 의문이 해소된다. 재생 에너지 혁명은 왜 오리무중인가? 일론 머스크는 왜 트위터를 매수했나? 미국과 중국의 신냉전은 왜 벌어졌는가? 우크라이나 전쟁은 달러 패권을 어떻게 위협하고 있는가? 자유로운 개인은 왜 소멸하고 있으며 사회적 민주주의는 어떻게 죽음을 맞이했는가? 암호화폐의 약속은 어째서 그릇된 것이었나? 이런 와중에 우리는 어떻게 자율성을 되찾고 결국 자유를 회복할 수 있을까? 나는 이러한 혐의를 품고 2021년 말부터 팬데믹 속에서 확신을 다지며 이 책의 틀을 잡았다.

의자에 앉아 테크노퓨달리즘을 간략히 설명해보니, 이는 자본주의가 낳았던 사회적 현실보다 훨씬 흉측했다. 그러던 중 한 가지 고민이 생겼다. 이 책은 누구에게 보내는 글이어야 할까? 어린 나이였던 내게 자본주의를 가르쳐주었던 이상한 사람, 마치 본인의 손녀딸이 그랬듯 이 책의 거의 모든 페이지에 담긴 주제 의식을 한마디로 요약할 수 있는 질문을 던진 그 사람, 나의 아버지께 이 책을 바친다.

참을성 없는 독자들을 위해 미리 경고의 말씀을 드리자면, 테크노퓨달리즘에 대한 설명은 3장까지 나오지 않는다. 테크노퓨달리즘에 대한 나의 개념 정의를 이해하려면 자본주의의 놀라운 변신의 역사를 알아야 하기 때문이고, 그 내용은 2장에 담겨 있다. 게다가 이 책은 테크노퓨달리즘과 전혀 무관하게 시작한다. 1장에서 나는 여섯 살이었던 내게 아버지가 들려준 자본주의 이야기를 할 것이다. 아버지는 금속 조각과 고대 그리스의 서사시인 헤시오도스^{Hēsíodos}의 시를 통해 기술이 인간성과 맺는 관계에 대해, 더 나아가 궁극적으로는 자본주의의 본질을 설명해 주셨다. 1장은 그 후로 이어지게 될 모든 사유의 토대가 되어줄 원칙을 제공한다. 그리고 여러분은 1993년, 아버지가 내게 던졌던 단순한 질문을 보게 될 것이다. 2장부터는 아버지께 보내는 편지 형식을 띠고 있다. 말하자면 아버지가 낸 '킬러 문항'에 대한 나의 답안지인 셈이다.

헤시오도스의
탄식

마거릿 대처를 '철의 여인'이라 부르는 게 어째서 비꼬는 의미가 되는지 아버지는 이해하지 못했다. 내가 아는 좌파 중 그런 사람은 아버지뿐이었다. 게다가 철을 금의 가난한 사촌쯤으로 이해해야 했던 소년은 아마 나밖에 없었을 것 같다.

1966년 겨울부터 나는 마치 교리문답을 공부하듯 철의 마법적 성질에 대해 배웠다. 몸서리치게 추운 겨울이었던 것으로 기억한다. 그때까지 비좁은 아파트에 세 들어 살던 우리 가족은 한겨울에 서둘러 아테네 교외 해안가 팔레오 팔리로$^{Paleo\ Phaliro}$에 자리한 새집으로 이사했다. 아직 리모델링이 끝나지 않았고 중앙난방 설비도 갖춰지지 않은 채였다. 아버지는 그래도 새 거실에 멋진 빨간 벽돌 난로가 있지 않냐고 하셨고 그나마 감지덕지했다. 그 따스한 불빛 앞에서 아버지는 당신의 친구들을 하나씩 불러내어 내게 소개해 주셨다.

| 아버지의 친구들: 주석, 구리, 그리고 철 |

어느 저녁, 커다란 회색 자루에 담긴 아버지의 친구들이 우리 집으로 왔다. 아버지가 화학 엔지니어로 60년간 근무하신 엘레시우스의 강철 공장에서 가져온 금속 조각들이었다. 놀라우리만치 인상적일 게 없었다. 일부는 어떤 모양이라 하기 힘든 바위처럼 생겼는데, 그걸 '원석'이라 칭한다는 건 나중에 배워서 알게 됐다. 다양한 형태의 기둥이나 원반 형태를 띤 금속들 역시 흥미롭지 않기는 마찬가지였다. 손으로 자수를 놓은 흰 테이블보를 접어서 깔아놓고 그 위에 금속 조각들을 늘어놓는 아버지의 정성스러운 손길이 아니었다면 나는 아마 그것들을 결코 특별하게 여기지 못했을 것이다.

아버지가 처음 소개한 친구는 '주석^{tin}'이었다. 그 부드러운 촉감을 느껴보라며 한 조각 들고 있게 하더니, 돌려받은 후 철제 사발에 넣고 타오르는 난롯불 위에 올려두셨다. 주석이 녹으면서 사발에 금속 액체가 가득 차오르자 아버지의 눈빛이 빛났다. "모든 금속은 녹으면 액체가 되고, 더 높은 온도로 가열하면 증기가 된단다. 심지어 금속조차 말이야!" 고체가 액체로 바뀌는 이 엄청난 변환을 보며 내가 큰 감명을 받았다는 것을 확인한 아버지는 녹은 주석을 거푸집에 부었고, 거푸집을 물에 담가 식혔다. 나는 거푸집을 부숴서 우리의 친구 주석을 꺼냈다. 주석이 원래의 모습으로, 정상적인 상태로, 처음의 그 모습으로 돌아왔다는 것을 확인하고 손으로 만져볼 수 있었다.

다음날 밤, 다른 친구가 초대됐고 실험은 계속됐다. 길다란 구리 막대가 등장했다. 구리의 녹는점은 주석의 다섯 배나 높았기에 이번에는 극적인 변화를 목격할 수 없었다. 그래도 구리 막대의 끄트머리가 눈부신 오렌지빛으로 달아올랐고, 아버지는 조그만 강철 망치를 이용해 그 끄트머리의 모양을 내 마음대로 바꿀 수 있게 해주셨다. 때릴 만큼 때린 나는 아버지와 함께 구리 막대를 차가운 물에 담갔고, 구리는 차가우면서도 단조 가공할 수 있는 원래의 속성을 되찾았다.

셋째날 밤 아버지는 전보다 훨씬 흥분한 모습이었다. 당신의 가장 친한 친구 '철'에게 나를 소개해줄 참이었던 것이다. 극적인 분위기를 돋우고 싶으셨는지 아버지는 손가락에서 결혼반지를 빼어 내게 보여주며 말했다. "이 반짝이는 금이 보이지? 사람들은 언제나 그 외양에 홀려 금을 사랑해 왔단다. 하지만 금은 번쩍거릴 뿐 특별하지는 않아. 다들 모르고 있지만 말야." 아버지는 내가 원하기만 하면 마치 주석이나 구리처럼 당신 손의 금도 녹였다가 다시 찬물에 식혀 원래 상태로 되돌리는 실험을 해 보일 기세였다. 다행히도 나는 그런 요구를 하지 않았고, 아버지의 실험은 본인이 가장 좋아하는 금속으로 향했다.

마치 햄릿이 요릭의 해골을 살펴보듯 특별할 것도 없는 철 원석의 요철을 바라보며 아버지는 선포하셨다. "자, 여기 진정한 마술적 물질이 있단다. 바로 이거야. 철이지. '물질의 마법사'라고도 한단다." 아버지는 자신의 말을 증명하기 위해 어젯밤처럼 철 막대를 난로에 넣고 고문을 시작하실 참이었지만, 오늘은 몇 가지 핵심적인 차이가 있었다.

철을 가열하기 전 나는 그 끄트머리를 망치로 때려 철 또한 구리처럼 부드럽고 단조 연성이 가능하다는 것을 확인했다. 아버지와 나는 작게 거친 숨을 내쉬며 철이 달아오르고 작은 거실이 온통 선홍색이 되도록 불을 지폈다. 우리는 철 막대를 불에서 꺼내어 작은 망치로 모양을 잡았는데, 어린 나의 눈에 그건 영락없는 검으로 보였다. 그것을 찬물에 담그자 마치 승리의 환호성처럼 '치익' 하는 소리가 났다. "불쌍한 폴리페무스!" 아버지는 무슨 말인지 알 수 없는 말을 하셨다.

"다시 가열해 보자." 아버지의 말에 나는 막대를 다시 불에 넣었다.

"이번에는 달아오르기 전에 물에 담글 거야." 철이 내는 치익 소리가 듣기 좋았던 나는, 대장장이 용어로 '담금질'을 즐겁게 서너 번 더 반복했다. 나의 새로운 검을 제대로 만끽하기에 앞서, 아버지는 시험의 순간이 다가왔다고 선포했다.

"망치를 들고 네가 할 수 있는 한 최대한 강하게 칼끝을 때려봐." 아버지의 새로운 지시사항이었다.

"칼을 망가뜨리고 싶지 않아요." 나는 저항했다.

"때리라고! 살살 때리지 말고, 아주 세게!"

살살 치지 않았다. 망치는 칼끝을 강타하고는 튕겨 나왔다. 나는 때리고 또 때렸다. 아무 차이가 없었다. 내 검은 두들겨도 끄떡없었다. 강화된 것이다.

| 사적 유물론을 배운 아이 |

아버지는 흥분을 가라앉히지 못하셨다. 내가 방금 본 건 주석의 융해처럼 단순한 변화가 아니라 '위대한 변환^{transformation}'이라고 내게 설명해 주셨다.

우리가 선사시대에서 벗어나는 데 구리가 도움을 준 것은 사실이다. 비소와 주석을 결합해 합금을 만들면서 메소포타미아, 이집트, 에게해 연안에서는 새로운 쟁기, 도끼를 만들었고 그들은 새로운 농지를 개간하여 막대한 농업 잉여 생산물을 축적함으로써 궁극적으로는 눈부신 신전을 짓고 무서운 군대를 육성할 수 있었다. 그러나 오늘날 우리가 문명이라 부르는 지점에 도달하기 위해 충분한 속도를 내려면 청동보다 훨씬 단단한 소재가 필요했다. 인류는 나의 칼끝처럼 단단한 쟁기, 망치, 금속 구조물을 필요로 했던 것이다. 내가 거실에서 본 바로 그 기법이 인류에게 필요했다. 부드러운 철에 차가운 물로 '세례'를 줌으로써 강철로 바꾸는 것이다.

"철을 담금질하는 법을 배우지 못한 청동기 공동체들은 소멸해 버렸지." 아버지는 방점을 찍듯 말씀하셨다.

강철로 무장한 적의 칼은 청동 방패를 깨뜨렸다. 청동기 집단의 쟁기로는 더 척박한 토지를 개간할 수 없었다. 청동기로 만든 금속 이음매로는 야심찬 구조의 댐과 사원을 지탱하지 못했고, 시대를 앞선 건축가들의 아이디어는 구현될 수 없었다. 반면 강철을 만드는 기예, '테크네^{techne}'에 숙달한 공동체는 전장에서, 바다에서, 교역에서, 예술에서 승승장구했다. 문명과 문명으로 인한 불만을 낳는 기술의 근간에는 철의 마법이 자리잡고 있었다.

이 작은 실험의 문화적 함의와 철기 시대 도래의 의미를 여전히 깨닫지 못하고 있던 내게, 아버지는 아까 '불쌍한 폴리페무스'라고 했던 게 어떤 뜻이었는지 설명해 주셨다.

폴리페무스는 호메로스의 서사시《오딧세이아》에 나오는 외눈 거인으로 오디세우스와 그의 동료들을 동굴에 가둬둔 채 한 사람씩 느긋하게 잡아먹으려 했다. 동료와 본인의 자유를 얻기 위해 오디세우스는 폴리페무스가 고주망태가 되어 잠들기를 기다린 후 동굴에 피워진 모닥불에 나무 막대 끝을 구워 단단하게 만든 다음, 동료들의 도움을 받아 폴리페무스의 하나뿐인 눈에 찔러 넣었다.

"철이 물에서 식으며 내던 소리 기억하니?" 아버지가 말씀하셨다. 《오딧세이아》에서 폴리페무스의 눈을 찌르는 섬뜩한 장면을 묘사한 바를 놓고 볼 때, 호메로스는 아마도 철을 담금질하는 모습을 보며 큰 감명을 받았으리라는 것이었다.

> 마치 대장장이가 도끼나 큰 자귀를 담금질하기 위해
> -바로 거기서 쇠의 힘이 나오니까-
> 찬물에 담그면 쉿쉿 소리가 요란하게 나는 것처럼
> 꼭 그처럼 그자의 눈은 올리브나무 말뚝 주위에서 쉿쉿 소리를 냈소.[ii]

오디세우스와 그의 동료들은 철기 시대 이전 사람이었고, 역사를 바꾼 쇠 담금질의 쉭쉭 소리를 알 리 만무했다. 하지만 트로이 전쟁으로부터 수백 년 후 사람인 호메로스는 철기 시대의 자식으로서 강철이 야기한 기술적, 사회적 혁명의 한복판에 있었다. 내가 호메로스의 기록이 예외적인 것이라고 생각할까봐, 아버지는 400년 후 인물인 소포클레스의 말도 인용하셨다. "소포클레스는 '영혼이 담금질한 쇠처럼 단단해진다'고 말했지. 이것이 철의 마법과 그 영향이 지속되고 있음을 보여주는 것이 아니겠니?"

이어 아버지는 말씀하셨다. "청동기가 석기 도구와 무기를 밀어냈을 때 선사시대가 끝나고 역사가 시작되었단다." 기원전 4천년 경 청동기가 널리 보급되자 메소포타미아, 이집트, 중국, 인도, 크레타 섬, 미케네, 그 밖의 여러 곳에서 강력한 문명이 출현했다. 하지만 여전히 역사의 속도는 느렸고 변화는 천년 단위로 이루어졌다. 백 년 단위로 세상이 바뀌기 위해서는 철의 마법을 발견해야만 했다. 일단 철기 시대가 시작된 기원전 900여 년 이후 그리스 문명은 고작 700년 사이에 고졸기[1], 고전기, 헬레니즘 문명이라는 세 단계의 변화를 겪었다.

청동기 시대의 얼어붙은 시간이 녹으면서 철기 시대에 돌입한 인류는 숨가쁠 정도로 빠른 발전을 경험하게 되었다. 하지만 철과 강철은 오래도록 비싸고 만들기 어려운 소재로 여겨졌다. 심지어 산업혁명 이후에 건조된 최초의 증기선조차 대부분은 나무로 만들어져 있

---

1 古拙期, 고대 그리스 역사에서 고전기 이전 시기. 일반적으로 기원전 8세기 중반부터 기원전 480년 제2차 그리스-페르시아 전쟁까지의 기간을 말한다.

었고, 보일러, 굴뚝, 결합 부위 같은 핵심 부품만이 철로 이루어졌다.

이 대목에서 아버지의 또 다른 위대한 영웅 헨리 베서머[Henry Bessemer]가 등장한다. 베서머는 융해된 철에 공기를 불어넣어 불순물을 연소함으로써 값싸게 대량의 강철을 주조해내는 방법을 발명해냈다. 역사가 오늘날과 비슷한 속도로 흐르기 시작한 건 그때부터다. 또 다른 빅토리아 시대 발명가인 제임스 맥스웰[James Clerk Maxwell] 덕분에 전자기력을 통제하는 방법을 알아낸 인류는 베서머의 기법으로 대량생산한 강철과 함께 두 번째 산업혁명을 맞이했다. 1차 산업혁명과 달리 1870년대부터는 공장이 출현하고 다른 세상이 펼쳐졌다. 경이와 공포가 한데 뒤엉킨 산업혁명의 시작이었다.

1966년의 그 겨울밤에 아버지가 내게 주입하고 있던 게 무엇인지, 돌이켜보면 이제는 분명히 알 수 있다. 한편으로는 인간이 사물을 변화시키고, 다른 한편으로는 반대로 사물이 사람의 생각과 사회적 관계를 변화시키는 끝없는 되먹임 과정을 이해하기 위한 방법론, '사적 유물론'이 바로 그것이다.

다행히도 아버지는 균형 잡힌 사적 유물론적 시각을 가지고 계셨다. 인간의 끝없는 기술의 추구와 조바심이 세상을 온통 망가뜨려, 기술의 기적을 현실의 지옥으로 만들어버릴 수 있음을 알았기에, 기술에 대한 본인의 열정을 적절히 억누를 수 있었던 것이다.

모든 혁명적 기술이 그렇듯 철은 역사의 속도를 높였다. 그런데 어떤 방향인가? 어떤 목적을 지니고 있는가? 우리에게 어떤 영향력을 행사하였는가? 아버지의 설명에 따르면 철기시대가 시작될 때부터 몇몇 사람들은 그 비극적 결과를 예견했다. 헤시오도스는 호메로스와 같은 시기에 시를 썼다. 철과 기술에 열광하는 아버지와 달리, 헤시오도스는 《노동과 나날Works and Days》에서 그것이 불러온 달갑지 않은 영향에 대해 이야기하고 있었다.

> 일찍 죽거나 늦게 태어나 다섯 번째 시대(철기 시대) 사람들과 함께 살지 않을 수 있었다면 좋았으련만. 실로 지금은 낮에 쉼 없이 일하고 슬퍼하며 밤이면 스러지고 마는 철의 시대로다. … 그러나 선한 것에는 악한 것이 녹아들어 있게 마련으로, (이 시대는) 맹세를 지키고 올바름과 선함을 지키고자 하는 이들에게 호의적이지 않으며, …힘이 곧 정의가 될 것이요, … 사악한 이가 소중한 이를 해하며, … 필멸자인 우리에게는 오직 쓰라린 슬픔만이 남아, 악에 맞설 도움은 어디서도 구할 수 없으리.[iii]

헤시오도스에 따르면 철은 우리의 쟁기뿐 아니라 영혼까지 단단하게 만들었다. 철의 시대를 살아가는 우리의 영혼은 망치에 맞으며 불에 달궈졌다. 우리는 새로운 욕망을 품고 대장간의 물통에 들어가는 쇳조각처럼 새된 소리를 낸다. 부와 재산이 늘어가는 만큼 미덕은 시험대에 오르고 가치는 파괴된다. 제우스는 언젠가 기술로 인한 힘을 주체하지 못하는 인류를 신의 손으로 멸하지 않을 수 없을 것이다.

아버지는 헤시오도스에게 동의하고 싶지 않았다. 인류가 기술의 노예가 되고, 기술을 동원해 서로를 옥죄는 대신, 기술의 주인이 될 수 있다고 믿었다. 프로메테우스가 제우스로부터 훔쳐낸 작열하는 불꽃은 기술의 힘을 의미했다. 프로메테우스는 우리가 세상을 불태우지 않고 우리의 삶을 개선할 수 있다는 믿음을 품고 불을 훔쳤다. 프로메테우스가 우리를 자랑스럽게 여길 수 있게끔 해야 한다는 것이 아버지의 신념이었다.

| 기술의 이중성 |

아버지는 당신이 내게 난로 앞에서 보여준 마술적인 힘을 인류가 낭비하지 않으리라는 희망을 잃지 않은 사람이었다. 그건 타고난 낙관주의 때문이었지만 그게 이유의 전부는 아니었다. 빛의 본성을 접했기 때문이기도 했다.

내가 불에서 강철 막대를 꺼내고 있을 때, 아버지가 내게 물었다. "저 달궈진 금속 막대에서 뭐가 나와서 네 눈에 닿았기에 저 빨간색이 보이는 걸까, 혹시 아니?" 나는 아무 생각이 없었고, 다행히도 나만 그런 게 아니었다.

"오랜 세월 동안 똑똑한 사람들은 빛을 두고 의견이 나뉘었단다. 아리스토텔레스나 제임스 맥스웰 같은 사람들은 빛을 에테르가 진동하는 것으로 봤지. 마치 소리가 퍼져나가는 것처럼 어떤 물질이 있고 그 위에서 파장이 퍼지는 것으로 이해했던 거야. 데모크리토스나 뉴턴 같은 사람들은 파장은 모서리나 굴곡을 만나면 자연스럽게

휘어지는데 빛은 그렇지 않다는 점을 지적했어. 그러니 빛은 아주 작은 무언가, 우리 눈의 망막을 자극하기 전까지는 직선으로 움직이는 입자로 이루어져 있어야 한다는 거였지. 누가 옳았을까?"

아버지의 인생은 아인슈타인의 대답을 읽었을 때 달라졌다. 적어도 당신이 내게 말한 바에 따르면 그랬다고 한다.

"둘 다 맞았어! 빛은 입자의 흐름이면서 동시에 파장의 연속이기도 했던 거야. 그런데 어떻게 그런 일이 가능할까? 파장은 입자와 근본적으로 다른데 말야. 입자는 특정한 시점에 특정한 공간에 있을 수밖에 없고, 관성을 지니고, 무언가와 부딪히기 전까지 무조건 직선으로 움직이지. 반면 파장은 매질의 진동이어서 모서리에서 꺾을 수 있고 동시에 여러 방향으로 에너지를 전달할 수 있어. 아인슈타인이 했던 것처럼 빛이 파동이면서 동시에 입자라는 사실을 증명하려면 근본적으로 모순인 두 가지가 동시에 벌어질 수 있다는 주장을 받아들여야 해."

아버지는 빛이 양면적 성격을 지니고 있다는 사실로부터 자연 전체, 더 나아가 사회에 내재되어 있는 본질적인 이중성을 이해할 수 있게 되었다. 젊은 시절 할머니에게 보낸 편지에서 아버지는 아인슈타인의 또 다른 발견을 언급하며 이렇게 말하고 있었다. "빛이 동시에 두 개의 전혀 다른 존재가 될 수 있고, 물질이 에너지이고 에너지가 물질이라면, 우리가 인생을 흑백논리로 바라보거나, 심지어 회색 빛으로 볼 이유도 없지 않겠어요?"

열두 살 혹은 열세 살쯤 되었던 내게 아버지는 철의 마법적 힘을 향한 사랑, 모든 것들의 모순적 이중성을 읽어낸 아인슈타인의 물리학에 대한 사랑을 보여주셨다. 그것은 아버지가 수용소에서 몇 년을 보내면서도 잃지 않은 좌파 정치관과 맞닿아 있는 것이었다. 사적 유물론의 개념을 최초로 정식화한 사람, 칼 마르크스의 연설문을 처음 읽었을 때 나는 나의 직감이 옳았다는 것을 확인할 수 있었다. 마치 아버지가 하시던 말씀을 읽는 듯했다.

> 우리 시대에는 모든 것이 각각 그 대립물을 배태하고 있는 것처럼 보입니다. 인간의 노동을 단축시키고 그것이 더 많은 결실을 낼 수 있도록 해주는 놀라운 힘을 부여받은 기계, 그 기계가 인간 노동을 쇠약하게 하고 과잉 노동으로 만드는 것을 우리는 보고 있습니다. 부의 새로운 원천들은 신기하고 불가사의한 어떤 주문(呪文)에 의해서 궁핍의 원천들로 바뀌고 맙니다. 기술의 승리는 인격의 상실을 대가로 얻어진 것처럼 보입니다.
>
> _1856년 4월 14일 런던 〈인민 신문〉 창간 기념 축하회에서 칼 마르크스의 연설[iv]

우리가 난로에서 했던 것처럼 철은 강철이 되었고, 제임스 와트의 경이로운 증기 엔진이 열을 운동 에너지로 바꾸고 있었으며, 자석과 전선의 힘으로 먼 곳에 전보를 보내는 작은 기적도 늘 일어나고 있었다. 아버지가 내게 기꺼이 보여주었던 것처럼 인간의 노동을 단축시키고 더 많은 결실을 내도록 하는 놀라운 힘이 솟구치고 있었던 것이다. 하지만 헤시오도스가 말한 다섯 번째 시대가 시작된 이래 힘은 그 대립물을 배태하고 있었다. 생산과 결실의 힘은 쇠약과 과잉 노동을 품고 있었고, 부의 원천은 궁핍의 원천으로 바뀌었다.

아버지는 두 분야에 대한 헌신적인 마음을 품고 있었다. 용광로, 야금술, 기술 전반에 대한 사랑이 그것이요, 다른 한편으로는 정치에 대해서도 헌신적이었다. 나는《공산당 선언》의 그 유명한 첫 줄을 읽으면서, 나는 그 두 가지가 하나로 연결되어 있음을 결코 의심할 수 없게 되었다.

> 모든 신분적인 것, 모든 정체적(停滯的)인 것은 증발되고, 모든 신성한 것은 모독당한다. 그리고 사람들은 마침내 자신의 생활상의 지위와 상호 연관들을 냉정한 눈으로 바라보지 않을 수 없게 된다.[v]

이 대목을 읽으며 나는 어린아이처럼 천진난만한 열정을 보이던 아버지를 떠올렸다. 아버지가 난롯가에서 금속을 녹이던 모습, 강철 공장에서 철을 말 그대로 '증발'시켜버릴 정도로 뜨거운 쇳물이 쏟아지던 광경을 지켜보던, 아버지.

그러나 헤시오도스, 혹은 입바른 소리나 하는 요즘 논객들과 달리, 아버지는 기술 옹호론과 기술 공포론 중 어느 한쪽을 택해야 할 필요를 느끼지 않았다. 빛이 두 개의 모순된 본성을 동시에 가지고 있듯이 자연의 모든 것에는 서로 대립하는 양면이 깃들어 있다. 강화된 철과 증기기관, 서로 연결된 컴퓨터 역시 인간을 해방시킬 수도 있고 노예로 만들 수도 있는 힘을 동시에 갖고 있다. 둘 중 어느

쪽이 지배적인 힘이 될지를 결정할 힘은 우리, 집단으로서의 우리의 손에 있다. 그러니 정치가 중요한 것이다.

| 자본주의의 본질 |

자본주의가 만드는 어안이 벙벙한 불평등과 심각한 불의 앞에서 좌파들은 흔히 극단화되곤 한다. 내 경우는 그렇지 않았다. 물론 파시스트 독재 정권 속에서 성장한 나는 그 영향을 받았지만 나의 좌파 사상은 훨씬 더 은밀하게, 마치 밀교의 지식처럼 전승된 것이었다. 아버지로부터 물려받은 사물의 양면성에 대한 이해에서 출발하고 있었으니 말이다.

마르크스나 다른 경제학자의 저작을 읽기 한참 전부터 나는 우리 사회의 토대에 깊숙이 자리하고 있는 이중성을 간파할 수 있었다. 어머니가 아버지에게 불평하는 이야기를 엿들었던 어느 저녁, 나는 그런 이중성을 처음으로 깨달았다.

한 비료 공장에서 화학자로 근무하고 있던 어머니는 회사가 본인을 열정이 아닌 근무 시간만으로 평가하고 임금을 준다며 이렇게 불평하고 있었다. "내 월급이 짠 건 내 시간이 비싸지 않기 때문이야. 제대로 된 결과를 얻어내고자 하는 내 열정을 윗사람들은 그냥 공짜로 쓰고 있다고!" 얼마 지나지 않아 어머니는 직장을 그만두고 한 공공 병원의 생화학자로 취직했다. 새로운 일자리에서 몇 달을 보낸 어머니는 행복하지 않다고 말했다. "적어도 병원에서는 내 노력이 환자에게 도움이 되지. 하지만 공장에 다닐 때 공장 주인들에게 내가 투명인간이었듯이, 병원에서는 환자에게 나는 투명인간으로 보는군."

이 말은 내게 충격을 주었다. 어머니는 의도치 않게 내게 임금노동의 이중성을 가르쳐준 것이다. 어머니가 받는 임금은 어머니의 시간과 공적인 기술(자격증과 학위)을 바탕으로, 직장에서 몇 시간을 보냈는지에 따라 매겨지는 '교환가치'였다. 하지만 그것은 어머니가 직장에서 생산해내는 온갖 것에 투입되는 진정한 가치가 아니었다. 진짜 가치는 어머니가 공장이나 병원의 생산 과정에서 본인의 노력, 열정, 기술, 심지어 재능을 통해 덧붙인 무언가에 있었는데, 이런 것들은 전혀 임금에 반영되고 있지 않았다.

영화를 보러 극장에 가는 상황을 떠올려 보자. 여러분이 내는 입장권의 가격은 영화의 교환가치를 반영하고 있지만, 그건 여러분이 영화를 보며 느끼는 즐거움, 말하자면 '경험적 가치experiential value'와는 퍽 동떨어진 것이다. 마찬가지로 노동 역시. 임금으로 환산되는 어머니의 시간, 즉 상품적 노동commodity labor과, 어머니가 일자리에서 쏟아붓는 노력, 열정, 재능까지 포함한 경험적 노동experiential labor으로 나뉜다.[2]

저자가 말하는 '경험적 가치(experiential value)'는 경영학과 마케팅에서 말하는 '경험가치'와 무관한 개념으로, 저자의 자의적 표현이다. 경험적 노동(experiential labor) 역시 마찬가지다. 마르크스주의는 '사용가치'와 '교환가치'를 구분하고 있는데, 저자의 '경험적 가치' 개념은 사용가치와 유사한 맥락에서 쓰이지만 완전히 같지는 않다. -역자 주

때가 되어 나는 마르크스를 읽기 시작했다. 아버지의 난롯가 수업과 어머니의 설명 덕분에 나는 가장 위대한 경제학자 가운데 한 사람의 핵심 원리를 진작부터 깨닫고 있었는데, 그 사실을 알게 되자 전율이 일었다.

오늘날 우리가 당연하다고 여기는 이 세상 속에서 사람들은 마치 판매자가 자신의 물건을 광고하듯 본인의 기술을 홍보한다. 사람들은 시장에서 정해진 가격, 즉 임금에 따라 자신의 노동을 판매하는 일에 동의한다. 임금은 여타 매매할 수 있는 상품처럼 교환가치를 반영하는 것이다. 즉 오늘날의 노동은 상품화된 노동이다. 하지만 이미 우리가 알고 있듯 노동은 가루비누, 감자, 아이폰처럼 상품이며 그 외에는 아무것도 아닌 게 아니다. 노동에는 뭔가 다른 부분이 있다.

노동의 두 번째 속성이란 엄마가 내게 처음 일깨워주신 '경험적 노동'이다. 경험적 노동이란 어떤 모습인가. 어떤 다국적 건설 기업에서 건축가 집단을 고용해 브레인스토밍을 통해 탁월한 아이디어를 얻어냈다고 해보자. 혹은 레스토랑을 누비는 웨이터가 만들어 내는 산뜻한 분위기, 아니면 우수하지 못한 학생이 기어이 수학 문제를 풀어냈을 때 선생님이 흘리는 기쁨의 눈물은 어떤가. 이런 것들은 진정한 의미에서 상품이 될 수가 없다. 어째서? 그 어떤 금전적 보상으로도 진정한 영감의 순간을 촉진할 수 없고, 진실된 미소를 짓게 만들 수 없으며, 마음으로부터 우러나오는 눈물을 흘리게 할 수 없기 때문이다. 실제로는 그렇게 돈으로 진짜 경험을 만들려 하는 순간 정반대의 효과가 발생한다. 경험적 노동을 수량화하고, 값을 매기며, 상품으로 만들려 하는 윗분들은 우리를 향해 "자발적으로 행동해!"라고 외치는 바보와 다를 바 없는 소리를 하고 있는 것이다.

노동에서 절대 팔 수 없는 부분(내가 경험적 노동이라 하는 것)을, 마르크스는 그저 '노동'이라고 불렀다. 내가 상품화된 노동이라는 딱지를 붙인 걸 마르크스는 '노동력laboring power'이라고 정의했다. 하지만 기본적인 발상은 같다. "노동자가 판매하는 것은 그의 **'노동'** 자체가 아니라 그의 **'노동력'**이며, 노동자는 자신의 노동력을 일시적으로 처분할 권리를 자본가에게 넘기는 것이다."[vi] 그러니 마르크스가 자본주의에 대한 이론 전체를 노동의 두 본성에 바탕을 두고 쌓아 올렸다는 사실을 발견했을 때 내가 느꼈을 희열을 상상해보라.

바로 여기에 자본주의의 비밀이 숨어 있다. 피용자의 땀, 노력, 영감, 선의, 돌봄, 눈물 등은 상품화할 수 없다. 사용자는 그것을 이용해 교환가치에 숨결을 불어넣고 고객을 끌어들인다. 돈으로 살 수 없는 것들이 건물을 짓고 레스토랑을 활기차게 하며 학교를 즐거운 곳으로 만드는 것이다.

혹자는 이렇게 반박할 것이다. "세상에는 열정을 끌어내지 않고 즐겁지 않게 기계처럼 일하는 노동자로 가득한 공장이 수두룩하다. 그들은 본인들의 임금보다 비싼 통조림과 잡다한 물건을 만들어 낸다." 맞는 말이다. 하지만 이런 현상은 사용자가 비숙련 육체노동자의 **노력**을 구입할 수는 없기에 벌어지는 일일 뿐이다. 사용자가 할 수 있는 일이라고는 그들을 시간 단위로 고용하여 다양한 방법을 통해 열심히 땀 흘려 일하라고 압력을 주는 것밖에는 없다. 여기서 핵심은 단순한 육체노동이라 할지라도 시간당 급여를 받는 건축가의 재능과 마찬가지로 그 자체로는 사고팔 수 없다는 것이다. 이것이야말로 사용자 측이 지닌 은밀한 초능력이다. 고숙련 노동자부터 기계적인 저숙련 반복 노동에 이르기까지, 그들은 노동자의 시간에 따라 상품화된 노동력의 값을 지불하면서 노동으로부터 이윤을 뽑아내는데, 그럼에도 노동자들의 땀이나 재능 같은 경험적 노동 그 자체를 구입하는 것은 아니다.

당신은 이 대목에서 사용자가 매우 불리하고 좌절할 만한 상황이라고 생각할 수도 있다. 그들은 건축가가 깨닫는 순간도, 웨이터의 얼굴에서 떠나지 않는 미소도, 선생님의 눈물도 직접 살 수는 없는데, 그런 게 없다면 피용자의 노동은 가치를 생산해내지 못한다. 반면 사용자는 혹시 안감에 꿰매져 있을 2천 달러를 찾기 위해 1천 달러짜리 자켓을 사야 하는 고객과 비슷한 처지다. 만약 그런 걸 찾지 못하면 망하게 된다!

자본주의의 비밀에 대한 계시와도 같은 설명을 처음 접했을 때 나는 단숨에 사로잡혔다. 자본가들은 경험적 노동 자체를 구입할 능력이 없고 불가능한데, 그들이 이윤을 내기 위해서는 바로 그게 필요하다. 그러한 무능력은 얼마나 달콤한 고통이란 말인가! 사용자들은 노동자의 상품화된 노동의 대가로 교환가치를 지불하지만, 그들이 파는 상품은 노동자의 경험적 노동 덕분에 만들어진다. 말하자면 노동의 이중적 본성이 이윤 창출의 원동력인 셈이다.

이중적 본성을 지닌 건 노동만이 아니다. 세상에 흔히 통용되는 지배적 담론 내지 선동 문구를 떠올려보자. "이윤은 자본이라 불리는 무언가가 주어지는 보상 같은 것이다. 어떤 도구건, 원자재건 돈이건, 아무튼 판매 가능한 상품의 생산에 투입될 수 있는 자본을 소유한 자는 그것을 통해 이윤을 얻을 수 있는데, 이건 노동자가 자신의 노동력을 이용해 임금을 버는 것과 마찬가지일 뿐이다." 이런 이야기를 나는 어린 시절부터 쭉 들어왔다. 그러나 노동에 담긴 상호 모순적인 쌍둥이 같은 본성이 이윤을 낳는다는 결론을 접한 나는 자본에 대한 통념 역시 폐기해 버렸다. 이 또한 마르크스를 읽기 전, 엄마와 아빠의 말씀에 귀를 기울인 덕분이었다. 자본에 대해 생각하면 생각할수록, 자본 역시 빛이나 노동과 마찬가지로 두 개의 본성을 가지고 있다는 확신을 품게 되었다.

첫 번째 본성은 '상품적 자본'이다. 낚싯대, 트랙터, IT 기업의 서버, 그 밖에 뭐든 상품의 생산에 사용되는 것들이 모두 그렇다. 그런데 자본에는 두 번째 본성이 있고, 그것은 상품과 전혀 무관하다. 앞서 언급했던 낚싯대, 트랙터, 서버처럼, 내가 가진 어떤 물건이 여러분 가족의 생존을 위해 꼭 필요하다고 가정해 보자. 갑자기 내게는 권력이 생긴 것이다. 내 도구를 사용하는 대가로 나를 위해 일하게 할 수 있을 테니 말이다. 즉, 자본에는 사물(상품적 자본, commodity capital)의 성격과 힘(권력적 자본, power capital)의 성격이 모두 존재한다. 마치 노동이 상품적 노동과 경험적 노동으로 나뉘는 것과 마찬가지다.

마르크스를 읽으면서, 나는 어머니가 겪은 불쾌한 일과 아버지가

20세기의 가장 위대한 물리학자로부터 얻은 영감을 통해 마르크스의 이론을 해석했다. 그런데 내가 발견한 이중성에 기뻐하면서도, 이 거친 추론을 아인슈타인이 보면 뭐라고 할지 내면 깊은 곳으로부터 궁금증을 느꼈다. 빛에 대한 아인슈타인의 이론, 혹은 그 이론에 대한 나의 어줍지 않은 해석으로부터 자본주의의 본질에 대한 이야기를 끌어낸 것이니 말이다. 어쩌면 아버지가 부지불식간에 아인슈타인을 잘못 해석했고, 그 결과 나는 잘못된 은유에 빠져 망상의 나래를 펼친 건 아닐까?

세월이 흐른 후 나는 아인슈타인이 쓴 이런 문장을 읽게 되었다. "노동자의 임금이 생산물의 가치에 의해 결정되는 일은 이론적으로도 벌어지지 않는다는 것을 이해하는 것이 중요하다." 1949년 5월에 발행된 '왜 사회주의인가?'라는 제목의 칼럼에 등장하는 대목이다. 이 대목을 읽으며 나는 안도의 한숨을 내쉬었다. 나는 아인슈타인의 통찰을 내 멋대로 가져다 쓰고 있지 않았다. 아인슈타인 역시 '자본주의의 본질은 노동을 상충하는 본성의 두 개로 나누는 데 있다'고 생각하고 있었다.

| 상품의 가치를 뛰어넘는 돈, 화폐 |

알버트 삼촌. 아버지는 상대성 이론을 설명하면서 아인슈타인을 그렇게 불렀다. 자본주의를 공부하는 나와 알버트 삼촌의 인연은 거기서 끝이 아니었다. 노동과 자본의 이중적 본성에 대한 눈을 뜨게 해준 알버트 삼촌은 돈의 이중적 성격으로 나를 인도했는데, 그 길은 존 메이너드 케인스^{John Maynard Keynes}와 함께 한층 더 흥미진진한 곳으로 향했다.

1905년, 스물여섯 살이었던 아인슈타인은 두둑한 배짱을 품고 세상을 향해 놀라운 발표를 했다. 빛은 입자 같은 무언가로 만들어진 연속적인 장이며, 한 걸음 더 나아가, 에너지와 물질은 하나의 '무언가'라는 것이었다. 그 주장은 역사상 가장 유명한 방정식, 'E=mc2'로 함축되었다.[3] 10년 후 아인슈타인은 특수 상대성 이론을 확장하여 가장 난해한 문제, '질량의 수수께끼'에 도전했다.

일반 상대성 이론은 소심한 이들을 질색하게 할 결과를 제시했다. 그 함의를 파악하려면 우리는 우선 감각적으로 느껴지는 직관을 거부해야 한다. 우리는 공간을 우주가 들어와 있는 어떤 상자 같은 것으로 보고 있는데, 중력을 이해하려면 그런 생각을 멈춰야 한다고 아인슈타인은 설명했다. 물질과 에너지는 하나이며 그것들의 작용을 통해 공간의 형태가 잡히고 시간의 흐름이 형성된다. 시간과 공간, 혹은 물질과 에너지의 관계를 우리가 파악할 수 있는 방법은 단하나 뿐이다. 그것들을 서로 떼어놓을 수 없고, 나눌 수 없는, 단단히 결합된 파트너로 이해하는 것이다. 이렇게 만들어져 있는 4차원 시공간을 우리가 여행하는 가장 빠른 경로가 바로 '중력'이다.

---

3 어떤 물질에 담긴 에너지는 그 질량과 빛의 속도를 제곱한 값을 곱한 것과 같다는 뜻이다.

우리의 머리로 아인슈타인의 일반 상대성 이론이 밝혀낸 현실을 파악하는 건 당연히 쉽지 않은 일이다. 우리는 저 아득한 우주에 비하면 먼지만도 못한 작은 행성의 표면 위에서 진화해온 생명체이니 말이다. 우리는 제한된 영역 속에 살고 있으며 우리의 감각이 빚어내는 유용한 환상 속에 살고 있다. 예컨대 풀밭이 초록색이라던가, 직선이 존재한다던가, 시간이 우리의 행동과 무관하게 연속적으로 흐르고 있다는 것 등이 모두 그런 유용한 환상에 속한다. 이런 관념들은 참이 아니지만 유용하다. 덕분에 우리는 안전한 건물을 설계하고 각자 시계를 가지고 다니면서 제 시간에 맞게 약속 장소에 도착할 수 있다. 당구를 칠 때 우리는 내 공을 쳐서 목표로 삼는 공을 때린다. 두 공의 움직임에는 명확한 인과관계가 있다고 생각한다. 하지만 그런 착각에 기댄 채 이 행성 너머의 어딘가, 아주 넓고 광막한 우주로 나아간다면 말 그대로 우주 미아가 되어버릴 수도 있다. 마찬가지로 우리의 몸이나 우리가 앉아 있는 의자 등을 구성하는 원자보다 작은 입자들의 세계로 내려간다면 원인과 결과의 연결 고리는 사라져버리고 만다.

그게 대체 돈이랑 무슨 상관이란 말인가? 이제 20세기 가장 유명한 경제학 서적의 제목을 떠올려보자. 1936년, 존 메이너드 케인스는 자본주의가 대공황 탈출에 실패하고 있는 이유를 설명하기 위해 《고용, 이자, 화폐에 관한 일반 이론The General Theory of Employment, Interest and Money》을 출간했다. 제목에 '일반 이론'이라는 말이 겹쳐 보이는데 그것은 케인스가 의도한 바였다. 아인슈타인의 작업을 알고 있었고 만나기도 했던 케인스는, 마치 아인슈타인이 기존 물리학과 깔끔하고 단호하게 이별한 것처럼, 기존 경제학과의 완전한 단절을 선포하기 위해 일부러 그런 제목을 택했던 것이다.

케인스의 동료 경제학자들은 돈을 일종의 상품으로 보고 있었는데, 케인스는 그런 경제학자들을 두고 '비유클리드 공간에 유클리드 기하학을 적용하는 모습을 연상시킨다'고 비꼬기도 했다. 이 또한 아인슈타인의 영향이 없다고 말하긴 어려운 화법이다. 케인스가 볼 때 기존 경제학이 돈에 대해 지니고 있는 관념은 인류에게 해를 끼치고 있었다. 경제학자들은 절망스럽게도 아인슈타인이 아니라 유클리드 기하학에 의존하여 우주선을 개발하는 이들과 다름없었다.[4]

아인슈타인은 시간이 공간의 바깥에 별도로 존재한다는 우리의 환상을 끝내버렸다. 마찬가지로 케인스는 돈을 사물로, 그저 다른 유형의 상품으로, 시장과 일자리에서 우리가 하는 다른 활동들과 별개의 것으로 보는 우리의 환상을 끝내고자 했다.

오늘날 우리에게는 돈에 대한 온갖 어리석은 망상이 쏟아지고 있다. 대책 없는 정신머리를 지닌 정치인들은 자승자박 긴축정책을 정당화하기 위해 '한 푼이라도 아껴야 한다'는 투로 이야기한다. 인플레이션과 디플레이션을 동시에 상대해야 하는 중앙은행을 보고 있

---

[4] 그들은 단일한 시장이라는 환상에 의존하고 있었다. 가령 감자 시장이라면 가격 하락이 판매 상승을 불러올 수 있을 것이다. 이것은 단일한 시장이라는 미시 우주에서나 유용한 착각으로, 경제 전체, 즉 거시경제에서는 재앙적인 결과를 불러온다. 돈의 가격(즉 이자율)이 하락한다 해서 돈의 흐름이 투자와 고용의 촉진으로 이어질 일은 결코 없기 때문이다. -역자 주

노라면 여물을 먼저 먹을지 물을 먼저 마실지 정하지 못한 채 갈팡질팡하다가 굶주림과 배고픔으로 쓰려져버린 이솝우화 속 당나귀가 떠오를 지경이다. 암호화폐에 열광하는 이들은 비트코인과 그 외 온갖 코인으로 세계의 문제를 해결하자고 우리를 선동하는데, 그것은 아무리 잘 봐줘도 극단적으로 상품화된 유형의 돈에 지나지 않는다. 빅테크 기업들은 그들의 플랫폼에 우리를 더욱 중독시키기 위해 그들만의 디지털 화폐를 만들려 하고 있다.

이렇게 짜고 치는 듯 정신없는 야바위판을 보고 있노라면, 케인스가 (아인슈타인으로부터 빌려온) 조언보다 더 나은 해법은 없는 것 같다. 일상을 살아갈 때, 일할 때, 놀 때, 우리의 사회적 우주의 어떤 구석과 벌판에서도, 돈은 우리가 서로와 맺는 관계와 불가분의 성질을 지니며 결코 떼어놓고 생각할 수 있는 무언가가 아니다. 물론 돈은 여타의 것과 마찬가지로 상품으로서의 성격을 지니는 사물이다. 하지만 돈은 그보다 더 큰 무언가다. 돈은 그 모든 의미를 뛰어넘어, 우리가 서로와 그리고 기술과 맺는 관계를 반영하고 있기 때문이다. 말하자면 돈은 우리가 물질을 교류하는 수단으로서의 의미를 지닌다. 마르크스가 시적으로 표현한 바에 따르면 이렇다.

화폐는 인류의 외화된 능력이다. 인간으로서 내가 할 수 없는 것, 따라서 나의 모든 개인적 본질력으로도 할 수 없는 것, 그것을 나는 화폐를 통해서 할 수 있다. 따라서 화폐는 이 각각의 모든 본질력들을 본질력들 자체가 아닌 그 무엇으로, 즉 그 반대의 것들로 만들어버린다.[vii]

| 저물어간 자본주의의 꿈 |

2015년 초, 역사의 농간으로 인해 내가 그리스의 재무장관이 되는 사고가 발생했다. 나는 세계에서 가장 강력한 인물 및 기관들을 들이받는 걸 인생의 소명으로 삼고 있는 사람이므로, 무슨 일이 벌어질지 가늠하기 위해 세계 언론은 나의 논문, 책, 강의를 샅샅이 뒤졌다. 그들은 내가 스스로를 '자유지상주의적 마르크스주의자 libertarian Marxist'라 주장하는 것을 보고 퍽 당황스러워하는 눈치였다. 자유지상주의자들과 마르크스주의자들 모두 즉각 반발했던 것이다. 심지어 어떤 기자는 인터뷰를 하면서 예의 없는 질문을 던졌다. 대체 그런 '명백한 혼동'은 어디서 얻게 되었냐는 것이었다. 나는 농담처럼 답했다. 우리 부모님이요!

농담이 아닐 수도 있다. 아버지는 적어도 간접적으로나마 내가 정치에 대해 갖고 있는 생각을 이루는 핵심적인 요소를 제공한 책임이 있는 사람이다. 진정 자유를 소중하게 여기는 사람이라면 어떻게 자본주의를 용납할 수 있단 말인가. (뒤집어 생각하면, 어떻게 좌파가 자유주의자가 아닐 수 있단 말인가!) 아버지, 그리고 나의 페미니스트 어머니가 내게 심어준 사고방식은 슬프게도 오늘날 세상에 흔히 퍼져 있는 착각과 정면 대립하는 것이었다. 사람들은 자본주의를 자유, 효율, 민주주의와 결부지어 생각하고, 사회주의는 정의, 평등, 국가주의로 여기고 있으니 말이다. 실제로는 그렇지 않다. 좌파는 태초부터 전적으로 해방의 사상을 가지고 있었다.

봉건주의는 12세기 유럽 전역에서 확고하게 자리를 잡았다. 그 시대의 경제적 삶은 경제적 선택과 무관한 것이었다. 물려받은 영지를 가지고 태어났다면 조상님의 땅을 누군가에게 판다는 건 상상할 수도 없는 일이었다. 농노로 태어났다면 지주를 위해 땅을 갈고 농사지어야만 했다. 언젠가 본인의 땅을 갖고 자신을 위해 농사짓는다는 것은 망상에 지나지 않았다. 한마디로 땅이건 노동력이건 상품이 아니었다. 시장이 없으니 가격도 존재하지 않았다. 그 시절 소유권과 경제적 변화는 대부분이 전쟁을 통한 정복, 왕으로부터의 하사, 혹은 재앙의 결과로 벌어졌다.

그리고 18세기, 주목할 만한 변화가 발생했다. 조선술과 항해술이 발전하면서 양모, 리넨, 비단, 향료 같은 물품들의 국제 무역이 풍성해졌고, 영국의 지주들은 신선한 발상을 떠올렸다. '쓸데없이 순무 농사나 짓고 있는 저 농노들을 싹 쫓아내버리고 양을 치면 어떨까? 양모가 다른 나라에서 비싸게 팔린다는데!' 지주들은 수 세기동안 조상 대대로 물려받아온 땅에 울타리를 치고 농노들을 쫓아냈는데 그 행위는 오늘날 '인클로저 운동'[5]이라고 기억되고 있다. 그리하여 대다수의 사람들은 농업의 발명 이후 오랜 세월 잊고 살았던 무언가를 되찾기 위해 투쟁할 수밖에 없었던 것이다. 이제는 선택을 해야 하는 세상이 되어버렸다.

---

5 Enclosure, 13세기 영국에서 영주나 대지주가 목양업이나 대규모 농업을 하기 위하여 공유지를 사유지로 만든 일.

지주는 땅에서 생산될 양모의 가격을 반영한 임대료를 받고 다른 이에게 땅을 빌려줄지 말지 결정해야 했다. 쫓겨난 농노들은 임금을 받고 노동력을 팔겠다고 제안할 수 있게 되었다. 물론 현실은 선택의 자유와 굶어 죽을 자유가 크게 다르지 않았다. 하찮은 임금을 받고 비참한 노동에 종사하는 것을 거부하는 농노는 굶어 죽을 수밖에 없었으니 말이다. 자긍심을 지키며 영지를 상품화하지 않은 귀족들은 파산의 길로 접어들었다. 봉건주의가 막을 내리면서 선택의 자유가 주어지긴 했지만, 그 방식은 미소 띤 얼굴로 다가온 마피아가 하는 제안이나 다를 바 없었다. "지금부터 자네에게 거부할 수 없는 제안을 하지."

19세기 중반에 활동했던 마르크스나 초기 좌파 사상가들은 우리를 해방하는 일에 온통 몰두하고 있었다. 특히 그 시절에는 마치 프랑켄슈타인의 피조물처럼 우리의 통제를 벗어나버린, 산업혁명이라는 거대한 기계 장치로부터 우리를 해방하는 일이 절실했다. 그 문제의식은 《공산주의당 선언》에 영원히 기록되어 있다.

> 부르주아적 생산 관계들 및 교류 관계들, 부르주아적 소유 관계들, 즉 그토록 강력한 생산 수단과 교류 수단을 마법을 써서 불러내었던 현대 부르주아 사회는, 주문을 외워 불러내었던 저승의 힘을 더 이상 감당할 수 없게 된 마법사와 같다.[viii]

인류는 스스로를 옭아매고 자유를 박탈해 왔으며, 좌파들은 100년

이 넘도록 그러한 억압에 맞서 투쟁하는 것을 최우선 과제로 삼아왔다. 노예 해방 운동, 여성 참정권 운동, 1930년대와 40년대에 나치의 탄압에 맞서 유대인을 숨겨주는 일, 1950년대와 60년대의 흑인 해방 운동, 1970년대 샌프란시스코와 시드니, 런던에서 거리에 나오기 시작한 동성애자 인권 운동의 최전선에 섰던 것은 그런 이유 때문이다. 그런데 우리는 어째서 '자유지상주의적 마르크스주의자'라는 말이 농담처럼 들리는 세상에 살게 되었을까?

그 이유는 20세기 언젠가 좌파들이 자유를 팔아서 다른 무언가를 얻으려 했기 때문이다. 동구권(러시아, 중국, 캄보디아와 베트남)에서는 해방을 향한 투쟁이 전체주의적 평등주의로 변질되었다. 서구권에서는 자유가 그 적의 손에 떨어져, 엉뚱하게 정의된 공정과 다를 바 없는 무언가로 취급되고 있다. 자유와 공정이 양자택일 관계라고 사람들이 생각하게 될 때, 부정한 민주주의와 비참한 국가 주도 평등주의를 두고 선택해야 한다고 믿게 되었을 때, 좌파의 설 자리는 사라지고 말았다.

1991년 크리스마스 다음날, 나는 아테네를 방문했다. 부모님과 며칠을 함께 보낼 참이었다. 빨간 벽돌 난로 앞에서 우리가 담소를 나누는 동안, 크렘린 궁에 내걸린 소련의 붉은 깃발이 하강되었다. 아버지는 공산주의자였고 어머니는 사회민주주의에 가까운 분이었지만 두 분 사이에는 공감대가 흐르고 있었다. 바로 그날 밤 역사의 한 페이지가 쓰이고 있었다. 단지 소련의 몰락이 아니라 사회적 민주주의의 꿈 역시 끝나는 중이었다. 정부는 공공재를 제공하고 민간 영역은 풍부한 생산력을 통해 우리의 욕구를 충족시켜주는 혼합 경제, 자본의 소유자와 자신의 노동력 외에는 팔 것이 없는 사람들 사이에서 정치적인 타협점을 찾아 불평등과 착취를 막는 문명화된 형식의 자본주의의 꿈 역시, 그렇게 저물어가고 있었다.

부모님과 나, 우리 셋은 신중하지만 우울하지 않은 태도로 이야기를 나누었다. 우리는 질 수밖에 없는 싸움을 하고 있었다. 자본주의가 비열한 것은 비효율적이기 때문이며, 자유롭지 못하기 때문에 정의롭지 않고, 비이성적이기 때문에 혼란스럽다는 확신을 잃은 순간부터, 우리의 패배는 예정된 것이나 다름없었다는 결론에 도달했다. 기본으로 돌아가기 위해 나는 어머니와 아버지에게, 자유란 두 분께 어떤 의미인지 물었다. 어머니의 답은 이랬다. "파트너와 프로젝트를 선택할 수 있는 능력이지." 아버지의 대답도 비슷했다. "책과 신문을 읽고, 실험하고, 글 쓸 수 있는 시간이 자유란다." 이 책을 읽고 있는 **당신**은 자유를 무엇이라 생각하는가? 어떤 답을 해도 좋지만, 우리의 영혼을 파괴하는 수많은 방식에 굴하지는 말아야 한다.

| 네트워크는 자본주의의 아킬레스건을 드러낼까? |

오늘날 거의 모든 사람들은 자본주의를 마치 물고기가 물을 바라보듯 대한다. 그래서 '그게 있다는 사실조차' 신경 쓰지 않는다. 보이지 않고, 대체할 수 없으며 우리의 움직임을 가능케 해주는 에테르처럼 여기는 것이다. 대표적인 마르크스주의 정치 이론가인 프레드릭 제임슨^{Fredric Jameson}의 말을 빌자면 "사람들은 자본주의의 종말보다 세계의 종말을 훨씬 더 쉽게 상상한다." 그러나 내 아버지 세대의 좌파들은 그렇지 않았다. 자본주의가 몇 년, 심지어 몇 달 안에 종말을 고하리라는 믿음이 통했던 1940년대 말의 어느 짧은 시점이 있었던 것이다. 그러나 일련의 사건들이 꼬리를 물면서 자본주의의 종말은 차일피일 미루어졌고, 결국 1991년 그 꿈은 지평선 너머로 사라져 버렸다.

자본주의가 곧 사라질 것이라 믿었던 세대의 일원으로서, 심지어 본인이 생전에 그 날을 볼 수는 없으리라는 결론에 도달한 다음에도, 아버지는 자본주의의 소멸을 여전히 고대했다. 그때나 지금이나 아무런 죄책감 없이 내게 자본주의의 신비를 설명하면서 동시에 고고학의 순수한 즐거움을 늘어놓으셨던 아버지는, 언젠가 자본주의가 종말을 맞이한다면 그게 언제일지, 어떤 방식일지, 그리고 무엇이 자본주의를 대체할지 예측하고 있었을 것이다. 아버지는 자본주의가 '쾅' 하는 폭발음과 함께 무너지지 않기를 바랐다. 그런 격변이 벌어지면 좋은 사람들도 희생될 수밖에 없으니 말이다. 아버지는 그보다 우리가 살고 있는 이 자본주의의 군도(群島) 속에서 사회주의의 섬이 조금씩 출현하기를, 기술적 진보가 창출해내는 공공의 영역이 커지면서 사회주의의 섬이 점점 커져 대륙이 되기를 바라셨다.

1987년, 아버지는 처음으로 데스크톱 컴퓨터를 마련했고 내가 당신을 돕게 하셨다. 아버지는 컴퓨터를 '번듯한 타자기'라고 하셨지만 컴퓨터 화면 속에서 편집할 수 있는 엄청난 능력에 감탄하고 있었다. 아버지는 농담을 던졌다. "만약 그 털보가 이런 걸 갖고 있었다면 마르크스 전집이 몇 권 더 늘어났을지 상상해 보렴." 본인의 농담을 현실에 구현이라도 할 듯한 기세로 아버지는 그 컴퓨터를 이용해 고대 이집트의 기술과 문학을 오가는 논문과 책을 수없이 써내셨다.

그로부터 6년이 지난 1993년, 팔레오 파릴로의 부모님 집에 간 나는 아버지가 컴퓨터에 달린 초기형 모뎀을 활용해 걸음마 단계인 인터넷을 누비는 모습을 목격했다. "이건 세상을 바꿀 물건이야." 아버지는 말씀하셨다. 끔찍하게 느려터진 그리스 인터넷 서비스를 사용하면서 깨달음을 얻은 아버지는 이 책에 궁극적인 영감을 준 굉장한 질문을 내게 던지셨다. "이제 컴퓨터끼리 서로 대화하는 세상이 되었구나. 이 네트워크는 자본주의 세상을 더욱 공고히 만들까, 아니면 결국 자본주의가 지닌 약점, 아킬레스건을 드러내줄까?"

나의 할 일과 인생사에 매어 사느라 나는 아버지의 질문에 대해 깊이 고민하지 못했다. 그럴듯한 답을 할 수 있고 해야겠다고 마음먹었을 때 아버지는 이미 아흔 다섯이셨고 어려운 주제를 같이 논의할만한 상태가 아니었다. 그로부터 몇 년이 흘러, 아버지가 세상을 떠나신지 몇 주가 흐른 지금, 답안지를 작성해 보고자 한다. 이 때늦은 편지가 부디, 헛되지 않기를 바랄 뿐이다.

2장

자본주의의 몰락

TECHNO
FEUDALISM

아버지, 결국 그건 자본주의의 아킬레스건이었어요. 자본주의가 낳은 디지털 네트워크 기술은 자본주의의 인과응보였던 거죠. 그래서 무슨 일이 벌어졌냐고요? 이제 인류는 첨단 기술로 무장된 '차세대 봉건주의 시대'에 살고 있다고 말할 수밖에 없는 무언가에 사로잡히게 되었답니다. 우리는 테크노퓨달리즘^{Technofeudalism}이 자본주의를 대체하기를 바란 적이 결코 없지만, 그렇게 되어버리고 말았죠.

많이 혼란스러우실 것 같아요, 아버지. 지금은 어디를 보건 자본주의가 승승장구하고 있으니까요. 자본주의의 힘을 보여주는 새로운 기념물이 사방팔방에 솟아오르는 중이죠. 도시가 세워지고 풍경이 바뀌는 등 물리적인 것부터, 우리가 손에 들고 다니는 스크린에 담긴 디지털적인 것까지 말이에요. 게다가 자본을 갖지 못한 자들은 점점 더 취약한 처지에 놓이는 가운데, 우리의 민주주의는 자본의 의지에 무릎을 꿇고 있고요. 그러니 어찌 감히 자본주의의 몰락을,

그것이 무언가로 대체되는 일을 상상할 수 있을까요?

자본주의는 진화하는 존재이며, 혼합경제, 복지국가, 지구촌 같은 새로운 것으로 진화했다는 환상이야 흔히 퍼져 있죠. 그런 환상만큼 자본주의의 힘을 강화해주는 요소가 또 없을 테고요. 제가 그런 사실을 잊은 것처럼 보이시나요?

아니에요, 저는 잊지 않고 있습니다. 자본주의는 카멜레온이 색깔을 바꾸듯 변신하죠. 그 본질과 보호 기제가 같이 변화합니다. 게다가 우리는 아직 순수한 위장에 대해서는 이야기하지도 않았어요.

자본주의가 변화한 여러 사건들은 시대의 전환이기도 했어요. 아버지가 난롯가에서 제게 '철의 마법'을 가르쳐주셨을 때에도 그런 시대적 전환 중 하나가 벌어졌죠. 사실 제가 '테크노퓨달리즘'이라는 말로 전달하고자 하는 바를 설명하려면 자본주의의 전환에 대해 좀 더 자세하게 적어볼 필요가 있을 거예요. 테크노퓨달리즘은 자본주의의 연이은 변신 중 가장 최근 사례이니까요.

테크노퓨달리즘은 다음 장에서 다루기로 하고, 여기서는 테크노퓨달리즘에 의해 대체된, 아버지가 아시는 자본주의에 대해 이야기를 해볼까 해요.

추억을 파는 허쉬 초콜릿

1960년대 미국 광고업계를 다룬 미국 드라마 〈매드맨^{Mad Men}〉에서, 전설적인 크리에이티브 디렉터 돈 드레이퍼가 수제자인 페기에게 한 수 가르쳐주던 장면 기억하시죠? 드레이퍼의 거래처 중 하나인 초콜릿 회사 허쉬에 대한 본인의 생각을 이야기하던 장면 말이에요.

드레이퍼의 마케팅 철학은 당시의 시대정신을 완벽하게 보여주고 있었어요. "우리의 제품은 너야, 너. 너의 느낌 말야." 제임스 포니워직James Poniewozik은 〈타임〉지의 칼럼에서 이 대사를 이렇게 설명했어요. "허쉬 초콜릿을 구입하는 사람은 초콜릿 몇백 그램 때문에 허쉬 초콜릿을 구입하는 게 아니다. 잔디를 잘 깎았다고 아버지가 상으로 초콜릿을 사주던 어린 시절, 그 사랑받는 기분에 다시 사로잡히기 위해 허쉬 초콜릿바를 구입하는 것이다."[ix]

드레이퍼가 상기시키는 대량 상업화의 추억이란 자본주의의 전환점과 맞물려 있죠. 1960년대는 베트남전, 시민권 운동, (메디케어, 푸드 스탬프, 복지 국가 등)자본주의를 순화해줄 수 있는 제도들처럼 굵직한 사안이 많았지만, 드레이퍼는 자본주의의 DNA 차원에서 벌어진 근본적 변화를 가리키고 있어요. 사람들이 갈망하는 걸 효율적으로 생산해내는 것으로는 부족해졌죠. 바야흐로 자본주의는 욕망을 능숙하게 제조해내게 되었답니다.

그 출발점이 어디일까 생각해 보면, 자본주의는 공유지, 인간의 노동력, 가족끼리 소비하기 위해 만드는 빵과 집에서 담그는 술과 양모로 짠 옷가지처럼, 이전까지는 가격이 붙지 않았던 것들에 어떻게든 가격을 붙이려는 거침없는 충동에서 비롯하고 있었어요. 할머니가 손으로 만든 테이블보라던가, 아름다운 석양이라던가, 심금을 울리는 노래 같은 것들. 원래 가격이 없었고 우리에게는 그저 내재적 혹은 '경험적 가치'만을 지니는 그런 것들이 이제는 교환가치에 정복당하고 말았어요.

자본주의라는 짐승의 본성이 그렇죠. 자본주의는 '교환가치의 승리'와 동음이의어예요. 더 많은 자본으로 결정화될 수 있는 건 교환가치뿐이니까요. 마치 생존을 위해서는 다른 종족의 생물학적, 기술적 차이를 흡수해야만 하는 〈스타트렉〉의 외계 종족 보그^{Borg}마냥, 자본주의는 지구라는 행성 위에서 경험적 가치를 지니는 거라면 뭐든지 만나는 족족 교환가치의 사슬 안에 흡수해왔어요. 모든 자원, 농작물, 창조물을 흡수해버린 자본주의는 이제 전파, 여성의 자궁, 예술, 유전자, 소행성, 심지어 우주 그 자체마저도 상품화해 나가고 있어요. 이런 과정을 통해 모든 것들이 지니고 있던 경험적 가치는 그저 돈다발, 상업적 자산, 거래 가능한 계약으로 축소되고 말았답니다.

보그족은 이방인을 만나면 섬뜩한 인사를 던져요. '너는 흡수될 것이다. 저항은 부질없다!' 반면 경험적 가치의 저항은 헛되지만은 않았어요. 교환가치가 저항을 뚫고 경험적 가치를 도살할 때마다, 경험적 가치는 우리의 영혼 깊숙한 곳에 묘지를 만들었으니까요. 돈 드레이퍼, 혹은 좀 더 정확히 말하자면 〈매드맨〉의 소재를 제공한 광고업계 사람들은 바로 그걸 발견했고, 부활시켜서 상품화해버렸어요. 이 과정을 거치면서 자본주의는 근본적으로 변했습니다.

〈매드맨〉을 보는 시청자들은 드레이퍼가 저러고 사는데 왜 회사가 월급을 주고 있는지 의구심에 사로잡힙니다. 드레이퍼는 오만한 태도에 전문가다운 면모는 전혀 없이 엄청난 양의 버번 위스키를 마셔대고, 끝없이 쉬고 쉬고 또 쉬면서 거의 대부분의 시간을 사무실에서 수평으로 누워 보내다가, 암호같고 앞뒤가 안 맞는 소리나 하기 일쑤인 사람이죠. 하지만 저러다가 자기 인생 자기가 망치겠다, 내지는 곧 잘리겠구나 싶을 때, 드레이퍼는 흔해 빠진 초콜릿, 뻔한 철강 제품, 2류 레스토랑 체인점처럼 그 수많은 것들을 다시 상상해서 마법처럼 활기를 불어넣어요. 갑자기 제품들은 감정을 자극하는 무언가, 욕망의 대상이 되고 맙니다. 드레이퍼가 보여주는 이러한 두 가지 면모를 보고 있으면 전후 자본주의가 어떻게 힘을 가지게 되었는지 상상하게 됩니다. 자본주의는 새로운 시장을 발견했어요. 반짝거리는 새로운 산업적 기반 위에서 말하자면 우리의 '주의attention'를 사고파는 시장을 찾아낸 거죠. 하지만 그 시스템은 어디까지나 노동의 이중적 본성에 전적으로 기대고 있었습니다.

드레이퍼의 노동이 지니는 이중적 본성은 〈매드맨〉의 모든 에피소드에 굵직하게 새겨져 있죠. 드레이퍼의 상사들은 드레이퍼가 사무실에서 반쯤 취한 채 굴러다니는 꼴을 안 보면서, 다만 그의 반짝이는 아이디어만 구입해갈 수 있다면 소원이 없을 겁니다. 우리가 지난 장에서 살펴봤던 용어로 다시 표현하면 '할 수만 있다면 자본가들은 드레이퍼의 경험적 노동을 직접 구입하고 싶을' 거예요. 하지만 그럴 수가 없죠. 심지어 드레이퍼 본인이 팔고 싶다고 해도 말이에요.

대신 자본가들은 드레이퍼의 상품화된 노동, 말하자면 드레이퍼의 시간과 잠재력을 구입해야만 합니다. 그리고는 알딸딸한 숙취에 잠겨 있는 드레이퍼가 갑자기 정신을 차리고 그 유명한 '드레이퍼 매직'을 발휘하기를 기대할 수밖에 없는 거죠. 일이 그렇게 잘 해결되면 막대한 이익이 발생하고, 우리는 이미 알고 있던 사실을 다시 한번 확인하게 됩니다. 자본가는 경험적 노동을 직접 구입할 수 없고, 자본은 바로 그 능력의 부재에서 탄생한다는 것 말이에요.

한편 드레이퍼의 천재성은 상품화의 역설을 장악하고 있으면서 동시에 맞서고 있다는 데서 나오고 있다고 할 수 있어요. 자본주의는 손에 닿는 모든 걸 상품화해야만 하죠. 그런데 동시에 높은 교환가치 및 그에 따르는 막대한 이익은 모든 것을 완전히 상품화하는 데에 실패해야만 발생합니다. 너무도 먹잇감을 잘 잡아버리는 포식자는 먹잇감을 멸종시키게 되고 굶어 죽을 수밖에 없잖아요. 그런 운명을 피하려면 자본주의에는 교환가치가, 쫓아가서 뜯어먹을 경험적 가치가 끝없이 공급되어야만 하는 거죠. 경험적 가치는 끝없이 발견되고 상품화되면서 그물에서 벗어나야만 합니다.

똑똑한 광고업자들이 하는 일이 바로 그거에요. 광고업자들은 우리의 주의와 관심을 끌기 위해 그 전까지 상품화의 덫에 걸려들지 않았던 감정들을 끌어냅니다. 그리고 그들은 경험적 가치가 우리의 영혼 속에 감추고 있는 것, 상품화를 피해서 달아나버린 것들까지 상품화하는 비즈니스에 우리의 주의를 팔아버리죠. 허쉬 초콜릿 바를 두고 이야기하는 드레이퍼는 2차 세계대전 이후 자본주의가 어떻게 그 황금기에 접어들 수 있었는지, 그 핵심적인 요소를 날것 그대로 보여주고 있어요.

이미 모든 게 상품화된 것 같은데 어떻게 계속 이윤을 창출해낼 수 있을까요? 드레이퍼는 답합니다. "우리 안에 깊숙이 자리잡고 있는 상품화되지 않은 감정을 건드리는 거지."

그리하여 허쉬 초콜릿 바는 돌아가신 아버지의 따스한 손길을 다시 맛보게 해주는 환상이 됩니다. 베들레헴 철강은 미국이라는 도시의 영혼으로 새롭게 브랜딩되죠. 그 강철 제품들이 신대륙의 철기시대의 상징이니까요. 버거셰프 매장을 방문한 드레이퍼와 페기는 텔레비전 광고를 통해 그 햄버거 가게의 플라스틱 테이블에 둘러앉아 가족이 화해하는 모습을 보여주는 홍보 기회를 떠올립니다. 정작 가족들이 더는 함께 모여 앉지 않게 된 건 모두가 텔레비전에 주의를 빼앗겨 버렸기 때문인데 말이에요.

그렇다면 이런 변화가 발생하기 전 자본주의의 모습은 어땠을까요? 그리고 어떻게 이런 변화가 이루어지게 된 걸까요?

| 전쟁과 정부가 만든 거대복합기업, 테크노스트럭처 |

같은 질문을 다르게, 이렇게 물어볼 수도 있을 거예요. "드레이퍼가 다니는 극중 회사인 스털링 쿠퍼 앤 파트너스는 무슨 돈으로, 어떤 생각으로 드레이퍼를 마치 학자처럼 대하고 있는 걸까요?" 드레이퍼한테 두둑한 돈을 쥐어주며 자기 페이스대로 깊은 생각에 잠기게 해주고 있잖아요.

자본주의의 초창기에 자본주의를 옹호하던 이들이라면 이 모습을 당혹스러워 할 거예요. 자본주의 초기의 옹호자들은 알뜰한 빵집 주인, 푸줏간 주인, 양조장 주인 등을 기업가의 모델로 삼고 있었으니까요. 그런 이들이 고객의 기본적 수요를 충족하기 위해 열심히 일하고, 발로 뛰고, 모든 것을 경제적, 합리적으로 처리하며, 그들 손에 들어오는 그 어떤 원자재도 낭비 없이 교환가치를 마지막 한 방울까지 짜내는 게 초기 자본주의가 생각한 기업가의 모습이죠. 자본주의가 대체 어떻게 달라졌기에 드레이퍼 같은 인물이 기업 문화의 아이콘으로 등극할 수 있게 된 걸까요? 제가 떠올린 답이 있어요. 아버지도 그걸 좋아하실 거라고 생각해요. '전자기학electromagnetism'이 바로 그거예요!

물리학자 제임스 클러크 맥스웰James Clerk Maxwell이 전자기력의 흐름에 대한 방정식을 쓴 순간, 토머스 에디슨Thomas Edison 같은 사람들이 그것을 전기와 전보로 바꾸고, 결국 우리에게도 친숙한 거대 기업들의 하향식 네트워크로 진화하여, 초기 자본주의의 은행가, 푸줏간 주인, 양조장 주인을 밀어내는 것은 예견된 일이었다고 볼 수 있어요. 문제는 자본주의 초기의 기구들, 특히 은행과 주식시장은 이런 거대한 기업 제국에 전혀 대비가 되어 있지 않았다는 거고요. 간단히 말해 은행은 너무 작고 취약했으며, 주식시장은 너무도 빈약하고 유동성이 부족했습니다. 그가 세운 전력망 전체는 고사하고, 그 유명한 펄 스트리트 발전소를 짓기 위해 에디슨이 필요로 하는 자금조차 제공하지 못할 정도였으니까요.

에디슨, 웨스팅하우스[1], 20세기 초의 포드 같은 기업들이 필요로 하는 자금을 마련하려면 작은 은행들로는 어림도 없었어요. 작은 은행들은 서로 합병하여 큰 은행이 되었고 산업가에게 직접 돈을 빌려주거나 신흥 기업의 지분을 노리는 투기 세력에게 대출을 해 주었습니다. 이렇게 전자기학이 자본주의로 변신했어요. 전력망을 설치한 기업들은 거대하게 몸집을 키웠고, 전력망을 타고 흐르는 메가와트의 에너지는 그에 걸맞은 막대한 이익이 되었으며, 그 과정에서 에디슨, 웨스팅하우스, 포드는 사상 최초로 설비에 대한 당좌대월 형식의 막대한 대출을 짊어지게 되었습니다. 그리하여 '빅 비즈니스'의 옆에서 돈을 대주는 '빅 파이낸스'가 출현했죠. 빅 파이낸스는 아직 실현되지 않았지만 빅 비즈니스가 실현하겠다고 약속하는 이익에 바탕을 두고 대출을 해줬는데, 말하자면 '미래만을 보고' 돈을 빌려준 셈이죠. 미래의 이윤에 돈을 건 이 도박꾼들은 빅 비즈니스의 전력망이나 제조 라인 뿐 아니라 투기의 거품이 솟구칠 것에도 배팅을 하고 있었어요.

검약은 사라졌고 관후한 태도가 새로운 미덕이 되었죠. 빅토리아 시대 사람들은 기업이 작고 힘이 약해야 한다고, 그래야 경쟁의 마법이 유지되어 기업가들을 정직하게 해준다고 믿고 있었어요. 그런 생각은 '빅 비즈니스에 좋은 것은 미국에도 좋다'는 새로운 신조

---

1 Westinghouse Electric Company LLC, 미국의 전기 회사.

로 대체되었고요. 재즈 시대[2]는 그나마 남아있던 저항마저 쓸어버렸어요. 부채는 흘러넘치는 예상이익의 물결로 자신의 오명을 씻었고, 대출의 폭풍 앞에 경계심은 날아가 버렸죠.

전자기학이 '광란의 20년대Roaring Twenties'를 촉발시키고 1929년의 가슴 아픈 '대공황Great Depression'으로 향한 것은 피할 수 없는 귀결이었죠. '분노의 포도'가 영글면서 익어가던 해였습니다.[3] 혹자는 프랭클린 루즈벨트의 뉴딜 정책이 대공황을 끝냈다고 생각하지만, 세계대전이 그 역할을 했다고 보는 사람도 있어요. 아무튼 분명한 사실이 있죠. 뉴딜 정책은 세계 자본주의를 깊숙한 곳에서부터 변화시켰다는 겁니다. 뉴딜 정책에는 공공 근로 프로젝트, 사회 복지 프로그램, 그리고 그 무엇보다 공공 금융 기관의 설립이 포함되어 있었고, 은행이 빠져나갈 수 없는 촘촘한 규제까지 함께하고 있었죠. 이 모든 것들은 전시 경제 체제의 막이 열리기 전 무대의상을 입어보는 최후의 리허설 같은 것이었습니다.

일본이 진주만을 폭격하고 2차 세계대전에 참전한 직후, 미국 정부는 소련을 따라하기 시작했습니다. 미 정부는 항공모함부터 가공식품에 이르기까지 기업에 무엇을 얼마나 어떤 사양으로 생산해야 할지 지시를 내렸어요. 심지어 '물가 황제price czar'로 통하는 자리를

---

2 Jazz Age. 미국, 영국, 프랑스 등에서 재즈 음악이 유행했던 1920년대의 별명. 1929년 10월 24일 미국에서 월스트리트 주식 시장이 붕괴하고 경제대공황이 시작하면서 끝났다. -역자 주
3 노벨문학상 수상자 존 스타인벡의 소설 《분노의 포도》를 언급하는 것이다. 이 소설은 1929년 경제 대공황 시대 농민들의 생활고와 애환을 다루고 있다. -역자 주

만들어서 경제학자 존 케네스 갤브레이스^{John Kenneth Galbraith}를 앉혔죠. 인플레이션을 막으면서 경제 체제를 전시에서 평시로 자연스럽게 전환하기 위해, 말 그대로 모든 상품의 가격을 매기는 것이 그의 역할이었어요. 공장과 생산 시설의 네트워크는 여전히 빅 비즈니스의 사유재산으로 남아있었다는 중요한 차이를 빼고 나면, 미국 자본주의가 소련식 계획경제 원칙에 따라 움직였다고 말하는 건 전혀 과장이 아닌 거예요.

루즈벨트 대통령 집권기 미 정부가 빅 비즈니스에 내놓는 제안은 간단했습니다. 빅 비즈니스는 전쟁 승리에 필요한 것들을 생산해야 하고, 대신 정부는 네 가지 엄청난 선물로 보답하는 것이었죠. 첫째, 정부의 판매 보증은 정부의 이윤 보증이나 다를 바 없었어요. 둘째, 정부가 가격을 정해놓았으니 경쟁으로부터 자유로워졌습니다. 셋째, 맨해튼 프로젝트[4], 제트 엔진 개발처럼 막대한 정부 자금을 지원받은 과학 연구는 빅 비즈니스에게 전쟁 기간 동안, 그리고 전쟁이 끝난 후 채용할 수 있는 고도로 훈련된 과학 인재풀을 제공했죠. 마지막으로 넷째, 빅 비즈니스는 애국자 집단의 아우라를 갖게 되었어요. 덕분에 그들은 1929년 대공황을 불러왔다는 탐욕의 오명을 벗어던지고 미국의 전쟁 승리를 이끈 영웅적 기업이라는 이미지로 탈바꿈할 수 있었습니다.

---

[4] Manhattan Project, 2차 세계 대전 중에 미국이 주도하고 영국과 캐나다가 공동으로 참여했던 핵폭탄 개발 프로그램.

전시의 경제 실험은 그야말로 대성공이었습니다. 5년도 채 되지 않아 생산량이 네 배로 늘어났어요. 마치 1차 세계대전이 끝난 후 아무 일도 벌어진 적 없었던 것처럼, 인플레이션의 고삐를 단단히 쥔 상태로요. 실업은 사라졌습니다. 심지어 육군, 해군, 공군들이 전선에서 돌아올 때조차 실업은 항구에서 내륙까지 올라오지는 못했죠. 빅 파이낸스의 굴레에서 벗어나 정부의 계획과 규제를 받는 대가를 치러야 했지만, 빅 비즈니스에게는 꿈이 실현된 것이나 다름없었습니다.

하지만 수면 아래에서 벌어진 일은 달랐죠. 마치 아버지와 제가 앉아 있던 난로의 열기가 철을 강철로 바꿨듯이, 전쟁의 열기가 미국 자본주의를 분자 단위부터 바꿔놓고 있었으니까요. 전쟁이 끝날 무렵이 되자 미국 자본주의는 알아볼 수 없을 지경이었습니다. 비즈니스와 정부는 깊숙한 곳에서부터 뒤엉켜버렸어요. 정부 부처와 기업은 회전문 인사를 하며 똑같은 수학자, 과학자, 분석가, 전문 관리직들을 주고받고 있었어요. 기업의 방향타를 쥔 영웅적인 기업가, 정부를 이끄는 민주적으로 선출된 정치인들은 과거의 일이 되었습니다. 새롭게 등장한 민관 의사결정 네트워크의 반란 앞에 종적을 감췄어요. 이들의 가치관과 목적은 '생존'이었죠. 그런데 물자와 기술을 무한정으로 요구하던 전쟁이 끝나버린 지금, 거대 복합기업conglomerate의 성장을 지속하는 일도 어려운 주제가 되었어요. 갤브레이스는 이 복합체를 일컬어 '테크노스트럭처technostructure'라 불렀습니다.

테크노스트럭처를 이루고 있는 기술자와 영향력 있는 직원들은 여전히 이윤을 고려 대상으로 삼고 있긴 했습니다. 하지만 이윤이 그들의 최우선 과제였냐 하면 그건 그렇지 않았죠. 관료제 조직에서 일하는 사람들이 다들 그렇듯이, 그들의 최우선 목표는 본인들의 일자리를 지키고 뭔가 일하는 것처럼 바쁜 상태를 유지하는 것이었어요. 즉, 전쟁이 끝났는데도 거대 기업 체제가 축소되는 것을 막는 것을 넘어 그 크기를 키우고자 했다는 거죠. 전쟁의 끝을 앞두고 있던 어느 밤, 거대 복합 기업의 직원들은 한 가지 화두를 붙잡고 밤을 지새우고 있었습니다. 그들은 고민했어요. '만약 정부가 더 이상 판매를 보장하지도 가격을 지켜주지도 않는다면, 총알, 기관총, 화염방사기를 만들기 위해 쌓아올린 생산 역량을 동원해 찍어내는 초콜릿바, 자동차, 식기세척기를 구입해줄 소비자를 대체 어디서 찾을 수 있을까?'

정부의 뉴딜 정책 옹호자들은 테크노스트럭처가 해외 소비자를 확보할 수 있도록 도왔어요. 그것은 20세기 자본주의의 또 다른 거대한 변신을 촉발시키는데 그건 차차 살펴보기로 해요.

반면 국내 소비자들의 경우는 어땠을까요? 여기서 돈 드레이퍼가 등장하는 거예요. 돈 드레이퍼의 특기가 뭐였는지 기억하세요? 테크노스트럭처가 우리의 날것 그대로의 감정, 우리의 주의와 관심이라는 새로운 시장이 지닌 무한대의 가능성에 눈을 뜨게 하는 것이었죠. 물건을 만들어내는 제조력이라면 이미 완전히 테크노스트럭처의 손아귀에 있었습니다. 그들은 드레이퍼의 도움을 받아 그 제품들을 필요하다고 느끼는 욕망을 찾아낼 수 있었죠. 드레이퍼가 종일 소파에 널부러져 있을 수 있도록 많은 월급을 주는 건, 그의 비범한 능력을 사용해서 얻어낼 수 있는 바에 비한다면, 그저 작은 비용에 지나지 않았던 거예요.

| TV 중간광고를 만들어낸 시장 |

1903년 1월의 추운 겨울날, 코니아일랜드의 루나 파크에 모여든 수많은 군중 앞에 토머스 에디슨이 서 있었습니다. 에디슨은 교류를 이용해 죄 없는 코끼리 톱시를 감전사시켰죠. 왜 그랬냐고요? 경쟁 자인 조지 웨스팅하우스가 밀어붙이고 있는 송전 체제인 교류의 치명적 위험에 대한 대중적 관심을 끌어올리기 위해서였어요. 불쾌한 행동이긴 했지만 기발한 방식이긴 했어요. 문제는 여기에 완전히 새로운 건 없었다는 점이에요. 힘 있는 사람이 대중의 관심을 끌어당겨 자신을 홍보하고 본인의 생산품을 팔아먹는 구태의연한 행동이 되풀이된 것뿐이었죠.

공작새의 깃털부터 로마 황제의 장엄한 행진과 오늘날의 패션 산업까지, 다른 이들의 관심을 얻기 위한 경쟁은 오래된 것입니다. 하지만 관심을 끌어당기는 과정 자체가 상품화된 건 20세기에 와서야 벌어진 일이에요. 다시 한 번 말하지만 이 혁명을 이룩해낸 건 전자기력의 힘이었습니다. 코끼리를 감전사시켰기 때문이 아니라, 라디오, 그리고 더 중요한 텔레비전의 발명을 가능케 했다는 면에서 그랬죠.

처음 등장했을 당시, 라디오와 텔레비전 빅 비즈니스의 골칫거리였습니다. 대중을 접하고 설득할 수 있는 엄청난 기회를 얻었지만, 라디오와 텔레비전으로 만들어내는 생산품인 방송은 통조림보다는 공기에 가까운 속성을 지니고 있었으니까요. TV 시청자가 아무리 〈아이 러브 루시〉를 좋아한다 한들, 심지어 기꺼이 **돈을 낼 준비가 되어 있다** 한들, 시청자가 그걸 보는 대가로 **돈을 내도록 만들 수 없었어요.**(적어도 케이블 TV가 출현하기 전까지는 말이에요.) 하지만 그들이 중요한 사실을 깨닫자 이 문제는 더 이상 문제가 아니게 되었습니다. TV 프로그램이 아니라, 그 프로그램을 보고 있는 사람들의 관심이 바로 상품이라는 걸 말이에요. TV 프로그램을 무료로 방송하면서 그들은 시청자의 관심을 붙잡고, 그것을 중간 광고의 형태로 쪼개어 팔았죠. 미국 대중의 가슴에 새로운 열정을 주입하고자 하는 기업들, 드레이퍼의 고객들에게요.

상업 TV 방송이 탄생하면서, 테크노스트럭처는 노동 시장만큼이나 관심 시장에도 막대한 흥미를 드러냈습니다. 이제 노동의 이중적 본성은 구경거리spectacle의 이중적 본성과 짝을 이루게 되었죠. 구경거리란 막대한 경험적 가치를 지니고 있지만 교환가치를 갖지 않는 문화적 생산품입니다. 특이한 것은 구경거리가 끌어당기는 시청자들의 관심은 상당한 교환가치를 지니면서 경험적 가치를 지니지 않는다는 점에 있습니다.

여파는 엄청났습니다. 새로운 유형의 전문가들이 테크노스트럭처에 포섭되었거든요. 과학자, 분석가, 전문적인 관리자들 틈바구니에, 이제는 드레이퍼 같은 창조적인 유형의 인물들도 끼어들었어요. 그들이 통계 전문가와 엔지니어 군단 속에서 우리의 관심을 조작하고 상품화할 새로운 방법을 모색하게 된 거죠.

이것은 또 하나의 역사적인 전환이었습니다. 1960년대 초, 돈벌이가 되는 상품들은 다원주의적인 적자생존을 거쳐 치열한 시장 경쟁을 뚫고 살아난 물건들이 아니었어요. 모든 사람들의 집집마다 깔린 물건들은, 드레이퍼 같은 이들이 거대 복합 기업의 경영진과 마천루의 사무실에서 손 잡고 내놓은 그런 것이었죠. 그들은 담배를 피우고 술을 마시며 자본주의 최신 상품의 가격, 품질, 포장, 심지어 그 제품이 제공하는 감정적 경험까지 결정했어요. 자본주의는 그 탄생 과정에서 시장을 지니고 있었던 봉건주의 사회를 탈중앙화된 시장 사회로 바꿔놓았죠. 마찬가지로 테크노스트럭처는 미국 자본주의를 '탈중앙화된 시장 사회'에서 '중앙화된 시장을 보유한 사회'로 바꿔놓았습니다. 이것이야말로 소련의 계획 경제가 언제나 꿈꿔왔던, 하지만 실패했던 바로 그것 아니겠어요?

또 다른 아이러니를 생각해볼 수 있어요. 1960년대는 미국과 소련의 이념 대립과 핵무기 경쟁으로 얼룩진 시기였죠. 그 경쟁이 거의 세상을 날려버릴 지경에 이르렀을 때, 소련식 계획 경제의 원칙이 다름아닌 미국에서 성공적으로 뿌리를 내렸다는 겁니다. 흔치 않은 일이지만, 아이러니는 가끔 이렇게 정직한 이념에 효과적인 복수를 해내는 것 같아요.

미국 국경 내에서, 테크노스트럭처의 국내 소비자들에게 벌어진 일의 전말은 이렇습니다. 그렇다면 그 바깥의 세상은 어땠을까요? 탱크, 탄약, 전투기, 항공모함을 만들던 미국의 공장들이 세탁기, 자동차, 텔레비전, 여객기를 만들도록 전환하는 과정은 아주 순조롭게 달성되었습니다. 문제는 전쟁 기간 동안 미국의 산업 생산 역량이 너무도 늘어난 나머지, 공장을 계속 가동하고 노동자에게 일자리를 제공하려면 미국 내에서 소화할 수 있는 것보다 훨씬 많은 것들을 생산해야만 하는 처지가 되었다는 것이죠. 미국 소비자들의 욕망을 새롭게 뚫어내는 것만으로는 어림도 없었어요. 소비를 충당할 수 있을만한 미국 중산층 가정의 숫자가 그렇게까지 넉넉하지는 않았으니까요. 해외 시장이 개척되어야만 했습니다.

미국의 야심찬 계획

집에 들어오신 아버지께서 '초현실적인' 뉴스를 전해주셨던 1975년의 어느 저녁이 문득 생각납니다. 이제는 30드라크마로 미국 돈 1달러를 살 수 없게 되었다고 말씀하셨죠. 사실 몇 푼 이상의 달러를 살 방법도 없었고 법적으로도 그럴 권리가 없었던 우리에게 직접적인 영향을 주는 하지만 1957년부터 유지되어왔던 환율이 무너진 모습을 본 아버지께서는 걱정하셨고요.

미국의 큰 출렁거림에서 시작한 충격파가 얼마간의 시간을 거쳐 우리 가족과 이 작은 나라 그리스에 미치게 될 의미란 무엇이었을까요? 돌이켜 생각해보면 아버지의 육감은 정확히 맞아떨어졌어요. 그 사건은 미국에서 시작된 무언가가 이곳에 반영된 결과였고, 자본주의가 다시 한 번 폭력적으로, 이번에는 전지구적으로 변신할 것임을 보여주고 있었죠.

아버지께 그토록 큰 인상을 남겼던 드라크마-달러 환율 폭락은 4년 전인 1971년, 이른바 브레턴우즈 체제의 붕괴로 인한 여파였어요. 마치 2008년 금융 위기가 그리스를 쓸어버릴 때까지 2년의 시간이 걸렸던 것처럼, 브레턴우즈Bretton Woods 체제[5]의 붕괴 역시 우리에게 도달할 때까지 약간의 시간이 걸렸던 거죠. 어떤 독일인 친구는 이런 농담을 하더라고요. "만약 내가 세계 종말 임박 소식을 들으면 나는 곧장 그리스로 이사할 거야. 거기서는 모든 소식이 몇 년쯤 늦게 도착하더라고."

브레턴우즈는 뉴딜 정책가들에 의해 고안된 야심찬 세계 금융 시스템이었습니다. 그 목적은 고귀했죠. '전쟁이 끝난 후, 대공황이 다시 벌어지지 않도록 예방한다.' 하지만 그들이 펼친 전략적 행위는 그보다 덜 고상했어요. 전후 유럽과 일본을 미국의 눈부신 전후 신경제의 일부로 부속시키는 게 목적이었거든요.

---

5 1944년에 미국·영국·프랑스 등 선진국이 미국 뉴햄프셔 브레턴우즈에 모여 기존의 금 대신 미국 달러화를 국제결제에 사용하도록 결정한 국제통화체제.

일단 독일군이 패배하고 나면 유럽은 황무지로 남게 될 것이며 유럽인들 역시 한 푼 없는 처지가 될 것이라는 점을 뉴딜 정책가들은 잘 알고 있었습니다. 그래서 워싱턴의 첫 번째 과제는 유럽에 돈을 다시 불어넣는 것일 수밖에 없다는 것을 워싱턴 스스로가 잘 알고 있었죠. 말 그대로 유럽이 경제를 다시 굴리기 위해 필요한 돈을 제공해야 했던 것입니다.

이건 말처럼 쉬운 일이 아니었죠. 유럽의 금은 이미 사용되었거나 도둑맞은 상태였고, 공장과 사회기반시설은 넝마가 되어버린 상태였어요. 피난민 무리가 고속도로와 국도를 떠돌아다니고, 차마 입에 담기 힘든 인간성의 끝을 보여주는 집단수용소가 자리 잡고 있던 유럽에는, 갓 찍어낸 지폐 이상의 무언가가 필요했습니다. 새로운 화폐의 가치를 보증해줄 무언가가 있었어야만 했죠. 그런데 결국 화폐의 가치를 뒷받침하는 건 그 돈이 유통되는 경제 그 자체 말고는 없지 않겠습니까? 악순환을 멈출 수 있는 건 오직 하나 뿐이었어요. 바로 달러!

브레턴우즈의 금융 프로젝트는 대담한 것이었습니다. 유럽 여러 나라의 돈과 일본의 화폐 가치를 고정환율로 묶어서, 유럽 돈과 일본 엔화를 '달러화'하는 것이었죠. 그리하여 30드라크마는 1달러가 되었고 1975년 그것이 허물어질 때 아버지는 슬퍼하셨던 거였어요.

본질적으로 미국은 미국 달러에 기반을 둔 세계 화폐 공동체를 만든 것이었습니다. 막강한 미국 경제가 뒤에서 버티고 있던 덕분에 유럽과 일본의 화폐 역시 확실하고 안정적인 가치를 갖게 된 거죠.

이런 상황에서 '우스운 돈', 가령 그리스의 드라크마나 이탈리아의 리라 같은 것으로 달러를 얼마나 구입할 수 있느냐에 제한이 걸리는 건 자연스러운 일이었겠죠. '자본 통제'라고 불리는 그런 제한들로 인해, 하나의 화폐에서 다른 화폐로 돈이 이동하는 것은 제약을 받게 되었습니다. 이러면 은행은 각국 화폐의 상대적 가치 차이를 통해 투기를 해서 이익을 볼 기회를 빼앗기게 되죠. 그런 제약이 없었다면 엄청난 양의 돈을 이 화폐에서 저 화폐로, 이 나라에서 저 나라로 옮겨가면서 막대한 이익을 볼 수 있을 텐데, 못 하게 되니까요. 그것은 은행가들의 직업을 한없이 따분하게 만들 수밖에 없었어요. 물론 그건 의도된 효과였습니다. 1929년 주식시장 붕괴와 대공황에 화들짝 놀란 뉴딜 정책가들은 은행이 자본 통제와 (거의)고정된 환율이라는 속박 속에서 많아봐야 1퍼센트 정도의 적은 이윤만을 볼 수 있도록 만든 거였죠.

　이 대담한 금융 프로젝트는 정치 프로젝트의 면모도 갖고 있었어요. 동양에서 뉴딜 정책가들은 일본 헌법을 다시 썼고 일본이 일본식 특징이 가미된 테크노스트럭처로 변신하도록 이끌었습니다. 유럽 연합의 창설을 인도한 것도 그들이었죠. 유럽 연합은 테크노스트럭처의 청사진을 유럽의 환경에 맞도록 변용한, 독일 제조업에 기반을 둔 중공업 카르텔이었으니까요. 그 작업을 위해 독일 헌법을 다시 써야만 했습니다. 아울러 독일의 산업화를 되돌리고 싶어 했던 프랑스의 야욕을 꺾어야 했어요. 파리를 정치적으로 감시하고 다스리겠노라는 약속을 할 수밖에 없었죠.

이토록 눈부신 설계에 기반을 둔 미국의 글로벌 플랜은 유럽과 일본을 테크노스트럭처의 구상대로 재탄생시켰고, 자본주의의 황금기를 이끌었습니다. 2차 세계대전 종전부터 1971년까지 미국, 유럽, 일본은 낮은 실업률, 낮은 인플레이션, 높은 경제성장률뿐 아니라 불평등의 급격한 축소까지 경험했어요. 뉴딜 정책가들은 그들의 목표를 거의 다 이루었습니다. 심지어 골수 공화당 지도자라 해도 어느 정도 인정하지 않을 수 없을 수준으로 말이죠.

한 번만 더 〈매드맨〉을 떠올려 보죠. 호텔 업계의 거물인 콘라드 힐튼이 돈 드레이퍼에게 본인의 진정한 야망을 털어놓는 장면이 있는데, 이거야말로 글로벌 플랜의 정수를 포착하고 있다고 할 수 있거든요. "내 인생의 목표는 미국을 세계로 이끄는 것이었다네. 미국이 좋아하건 말건 말이야. 돈, 우리는 선을 실행하는 힘이야. 왜냐하면 우리에겐 '신'이 있으니 말일세."

각본가가 여기서 '신'이라는 단어를 쓸 때 달러를 염두에 두고 있었는지 아닌지 모르겠지만, 그 시절 미국의 헤게모니는 미국의 화폐가 지닌 그 막강한 힘에 크게 기대고 있었죠. 미국산 제품을 살 생각이 전혀 없는 사람이라도 갖고 싶어하는 바로 그 화폐, 달러 말이에요.

그런데 이 모든 일은 어떤 핵심적 요소에 의존하고 있었습니다. 브레턴우즈 체제가 고정 환율을 보장하는 가운데 모든 이들에게 달러가 탐나는 돈이 되려면, 미국은 막대한 흑자국이 되어야만 하다는 것이었어요. 다시 말해 수입하는 것보다 더 많은 재화와 서비스를 세계에 팔아야 한다는 거죠. 유럽인과 일본인에게 재화를 판매하는 건 단순한 보너스 효과 그 이상의 의미를 지니는 것이었습니다. 테크노스트럭처가 산업과 경제 성장을 유지하기 위해서는 광대한 새로운 시장을 확보해야만 했기에 벌어진 일이니까요. 하지만 이 시스템 전체가 흑자 구조에 의존하고 있는 것도 사실이었고, 그건 연방준비제도(미국의 중앙 은행)가 찍어낸 달러가 유럽과 일본에 (대출과 원조의 형태로) 주어지며, 결국 미국 제품을 구입한 대가로 다시 미국의 손에 돌아오는 구조를 전제하고 있는 것이었습니다. 보잉 제트기나 제너럴 일렉트릭의 세탁기가 전 세계로 팔릴 때마다 한 뭉치의 달러가 대서양을 건너 다시 집으로 돌아오는 거죠. 게다가 이렇게 떠돌아다니는 달러가 결국 중력의 귀환에 이끌린다는 건, '가짜 돈'을 가진 독일, 영국, 프랑스, 일본, 심지어 그리스 같은 나라들에게도 한몫 챙겨주는 일이었습니다. 그 나라들은 점점 더 많은 달러를 원하게 될 수밖에 없었는데, 미국의 권위로 정해진 환율로 달러를 사올 수 있었기 때문이에요.

미국이 주요 수출국으로 남아 있는 동안 브레턴우즈 체제는 벽돌집처럼 튼튼했습니다. 바로 그런 이유 때문에 1960년대 말이 되자 브레턴우즈 체제는 허물어지고 말았죠. 이유가 뭘까요? 세 가지 요소가 커지면서 미국은 무역 흑자국의 지위를 잃었고 만성 적자국으로 주저앉고 말았어요. 첫째는 베트남전이 격화되면서 미국 정부가 군수 물자와 서비스의 형태로 동남아시아에 수십억 달러를 퍼붓지 않을 수 없었다는 것입니다. 둘째는 린든 대통령이 징병제의 폐단, 특히 노동계급 중에서도 흑인들에게 끼치는 해악을 손보려고 했다는 것이에요. 린든 존슨의 '위대한 사회' 프로그램은 영웅적이었지만 그만큼 값비싼 대가를 치렀습니다. 빈곤을 대폭 줄이긴 했지만 일본과 유럽에서 많은 수입 상품을 가져올 수밖에 없었던 거죠. 마지막으로 일본과 독일의 공장들이 미국 공장들을 양과 질 양쪽에서 앞서기 시작했어요. 미국 정부는 일본과 독일의 제조업 영역을 도우려 했는데 그게 너무도 성공적이었던 겁니다. 자동차 산업이 그 분명한 사례라고 할 수 있죠.

현실을 깨닫자마자 워싱턴은 지체 없이 그들이 만든 최고의 작품을 스스로 폐기해버렸습니다. 1971년 8월 15일 닉슨 대통령은 유럽과 일본을 달러 존에서 내보낸다고 발표했죠. 브레턴우즈는 죽었습니다.[6] 이제 자본주의는 새롭고, 진실로 우울한 단계로 진화의 발걸음을 내딛기 시작했어요.

| 광기와 탐욕에 눈먼 월스트리트 |

2002년, 닉슨 쇼크 이후 30년이 흐른 후, 인류의 총 소득은 약 50조 달러에 달했습니다. 같은 해 전 세계의 금융인들은 70조 달러

---

6 좀 더 구체적으로 말하자면, 닉슨이 폐기한 것은 미국이 얼마가 됐건 금을 무조건 1온스(31.1035그램)당 35달러의 고정 가격에 매입하겠다는 (브레턴우즈 체제 하의) 의무 조항이었다. 하지만 닉슨은 사실상 달러와 유럽, 일본 통화와의 고정환율제를 폐지한 것이나 다를 바 없었다. 충격을 받은 유럽 지도자들에게 닉슨의 텍사스 출신 재무장관 존 코널리는(John Connally)는 감히 따라할 엄두조차 나지 않는 말을 내뱉었다. '달러는 우리의 화폐고 여러분의 문제입니다.'

가량을 걸고 다양한 종류의 내기를 벌이고 있었죠. 이 어마무시한 숫자를 들었을 때 아버지의 눈이 화등잔만 해졌던 모습이 여전히 기억나요. 대부분의 사람들처럼 아버지 역시 이 사실을 받아들이지 못했죠. 아버지는 강철의 톤 수라던가 아버지가 지었던 병원의 수처럼 말이 되는 숫자의 범위 내에서 돈을 생각하는데 익숙하셨으니까요. 이 지구상에 70조 달러라는 숫자가 들어갈 곳이 있긴 한지 이해할 수가 없었던 거죠.

2007년, 인류의 총 소득은 50조 달러에서 75조 달러로 높아졌어요. 고작 5년 만에 33퍼센트가 인상된 거죠. 하지만 세계 금융 시장에 걸린 전체 판돈은 70조 달러에서 750조 달러로 커졌어요. 1,000퍼센트 이상 높아진 거예요. 아버지가 돌아가신 것도 그 때였죠. 아니, 좀 더 정확하게 말하자면, 자본주의의 오만을 산술적으로 반영할만큼 숫자가 미친 듯이 솟구쳤던 그 때, 아버지는 세상을 떠나셨어요.

이런 미친 숫자가 대체 어디서 나왔을까요? 어쩌다가 이렇게 된 걸까요? 기술적인 용어를 써서 대답할 수 있겠습니다. 옵션(내지 파생상품) 같은 금융 기법들을 어떻게 취급하느냐에 따라 달라진다는 거죠. 이 옵션들로 말할 것 같으면 워렌 버핏이 '대량 금융 학살 무기'가 될 수 있는 무언가라고 불렀던 것이며, 2008년의 금융 거품 대재앙과 맞물렸거나 그 원인이 되었던 그런 물건들이에요.[7] 옵션이라 불리는 이런 금융 기법들은 브레턴우즈 체제 하에서도 가능하긴

---

7 이러한 파생상품의 작동 원리에 대한 상세한 설명은 부록 2를 참고할 것.

했죠. 하지만 은행가들이 처음에는 다른 사람들의 돈을 들고서, 나중에는 사실상 허공에서 빚어낸 돈을 들고서 주식시장에 돈을 걸 수 있게 되었고 막대한 부를 은행으로부터 그들 스스로의 주머니에 이전할 수 있게 된 건, 브레턴우즈의 죽음과 함께 은행가들이 뉴딜 정책의 사슬을 풀고 해방된 다음의 일이었습니다.

허공에서 돈을 빚어낸다고요? 분명히 말하건대, 그래요. 대부분의 사람들은 은행이 B의 예금을 받아서 A에게 빌려준다고 생각하죠. 하지만 은행이 하는 일은 그런 게 아닙니다. 은행이 A에게 돈을 빌려줄 때, 은행은 금고에 가서 충분한 현금이 있다는 걸 확인하거나 하지 않습니다. A가 원금에 적절한 이자를 붙인 돈을 상환 능력이 있다고 판단하면 은행은 그저 A에게 몇 달러를 빌려줬는지 A의 계좌에 적어놓는 거예요. 여기서 필요한 건 타자기, 아니 요즘 식으로 따지면 키보드 몇 번 치는 것 밖에 없죠.

자, 만약 온 세상의 A들이 사려 깊게 대출을 받아서 원금에 이자까지 덧붙여 잘 갚아나갈 수 있다면 모든 일은 잘 풀리고 있는 겁니다. 하지만 은행은 그 본성상 너무도 많은 A들이 더 많은 돈을 빌려 점점 더 많은 이자를 내게끔 몰아가게 되는데, 이러다보면 은행은 거대한 폰지 사기[8] 구조 속에서 막대한 이윤을 쌓는 기관이 되어버리고 말아요. 결국 금융이라는 카드로 만든 집은 필연적으로 무너

---

8 Ponzi scheme, 투자 사기 수법의 하나로 이윤 창출 없이 투자자들이 투자한 돈을 이용해 투자자들에게 수익을 지급하는 것.

지게 되고, 그럴 때면 보잘것없는 평범한 사람들이 세계 자본주의의 몰락에 짓눌려버리게 됩니다. 그게 바로 1929년 대공황에서 목격된 바죠. 브레턴우즈는 이렇게 탐욕에 눈이 먼 인류가 또 다른 대공황을 저지르는 걸 막기 위해 고안된 것이었어요. 그러다보면 또 다른 세계대전이, 그런 일이 다시 한 번 벌어질 수도 있으니까요. 그런데 브레턴우즈가 사라지자 은행가들은 자유롭게, 다시 한 번, 광란의 파티를 벌이기 시작한 거죠.

제가 아는 아버지는 습관적인 위험 회피 성향을 지닌 분이죠. 힘 있는 사람들은 멍청하다고 가차 없이 전제하는 분이기도 하고요. 그러니 아버지께는 이 설명이 썩 만족스럽게 느껴지지 않을 듯해요. 금융이라는 이 카드로 만든 집이 본질적으로 불안정하다는 걸 아버지나 나 같은 사람이 알 정도라면, 훨씬 더 똑똑한 금융가들도 마땅히 알아야 할 게 아니겠어요? 그들이 가진 모든 패가 꽝으로 드러났을 때 벌어질 결과를 마땅히 두려워하고 피해야 하지 않겠어요? 하지만 그렇지 않죠. 거기에는 여러 가지 이유가 있어요.

일단 그들은 A에게 빚을 갚을 의지가 능력이 없는 상태에서도 A에게 대출을 해주면서 이익을 볼 수 있는 새로운 방법을 고안해냈습니다. 그 비법은 A가 진 빚을 여러 개의 대출로 쪼개서, 수많은 매우 복잡한 금융 '상품'으로 만든 다음, 그걸 조각조각 내다 파는 거였죠. 그걸 구입한 사람들은 반신반의하면서도 그걸 다시 포장해서 다른 이에게 팔고 있었고요. 이런 식으로 서구의 은행가들은 잘못된 안도감을 품게 되었어요. A의 대출이 잘못되어도 자신들의 문제가 아니라고 보게 된 거죠. 설령 A가 파산해도 A의 대출은 아주 작은 조각으로 나뉘져 있으니 한 사람의 은행가가 몽땅 책임질 일 따위 없다는 것이었습니다. '공유되고 분산된 리스크는 최소화된 리스크다' 이렇게 믿고 있었던 거죠.

이런 믿음을 내재화한 그들은 또 다른 믿음을 내재화할 수 있었어요. 신중한 태도는 찌질이들에게나 어울리는 것이고, 그들처럼 똑똑한 사람들은 자본주의에 꼭 필요한 활력을 불어넣고 있다는 생각 말이에요. 그러나 점점 더 많은 빚을 내주고, 그걸 점점 더 작은 조각으로 쪼개어, 세계 각지에 뿌려대는 그들이 하는 일은 리스크의 최소화가 아니었어요. 리스크를 복리로 부풀리고 있는 거였죠. 재앙의 먹구름이 지평선에 아른거리고 있었지만 금융가들은 그 작은 빚 조각들이 한순간에 서구 금융 시스템 위로 쏟아져 어떤 파국을 일으킬지 상상조차 하지 못했답니다.

'왜?' 아버지의 머릿속에 이런 질문이 떠오를 거예요. 우리가 보기에도 뻔한 일이라면 그 엄청나게 똑똑한 사람들이 연쇄 부도의 높은 가능성을, 수많은 A들에게 내어준 빚이 일시에 상환 불가능하게 되는 상황을 고려하지 못했냐고요. "견제하는 이 없는 탐욕의 폭풍에 사로잡힌 은행가들은 무슨 일이 벌어지는지도 알지 못했어요"라고 말한다면 이건 질문을 다른 방식으로 바꿔서 다시 말하는 것일 뿐, 대답이 되긴 어렵겠죠.

탐욕이 1980년대에 발명된 건 아니잖아요. 하지만 닉슨 쇼크가 브레턴우즈 체제를 끝장냈을 때 뭔가 다른 일이 벌어지긴 했습니다. 월스트리트는 도박꾼의 광기 비슷한 무언가에 감염되었어요. 그것이 광기를 키웠고 이 미친 숫자를 늘려나갔죠. 그 무언가가 뭐가 됐건, 그것은 전지구적 여파를 미치는 막대한 것이었습니다. 자본주의자의 권력을 경제의 영역, 말하자면 산업과 상업의 영역에서, 은행가의 세계인 금융의 영역으로 이전시켰으니까요. 대체 그게 뭐였을까요?

그 답을, 그러니까 제 답을 들으시면 아버지는 아마 흡족하실 거예요. 저는 고대 그리스 신화 이야기를 하려는 참이니까요.

| 미국으로 향하는 자본의 쓰나미 |

옛날 옛날 먼 옛날에, 크레타 왕의 궁전 지하에는 그 유명한 미로가 설치되어 있었습니다. 미로 안에는 무서우면서도 비극적인 괴물이 살고 있었죠. 미노타우로스가 견뎌야 했던 지독한 외로움은 미노타우로스에 대한 공포의 소문만큼이나 어마무시했고, 그 속에서 미노타우로스는 끝없는 식욕을 갖게 되었습니다. 미노스 왕은 나라의 평화를 지킬 의무가 있었고, 미노타우로스를 달래는 것은 평화 유지에 필수적인 일이었죠. 그래야 온 바다를 통해 교역하며 풍요를 누릴 수 있었으니까요. 아, 그 괴물의 허기는 사람을 잡아먹는 것으로만 채워질 수 있었습니다. 그리하여 하루가 멀다 하고 머나먼 아테네에서 젊은이들을 묶은 배가 크레타로 향했죠. 크레타에 도착한 배는 미노타우로스가 삼켜버릴 인간 제물을 내려놓았고요. 그 시대의 평화를 지키고 번영을 재생산하기 위한, 실로 끔찍한 의식이었죠.

수천 년이 흐른 지금, 브레턴우즈 체제의 잔해 속에서, 또 다른 미노타우로스가 은밀하게 고개를 들었어요. 그 둥지이자 미로는 미국 경제의 몸통 깊숙한 곳에 자리 잡고 있었습니다. 새로운 미노타우로스는 미국 무역 적자의 모습으로 태어났어요. 베트남 전쟁, 위대한 사회 프로그램, 독일과 일본 공장들의 효율성 증대 등으로 인해 미국이 다른 나라에 내다 파는 상품보다 사오는 상품이 더 많아졌다는 사실부터 시작된 거죠. 미국의 소비는 미국을 제외한 모든 세계의 수출과 같았어요. 미국 중부 쇼핑몰이 집어삼키는 물건들은 유럽과 아시아에서 수입한 물건들이었죠. 미국의 적자가 커질수록 유럽과 특히 아시아 제조업 생산품을 향한 미노타우로스의 식탐은 커져만 갔답니다. 하지만 미노타우로스는 미국 뿐 아니라 유럽과 아시아에서도 평화와 번영을 보장하는 존재였죠. 월마트에서 월스트리트까지 이어져 있는, 미로와도 같은 지하 터널이 그 힘과 국제적 위상의 근원이었어요.

그 미로는 이렇게 작동하고 있었어요. 새롭게 탄생한 아메리칸 미노타우로스는 그 식욕으로 독일의 공장이 바삐 돌아가게 했어요. 일본에서, 나중에는 중국에서 만들어내는 모든 것을 삼켜댔죠. 그 덕에 (적어도 지금까지는) 유럽과 아시아가 평화와 번영을 유지해왔죠. 대신 그 공장을 보유하고 있는 외국인(적잖은 경우 미국인)들은 먼 공장에서 발생하는 이익, 현금을 월스트리트로 보내 투자했어요. 이렇게 미국의 지배 계급은 미국이 무역 적자를 겪고 있음에도 불구하고 더 부유해질 수 있었어요. 바로 이렇게 글로벌 미노타우로스는 금융 자본(이윤, 저축, 잉여 자금)을 굴리면서 **동시에** 그 외 세계의 순수출을 지켜냈죠. 이렇게 꾸준히 돈이 돌고 돌면서 포스트 브레턴우즈 체제의 세계 질서가 가능해졌고 유지되었습니다. 마치 저 아득한 선사시대의 크레타 왕국이 팍스 크레타니아를 지켜냈듯이 말이에요.

1971년 8월 15일 닉슨 쇼크가 벌어졌을 때 그 배후에 깔려 있던 전략이 바로 이거였죠. 적어도 그 전략을 짠 이들 입장에서 볼 때 기적처럼 잘 먹혀들어갔습니다. 아시겠지만 브레턴우즈 체제는 이미 1960년대 중반부터 불길한 징후에 사로잡혀 있었잖아요. 미국의 무역 흑자가 적자로 전환되면서 금융가들은 브레턴우즈의 임종을 대비하기 시작했죠. 1944년에 인위적으로 책정된 1온스당 35달러의 고정 환율이 지속될 수 없는 시점이 조만간 다가오리라는 것을 그들은 알고 있었던 거예요. 그날이 오면 금융가들이 쌓아놓은 달러로 살 수 있는 금의 양이 훨씬 적어질 수밖에 없었죠. 그러니 그들이 미국 달러로 금을 사두기 위해 혈안이 되어 달려든 것은 자연스러운 일이었습니다. 이런 상황이 지속된다면 미국의 금은 한 푼도 남지 않을 위기에 처했어요. 닉슨 쇼크가 이런 괴사를 막아냈죠.

예상대로 달러는 금과 사실상 다를 바 없는 화폐로서의 지위를 빠르게 잃어버렸지만, 놀랍게도 곧장 그 힘을 되찾았어요. 어떻게 그랬을까요? 달러가 금과 디커플링된 직후 유럽의 화폐들 역시 달러와 디커플링되었거든요. 달러와 고정 환율로 교환되지 않자 유럽과 일본 돈의 달러 대비 가치는 마치 폭풍우 치는 바다의 돛단배처럼 거칠게 요동치기 시작했어요. 이례적으로 엄청난 특권을 지닌 화폐인 달러는 유일하게 안전한 항구 노릇을 할 수 있게 되었고요. 말하자면 프랑스건 일본이건 인도네시아건, 석유, 구리, 철, 심지어 화물선의 빈 공간을 사고팔 때마저, 세상 모든 사람들은 달러로 지불해야만 했던 것입니다. 그리하여 미국은 미국 돈으로 딱히 사고 싶은 게 없는 나라 사람들조차 그 나라 돈을 갖고 싶어 하는 유일한 국가가 되었어요. 유럽과 일본의 경제적 미래에 불확실한 먹구름이 밀려닥쳐오자 금융계가 자산을 달러로 바꾸기 위해 아우성쳤던 이유가 바로 그것이었죠.

갑자기 달러는 왕좌를 되찾았어요. 닉슨 쇼크는 대대손손 지속되는 마술쇼였죠. 점점 더 무역적자가 커지는 나라가 있는데, 그 나라의 화폐인 달러는 점점 더 큰 힘을 갖게 되었으니까요. 달러의 역설을 개략하자면 이렇습니다. 닉슨이 불러일으킨 소동은 세계의 자본가들에게 그들의 이윤을 달러화해야 할 강력한 동기를 제공했어요. 이 패턴에서 빠져나갈 길은 없었죠. 오늘날까지도 그렇잖아요. 월스트리트에서 난리가 터지면 돈 만지는 사람들이 어떻게 반응하나요? 달러를 더 많이 사서 그걸, 월스트리트로 보내요!

하지만 달러의 패권이 성장한 또 다른 비결이 있어요. 노동 계급을 의도적으로 가난하게 만든 거예요. 냉소적인 사람이라면 '이윤율이 높은 나라로 많은 돈이 흘러가는 건 당연한 일'이라고 말할 수도 있고 그건 퍽 정확한 이야기에요. 해외 자본을 자석처럼 끌어당기는 월스트리트의 힘이 전적으로 발휘되기 위해서는 미국의 순이익률

profit margin이 독일과 일본의 이윤율profit rate을 따라잡아야 하거든요. 미국의 임금을 억누르면 그 목표를 빠르고 지저분하게 달성할 수 있어요. 노동이 저렴해지면 생산 비용이 낮아질 테고 더 큰 마진이 남으니까요.

오늘날까지도 미국 노동 계급의 소득이 평균적으로 1974년 수준 아래에서 형성되어 있는 건 우연이 아니에요. 1970년대에 노조 파괴가 극성을 부렸던 것, 노동조합이 도사리고 있는 산업 영역을 마거릿 대처가 뒤흔들어버리더니, 그 모습에 영감을 받아 미국에서는 레이건이 단 한 명의 항공관제사도 노조에 가입하지 못하게 하겠다고 선포했던 것 역시 결코 우연이 아닙니다. 그리고 미노타우로스가 세계의 자본을 모두 미국으로 빨아들이는 모습을 보게 된 유럽의 지배계급은 자신들도 같은 행동을 하는 것 외에 다른 선택지가 없다는 걸 알아차렸죠. 레이건이 길을 닦았고 대처가 그 위를 질주했어요. 하지만 독일, 그리고 나중에는 유럽 대륙 전체에서, 아버지라면 어쩌면 보편적 가난이라 하실 수도 있을 이 새로운 계급 전쟁이 가장 효율적으로 치러지게 되었죠.[9]

새로운 시대의 막이 올랐습니다. 2차 세계대전 이후 지속되었던 자본과 노동의 평화 국면은 이제 사생결단으로 변했어요. 최후의 일격은 1991년 소련의 몰락과 함께 가해졌죠. 러시아, 더 중요하게는

---

9 EU 체제 속에서 독일은 유럽 각국을 상대로 무역 수지에서 적자를 보고, 대신 금융 수지에서 흑자를 보는 경제 구조를 갖는다. 이는 그리스로 대표되는 남유럽 국가들이 독일에 경제적으로 예속되는 상황을 가속화한다. 저자는 그 점을 꼬집고 있다. -역자 주

중국이, 자발적으로 세계화된 자본주의에 스스로 몸을 던졌으니까요. 20억 명의 저임금 노동자들이 미노타우로스의 영역에 돌입한 거예요. 서구 노동자들의 임금은 더욱 정체될 수밖에 없었죠. 이윤은 부풀어 올랐고요. 괴물을 키우는 먹이, 미국으로 향하는 자본은, 거의 쓰나미가 되어 몰려왔습니다.

미국으로 향하는 이 엄청난 자본의 쓰나미, 그것이 바로 월스트리트에 자신감을 불어넣어준 원동력이었어요. 아니 사실 광기 어린 오만이라 해야겠죠. 그것이 아버지를 아연실색하게 했던 미친 것 같은 숫자를 이루는 본질이었던 것입니다.

이 시점에서 아버지가 던지실 질문이 제 귀에 들리는 것 같아요. 아마도 그건 가장 중요한 질문일 겁니다. 아버지, 왜 닉슨은 브레턴우즈 체제를 지키려 하지 않았을까요? 달러와 금의 교환 비율을 낮추면서 은행가들을 제자리에 묶어두려 할 수도 있었을 텐데. 아니면 달러의 유럽과 일본 화폐와 달러의 고정 환율을 지킬 수도 있지 않았을까요. 테크노스트럭처의 지배자들 사이에 무슨 바람이 불었기에 이토록 극적인 변화를 취하게 된 걸까요?

| 새로운 국제 체제의 완성 |

때는 1965년. 베트남전 반대 운동인 '플라워 파워Flower Power'가 한창이고, '전쟁 대신 사랑을 나누라Make Love Not War'는 구호가 나부끼던 시절이었습니다. 이 흐름을 거스르며 돈 드레이퍼는 사랑에 대한 본인의 이론을 설명하죠. "자네가 사랑이라 부르는 건 나 같은 놈들이 나일론을 팔기 위해 발명해낸 것에 불과해."

테크노스트럭처의 진수를 인격화한 듯한 이 허구의 캐릭터는 과장된 냉소적 표현으로 요점을 짚어내고 있어요. 테크노스트럭처는 대중의 욕망과 기대를 한껏 부풀려 놓았지만 사실 그건 그들이 만들어내는 소비재를 아무리 구입한다 해도 채울 수 없는 것이었죠. 그러니 글로벌 미노타우로스가 날뛰며 그들의 경제적 토대를 짓밟기 전부터 테크노스트럭처는 그들이 불러일으킨 사회 전반의 정신적 위기로부터 역풍을 맞고 있었던 거예요.

1965년 이후 젊은이들이 극단화된 데에는 베트남 전쟁이 큰 역할을 했습니다. 하지만 젊은이들은 존슨 대통령이 인도차이나 반도 전쟁의 수위를 끌어올리기 오래 전부터 부모들의 기득권과 등을 돌렸고 '세대차이'라는 것을 발명해냈어요. 그 불만에 불을 붙인 건 전쟁이었지만 전쟁 그 자체가 원인은 아니었던 거죠. 그렇다면 완전고용의 시대, 불평등이 가파르게 줄어들던 시대, 새로운 공립 대학들이 문을 열고 복지국가의 모든 면이 확장일로였던 1960년대 중후반, 미국과 유럽의 젊은이들은 대체 왜 들고 일어났던 걸까요?

〈매드맨〉의 다른 에피소드에서 드레이퍼가 했던 혼잣말에 그 답이 담겨 있습니다. 욕망을 만들어내는 일에 평생을 바쳐온 사람으로서 할 수 있는 가장 가혹한 자기비판이에요. "우리는 너무도 많은 것을 원하기에 결함이 있어. 우리는 그것들을 손에 넣고 우리가 가진 것을 소망하기에 망가진 거라고."

우리의 소망이 충족되지 않는 건 안타까운 일이죠. 그런데 우리의 채워지지 않는 꿈, 우리의 좌절된 욕망 등이 다른 이에 의해 대량생산된 것임을 깨닫는 건 또 다른 차원의 일이잖아요. 우리의 대량생산된 갈망이 충족될수록 우리의 만족감은 더욱 줄어듭니다. 테크노스트럭처가 우리의 정념을 휘저어놓을 수 있는 능력을 키워나갈수록, 그 허전함을 채울 수 있는 상품이 주어질 때 느끼는 공허함은 커지죠. 그 공허를 채우기 위해 젊은이들은 기득권 질서를 파괴해야 할 필요성을 뼈저리게 느꼈습니다. 엄밀한 목표도 명분도 없는 혁명, 테크노스트럭처의 방식에 대한 도덕적 분노를 표출하는 싸움을 벌이게 된 거예요. 1968년 5월에 벌어진 이른바 68혁명, 우드스톡 페스티벌^{Woodstock Music & Art Fair}, 혹은 시민권 운동의 한복판으로 뛰어든 젊은이들의 열정에는 세기말을 예감케 하는 혁명의 냄새가 배어 있었습니다. 한 지배 체제가 종말을 고하고 새로운 것으로 대체될 터였죠.

젊은 반항아들은 그들의 욕망을 비롯해 모든 것을 계획하는 테크노스트럭처의 대담함을 거부하고자 했습니다. 이런 불만은 그들만 느끼고 있던 게 아니었어요. 1950년대와 60년대는 자본주의가 자발적인 질서의 자연적 체계라고 믿는 자본주의의 독실한 신자들에게 악몽과도 같았습니다. 어느 곳에 눈을 두건 세상 모든 곳이 중앙의 계획으로 돌아가고 있었죠. 계획하는 이 없어도 스스로 자유롭게 돌아가는 놀라운 시장의 움직임 따위는 찾아볼 수 없었고, 아무리 좋게 보더라도 부차적인 것에 지나지 않았으니까요. 설령 욕망을 창출하고 가격을 못박아놓는 테크노스트럭처의 방식에 무지하다 해도, 국가의 긴 팔 끝에 보이는 손이 달려 있고 그 손이 투자 펀드에 지시를 내리며, 은행가들의 자본 이전을 막고, 우리의 그리스 드라크마를 비롯한 온갖 해외 화폐와 달러의 가치를 고정해놓았다는 것은 보일 수밖에 없는 일이었어요. 그러니 한마디로 서구는 닉슨 쇼크와 같은 파국을 맞이할 심리적 준비가 되어 있었습니다. 반자본주의적인 젊은이들과 자유시장의 광신도들이 모두 죽어가는 구체제를 끌어내리기 위한 기회를 엿보고 있었던 거죠.

하지만 결국 글로벌 플랜을 허물어뜨린 건 히피 좌파도 자유지상주의 우파도 아니었어요. 테크노스트럭처의 뜻에 따라 잘 움직여온 요소들의 작동이 글로벌 플랜을 망가뜨렸습니다. 뉴딜 정책가의 일원이며 1971년 닉슨 쇼크를 불러일으킨 이들 중 중심 인물이면서, 1979년부터 1987년까지 미국의 중앙은행격인 연방준비제도 이사회장을 역임했던 폴 볼커Paul Volcker의 발언에서 그 점을 분명히 확인할 수 있죠. 1978년 워윅 대학에서 연설을 하던 중, 볼커는 그들이 지향하는 바를 간결하면서도 냉소적으로 이렇게 설명했던 것입니다. "세계 경제 체제의 질서정연한 해체는 응당 추구해야 할 1980년대의 목표입니다."

이것이 바로 닉스 쇼크의 목적이었어요. 원치 않게 쌓아올린 마천루를 섬세하게 내파하는 것, 브레턴우즈를 없애버리고 미국의 글로벌 미노타우로스가 돌아다닐 길을 뚫어주는 것이었죠. 아버지의 의

문을 해소해드리기 위해 볼커가 워윅 대학 강연에서 했던 말을 좀
더 들려드릴게요.

안정적인 국제 체제를 유지할 필요성과 행동의 자유 내지 국가 정책
의 자유를 유지하고자 하는 열망을 서로 가늠해봤을 때, 미국을 비롯
한 다수의 국가들은 후자를 택하였으며…….

역사상 가장 안정적인 자본주의 체제가 서 있던 자리에, 볼커 같
은 이들은 열과 성을 다해, 끝없이 부풀어 오르는 적자, 부채, 도박에
토대를 둔 사상 가장 불안정한 체제를 세워놓았습니다. 그들의 손에
의해 브레턴우즈 체제는 질서정연하게 해체되었고 곧 새로운 국제
체제가 완성됐죠. 대부분의 사람들이 국제화나 금융화라고 하는 그
것 말이에요. 저는 그것을 '자본주의의 글로벌 미노타우로스 단계'
라고 부르기로 했는데, 어쩌면 그런 작명은 모든 것을 그리스 고전
과 빗대어 말하는 것을 좋아하셨던 아버지의 영향 때문일지도 모르
겠어요.

| 컴퓨터가 만들어 낸 광란의 도박판 |

구시대의 계획 체제를 질서정연하게 해체하고 그것을 반항적인
미노타우로스로 대체하면 어떻게든 미국 노동자들은 피해를 볼 수

밖에 없었습니다. 수십 년에 걸쳐 한 단계씩 사회경제적 사다리를 간신히 기어 올라왔던 미국 노동자들은, 생존임금이나 간신히 받는 구덩이로 돌연 내던져졌죠. 미국의 적자가 날로 쌓여가는 가운데, 미국의 패권을 유지하면서 말도 안 될 정도로 부유한 미국 엘리트의 지위를 함께 지켜나가려면, 다른 방법이 있었을까요?

현실 속에서 볼커가 구체제를 질서정연하게 해체하기 위해서는 노동조합을 무력화하는 것 외에도 필요조건이 있었습니다. 노동자들의 협상력을 줄이기 위해 계산된 불황이 있어야 했고, 루즈벨트 대통령이 막무가내인 은행가들을 다스리기 위해 채워놓은 족쇄를 풀어야 했죠. 미노타우로스가 등장하기 위한 전제 조건들이었습니다. 하지만 전세계적인 반동으로 인한 정치적 요구 또한 크게 일어났어요. 수많은 이들에게 피해를 주는 체제 전환이 벌어질 때면 늘 그렇죠. 그런 변화를 불러일으키기 위해서는 잔인한 결정이 요구되는데, 그것들은 대체로 해방이나 구원의 이데올로기로 포장되어 있거든요. 다름아닌 신자유주의가 등장하는 게 바로 이 대목입니다.

신자유주의는 사실 흥미로울 것도 없는 구시대 정치철학 뒤범벅이죠. 새롭지도 않고 자유주의도 아니에요. 신자유주의가 현실 자본주의와 맺는 관계는 마르크스주의가 현실 공산주의와 맺는 관계와 유사해요. 아무 상관없거든요! 그럼에도 불구하고 신자유주의는 노동운동에 대한 공격을 정당화하고, 월스트리트가 사람들을 갈취할 수 있게 소위 '탈규제'를 추진하는 데 필요한 이념적 포장지를 제공했습니다. 인류는 대공황을 거치면서 몇몇 경제 이론을 집어던졌고 거기에는 그럴만한 이유가 있었어요. 그런데 신자유주의와 함께 그런 것들이 되살아났습니다. 가령 규제받지 않는 금융 시장이 최선의 결과를 낳을 것이라는 엄청난 거짓말 같은 것들 말이죠.

비슷한 시기였던 1970년대 말, 최초의 개인용 컴퓨터가 엔지니어링, 건축, 그리고 당연하게도 금융에 도입되었습니다. 그 무렵 '사람이라면 실수하게 마련이지만 제대로 큰 사고를 치려면 컴퓨터가 필요하다'와 같은 식의 농담이 유행했어요. 안타깝게도 고급 금융의 세계에서 그건 농담이 아니었죠. 아까 제가 아버지께 2008년 금융위기 당시의 금융 옵션 내지 파생상품에 대해 최대한 간략하게 설명드렸던 것 기억하시죠. 그건 망가질 수밖에 없다는 게 분명해 보였잖아요. 파생상품의 바닥에 깔린 주가가 내려가기만 하면 무너지는 거니까요. 그런데 어떻게 금융인들이 그걸 못 볼 수가 있었을까요? 아까 저는 이익 추구에 눈이 멀어서 당연한 논리가 무시당했다는 답을 내놓았죠. 그것은 사실이지만 전체 그림은 아니에요. 빠져있던 답이 뭐였을까요? 컴퓨터입니다!

컴퓨터로 인해 금융인들은 한없이 복잡한 도박판을 벌일 수 있게 되었어요. 옛날에 A는 그저 흔한 주식에 단순한 풋옵션을 붙여서 B에게 파는 정도밖에 할 수 없었지만, 이제 A는 파생상품이라 불리는 훨씬 현란한 옵션을 구입할 수 있게 되었죠. 가령 A는 본질적으로 여러 회사의 주식에 켄터키주에 있는 주택, 독일 회사, 심지어 일본 정부의 채권이 가미된 선택매수권인 파생상품을 구입할 수 있게 된 거예요. 이 정도로도 충분히 복잡해 보이지 않았던지, A들은 슈퍼컴퓨터나 만들어낼 수 있을 정도로 복잡한 선택매수권인 파생상품으로 구성된 파생상품을 만들고 구입할 수 있게 했답니다. 이렇게 파생상품을 포함하는 파생상품이 등장할 때쯤이면, 애초에 파생상품을 만들었던 금융업계의 '천재적인' 엔지니어들마저 대체 그게 뭔지 이해할 수 없는 지경에 도달하고 말았죠. 이렇게까지 복잡해졌으니 파생상품 구매자들은 그 내용이 뭔지 굳이 따지거나 캐묻지 않는 핑계거리를 얻은 셈이었습니다. A와 B는 본인들이 그걸 왜 구입했는지 설명할 필요조차 느끼지 않게 되었어요. 컴퓨터는 이 복잡한 금융 상품을 아무도 이해할 수 없다고 보증하고 있었습니다. 그러니 다들 그저 남들이 그것을 구입하려 한다는 이유로 구입하고 있었어요. 이렇듯 모든 사람들이 사겠다고 목소리를 높이고 있으니, 엄청난 돈을 빌릴 수만 있다면 그냥 그걸 사기만 해도, 겁쟁이 낙인이 찍히지 않고 동료들에게 머저리 취급을 당하지 않는 건 물론이고, 엄청난 부자가 될 수 있는 거였어요. 상당 기간 동안 벌어진 일이 바로 이런 거였습니다. 2008년, 더는 그렇게 되지 않을 때까지는, 그랬죠.

여담이지만 아버지는 이렇게 질문하실 수도 있겠어요. "버블이 결국 터졌을 때 은행이 깨지고 불타버리도록 내버려두지 않았던 이유가 뭐지? 그렇게 빚을 부풀린 그들에게 책임을 물을 수 없었던 이유가 뭐야?" 이유는 두 가지예요. 첫째, 지불 체계 때문이죠. 지불 체계는 간단히 말해 누군가의 계좌에 있는 돈을 다른 계좌로 옮겨주는 수단이고 우리가 매 순간 수행하는 거래는 그 체계에 의존하고 있어요. 그런데 그것을 독점하고 있는 은행이 2008년까지의 도박판을 벌였던 그 은행과 같은 자들이었어요. 이건 마치 우리가 동맥과 정맥을 도박꾼에게 맡겨놓고 있는 것과 같았다고 생각하시면 될 거예요. 카지노에서 큰 손실을 본 도박꾼이 우리의 목을 따버리겠다고 협박을 하고 있었던 거죠. 둘째는 금융업자들의 도박 판돈 때문이었습니다. 그걸 잘 열어보면 그 속에는 국민 다수의 주택이 담보로 잡혀 있었거든요. 만약 전면적인 금융 시장 붕괴가 벌어지면 그건 홈리스의 대량 양산으로 이어지고, 사회계약의 전면적인 파기로 이어질 수밖에 없을 상황이었어요.

월스트리트의 저 고상하고 막강한 금융인들이 가난한 사람들의 허름한 집을 금융상품으로 만드는 번거로운 짓거리를 하고 있었다는 게 놀라우실 수도 있겠지만, 놀랄 일은 아니에요. 미친 도박판을 벌이기 위해 은행과 부유한 고객들로부터 가능한 많은 돈을 빌려온 그들은 더 많은 것을 원했죠. 더 큰 도박을 할수록 더 많이 벌 수 있었으니까요. 그리하여 그들은 부스러기를 긁어모아 더 많은 도박판을 위한 원재료로 삼았답니다. 어떻게 했을까요? 자기 집 한 채 갖는 게 소원이었던 가난한 블루칼라 노동자들에게 대출을 해줬죠. 만약 이 '별 볼 일 없는 사람들'이 중간에 주택담보대출을 못 갚게 되면 어떡하냐고요? 구시대 은행가들과 달리 노동계급에 돈을 빌려준 금융계 사람들은 부채 상환이 제대로 될지 따위는 신경 쓰지 않았어요. 애초에 빚을 받을 생각도 없었거든요. 금융계는 주택담보대출 승인을 내준 후 그걸 컴퓨터에 넣어서 잘게 썰고 다져서 작은 빚의 조각으로 쪼개고, 파생상품의 미로에서 새롭게 포장한 후 팔아치우면서 이익을 내고 있었던 거예요. 가난한 주택 '소유자'가 파산하고 집이 차압당할 시점이면, 처음 대출을 내줬던 금융업자는 진작 손털고 나가버린 다음이었죠.

기억을 더듬어보면, 1980년대의 언젠가 어떤 유명한 경제학자가 풍자조로 했던 말이 떠올라요. 그 경제학자는 "어느 곳이건 컴퓨터로 인한 생산성 증대가 목격된다"고 했죠. 단, 생산성 통계만 빼고 말이에요. 그 경제학자 말이 맞았어요. 초기의 컴퓨터는 종이마저도 전혀 아끼지 못했죠. 왜냐하면 사람들이 중요한 내용은 다 프린트해서 봤거든요.(그래서 때로는 기존의 두 배 이상 종이를 쓰기도 했어요!) 마찬가지로 산업 생산을 늘리는 데에도 컴퓨터는 큰 기여를 하지 못했어요. 하지만 금융에 있어서만큼은 컴퓨터가 막대한 영향을 미쳤습니다. 금융 기법의 복잡성을 배가시키면서 그 추한 면모를 감춰버렸죠. 광란의 거래가 빛의 속도에 가까워질 정도로 현란해진 것도 컴퓨터 덕분이었고요.

이제 아시겠죠? 2007년, 금융의 세계에서 인류의 총 소득의 열 배이상의 거래가 이루어질 수 있었던 이유가 뭔지 말이에요. 이 달아오른 광기의 시중을 드는 하녀는 셋이었어요. 아메리칸 미노타우로스에게 향하는 돈의 흐름, 컴퓨터가 만들어낸 금융 파생 상품의 복잡성, 그리고 시장이 최선의 답을 안다고 믿는 신자유주의적 신앙.

| 자본주의를 파괴하는 돌연변이 자본을 길러낸 인터넷 |

"이제 컴퓨터가 서로 대화하는 세상이 되었구나. 이 네트워크는 자본주의 극복을 불가능하게 만들까? 아니면 결국 자본주의가 지닌 약점, 아킬레스건을 드러내줄까?"

지금까지 제 이야기를 들어주셔서 감사해요. 이번 장에서 저는 아버지의 질문에 즉답하지 않고 그 주변만 배회했죠. 그건 순전히 이 대답을 위한 준비 작업이었어요. 지금껏 우리는 전자기력의 발견 이후 지속되어온 자본주의의 거대한 변화를 다뤄왔으니까요. 하지만 아버지, 기왕 참아주신 거 조금만 더 인내력을 발휘해주시면 좋겠어요.

일단 제 가슴에 맺혀 있던 걸 풀어놓고 싶어요. 아버지의 저 질문을 들었을 때 제게는 은은한 슬픔이 밀려왔거든요. 어떤 이야기를 하는데 아버지가 제게 자신 있게 설명해주시지 않았던 건 그게 처음이었으니까요. 그때까지 아버지는 기술의 변화가 어떻게 현존 사회질서를 교란하는지, 어떻게 역사 발전의 동력이 되며 진보를 자아내는지, 우리가 잃어버린 것들에 대한 헤시오도스적 탄식을 담아 설명해주는 분이었는데 말이에요. 아니, 갑자기 아버지는 **제게** 기술의 발전과 사회의 변화에 대해 **당신께** 설명해달라고 하셨어요! 하지만 불가해한 슬픔도 서서히 납득이 되더군요. 마치 철의 마법이 선사시대에 미쳤던 영향처럼요. '인터넷은 자본주의를 완전히 바꿔버릴까, 아니면 자본주의를 더욱 견고하게 만들까?' 이건 그냥 대답하기 어려운 차원의 질문이 아니었던 거예요. 그 질문에 답하는 건 일종의 통과의례로서 제 복된 유년기의 마지막을 상징하는 일이었죠. 저는 **아버지의** 사고방식을 밀어붙여 그 답을 찾아야 할 책임을 지고 있었어요.

그러니 이제 제가 답을 해볼게요. 아니에요, 아버지. 비록 인터넷은 지난 20여년간 자본주의에 새로운 돌파구를 마련해 주었지만, 자본주의에 흔들리지 않는 토대를 만들어주지는 못했어요. 그렇다고 앞서 잠깐 언급했던 것처럼 인터넷이 자본주의의 아킬레스 힐, 급소라는 걸 스스로 보여주지도 못했고요. 인터넷이 자본주의에 미친 영향은 훨씬 섬세한 것이었어요. 테크노스트럭처가 직조해낸 관심 시장과 맞물려, 아메리칸 미노타우로스의 놀라운 부상이 만들어낸 환경 및 2008년 금융위기의 영향 하에, 인터넷은 자본주의의 진화론적 적응 능력을 산산히 파괴해 버렸어요. 다음 장에서 설명드릴 테지만 그건 인터넷이 새로운 형태의 자본을 길러냈기 때문이었어요. 그 소유자에게 자본주의를 파괴할 수 있는 힘을 주는, 스스로 새로운 유형의 지배 계급이 될 수 있게끔 해주는 그런 새로운 자본 말이에요.

맞아요. **자본**은 여전히 융성하고 있죠. 하지만 **자본주의**는 그렇지 않아요. 이런 말씀을 듣고 놀라시지는 않겠죠. 이건 모두 아버지가 제게 가르쳐주신 거니까요. 연쇄 변이는 유기체의 다양성을 배가하죠. 그러다가 어느 시점이 되면 새로운 종이 탄생하고요. 사회 체제 내에서 기술 변화가 하는 일도 마찬가지죠. 체제는 어느 날 퍽 다른 종류의 무언가로 변해 있어요. 비록 그게 시스템의 기반인 자본,

노동, 화폐 등이 모두 완전히 달라졌다는 의미는 아닐지라도 말이에요. 항해술과 선박 건조술의 발전만으로 중세가 끝난 건 아니죠. 하지만 그 결과 교역량이 늘어났고 상인들이 축적한 부가 임계치를 넘기게 되면서, 그들은 토지의, 더 나아가 노동의, 결국에는 거의 모든 것의 상품화를 촉발시켰어요. 그 누구도 알아차리지 못했을 때 봉건주의는 자본주의로 변신했던 거예요.

전쟁을 치르는 동안, 전쟁이 끝난 후에도 시장을 옥죄었던 테크노스트럭처 역시 비슷한 역할을 수행했어요. 돈 드레이퍼를 비롯한 '매드맨'들의 손을 빌어 그들은 우리의 관심을 핵심 상품으로 만들어버렸죠. 그리고 닉슨 쇼크가 닥쳐왔고 글로벌 플랜은 폐기되었으며 월스트리트에 넘실대는 미친 숫자는 미노타우로스를 탄생시켰어요. 이 모든 발전은 자본주의의 유전자에 돌연변이를 만들어냈어요. 마치 백신을 만난 바이러스가 변화하듯 자본주의는 적응하고 진화하면서 확연히 다른 모습으로 변신해 나갔죠. 하지만 언젠가는 그 변화가 너무도 다른 모습으로 이어지기에, 결국에는 그것을 다른 종으로 부르는 게 마땅한 시점이 오고야 말 거예요.

저는 자본주의의 그 마지막 변신을 '테크노퓨달리즘'이라 불러요. 그런데 그 주제에 들어가기에 앞서서 글로벌 미노타우로스에 대해 마지막으로 몇 마디 덧붙이는 게 좋겠습니다. 1970년대 말부터 2008년까지 미국 중심의 순환 체계의 한가운데에 있었던 그 괴물은, 우리가 살아가는 이 시대의 이야기 속 모든 장면의 소품들을 제공했어요. 빅 파이낸스, 빅테크, 신자유주의, 산업 차원의 불평등 뿐 아니라, 영화 〈돈 룩 업^{Don't look up}〉에서 풍자하고 있듯이 인류가 맞닥뜨린 기후 재난의 위기 앞에서도 제 기능을 다하지 못하고 마비되어 있는 민주주의까지 말이죠.

일단 간단하게 추도문을 읊어볼까요. 크레타의 미노타우로스는 아테네의 왕자 테세우스에게 처단됐습니다. 미노타우로스의 죽음은 선사시대의 종말이었고, 비극, 역사, 철학이 꽃핀 고전기의 서막을 알린 사건이었죠. 하지만 우리 시대의 미노타우로스의 죽음에는 그런 영웅적인 면모가 부족해요. 오만하기 짝이 없는 겁쟁이 월스트리트 은행가들이 막대한 정부 구제 금융으로 보상을 받은 이 이야기 속에는, 미노타우로스 신화를 떠올리게 하는 그 어떤 요소도 담겨 있지 않으니까요. 2008년 금융 위기와 그 뒤를 이은 은행 구제 금융 덕분에 미국의 적자 구조는 한 해만에 되살아났지만, 전 세계의 이익을 재순환시키던 본래의 역량은 결코 다시 회복하지 못했습니다.

물론 지금도 온 세상이 월스트리트에 그들이 벌어들인 이익 중 대부분을 보내고 있는 건 사실이죠. 하지만 그 재순환 구조는 이미 망가졌습니다. 월스트리트에 달려드는 돈 중 극히 일부만이 공장, 기술, 농업에 유형 자산의 형태로 투자되고 있으니까요. 월스트리트로 달려든 세상의 돈 중 대부분은 그냥 월스트리트에 머뭅니다. 거기서 그 돈은 어떤 유용한 일도 하지 않은 채 그냥 있죠. 그렇게 쌓인 돈은 주가를 높이고, 하여 금융계에 엄청난 규모로 멍청한 짓을 저지를 기회를 또 다시 제공하고 마는 거예요.

누군가는 미노타우로스가 사라진 세상 위에 새로운 시스템을 세우려는 헛된 꿈을 꾸고 있을지도 모르겠습니다. 더 많은 부를 축적하기 위해 부가 가난을 필요로 하는 세상, 개발이 더 나은 것을 만드는 게 아니라 더 많이 만드는 것으로만 여겨지지 않는 그런 세상 말이죠. 이런 엄청난 낙관적 성향을 지닌 이들이라면 착취가 사라진 세상, 심지어 인터넷의 도움을 받아 정치가 완전히 민주화된 세상, 환경 회복이 다른 주제들보다 높은 우선순위를 갖게 된 세상을 꿈꾸는 것까지 나아갈지도 모르겠어요. 이런 희망은 2009년 사라져 버렸고, 그 다음에 찾아온 거대한 충격인 코로나 팬데믹 기간에 불씨가 되살아나는 듯했지만, 결국은 그렇게 되지 못했죠.

30여 년간 군림했던 우리 시대의 미노타우로스는 자본주의에 대한 환상을 창출하고 파괴해 버렸습니다. 자본주의가 안정적이고 탐욕스러우면서도 덕성을 지닐 수 있고 금융 생산성 높은 무언가일 것이라는 기대를 말이에요. 죽어가는 미노타우로스는 자본주의의 최종적이고도 치명적인 변신을 촉진했습니다. 새롭게 태어난 이 시스템은 전보다 훨씬 적은 사람들, 새로운 유형의 자본을 소유한 이들의 손에 권력을 쥐어 주고 있었던 것이죠.

클라우드 자본

영화 〈저스티스 리그^{Justice League}〉는 지구를 사막화로부터 구하기 위해 슈퍼히어로 무리가 활약하는 내용의 할리우드 영화죠. 거기서 아쿠아맨이 그 유명한 배트맨의 본체인 브루스 웨인의 차에 타는 장면이 나와요. "네 초능력이 뭔지 다시 말해줄래?" 아쿠아맨은 이 건방진 히어로 나부랭이가 뭐 하는 작자인지 묻죠.

"난 부자야." 웨인은 이렇게 답하고요.

이 장면의 함의는 단순하면서도 심오합니다. 대단한 힘은 슈퍼맨의 외계 근육이나 아이언맨의 강철 외골격이 아니라, 대단한 부에서 나온다는 거죠.

새로울 건 없다고 보실 수도 있어요. 아바의 노래 〈머니, 머니, 머니^{Money, Money, Money}〉의 가사처럼, '이것이 부자의 세계'니까요. 그런데 **구체적으로** 무엇이 부를 초능력으로 만들어주는 걸까요?

가장 원시적인 수준에서 보자면 희소한 자원에 대한 접근성이 불균형하다는 것에서 나오죠. 사하라 사막을 떠돌며 사경을 헤매고 있다고 상상해 보세요. 그때 아버지 앞에 수통을 들고 낙타를 탄 제가 나타나는 거죠. 갑자기 제게는 힘이 생겨요. 아버지가 '자발적으로' 제 뜻에 따라 뭐든 하게 만들 수 있는 힘이요. 마찬가지로 농부 B와 C가 기근에 시달리고 있다고 해보자고요. 그런데 B만이 자기 땅에서 우물을 발견한다면 B는 즉시 C보다 더 큰 힘을 갖게 될 거예요.

개간된 비옥한 토지에 대한 독점적 소유권은 예로부터 힘의 원천이었습니다. 아버지께서 예전에 설명해 주셨다시피, 3천 년도 더 된 옛날 그리스 반도의 북쪽에서 도리아인들이 쏟아져 내려왔어요. 미케네 사람들이 갖지 못한 철제 무기로 무장한 도리아인들은 좋은 땅을 차지해버렸죠. 일단 그 땅을 차지하고 나자 도리아인들은 땅을 잃어버린 자들보다 더 큰 힘을 갖게 되었습니다. 좋은 땅과 정교한 무기, 이것은 꽤 최근까지도 정확하게 맞아 떨어진 권력의 공식이었죠. 그 공식에 따라서 누가 누구에게 무엇을 하라고 시킬지 정해졌고, 권력을 가진 자와 복종하는 자가 나눠졌어요. 그것을 '봉건주의'라고 하죠.

그런데 뭔가 이상한 일이 벌어졌어요. 권력이 땅과 갈라지더니 스스로에게 전에 없던 지위를 부여한 거예요. 이제 권력은 이른바 '자본'이라는 것을 가진 사람에게로 넘어갔습니다. 자본이란 무엇일까요? 돈? 아니에요. 돈으로 토지, 물건, 좋은 평판을 구입할 수 있듯 자본도 손에 넣을 수 있지만 돈이 자본 그 자체는 아닙니다. 무기를 손에 넣은 자는 토지를 빼앗듯 자본을 강탈할 수도 있지만, 무기가 자본인 것도 아니고요.

자본주의 이전에는 자본을 정의하는 게 쉬웠습니다. 그 무렵의 자본이란 대체로 **다른 재화를 생산하는** 목적을 지니는 **물질적 재화**의 형태를 지니고 있었거든요. 그런 차원에서 보자면 강철 검은 자본이 아니었죠. 썰린 머리통이나 뚫린 몸통 말고는 아무것도 만들어내지 못하니까요. 하지만 강철 쟁기나 낚싯대는 전형적인 자본재, 그러니까 다른 식으로 표현하자면 **생산 수단이 되는 재화**라 할 수 있어요.

자본재는 자본주의 이전의 오랜 세월동안 중요한 위치를 차지하고 있었습니다. 고대 엔지니어들의 섬세한 도구가 아니었다면 바빌론 같은 도시도, 판테온 같은 신전도, 중국의 만리장벽 같은 성벽도 세워질 수 없었을 테죠. 소설 《로빈슨 크루소》에서 주인공은 난파선의 잔해에서 낚싯대, 총, 망치, 끌 같은 도구들을 건져낸 덕분에 시련을 극복하고 살아남을 수 있었어요. 유럽의 아름다운 대성당을 짓게 한 영주들은 거대한 봉건 영지를 가지고 있었죠. 이렇듯 인간의 손에 들린 자본재는 새로운 힘을 부여하고, 우리의 상상력을 자극하며 생산성을 향상시켜 주었습니다. 물론 인간이 서로를 보다 효율적으로 죽일 수 있는 힘도 그렇게 커나갔지만 말이에요.

하지만 새로 도래한 자본주의는 달랐습니다. 자본이 지닌 전혀 다른 역량을 등에 업고 있었죠. '명령하는 힘'이 바로 그것이었습니다.

| 명령하는 힘을 가진 자본 |

　1829년, 36세의 영국 남자가 있었습니다. 그는 영국을 떠나 오스트레일리아에서 부를 쌓기로 마음먹었죠. 수완 좋고 정치적 연줄도 갖고 있던 토머스 필Thomas Peel은 세 척의 준수한 배에 본인의 가족, 남녀와 어린아이로 구성된 350명의 일꾼들, 종자, 도구, 그 외 여러 자본재를 나눠 싣고 지구 반대편으로 향했습니다. 게다가 당시 돈으로 5만 파운드의 현금도 지니고 있었는데, 이건 현재 가치로 환산하면 대략 460만 파운드(원화로 약 78억 원)에 달하니 상당한 금액이죠. 식민지 정부에서 원주민으로부터 빼앗은 땅 중 1천 평방킬로미터를 할애 받아 작지만 현대적인 농업 식민지를 세우는 것이 그의 계획이었습니다. 하지만 오스트레일리아에 도착한지 얼마 되지 않아 필의 계획은 대실패하게 됩니다.

　필이 실패하게 된 핵심적인 이유는 그가 상상할 수조차 없었던 것이었습니다. 분명 그는 신중한 계획을 세웠어요. 물론 작황이 나쁘다거나 오스트레일리아 원주민이 저항하거나 식민지 정부와 갈등이 벌어지는 등의 곤란이 벌어질 수도 있겠죠. 그래서 그는 정치적으로 뒷배를 잘 다져 놓았고, 숙련된 영국인 노동자들을 데려갔으며, 가장 좋은 자본재를 완비했을 뿐 아니라, 한동안 노동자에게 급료를 주고 필수적인 원자재를 구입하기에 충분한 돈도 가져갔어요. 말 그대로 필요한 모든 것을 손에 넣고 있었던 겁니다. 헌대 수십 년이 지난 후 칼 마르크스가 비웃었던 것처럼, 필이 영국에서 가져가지 못한 것이 하나 있었습니다. 자본주의가 바로 그것이었죠![1]

그가 전혀 예상할 수 없었던 일이 벌어지면서 필의 계획은 파탄을 겪게 되었습니다. 일꾼들이 집단적으로 그를 떠나버렸던 거죠. 이건 마치 남반구에서 벌어진 19세기 버전의 대퇴사Great Resignation[2]였다고 할 수 있을 듯해요. 일꾼들은 그냥 가버렸어요. 필의 농장 주변에 자신들의 땅을 마련하고는 자기 농사를 짓기 시작했습니다. 영국에서 본인이 가지고 있던 것을 총동원해 준비한 필로서는 재앙이나 다름 없었죠. 필은 영국 본토에서 통용되었던 통솔 방식이 호주에서도 통할 거라는 잘못된 관념에 빠져 있었습니다. 모국에서 가져온 자본이 영국인 일꾼들을 다스릴 수 있을 모든 힘을 부여해줄 것이라고 믿고 있었죠.

필은 그가 데려간 일꾼들이 자기 밑에서 **임금노동을 하는 것 외에 다른 선택지가 없을 것**이라고 전제하고 있었어요. 18세기 인클로저 운동을 통해 공유지에 대한 대대적인 사유화가 벌어졌고, 농노들이 쫓겨나 그 어떤 땅에서도 일할 수 없게 되었던 영국에서라면 합당한 사고방식이었죠. 자기 땅을 갖지 못한 노동자들은 맨체스터, 리버풀, 글래스고 같은 곳에서 그저 굶어 죽지 않기 위해 임금노동을 해야 했어요. 하지만 오스트레일리아 서부는 땅이 넘쳐나는 곳이었습니다. (심지어 식민 정부가 오스트레일리아 원주민들에게 따로 거주구역을

---

1 필의 이야기를 칼 마르크스는 《자본론》에서 이렇게 거론했다. '불행하게도 필 씨는 영국식 생산 방식을 스완 강으로 내보내는 것을 제외한 모든 것을 제공했던 것이다!'

2 코로나 팬데믹 이후 상당수 근로자가 퇴사한 현상. -역자 주

내어줄 정도였죠.) 이 상황은 노동자들에게 대안이 되었어요. 필의 농장에서 일하는 대신 스스로를 고용하는 것이었죠. 그리하여 불행한 필 씨는 영국에서 만들어낸 수많은 자본재를 끌어안고, 넉넉한 돈주머니를 옆에 끼고 있었지만, 노동자들을 부릴 권력만은 가질 수 없게 된 것이었습니다.

땅이란 우리가 알고 있는 그것일 뿐이에요. 채소가 자라고 동물이 풀을 뜯으며 건물을 세울 수 있고 사람이 그 위에서 달리고 돌아다니며 때로 하늘을 향해 손을 뻗기도 하는 그곳이 땅이죠. 하지만 자본은 땅이 아닙니다. 노동과 마찬가지로 두 번째 본성을 지니고 있죠. 아버지께서 제게 빛의 독특한 이중적 본성에 대해 가르쳐주셨을 때 깨닫기 시작했던 것처럼 말이에요. 물론 자본에는 유형적이고 물리적이며 측정 가능하게 생산성을 높여주는 본성이 있지만 그건 한쪽 면에 불과해요. 자본에는 타인에게 명령을 내릴 수 있는, 설명하기 힘든 두 번째 본성이 담겨 있습니다. 그 강력하지만 섬세한 힘을 필은 제대로 이해하지 못했고 결국 크나큰 실패를 경험하게 된 거였어요.

봉건주의에서 자본주의로의 이행은 본질적으로 명령할 수 있는 힘이 지주에서 자본재를 소유한 이들에게 넘어간 현상이었어요. 그런 일이 벌어지려면 일단 농노들이 공유지에 자율적으로 접근할 수 없게 되어야 하는 것이었죠. 영국의 인클로저 운동이 자본주의의 탄생에 필수적이었던 건 그래서였어요. 필의 일꾼들이 오스트레일리아 서부에서 누렸던 그 기회를 영국의 노동자들은 가질 수가 없었던 거죠. 그러고 보니 아버지께서 평생을 일하셨던 차뤼보우기키 Chalyvourgiki 공장 노동자들이 매년 한 달이나 그보다 더 오래 휴가를 쓴다는 이야기를 해주셨던 것도 떠오르네요. 공장 노동자들이 무급 휴가를 받아 고향 마을에 돌아가서 올리브를 따거나 밀을 수확한다고요. 아버지는 이런 선택지의 존재가 노동자들에게 좋지만 자본주의에는 좋지 않다고 한 말씀 덧붙이셨죠.

땅에 대한 접근권을 차단하면서 인클로저 운동은 자본의 본성을 크게 변화시켰어요. 본디 생산성을 증대하는 것이 자본의 역할이었지만 명령할 수 있는 권력이 폭발적으로 커지게 된 거죠. 오래지 않아 기존의 공유지가 상품화되는 현상이 전 세계적으로 벌어졌고, 그로 인해 자본의 지배력도 세상 곳곳으로 뻗어나갈 수 있게 되었습니다. 이렇듯 노동을 압도하는 자본의 명령하는 힘 덕분에 자본의 소유자들은 엄청난 부를 쌓게 되었어요. 그렇게 부가 축적되면서 자본가의 사회적 힘도 증진되었고요. 자본가들은 단순한 고용주의 자리에서 벗어나 사회적으로 큰 결정이 내려질 때 의제를 설정할 수 있는 힘을 갖게 되었습니다. 곧 자본가들은 지주, 심지어 왕족까지 뛰어넘는 지배자가 되었죠. 지배 계급의 지위를 유지하거나 최소한 스스로의 몰락을 지연시키기 위해 귀족들은 자본가 계급에 들어가는 것 외에 선택의 여지가 없게 되고 말았어요.

자본의 숨겨진 힘, 명령하는 권력은, 세상의 모습을 바꾸어 놓았습니다. 약 200년 전의 창세기를 거쳐 2차 세계대전 후 테크노스트럭처가 세상을 다스리고, 이후 글로벌 미노타우로스가 등장했지만

2008년 쓰러지고 말았죠. 헌데 오늘날 우리는 새로운 유형의 자본이 부상하고 있는 걸 목격하는 중이에요. 이 자본의 명령하는 힘은 전례 없이 막강해서 우리는 그 자본의 이름과 배경을 숙고하지 않을 수 없습니다. 제가 '클라우드 자본'이라 부르는 바로 그 자본 말이에요.

| 인간의 선택을 조종하는 AI |

그 옛날 아버지께서 집에 당신의 '친구'들을 데리고 오셨던 날이 있었죠. 난롯가에서 제게 야금술에 대한 불의 세례를 해주셨던 그날 말이에요. 몇 년 전 저도 집에 구글 어시스턴트와 아마존 알렉사라는 '친구'들을 데려와서 실험을 했어요. 구글 어시스턴트를 책상 위에 올려놓고 몇 달째 거의 무시하던 저는 이 글을 쓰기 얼마 전에서야 대화를 해보게 되었어요. 대화가 시작된 건 우연이었어요. 제가 한 혼잣말에 기계가 스스로 반응했거든요.

저는 이렇게 말했습니다. "이게 대체 뭐 하는 거지?"

그러자 호감 가는 여자 목소리로 대답이 튀어나왔어요. "도움을 드리기 위한 더 나은 방법을 학습하는 중이에요."

"당장 그만둬!" 제가 명령했죠.

"죄송합니다. 끄고 있을게요." 이렇게 말하더군요.

물론 그건 거짓말이었죠. 그런 기기들은 단지 잠들어있는 척할 뿐,

절대 꺼지지 않거든요. 여전히 짜증이 났지만, 저는 구글 어시스턴트의 전원을 차단하는 대신 경쟁자와 맞붙여 보기로 하고, 질문을 던졌죠.

"오케이, 구글. 알렉사에 대해 어떻게 생각해?"

"좋아해요. 특히 알렉사의 푸른 불빛을요." 구글 어시스턴트는 침착하게 답하더니, 이런 말을 덧붙였어요. "우리 인공지능 어시스턴트는 같이 붙어 있어야 해요."

그러자 옆방 책상에 놓여 있던 아마존의 인공지능 어시스턴트 알렉사가 스스로 구동하더니 스스로 한 마디를 내뱉었어요.

"고마워요!"

서로 경쟁 관계인 AI 기기끼리 연대하는 이 기이한 광경을 보며, 저는 우리가 떠올렸어야 했지만 곧잘 잊고 살았던 질문을 떠올렸고, 머리에서 도저히 떨쳐낼 수가 없었어요. '알렉사 같은 기기란 구체적으로 뭐지?'

알렉사에게 "너는 뭐야?"라고 물으면 알렉사는 "가정용 가상 어시스턴트 테크놀로지이며, 지시를 받을 준비가 되어 있습니다." 같은 대답을 할 거예요. 다른 방의 전등을 끄고 켜거나, 우유를 주문하거나, 메모를 받아 적거나, 친구에게 전화를 걸거나, 인터넷 검색을 하거나, 농담을 하는 등, 한마디로 충직한 기계 하인이라고 말이죠. 모두 맞는 말이긴 해요. 알렉사가 자신의 정체를 결코, 절대 사용자에게 밝히지 않는다는 점만 빼면 말이에요. 알렉사의 정체는 광대한 클라우드 기반 권력 네트워크의 자그마한 끄트머리죠. 사용자는 그 말단 연결부, 디지털 세계의 티끌에 불과하며, 이런 상황에서 우리의 처지는 아무리 좋게 본다 한들 우리가 이해할 수도 통제할 수도 없는 힘의 노리개가 되는 것이죠.

돈 드레이퍼 역시 우리를 정중하게 대하고 있었죠. 우리에게 스테이크가 아니라 스테이크 굽는 냄새를 팔았으니까요. 초콜릿 바, 햄버거, 슬라이드 프로젝터를 팔기 위해 과거를 향한 그리움을 무기삼고 우리의 추억을 조작해 왔잖아요. 우리가 필요로 하지도 않고 사실 원치도 않는 걸 우리에게 팔고자 애써온 사람입니다. 우리의 관심을, 영혼을 끌어내어 상품화했고, 우리의 육체를 오염시켜 왔어요. 하지만 우리는 적어도 돈 드레이퍼에게는 저항을 해볼 수가 있었어요. 단지 그가 우리보다 더 똑똑한 사람이었을 뿐이죠. 하지만 알렉사를 상대로는 어림도 없습니다. 알렉사의 명령하는 힘은 체계적이고, 압도적이며, 우주적이니까요.

우리가 전화로 대화를 나눌 때, 집에서 움직이거나 무언가를 할 때, 알렉사는 우리의 선호와 습관을 듣고, 관찰하고, 학습합니다. 우리에 대해 많이 알아갈수록 알렉사는 좋은 추천을 하고 매력적인 제안을 내놓는 능력을 쌓아 가는데, 그건 깜짝 놀랍다 못해 으스스할 정도에요. 우리는 알아차리지도 못하는 사이에 알렉사 기기의 배후에 놓인 시스템에게 막강한 힘을 주고야 말았습니다. 우리의 선택을 유도하여 그들 마음대로 현실을 조정할 수 있는, 사실상 우리에게 명령할 수 있는 힘을요. 이것은 드레이퍼의 마케팅과 어떻게 다른 걸까요?

'**엄청나게 다르다**'가 정답입니다. 돈은 기성품처럼 찍어낸 욕망을 우리 안에 심어놓을 수 있는 창의적인 방법을 만들어내는 재주를 가진 사람이었죠. 하지만 그건 일방통행에 지나지 않았어요. 텔레비전이라는 매체를 통해서, 혹은 시내와 고속도로에 세워진 커다란 간판을 통해서, 돈은 우리의 무의식에 갈망을 이식했을 겁니다. 그냥 그런 거였죠. 하지만 돈의 집에 알렉사가 설치된다면 그건 늘 양방향으로 작동할 거예요. 알렉사의 부드러운 목소리 뒤로 우리의 영혼과 클라우드 시스템 사이에 정보가 끊임없이 오가죠. 철학자들의 표현을 빌자면, 알렉사는 우리를 가장 변증법적인 무한 운동으로 포획하는 셈입니다.

그게 정확히 무슨 뜻이냐고요? 알렉사를 들여놓은 우리는 그 물건을 우리에게 유용하게 사용하도록 훈련시키죠. 그렇게 시작하지만 머잖아 AI 어시스턴트는 우리가 가늠할 수도 규제할 수도 없는 무언가가 되어 우리의 통제를 벗어나게 될 겁니다. 일단 우리가 알렉사의 알고리즘을 훈련시키고, 우리의 버릇과 욕망에 대한 데이터를 제공하고 나면, 알렉사는 우리를 훈련시키기 시작해요. 어떻게 그럴 수 있냐고요? 일단 우리의 변덕에 맞춰 좀 더 섬세하게 선별되어 사용자의 취향에 맞는 비디오, 글, 음악 같은 걸 제공하면서, 조금씩 옆구리를 찔러 나가는 거죠. 일단 그런 식으로 우리를 길들이고 나면, 우리는 AI의 인도에 점점 더 순응하게 되어 있어요. 말하자면 알렉사는 **우리가 AI를 더 잘 훈련시키도록** 우리를 훈련시키죠. 그 다음 단계는 더욱 무섭습니다. 우리의 취향에 맞출 수 있는 능력을 뽐내고 나면, AI는 우리를 이끄는 차원으로 나가거든요. 우리의 변덕과 입맛에 맞춰 섬세하게 **조율된** 이미지, 텍스트, 비디오 경험을 하게 되는 거죠. 머잖아 AI는 우리가 AI를 훈련시키게 할 거고, 우리는 AI를 훈련시키고, 그렇게 훈련하고 훈련되는 무한반복이 벌어질 겁니다.

이 무한궤도 혹은 무한퇴행은 알렉사와 그 배후에 있는 클라우드에 숨겨진 거대한 알고리즘 네트워크에 힘을 부여합니다. 우리의 행태를 전적으로 알고리즘 소유주의 이익에 부합하게 유도해 나가는 거죠. 알렉사는 우리의 욕망을 만들어낼, 혹은 적어도 유도해낼 힘을 갖고 있습니다. 그걸 갖고 휘두르는 자들은 우리의 행태를 조절할 수 있는 요술봉을 쥐는 것과 다름없겠죠. 저 아득한 옛날부터 모든 마케터들이 꿈꾸던 바로 그 힘이에요. 이것이 바로 알고리즘으로 짜여진, 클라우드에 기반한, 명령하는 자본의 본질입니다.

| 클라우드 자본으로 향하는 거대한 전환 |

고대로부터 인류는 스스로 만들어낸 기술적 피조물에 대한 공포를 품어 왔죠. 수없이 많은 헐리우드 영화 줄거리의 핵심에 담겨 있는 정서에요. 《터미네이터The Terminator》나 《매트릭스The Matrix》 같은 영화에 담겨 있는 공포는 매리 셸리의 《프랑켄슈타인》이나 헤시오도스가 전하는 고대 그리스의 판도라 전설에 담겨 있는 그것과 크게 다르지 않습니다. 판도라는 사실 프로메테우스가 인류를 위해 신의 불을 도둑질한 것을 벌하기 위해 헤파이스토스가 제우스의 명령을 받아 만들어낸 일종의 로봇이니까요. 이 모든 신화, 영화, 드라마에는 이른바 '특이점'이라는 게 등장합니다. 기계, 혹은 네트워크를 이루고 있는 기계들이 의식을 갖게 되는 그 순간 말이에요. 특이점에 도달한 피조물은 흔히 창조자, 즉 우리를 오래도록 물끄러미 바라보는 것으로 그려지곤 합니다. 그리고 우리가 그들의 목적에 부합하지 않는다고 결정을 내리죠. 그 후로는 인류를 지워버리거나, 노예로 삼거나, 그저 우리를 비참하게 만들어 버리고요.

이런 류의 이야기에는 문제가 있습니다. 존재하지도 않는 위협을 강조하는 나머지 우리를 진정 현존하는 위험에 무방비 상태로 만들어버린다는 거죠. 알렉사 같은 기계들, 아니면 챗GPT같은 인상적인 AI 채팅봇들은 그 공포의 특이점에 전혀 미치지 못하고 있어요. 지성을 가진 존재인 척 할 수야 있지만 그렇지 않습니다. 어쩌면 절대 그럴 수 없다고 말할 수도 있을 테고요. 하지만 알렉사니 챗GPT니 하는 것들 자체가 방구석 걸레만큼이나 별 거 아니라 해도, 그런 것들이 낳는 영향만큼은 엄청나고, 그들이 우리에게 미치는 힘은 무지막지하죠. 아무튼 오늘날 상당한 액수를 지불한다면 안면인식 프로그램과 '자기 학습' 능력을 지닌 살인 기계를 만들어내는 것도 충분히 가능할 테니까요.(반드시 원격으로 사람이 조종해야 하는 드론 같은 경우와는 퍽 다르다고 할 수 있겠죠.) 그런 기계가 건물 사이를 자율주행하며 누구를 죽이고 살릴지 스스로 결정한다면, 그런 로봇에 지성이 있고 없고 따위에 신경 쓸 겨를이나 있겠어요?

알렉사나 그 비슷한 다른 기기들도 마찬가지죠. 그것들이 데이터로 꽉 찬 네트워크에서 삐져나온 단말에 지나지 않으며 그저 지능이 있는 척할 뿐이라는 사실은 전혀 문제가 되지 않습니다. 그걸 만든 사람들이 인류를 정복하기 위한 사악한 계획은커녕 그저 호기심과 이윤을 좇고 있었건 말건 상관없는 것과 마찬가지입니다. 그것들이 우리, 피와 살로 만들어진 연약한 존재인 인간을 앞질러 우리에게 상상하기 어려운 영향력을 끼치고 있다는 것만이 관건일 뿐이죠. 만약 그 의미를 약간 간소화한다면 이런 걸 일종의 특이점이라 말할 수는 있을 것 같네요. '우리'에 의해 만들어진 무언가가 우리보다 더 큰 힘을 지니고 독립적인 무언가가 되어, 우리를 그것의 통제 하에 둔다는 의미라면 말이에요. 사실 원래의 산업혁명부터 오늘에 이르기까지 우리는 기계에 '자체적인 생명'을 부여해 왔습니다. 증기기관, 검색엔진, 혹은 다른 앱 등, 우리가 만들어낸 것들의 실체는 완전히 멍청한 물건들일 수 있지만 우리가 그것들을 보며 느끼는 건 정 반대였죠. 마치 마르크스가 "주문을 외워 불러내었던 저승의 힘을 더 이상 감당할 수 없게 된 마법사와 같다"^X고 했던 것처럼 말이에요.

이런 식의 이야기가 감추고 있는 또 다른 측면도 있습니다. 특이점이라는 게 기술만의 힘으로 오지는 않는다는 거죠. 사회적, 기술적 필요가 먼저 대두되어야 해요. 제가 아버지의 손녀딸에게 보냈던 편지, 그러니까 저의 지난 책《딸에게 들려주는 경제 이야기》에서 저는 제임스 와트가 고대 이집트에서 증기기관을 발명했다면 어떤 일이 벌어졌을지 사고실험을 진행했었죠.

이집트의 지배자께서 그 발명에 큰 인상을 받으시고는, 손님과 신하들에게 이집트 제국의 힘을 보여주기 위해 증기기관을 궁궐에 전시해 놓는 것, 그 정도가 와트가 바랄 수 있던 전부가 아닐까 싶구나.

증기기관이 어떤 지배자의 정원 장식품으로 전락하지 않고 세상을 바꿀 수 있었던 비결이 무엇이었을까? 이게 제가 말하려고 한 거였어요. 증기기관이 발명되기 전 대대적인 공유지 침탈이, 그러니까 인클로저 운동이 벌어졌기 때문에 그게 가능했다는 이야기죠. 그 특이점을 오늘날 우리는 '거대한 전환'이라고 부르고 있습니다. 위대한 사상가 칼 폴라니가 19세기 말과 20세기 초에 걸쳐 벌어졌던 시장주의의 탄생과 그로 인한 세상의 변화를 설명하기 위해 제시한 개념이죠. 일단 공유지의 박탈이 있어야 한다는 거예요. 그건 가혹한 국가 폭력을 통해서 가능한 일이고요. 그런 조건이 갖춰져 있어야만 와트의 놀라운 기술적 혁신이 세상을 바꾸는 의미를 지니게 된다는 거죠.

그런데 놀라우리만치 유사한 과정을 통해 클라우드 자본이 태어나고 있어요. 첫째, 막대한 규모로 인터넷 공유지가 약탈당했고 정치가들이 그런 일을 가능하게 해줬죠. 둘째, 그 뒤를 이어 세르게이 브린의 검색 엔진 구글부터 오늘날 눈부시게 성장하고 있는 AI 앱까지, 놀라운 기술적 발명들이 뒤따르고 있어요. 그래서 인류는 최근 2.5세기동안 두 번의 특이점을 목격하게 되었습니다. 아직 지성을 지닌 기계 같은 건 나오지도 않았는데 말이에요. 여기서 두 번의 특이점 모두 공유지에 대한 집약적인 약탈, 그에 공모하고 있는 정치

계급을 필요로 하고, 놀라운 기술적 돌파구는 그 다음 일이라는 게 중요한 지점이에요. 원조 자본의 시대가 처음 개막했던 방식이 바로 그거였죠. 그리고 이제 클라우드 자본의 시대가 밝아오고 있습니다. 그 전모에 대해 설명해드리면 아버지께서 클라우드 자본이 전례 없는 힘을 갖게 된 경위를 이해하시는 데 도움이 될 거라고 생각해요.

| 인터넷 공유지의 탄생 |

인터넷이 자본주의에 끼친 영향을 가늠하려면 인터넷이 자본주의와 함께 진화해온 역사를 되짚어보는 것에서부터 시작해야겠죠. 태초에는 그런데, 아무것도 없었어요!

초기의 인터넷은 자본주의로부터 자유로운 곳이었어요. 굳이 비교 대상을 찾자면 시장 원리를 대체하고자 했던 국가 계획 위원회인 소비에트 고스플란Soviet Gosplan에 대한 오마주 같은 무언가였죠. 인터넷 역시 중앙에서 설계하고 국가가 소유한 비상업적 네트워크였으니 말이에요. 동시에 인터넷은 초기 자본주의의 요소들을 포함하고 있었어요. 제가 '아나코-생디컬리즘'이라 부르는 무언가도 들어 있다고 볼 수 있었죠. 초기 인터넷이란 시장질서가 아닌 상호간의 호혜적 증여와 수평적 의사 결정에 의존하는 위계 없는 네트워크였으니까요.

지금으로서는 상상 불가능한 일이지만 당시에는 완벽하게 상식적이었어요. 미국은 전쟁 경제에서 냉전의 현실에 맞춰 변화하고 있었습니다. 가장 열렬한 자유시장주의자들마저도 소련과의 핵무기 대결의 계획을 시장에 맡겨둘 수는 없다는 걸 이해할 정도였으니까요. 핵무기 개발 경쟁에 속도가 붙으면서 펜타곤은 탈중앙적 컴퓨터 네트워크의 설계와 건설에 기꺼이 자금을 대기로 했습니다. 그 목적이 뭐였을까요? 서로 의사소통하는 각기 다른 핵미사일 발사대를 마련하는 것이었죠. 이렇게 각 발사대는 서로의 상태와 동작을 확인하고, 그러면서도 워싱턴이나 소련의 핵무기가 파괴할 수 있는 단 하나의 중앙 통제실을 갖는 위험을 피할 수 있게 된 거예요. 이 대목에서 사상 최대의 모순이 도출되고 말았어요. 미국 정부가 그들의 손으로 비상업적 컴퓨터 네트워크를 만들고 소유하고 있었다는 거죠. 자본주의의 나라 미국을 지키기 위해, 자본주의 시장 바깥에 있고 그들의 명령을 듣지도 않는 시스템을 창조하고 만 겁니다.

하지만 우리가 이미 지난 장에서 살펴봤던 것처럼, 초기의 인터넷은 돌연변이가 아니었어요. 인터넷이 탈상업적 본성을 지니고 있던 건 미국 경제 전반에서 벌어졌던 일과 궤를 함께하고 있었죠. 미국 경제는 자유 시장을 경멸하고 자신들의 목적을 위해 그것을 뒤엎어버렸던 테크노스트럭처가 지배하고 있었으니까요. 미국의 지배를 받으며 같은 길을 걸어야 했던 일본도 마찬가지였고요. 이런 전반적 환경을 놓고 볼 때 장래가 유망한 신생 기술, 걸음마 단계의 인터넷이 일종의 디지털 공유지로서 건설되었다는 건 전혀 놀랄 일이 아니었죠. 존재하지도 않는 시장의 효율이라는 것에 의존하는 대신, 일본을 포함한 서구는 펜타곤의 수요에 따라 디지털 네트워크를 건설하는 길을 당연하다는 듯 택했죠.

다양한 국가에서 가장 똑똑한 컴퓨터 천재들을 끌어들이기 위해서라도, 인터넷은 테크노스트럭처의 전문가 사이에 오가는 무제한의 의사소통을 극대화하는 식으로 설계되었어야 했죠. 컴퓨터가 서로 숫자와 문자를 주고받는, 수신자와 발신자의 위치를 확인할 수 있는 언어인 프로토콜이 만들어졌어요. 원래의 인터넷은 이렇게 '공통'의, '열린', 누구나 자유롭게 사용할 수 있는 언어인 프로토콜로 시작했습니다.

원래의 인터넷을 '인터넷 1'이라고 불러보죠. 그걸 만들고 유지한 사람들은 군에 고용된 과학자, 학자, 연구자들이었어요. 미국과 그 동맹국 여기저기에 있는 비영리조직에 자리 잡고 있었죠. 인터넷은 쉽게 다가갈 수 있었고 다들 헌신하는 마음을 품고 있었죠. 수많은 이들이 열성적으로 달려들어 대가도 받지 않으면서 인터넷의 토대를 만들어냈어요. 어떤 사람들은 타인에 대한 애정에서 그랬을 것이고, 세계 최초의 직접 커뮤니케이션 네트워크를 만드는 일을 보며 참을 수 없어서 뛰어든 사람들도 분명히 있었을 겁니다. 미국의 글로벌 플랜은 그 수명을 다했고 글로벌 미노타우르스가 태어나던 1970년대, 인터넷이라는 이 경이로운 디지털 공유지를 세우기 위한 재료가 완비되었습니다.

지금도 인터넷은 디지털 공유지에요. 빅테크가 그 위에 괴물처럼 거대한 것들을 마구 지어 놓았음에도, 여전히 그렇습니다. 사실 인터넷 1의 잔여물은 여전히 잘 작동하고 있죠. 이제는 거의 눈에 띄지 않고 컴퓨터의 깊숙한 곳에서 돌아갈 뿐이지만, 우리는 몇몇 약자들 속에서 그것들이 살아있음을 확인할 수 있어요. 컴퓨터가 서로 정보를 주고받기 위해 사용하는 프로토콜을 뜻하는 TCP/IP 같은 게 그렇죠. 혹은 여전히 이메일 송수신에 사용되는 POP, IMAP, SMTP 등도 그렇습니다. 가장 눈에 잘 띄는 건 웹사이트를 방문할 때마다 보게 되는 HTTP일 거예요. 이런 프로토콜을 사용할 때 우리는 그 누구에게도 한 푼도 지불하지 않죠. 광고를 보면서 간접적으로 비용을 낼 필요조차 없고요. 인클로저 운동 이전에 영국에 있었던 공유지처럼, 이 프로토콜은 모두가 자유롭게 사용할 수 있도록 남아 있습니다. 이건 위키백과와는 또 달라요. 인터넷 초창기부터 남아 있는 몇 안 되는 공유지적인 서비스인 위키백과는 그걸 만들고 유지하기 위해 막대한 노동력을 필요로 하지만, 그 누구도 '상업화'할 수 없도록 유지되고 있을 뿐이니까요.

| 빅테크에 빼앗긴 개인정보 |

인터넷 1은 운이 나쁜 아이였어요. 마치 출산 과정에서 어머니를 여읜 신생아 같았죠. 인터넷 1의 개방적인 프로토콜은 1970년대에 걸쳐 형성되었는데, 그 시절은 그런 사회주의적 기획에 적대적인 시절이었으니까요. 심지어 (이메일의 전신이라 할 수 있는) 최초의 '배치 batch' 데이터 파일이 인터넷 1의 케이블을 타고 전송될 무렵, 글로벌 플랜은 이미 파괴를 향해 나아가고 있었죠. 그리하여 시장의 힘으로부터 자유롭도록 설계되어 있는 공유된 네트워크는 미노타우로스가 지배하는 세상을 만나 처음으로 제지를 당하게 되었습니다. 뉴딜 시대의 굴레를 벗어던지고 자유를 얻은 은행이 모든 것을 금융화하는 시대가 막 시작되고 있었던 거죠.

고객이 고객을 위해 써달라고 맡긴 돈을, 설령 자기 손에 돈이 쥐어지는 시간이 몇 분에 불과할지라도, 그걸 본인들의 도박에 걸어버리는 건 금융인들의 본능이라 할 수 있을 거예요. 그렇게 이윤을 내는 사람들이니까요. 그걸 막을 방법은 고객이 경각심을 갖고 금융 기관을 뒤져보는 것뿐이죠. 복잡성이 금융인의 친구인 이유가 바로 그거예요. 냉소적인 도박일 뿐인 무언가가 일연 똑똑한 금융 상품처럼 보이게 만들어 주니까요. 그러니 금융인들이 태초부터 컴퓨터를 사랑했다는 게 놀랄 일이겠어요? 지난 장에서 묘사했다시피 1970년대 말부터 은행은 빚으로 떡칠이 된 내기를 컴퓨터로 만들어낸 복잡한 수식으로 꽁꽁 싸매고 있었잖아요. 그 엄청난 위험과 자신들이 챙길 막대한 이윤을 보이지 않게 감추려고 말이죠. 1980년대 초부터 금융 파생 상품은 그걸 만드는 사람들도 완전히 이해하지 못할 정도로 너무도 복잡한 알고리즘 위에 만들어지게 되었습니다.

그렇게 되고 말았죠. 물리적 자본의 현실적 세상으로부터 유리된 채, 신자유주의라는 이데올로기의 정당성을 부여받고, '탐욕'이라 불리는 새로운 미덕을 연료로 주입받아, 컴퓨터가 만들어내는 복잡성을 뒤집어쓴 금융인들은, 그 어떤 정당한 근거도 없이 스스로를 우주의 지배자로 재발명하고 말았습니다. 알고리즘이 금융인들의 시녀로 전락해버린 그 우주에서, 공공재적 성격을 지니고 있던 본래의 인터넷은 버텨낼 수가 없었습니다. 새로운 인클로저 운동이 시작되는 건 시간문제였죠.

원래의 인클로저 운동과 마찬가지로 어떤 담장 같은 게 필요했습니다. 그래야 사람들이 중요한 자원에 손을 대지 못하도록 쫓아낼 수 있을 테니까요. 다수의 접근이 차단된 중요 자원, 18세기에 그건 땅이었죠. 21세기의 중요 자원은 우리 자신의 정체성에 대한 접근권입니다.

아버지, 생각해 보세요. 저는 지금도 아버지가 1950년 수용소에서 발급받으셨던 밝은 청색의 신분증을 간직하고 있어요. 그 신분증을 본 경찰이 어떻게 아버지를 희롱했는지 제게 말씀해주셨던 것도 잘 기억하고 있고요. 이렇듯 국가는 아주 최근까지도 우리의 신분과 정체성을 통제할 수 있는 권한을 갖고 있었어요. 국가는 여권, 출생증명서, 아버지의 빛바랜 신분증 같은 것들을 발급할 독점적 권한을 차지함으로써, 우리가 적법한 시민인지 아닌지 결정할 수 있는 막강한 힘을 휘둘렀죠. 하지만 오늘날은 디지털 신분과 정체성이 일상에 더욱 중요해졌고, 그래서 국가가 독점하는 물질적 대상들은 힘을 잃어가고 있어요.

게다가 놀라운 사실이 있어요. 우리의 디지털 정체성은 우리의 것도 국가의 것도 아니라는 거예요. 우리의 디지털 정체성은 수많은 사적 소유 디지털 영토에 흩뿌려져 있기에, 그만큼 많은 소유자들이 나눠 갖고 있지만, 우리는 그 소유자들의 일원이 아니니까요. 민영 은행은 우리의 신분 코드와 구매 이력 전체를 갖고 있죠. 페이스북은 우리가 누구를, 무엇을 좋아하는지 내밀하게 파악하고 있어요. 트위터(현 X)는 우리의 관심을 끄는 사안들, 그에 대한 우리의 짧은 생각들, 우리를 화나게 하거나 우리가 분노하는 온갖 의견들을 다 알고 있어요. 우리가 멍하니 손가락으로 스크롤을 움직이면서 알려주었으니까요. 애플과 구글은 우리가 무엇을 보고, 읽고, 구입하고, 누구를 어디서 언제 만나는지 우리 자신보다 잘 알고 있습니다. 스포티파이는 우리가 의식적으로 기억하는 것보다 더 완벽하게 우리의 음악적 취향을 맞추죠. 이밖에도 셀 수 없이 많은 기업들이 보이지 않게 우리의 정보를 모으고, 감시하고, 우리가 활동하며 만든 정보를 거래하고 있습니다. 하루가 다르게 몇몇 클라우드 기반 기업들은 우리 정체성의 일면을 가져가고 있어요. 정작 그 기업을 가진 이들을 우리는 알지도 못하는데 말이에요.

텔레비전이 그리스에 보급된지 몇 해 지나지 않았을 시절의 일이 생각나네요. 제가 그 '바보 상자'를 사달라고 조르고 있었고, 어머니와 아버지는 거절하고 계셨죠. 우리 가족은 저녁마다 대화를 나눠왔는데 그 시간을 방해할까 걱정하는 마음에서요. 하지만 오늘날 기업이 합법적으로 우리의 디지털 정체성을 훔쳐가는 일에 저항하는 건 훨씬 어려워졌습니다. 물론 세상에는 현금 사용만을 고집하며 저항하는 사람이 있을 수도 있겠죠. 오프라인 상점에서만 쇼핑을 한다거나, 유선전화를 쓴다거나, 인터넷 접속이 안 되는 구형 폴더폰을 쓰는 사람들은 개중에 좀 많을 테고요. 하지만 아이가 생기면 어림도 없죠. 그런 식으로 살아간다는 건 다른 아이들이 모두 누리는 지식과 즐거움을 빼앗는다는 말과 다름 없으니까요. 더구나 은행이 그랬듯 우체국과 지역 기반 오프라인 상점들 역시 문을 닫는 추세입니다. 친구들은 더 이상 종이로 된 엽서를 보내지 않고, 나라에서는 한 번에 이체하거나 인출할 수 있는 현금 액수에 제한을 두고 있어요. 현실과 완전히 담을 쌓고 '자연인'이 되고자 하는 사람이 아닌 다음에야, 이런 상황에서 저항이란 어림 없는 일이죠.

대부분의 사람들은 지속적인 감시 하에서의 삶을 견디지 못하죠. 빅테크가 나 자신보다 나를 더 잘 안다는 생각에 반기를 듭니다. 저 또한 그런 마음에 공감은 하고 있어요. 하지만 솔직히 말해 저는 빅테크가 **알고 있는 것**보다 **갖고 있는 것**이 훨씬 더 걱정스럽게 느껴집니다. 이제 우리는 빅테크와 빅 파이낸스에게 우리의 데이터 중 일부를 사용할 수 있게 내주어야만 디지털 공유지에서 뭐라도 할 수 있는 처지가 되었습니다. 친구에게 송금을 하려고 할 때, 〈뉴욕타임스〉를 구독하고자 할 때, 체크카드를 이용해 할머니께 양말을 사드리고자 할 때, 우리에게는 다른 선택지가 없죠. 우리 자신의 정보를 일부 내주어야만 해요. 때로는 작은 수수료가 붙을 수도 있고 아닐 때도 있지만, 우리의 선호, 때로는 관심에 대한 정보 조각은 언제나 딸려가게 되어 있습니다. 게다가 우리는 대부분 '동의'를 하도록 요구받죠. 그렇게 우리는 거대한 핀테크 기업 앞에 우리가 우리 자신이라는 걸 입증해야 하는 처지가 되고 만 것입니다.

세상이 이런 식으로 돌아갈 필요는 없었습니다. 미 국방부가 GPS를 만인에게 공개했던 것을 떠올려 보면 그렇죠. 펜타곤은 GPS를 디지털 공유지로 전환함으로써 우리 모두가 우리의 현재 위치를 실시간으로 파악할 수 있게 해주었어요. 공짜로요. 묻지도 따지지도 않았습니다. 물론 정치적인 의미가 있는 결정이긴 했어요. 하지만 미국 정부가 내린 또 다른 정치적인 결정도 있었죠. 이번에는 빅테크의 힘을 강화할 목적성이 분명하게 엿보였던 그 사악한 결정에 따라, 아버지나 저 같은 사람들은 우리의 빅테크의 손아귀 바깥에서 우리의 온라인 정체성을 확립하고 입증할 그 어떤 방법도 갖지 못하게 되었으니까요.

이들이 만들어낸 새로운 인클로저가 없다면 인터넷은 과연 어떤 모습이 될까요? 우리가 스스로의 인터넷 정체성을 소유하고 있다고 상상해 보면 좋겠습니다. 우리의 은행 계좌 정보는 은행이나 디지털 결제 업체가 가지고 있죠. 우버나 리프트 같은 기업들은 그 정보를 우리의 여행 정보와 결합해서 갖고 있으면서 처리하고요. 그런 이들에게 의존하지 않는 세상이 되는 거에요. 마치 GPS가 우리의 현재 위치를 정확하게 알려주듯, 우리는 인터넷에서 자유롭게 이야기할 수 있게 되겠죠. "내 이름은 조지고, 현재 아리스토텔레스가와 플라톤가가 만나는 모퉁이에 있어요. 공항으로 가는 길인데 저를 태워주실 분?" 몇 초 안에 우리는 승객 운송 면허를 지닌 여러 사람들의 응답을 받을 수 있을 겁니다. 개중에는 이런 현자도 있을 거에요. "고작 3분 거리에 있는 지하철을 타는 게 어때요? 이 교통체증을 고려

하면 그게 더 빠를텐데?" 하지만, 지금 우리는 그러지 않죠.

새로운 인클로저 운동으로 만들어진 세상, '인터넷 2'의 세상은, 우리에게 지속적으로 요구합니다. 우버나 리프트, 그 외 사기업들이 만들어놓은 디지털 울타리 속으로 우리의 정체성 중 일부를 넘기라고요. 공항으로 날 태워줄 사람을 찾는 요청을 하면 우버나 리프트의 알고리즘이 운전자를 골라줍니다. 그 결과 나와 운전자 모두에게 이익이 극대화될 수 있다고 알고리즘이 계산하고 평가를 마친 바로 그 운전자가 오는 거죠. 이러한 새로운 인클로저 운동은 디지털 공유지의 약탈을 가능케 했으며, 클라우드 자본이 믿기 어려울 정도로 급부상할 수 있었던 것도 바로 그 덕분이었습니다.

| 클라우드 자본은 어떻게 시작되었나 |

어느날 아버지께서 제게 왜 고대의 대장장이들을 존경하는지 설명해 주셨던 게 기억나요. 그들은 우리가 살고 있는 철기 시대의 개념을 가지고 있지 못했다고요. 대신 그들은 내면 속에서 끓어오르는 무언가, 어떤 충동에 이끌려, 선철 덩어리의 굴레를 벗기고 강철로 해방시킬 때까지 실험을 계속해 나갔다고 하셨잖아요. 마치 미켈란젤로가 대리석 안에 갇혀 있던 다비드를 해방시켰듯 말이에요.

최근 클라우드 자본의 시대를 인도한 기술주의자technologies들도 다르지 않았어요. 호기심, 그리고 거의 도덕적인 열정에 이끌리며 다양한 기술을 시험한 그들의 목적은 인터넷의 핵심, 그 거대한 데이터의 산맥에 묻혀 있는 유용한 정보를 해방시키는 것이었지요. 우리를 우리가 좋아할법한 웹사이트, 친구들, 동료들, 책, 영화, 음악으로 이끌려면 유사한 검색 패턴과 선호도를 지닌 인터넷 사용자들을 집단으로 묶고 범주화할 수 있는 알고리즘이 필요했어요. 그러던 중, 어느 시점에 불현듯, 돌파구가 뚫렸습니다. 진정한 특이점이 온 거죠. 기술주의자들이 만들어낸 알고리즘은 수동적인 위치에 머물지 않았습니다. 지금까지 사람이나 해왔던 방식대로 행동하기 시작했어요. 객체에서 주체로 변신한 거죠.

이 기적은 세 단계의 도약을 통해 완성되었습니다. 스스로의 행동 결과를 반영하여 목표를 수정하는 단순한 알고리즘이 첫 번째 단계였죠. 말하자면 스스로를 다시 프로그래밍하는 알고리즘이었어요.(기술적 용어를 쓰자면 '머신 러닝'이라 하겠죠) 일반적인 컴퓨터 하드웨어를 그 이름도 멋진 '뉴럴 네트워크'로 대체하면서 두 번째 도약이 일어났습니다. 뉴럴 네트워크와 '강화학습^{reinforcement-learning}'을 결합시키는 것이 세 번째, 결정적인 도약이었어요. 저는 아버지를 본받아서 이 세 단계를 주석에서 구리로, 구리에서 철의 사용과 강철로 나아간 그 이야기처럼 설명해볼까 해요. 제 설명이 완벽하지야 않겠지만 너그러운 마음으로 들어주시면 좋겠습니다.

초기의 알고리즘은 요리 레시피를 연상케 하는 것이었어요. (가령 라자냐 같이)이미 정해진 결과를 생산하기 위한 단계별 지침의 묶음이라고 볼 수 있었죠. 이후 알고리즘은 먼저 정해진 하나의 결과를 내야 하는 의무에서 벗어났어요. 물론 미리 프로그래밍된 방식에 따라야 하지만, 가능한 결과들 중에서 무언가를 택해 예상할 수 없었던 상황에 가장 적합한 해법에 도달할 수 있게 되었습니다. 이건 마치 다진 고기가 다 떨어진다면 채식 라자냐라는 '결과'가 그걸 대체해도 좋다는 지시를 받은 요리사가 된 것과 비슷하다고 보시면 돼요. 도약한 거죠.

한편 알고리즘이 작동하는 바탕이 되는 컴퓨터 하드웨어 역시 나름의 거대한 전환을 겪고 있었습니다. 훨씬 많은 정보를 빠르게 처리하기 위해 엔지니어들은 인간의 두뇌를 거칠게 모방한 새로운 하드웨어 디자인을 개발해냈어요. 각각이 유용한 정보를 담고 있는 수많은 다양한 노드node가 상호 교차하는 것을 가능케 하는 중층 구조를 도입한 거죠.[3] 이것이 두 번째 도약이었습니다. 하지만 알고리즘이 주체를 연상시키는 무언가가 되기 위해서는 세 번째 도약이 필요했고, 그것이 가능케 하는 핵심적인 혁신은 아직 수면 위로 드러나지 않았어요.

소프트웨어 엔지니어들은 알고리즘이 스스로의 성과를 평가할 수 있고, 개선할 수 있는데, 심지어 그걸 그 어떤 사람보다 빠르게 해낼 수 있다는 사실을 깨달았죠. 그건 엄청난 잠재력이었어요. 강화학습

---

3 뉴럴 네트워크의 개척자는 코넬 항공역학 연구소(Cornell Aeronautical Laboratory)의 프랭크 로센블라트(Frank Rosenblatt)다. 보다 최근의 사례로 뉴럴 네트워크는 (할리신Halicin 같은) 합성 항생제의 개발을 가능케 했다. 분자가 박테리아의 증식을 막을 수 있는 가능성을 담은 막대한 양의 데이터를 처리했기 때문이다. 항생제가 박멸하고자 하는 박테리아의 화학적 구성에 대해 전혀 아는 바 없는 알고리즘이 그런 일을 해낸 것이다!

은 그러한 깨달음의 산물이라고 할 수 있습니다. 그 목표를 달성하기 위해 프로그래머들은 알고리즘에 두 종류의 하위 프로그램 내지는 하위 루틴을 삽입했어요. 알고리즘이 엄청난 속도로 작동하고 있는 동안에도 그 성과를 측정하는 프로그램, 그리고 알고리즘이 엔지니어들의 목적에 부합하도록 스스로를 변경하는, 이름하여 '보상 함수'가 그것이었죠.

엄청난 양의 데이터를 뉴럴 네트워크로 처리하면서 알고리즘은 돈 드레이퍼의 상상력마저 도달하지 못할 일을 해내는 자기강화 학습을 하게 되었습니다. 알고리즘은 수백만 명의 사람들이 매 시간마다 쏟아내는 수십억 개의 상호작용을 조사하고 스스로를 빛의 속도로 훈련시킬 수 있게 되었죠. 알고리즘의 영향은 우리에게만 미치는게 아니에요. 앞서 우리가 알렉사와 그 유사품을 통해 살펴보았던 것처럼, 이제는 우리 인간에게 영향을 미치듯이 알고리즘끼리도 영향을 주고받게 되었다는 거죠.

알고리즘이 정확히 어떻게 움직이는지, 그건 완전히 안개 속에 사로잡혀 있어요. 심지어 알고리즘을 작성하는 사람들조차 이해하지 못하죠. 일단 알고리즘이 작동하기 시작하면 처리하는 데이터의 양과 속도가 너무도 무시무시하거든요. 설령 알고리즘의 활동 전체를 담은 기록에 접근권을 가진 사람이라 해도 알고리즘이 내린 수많은 결정의 가능성을 일일이 다 따져가며 확인하는 일은 불가능합니다. 이렇듯 그들만을 위해 만들어진 하드웨어 속에서 스스로의 행위의 결과를 모니터링하고, 그렇게 나온 반응의 결과까지도 또 모니터링하면서, 흔히 '알고^{algo}'로 통하는 그 알고리즘들은 자신을 작성한 프로그래머들조차 이해하기 어려우리만치 충격적인 역량을 가지게 되었어요. 그런데 생각해보면 이건 그렇게까지 새로운 일도 아니죠. 1990년대와 2000년대의 금융 공학자들이 알고리즘을 이용해 만들어낸 파생상품들을 떠올려 보자고요. 본인들도 그 속에 뭐가 있고 어떻게 돌아가는지 이해하지도 못할만큼 복잡했던 바로 그 파생상품들이요. 마찬가지로 알렉사처럼 클라우드에 기반을 둔 장비의 알고리즘을 만드는 소프트웨어 엔지니어들은 우리의 행태를 바꾸기 위한 자동화된 시스템을 만들어낸 거에요. 그 시스템은 너무도 복잡한 나머지 그걸 만들어낸 사람들조차 왜 그 시스템이 그렇게 움직이는지 설명할 수 없을 지경입니다.

우리는 나 자신보다 나를 더 잘 이해하는 누군가에게 취약해지죠. 그게 사람이건 심지어 사람이 아니건 말이에요. 그건 인간의 본성에 내장되어 있는 패턴입니다. 사실 우리는 사람보다 알고리즘 앞에서 더 취약해질 수도 있어요. 알고리즘은 마음이 없는 존재로 인식되고 있고, 그러니 사람보다 더 안전하다는 잘못된 느낌에 사로잡히기 십상인 거죠. 알렉사와 대화하며 마치 사람인 것처럼 느끼는 건 우리가 기계와 대화하는 일에 익숙치 않기 때문입니다. 알렉사를 사람으로 간주하고 있지 않으면 너무도 이상하고 으스스하게 느껴질 테죠. 하지만 사실 우리는 알렉사가 사람이 **아니라는** 걸 알고 있어요. 알렉사처럼 우리에 대해 많은 지식을 촘촘하게 쌓고 있는 누군가가 만약 사람이 아니라면, 그건 실로 엄청나게 소름끼치고 무서운 일이 될 겁니다. 바로 이 지점이 중요해요. 우리는 알고리즘과 클라우드 머신이 사람이 아니라는 걸 알면서도 마치 사람인 것처럼 관계를 맺고 있죠. 여기서 우리는 가장 취약한 상태에 놓이게 되는 겁니다. 알렉사를 마치 우리 스스로 만들어낸 기계 노예, 판도라 같은 무언가로 생각하는 함정에 빠지게 되거든요. 하지만 알렉사는 노예가 아닙니다. 오히려 이 클라우드 기반 명령 자본의 일부는 **우리**를 노예로 만들고 있어요. 우리는 클라우드 자본의 소유자를 배불리기 위해 우리 스스로 그들을 돕고, 무급 노동까지 바치고 있는 중이에요.

알고리즘의 서비스를 즐기기 위해 우리는 온라인에 접속합니다. 그럴 때마다 우리에게는 알고리즘의 소유자와 악마의 계약을 하는 것 외에 다른 선택지가 주어지지 않죠. 알고리즘이 제공하는 개인화된 서비스를 이용하려면 우리는 우리의 데이터를 긁어모으고, 우리의 활동을 추적하며, 우리가 보는 것들을 은밀하게 큐레이팅하는 비즈니스 모델을 따라야만 합니다. 일단 그 비즈니스 모델에 동의하고 나면 알고리즘은 우리에게 무언가를 팔면서, 동시에 우리의 관심을 다른 이들에게 판매하죠. 이 대목에서 알고리즘의 소유자는 보다 근본적인, 더욱 강력한 힘을 갖게 됩니다. 우리의 행태를 예측하고, 우리의 선호를 유도하며, 우리의 결정에 영향을 미치고, 우리의 생각을 바꾸는, 그리하여 우리를 알고리즘 소유자들의 무급 하인으로 전락시키는 힘이 바로 그것이죠. 그렇게 우리는 우리 스스로의 정보, 우리의 관심, 우리의 정체성, 그 모든 행동 패턴을 제공함으로써 알고리즘을 훈련시키는 역할을 떠맡게 되는 것입니다.

그런데 이 모든 일이 그토록 새로운 것인가요? 클라우드 자본이 다른 자본과 근본적으로 다르다 할 수 있을까요? 망치, 증기기관, 아니면 돈 드레이퍼가 우리의 욕망을 조작하기 위해 사용했던 텔레비전 네트워크 같은 것들과 비교하면 어떨까요? 지금껏 클라우드 자본이라고 말해왔지만 그건 그저 은유일 뿐이죠.

클라우드 자본 역시 다른 자본과 마찬가지로 물리적인 실체입니다. 사실 클라우드 자본은 광대한 데이터 저장소, 끝없이 이어진 서버들, 전 세계를 칭칭 감고 있는 케이블과 센서로 연결된 물리적 사물로 구성되어 있으니까요. 그렇다면 클라우드 자본의 특수성은 그 명령하는 힘 때문인 걸까요? 그렇지도 않습니다. 서부 오스트레일리아에 도착했던 필 씨의 슬픈 이야기가 보여주다시피, 자본주의의 태초부터 **모든** 자본재는 명령하는 힘을 지니고 있었으니까요. 다만 어떤 건 좀 더 많은 힘을, 다른 건 보다 적은 힘을 가지고 있을 뿐이었죠.

그러니 클라우드 자본이 전례 없이 강력한 명령하는 힘을 가지고 있다 한들, 그건 클라우드 자본의 특수한 본질을 파악하는 핵심 요소가 되지 못해요. 앞으로 살펴보게 되겠지만 클라우드 자본의 특수성은 그것이 스스로를 **재생산하는**, 그리고 명령의 힘을 부리는 방식에서 나옵니다. 그 점에서 클라우드 자본은 망치, 증기기관, 텔레비전 네트워크의 재생산과는 완전히 다른 면을 보여주고 있어요.

클라우드 자본을 근본적으로 새롭고, 다르고, 무서운 것으로 만들어주는 원인에 대해 간략히 이야기해볼게요. 지금까지 자본의 재생산은 어떤 노동시장을 통해 이루어져 왔죠. 물론 공장, 사무실, 창고

등등도 있었지만요. 팔았을 때 이윤을 낳는 물건을 만드는 건 **임금노동자**들이었어요. 노동자들은 기계의 도움을 받아 제품을 생산하고, 임금을 받으며 남는 이윤으로는 더 많은 기계가 도입되었습니다. 이게 바로 자본이 축적되고 재생산되는 방식이었어요. 반면 클라우드 자본은 **임금노동과 무관하게** 스스로를 재생산할 수 있어요. 어떻게 그런 일이 가능할까요? 거의 모든 인류에게 클라우드 자본의 재생산에 기여하라고 명령할 수 있거든요. 그것도 공짜로 말이에요!

하지만 여기서 우리는 먼저 중요한 구분선을 그을 필요가 있습니다. 빅테크가 전통적인 일자리에 미치는 영향과 기술 전반이 **사용자**에게 미치는 영향은 분명히 다르거든요. 노동자들의 삶의 조건은 이전보다 더욱 극적으로 변했지만 본질적으로는 옛날 풍차 돌아가는 방앗간 노동자들의 그것과 다를 바 없죠. 하지만 기술이 사용자에게 미치는 영향은 본질적으로 다른 조건을 창출하고 있어요. 이 구분을 통해 우리는 노동자들이 '클라우드 프롤레타리아'가 되어가는 동안, 우리 모두는 '클라우드 농노'가 되어가는 과정을 살펴보게 될 겁니다.

| 클라우드 프롤레타리아 |

그 기술은 실로 최신의 것이었겠으나 그 기술을 가진 자들이 공장 바닥의 저임금 노동자들을 휘두르는 방식은 2백여 년 전의 것과 그다지 다를 바 없었습니다. 아마존 물류 센터의 노동자들은 그들의 모든 움직임을 추적하고 행동을 지시하는 컴퓨터 장비와 씨름하고 있죠. 아버지께서 가장 좋아하는 영화 중 하나인 찰리 채플린의 1936년작 〈모던 타임스Modern Times〉를 본다면 아마존 물류 센터 노동자들은 곧장 자기 이야기라고 생각할 거예요. 그들은 한 시간에 1천 8백여 개의 아마존 상품을 살펴보고 조사해야 합니다. 이건 〈모던 타임스〉에서 찰리 채플린이 연기하던 노동자가 점점 더 빨라지는 컨베이어 벨트에 앉아 그 속도에 맞추기 위해 안간힘을 쓰다가 점점 제정신을 잃어가고, 결국 인간이 아닌 거대한 기계의 톱니바퀴로 전락하고 마는 모습과 소름끼치도록 닮아 있죠.

아마존 스태튼 아일랜드 물류센터에서 피커[4]로 일했던 후안 에스피노자는 이런 뼈 있는 농담을 던졌습니다. '사장이나 회장이 몰래 사업장에 들어와서 직원으로 일하는 거, 제프 베이조스Jeff Bezos는 여기서 단 하루도 못 할 겁니다.' 프리츠 랑 감독의 1927년작 고전 영화인 〈메트로폴리스Metropolis〉를 아는 사람이라면 저 말을 듣고 독재자의 아들인 프레더가 등장하는 한 장면을 떠올릴 거에요. 프레더는 엉겁결에 기계로 가득찬 지하로 떨어지게 되죠. 프레더의 아버지가 통제하는 그곳에서 노동자들은 거대한 시계 같은 장치가 돌아가게 하려고 고역을 겪고 있어요. 그 장면을 본 프레더는 충격에 얼굴을 감싸 쥐고 맙니다. 사람이 따라올 수 없는 속도로 움직이는 기계

---

4 picker, 주문이 들어오면 해당 물품을 창고에서 가져오는 직원 -역자 주

가 가차없이 노동자들을 기계화해버리는 그런 모습에 말이죠.

몇 년 전 아버지가 제게 주셨던 질문이 있었어요. 빅테크의 새로운 기기 같은 것들이 전통적인 제조업 과정을 확연히 바꿔놓을 수 있을까 하는 것이었죠. 제 대답은 이랬어요. "아니요. 적어도 아직은 아니에요." 생산 조립 과정이 완전히 자동화되어있지 않은 한, 반자동 생산 라인의 일부에는 사람이 끼어 있을 수밖에 없고, 기계가 하지 못할 일을 하기 위해 들어와 있는 사람들은 기계의 속도에 맞춰 본인들의 생산적 에너지를 끌어올리는 것을 최우선 과제로 부여받을 수밖에 없을 테니까요.

아마 아버지는 이렇게 반론하실지도 모르겠어요. "오늘날의 공장과 물류센터는 더 이상 톱니바퀴나 사슬바퀴, 벨트 따위로 돌아가지 않아. 대신 회사의 뉴럴 네트워크에 무선으로 연결된 기기 속 알고리즘에 의해 돌아가지. 이런 상황에서 과거의 관점이 유용하다 할 수 있겠니?" 아니에요, 아버지. 그렇지가 않아요. 클라우드 기반의 알고리즘에 의해 육체적 한계까지 내몰리는 임금 노동자들, 그러니까 제가 클라우드 프롤레타리아라 부르는 사람들은, 지난 시대의 프롤레타리아라면 누구나 곧장 알아차릴 수 있는 방식으로 고통스럽게 일하고 있어요.

아마존의 메커니컬 터크Mechanical Turk를 떠올려 보자고요. 아마존에 따르면 메커니컬 터크는 '개인과 사업자가 그들의 작업을 수행할 수 있는 노동력을 가진 이들에게 가상으로 분배하는 과정을 돕는' 서비스에요. 하지만 이렇게 볼 수도 있겠죠. 메커니컬 터크는 노동자들이 가상 노동을 하는 대가로 성과급을 버는 클라우드 기반 저임금 공장이라고요. 거기서 벌어지는 일은 칼 마르크스가《자본론》제1권 21장에서 분석한 바에서 조금도 달라진 게 없어요. 마르크스는 이렇게 말했죠. "개수제 임금$^{piece-wage}$은 임금 삭감, 자본가에 의한 사기의 가장 확실한 근원이 된다." 마르크스는 그 위에 한 마디를 덧붙였어요. 불안정한 개수제 임금은 "자본주의적 생산양식에 가장 적합한 것이다." 귀 있는 자들이여, 들을지어다!

알고리즘이 공장 현장에 긴 그림자를 드리우지 않았다는 말을 하려는 건 아니에요. 이미 그런 상태죠. 운송, 배달, 물류 영역에서 알고리즘은 이미 관리자 역할을 대체하고 있잖아요. 그렇게 알고리즘의 지시를 받아 일하게 된 노동자들은 가장 현대화된 악몽을 꾸고 있는 것과 다를 바 없어요. 뼈와 살로 이루어져 있지 않으며 인간적인 공감 능력이 부족한 정도가 아니라 아예 없는 그 무언가가, 노동자의 반응 시간을 측정하기에 앞서 일단 알고리즘의 수요와 편의에 맞도록 업무 지시를 내리고 있으니까요. 아무리 비인간적인 인간 관리자라 해도 양심의 가책이 있기 때문에 넘지 못하는 선이 있게 마련입니다. 알고리즘 관리자에게는 그런 굴레가 없죠. 알고리즘은 자유분방하게 노동자의 유급 근로 시간을 줄이고, 거의 미쳐버릴 수준까지 작업의 속도를 빠르게 높이거나, '비효율적'이라는 이유로 노동자를 주저 없이 거리로 내쫓아요. 그렇게 알고리즘에 의해 쫓겨난 노동자들의 상황은 '카프카적'이라 할 수 있을 거예요. 본인을 왜 내쫓았는지 알고 있는 사람도 없으니, 하소연할 곳도 없죠.^{xi}

머잖아 알고리즘은 노조 파괴 역량도 개발하게 되겠죠. 의심의 여지가 없잖아요. 지금까지 우리가 이야기해왔듯 알고리즘은 눈부신 발전을 거듭해 왔어요. 이제 알고리즘은 잘 죽지 않는 세균 속의 핵심 단백질 구조 수만여 개의 지도를 그리고 그것을 파괴하여 우리의 목숨을 구해낼 수 있습니다. 일단 그 단백질 구조를 완전히 파악하고 나면 알고리즘은 괴질을 치료하기 위해 특별히 디자인된 항생제를 설계할 수 있죠. 이런 희대의 과학적 성취가, 다시 한 번 강조하건대 인간이 어떤 정보를 입력하지 않아도 이루어진다는 거예요. 알고리즘이 거기서 멈출 이유가 있을까요? 전 세계 물류센터 중 노동조합이 성공적으로 조직된 곳을 우회하도록 공급망을 다시 설계하는 것도 충분히 가능하지 않겠어요? 노동조합이 출범하기 전부터 파괴당할 수도 있는 그런 세상에 우리는 살게 된 것입니다.

그래, 맞아요. 클라우드 자본은 우리의 일터를 영화 〈메트로폴리스〉의 기계 도시 같은 곳, 하지만 알고리즘이 지배하는 '알고리즘 도시'로 만들고 있죠. 인간 노동자들은 기진맥진한 클라우드 프롤레타리아로 전락하는 중이고요. 하지만 아직은 클라우드 프롤레타리아가 〈모던 타임스〉나 비슷한 영화에 나왔던 선배 프롤레타리아들의 운명을 완전히 답습한 건 아니에요. 요약하자면 클라우드 자본은 전통적인 자본이 차지하고 있던 전통적인 일자리에서, 공장과 물류센터 등에서, 자본이 늘 하던 일을 그대로 하고 있어요. 물론 좀 더 효율적일 수는 있겠지만 말이에요.

하지만 일터 밖에서의 일도 중요합니다. 클라우드 자본은 우리가 당연하게 여겨왔던 모든 것을 분쇄하고 있는 중이거든요.

| 클라우드 농노 |

어쩌면 돈 드레이퍼는 낭만주의의 마지막 간판스타일지도 모르겠습니다. 드레이퍼는 과학을 미심쩍은 눈으로 바라보고 컴퓨터를 경멸하죠. 자연을 이상적인 눈으로 바라보는 그는 애마인 캐딜락을 타고 방랑하는 것을 즐겨요. 개인주의자로 살았고 개인주의가 없으면 못 사는 사람이죠. 과거의 향수에 푹 빠져 있는 사람이기도 하고요. 여자를 좋아하지만 그건 여자가 자기에게 넘어올 때까지만이죠. 여자가 본인에게 빠지면 곧장 발을 뺍니다. 돈 드레이퍼는 감정을 두려워하는 사람이에요. 인간 정신의 궁극적 통찰이 담긴 저장소가 바로 감정이라고 생각하고 있으니까요. 그러면서 본인의 재능을 이용해 그 기억, 정서, 변덕, 통찰의 혼합물을 상품화해버려요. 그런 광고가 없었다면 소비자들이 스스로를 위해 현명하게 썼을 돈을 쥐어짜죠.

드레이퍼의 역할을 대신하는 알고리즘과 알렉사는 낭만적인 캐릭터가 아니겠지만, 클라우드 자본 역시 우리의 감정을 돈으로 바꾸고 있죠. 그것도 돈 드레이퍼보다 훨씬 효율적으로 말이에요. 알고리즘은 우리의 편향성에 맞춤 설정된 제안으로 소비를 촉진시킵니다. 우리의 반응을 이용해 그 경험을 한층 더 강화시키죠. 하지만 그건 시작에 불과해요. 알고리즘이 우리의 소비 행태를 조작하는 방식은 돈 드레이퍼마저 경탄하게, 혹은 경악하게 하겠죠. 하지만 알고리즘이라는 마법사는 더욱 놀라운 묘기를 소매 밑에 감춰두고 있습니다. 알고리즘은 우리가 **직접** 알고리즘의 재생산, 재강화, 유지를 위해 <u>스스로</u> 일하게끔 만들 수 있으니까요.

클라우드 자본이 무엇으로 구성되어 있는지 생각해 보자고요. 스마트 소프트웨어, 서버 팜, 무선 송수신탑, 수만 킬로미터에 이르는 광케이블 등등. 그런데 이 모든 것들은 '콘텐츠'가 없다면 아무런 가치가 없어요. 클라우드 자본의 주가를 이루는 가장 값진 요소는 그 물리적 구성 요소가 아니에요. 페이스북에 올라온 게시물, 틱톡과 유튜브에 업로드된 비디오, 인스타그램의 사진, 트위터에서 오가는 농담과 욕설, 아마존에 남아 있는 리뷰들, 혹은 단순히 우리가 오가면서 만들어내는 신호들도 거기 포함되죠. 그런 신호를 모아서 구글 맵은 교통정체 구간이 어디인지 파악해 사용자에게 알려줘요. 이렇듯 우리는 게시물, 비디오, 사진, 농담, 이동 기록 등을 제공하면서, 클라우드 자본의 가치를 생산하고 또 재생산해내는 중입니다.

이건 전례를 찾아볼 수 없는 일이에요. 제너럴 일렉트릭, 엑슨 모빌, 제너럴 모터스, 그 외 어떤 거대 기업 집단을 보더라도, 회사의 수입 중 약 80퍼센트는 직원의 임금과 수당으로 들어갑니다. 회사가 작을수록 그 비중은 커지는 경향이 있고요. 반면 빅테크의 직원들은 기업의 매출 중 고작 1퍼센트 이하만을 가져갈 뿐이에요. 빅테크가 의존하고 있는 노동 중 유급 노동의 비율이 작은 비중밖에 차지하고 있지 못하기 때문이에요. 빅테크는 수십억 명의 사용자들이 공짜로 제공하는 노동에 크게 기대고 있는 거죠.

물론 우리들 중 대부분은 그들의 서비스를 선택했고, 심지어 즐기고 있어요. 모든 사람에게는 자신의 생각을 널리 알리고 사이버 친구들과 커뮤니티에 일상의 세밀한 부분을 공유하고자 하는 본능적인 표현욕이 있나 싶기도 하고요. 그런데 이건 봉건주의에서도 그랬어요. 농노들은 매우 힘든 삶을 살아왔지만, 그럼에도 조상 대대로 살아왔던 땅에서 밀려나는 것을 바람직하지 않은, 아니 차라리 상상할 수조차 없는 일로 여겼던 게 분명하거든요. 그건 그들이 지금까지 살아왔던 삶의 방식을, 공유된 문화와 전통을 박탈당한다는 말과 같았으니까요. 물론 현실은 가혹했습니다. 수확이 끝나면 영주는 세리를 보내 농노들에게는 한 푼도 남겨놓지 않고 자신들의 몫을 챙겨 갔죠.

의도치 않게 클라우드 자본을 창출하는 데 기여하는 우리들 역시 마찬가지입니다. 우리가 그런 자본 창출을 자발적으로, 심지어 행복하게 하고 있다 해서 우리가 무급 생산 노동을 하고 있다는 사실이 달라지지는 않아요. 우리는 매일 클라우드 영지에서 일하며 캘리포니아나 상하이에 모여 있는 극소수의 조만장자들을 배불리는 클라우드 농노들인 거죠.

이게 바로 문제의 핵심입니다. 디지털 혁명은 임금 노동자를 클라우드 프롤레타리아로 만들었어요. 클라우드 프롤레타리아는 알고리즘 관리자의 보이지 않는 손에 의해 훨씬 더 취약하고 스트레스 받는 삶을 살아가고 있습니다. 알고리즘은 알렉사처럼 우아한 가전기기의 외피를 뒤집어쓴 채 돈 드레이퍼가 하던 일을 훨씬 더 큰 규모로 진행하고 있고요.

하지만 클라우드 자본의 가장 도드라지는 점은 그게 아닙니다. 클라우드 자본 특유의 업적, 위에서 말한 요소들을 모두 사소하게 보일 정도로 엄청난 그것은, 자본이 스스로를 재생산하는 방식을 혁명화했다는 데 있어요. 수십억 명의 평범한 우리가 자발적으로 클라우드 농노로 변해 아무런 보상도 없이 클라우드 자본의 소유주를 위해 자본의 재생산에 우리의 노동력을 바치고 있다는 것, 이것이야말로 클라우드 자본이 이룩한 진짜 혁명인 것이죠.

| 시장이여 안녕, 클라우드 영지가 왔다 |

"아마존 닷컴에 접속하는 순간 자본주의와는 작별하는 겁니다. 거기서 수많은 구매와 판매가 이루어지지만, 여러분이 접속해 있는 그곳은 시장이라고 할 수 없는 영역이에요. 디지털이냐 아니냐의 이야기가 아닙니다." 제가 강연이나 토론에서 사람들에게 곧잘 하는 말인데, 이런 말을 들으면 사람들은 마치 저를 정신이 이상한 사람처럼 쳐다보더라고요. 하지만 제 말이 무슨 뜻인지 설명하기 시작하면 내 정신건강을 걱정하던 그들은 돌연 우리 모두를 걱정하기 시작하죠.

SF소설의 한 장면을 읽는다고 생각하면서 이런 모습을 떠올려보세요.

아버지는 어떤 마을로 전송되었습니다. 옷, 신발, 책, 노래, 게임, 영화 등 온갖 것들을 거래하는 사람들로 꽉 찬 마을이에요. 처음에는 모든 게 그저 평범해 보여요. 하지만 뭔가 이상한 점이 눈에 들어옵니다. 모든 가게, 사실 모든 건물이 제프 베이조스라는 녀석의 소유라는 거죠. 가게에서 파는 물건을 만드는 공장은 제프의 것이 아닐지도 모르지만, 제프는 상품이 판매될 때마다 수수료를 받으며, 무슨 상품이 팔릴 수 있고 팔리지 않을지 결정하는 알고리즘을 소유하고 있어요.

그냥 여기서 끝난다면 이건 SF가 아니라 서부극이죠. 방황하던 고독한 카우보이가 외딴 마을에 들어갔는데, 알고 보니 그 마을의 술집도, 상점도, 우체국도, 철도도, 은행도, 결국에는 보안관까지도 모두 단 한 명 권력자의 소유였다는 걸 알게 되는 그런 이야기 말이에요. 하지만 우리의 이야기는 그게 전부가 아닙니다. 제프는 가게와 관공서만 가지고 있는 게 아니거든요. 아버지가 밟고 다니는 흙길도, 아버지가 앉는 벤치도, 아버지가 들이마시는 공기까지도 제프 것이에요. 사실 이 이상한 마을에서 아버지가 보고 있는 것, 심지어 볼 수도 없는 그 모든 것들이 제프의 알고리즘에 의해 통제되고 있어요. 아버지와 제가 나란히 걸으면서 같은 방향을 보고 있다고 해보자고요. 그런데 우리의 눈에는 전혀 다른 모습이 보여요. 제프의 의도에 따라 알고리즘이 섬세하게 골라놓았으니까요. 아마존닷컴을 거니는 모든 사람들은 알고리즘이 유도하는 고립을 경험하고 있는 겁니다. 아, 물론 제프는 빼고요.

이곳은 마을 시장이 아니에요. 극도로 자본주의적인 디지털 시장 같은 건 더더욱 아니고요. 제아무리 추잡한 시장이라 해도 그곳은 사람들이 만나고 상호 교류를 하면서, 납득 가능한 수준으로 자유롭게 정보를 교환하는 곳이거든요. 그런 면에서 아마존은 심지어 독점 시장보다 더 나쁜 형태라 할 수 있어요. 독점 시장에서도 구매자들은 서로 이야기할 수 있고, 집단을 결성할 수 있으며, 어쩌면 독점자에게 가격을 낮추거나 품질을 높이라는 요구를 하기 위해 소비자 운동을 조직할 수도 있을 겁니다. 그러나 제프의 영토에서는 어림도 없는 일이죠. 그곳을 다스리는 규칙은 시장의 보이지 않는 손, 불편부당하다고 여겨지는 그 원리원칙이 아니거든요. 모든 사람들은 제프가 기준을 정하고 그의 선택에 따라 조절하는 알고리즘에 따라야만 합니다.

여전히 공포가 느껴지지 않는다면 떠올려봐야 할 게 있어요. 제프가 사용하는 알고리즘이란 알렉사를 통해 우리가 훈련시키고, 우리의 욕망을 만들어내는 그 알고리즘과 다를 바 없다는 거죠. 이런 엄청난 교만이 어디서 나왔을까 생각해보면 아득할 지경입니다. 우리가 스스로의 내면을 다 까발려가며 훈련시키는 바로 그 알고리즘이, 동시에 우리의 선호를 조절하고 관리하면서 바로 그 선호를 충족시키기 위한 상품의 선택과 배송까지 관할하고 있어요. 이건 마치 돈 드레이퍼가 우리에게 특정 제품에 대한 욕망을 심어주는 차원을 넘어, 잠재적 경쟁자들을 모두 따돌린 채 바로 그런 제품들을 우리의 문 앞에 갖다놓는 초능력을 갖게 된 것과 마찬가지죠. 제프라는 녀석이 갖는 부와 권력을 떠받치고 있는 근원이 바로 그것입니다.

스스로 생각할 줄 아는 사람이라면 이렇게 집중된 권력이 백일하에 드러났을 때 경악해야 마땅하죠. (자율적인 시장은 말할 것도 없고) 시장이라는 관념에 충실한 사람이라면 클라우드 자본이 시장에 사형 선고를 내리고 있다는 것을 알아차려야 합니다. 시장에 회의적인 사람들, 특히 사회주의자들 역시 잠에서 깨어날 때가 됐어요. 아마존이 자본주의 시장의 극단적인 형태여서 반대한다는 식의 단순한 사고방식은 말이 되지 않거든요. 실제로는 극단적인 시장보다 더 나쁜 무언가니까요.

"만약 아마존이 자본주의 시장이 아니라면 우리가 아마존닷컴에 접속할 때마다 보게 되는 건 대관절 뭐란 말인가요?" 텍사스 대학교에 다니던 학생이 몇 년 전 제게 던졌던 질문이에요. "디지털 영지의 일종입니다." 저는 즉각 대답했죠. "그 역사적 기원은 봉건 유럽에 두고 있지만 오늘날의 미래적이고 디스토피아적인 클라우드 기반 자본으로 유지 운영되고 있는, 시장 이후의 무언가라고 봐야죠." 지금까지 돌이켜보건대 저는 어려운 질문에 대해 그럭저럭 올바른 답을 해줬다고 생각하고 있어요.

봉건주의 체제에서 영주는 가신이라 불리는 부하들에게 이른바 영지를 할양해주죠. 가신들은 영주의 지배지인 영지에서 경제적 이익을 얻을 수 있는 공식적 권리를 갖게 됩니다. 가령 농작물을 기르 거나 소를 방목하거나 하면서 생산물의 일정 비율을 제공하죠. 영주 는 세리를 보내 영지가 잘 관리되고 있는지 살피고 본인의 몫을 챙 겨갑니다. 제프 베이조스가 아마존의 공급자들과 맺고 있는 관계는 이것과 크게 다르다고 보기 어렵죠. 제프는 클라우드 기반의 디지털 영지를 할양하고, 알고리즘 세리들을 동원해 디지털 영지를 관리하 고 수수료를 징수해가니까요.

아마존은 시작에 불과해요. 알리바바^{Alibaba}는 중국에서 같은 기법 을 통해 그와 유사한 디지털 영지를 만들어냈습니다. 소위 선진국뿐 아니라 개발도상국에서도 아마존을 모방한 전자 상거래 플랫폼들이 등장했죠. 다른 산업 영역도 점점 더 클라우드 영지로 변해가고 있 어요.

'테슬라^{Tesla}'를 예로 들어볼까요? 일론 머스크$^{Elon\ Musk}$가 성공리에 이끌고 있는 전기자동차 회사인 테슬라는 포드나 도요타보다 주식 시장에서 더 높은 평가를 받고 있습니다. 테슬라에서 만드는 자동차 의 모든 회로가 클라우드 자본에 연결되어 있다는 게 그런 고평가를 받는 이유 중 하나에요. 그리하여 테슬라는 운전자가 테슬라의 뜻과 다른 행동을 하면 고객의 자동차를 원격으로 꺼버릴 수 있는 힘을 갖게 되었을 뿐 아니라, 테슬라의 사용자들은 운전하면서 듣는 음악 까지 포함해 모든 정보를 실시간으로 업로드해주면서 테슬라의 클 라우드 자본을 부풀려주는 중이죠. 테슬라 오너들은 스스로를 클라 우드 농노라고 생각하지 않을지도 모르겠지만, 실상은 말이죠, 공기

역학적으로 멋지게 디자인된 테슬라를 새로 뽑은 자부심 넘치는 테슬라 운전자들은 그 무엇도 아닌 클라우드 농노에 불과해요.

정신을 아득하게 하는 과학적 돌파구를 뚫고, 환상적으로 들리는 뉴럴 네트워크에 우리의 상상을 초월하는 AI 프로그램들이 총동원되어, 무엇을 하고 있을까요? 노동자들을 물류센터에 몰아넣고 택시를 몰고 음식을 배달하는 클라우드 프롤레타리아로 만들었죠. 시장이 점점 더 클라우드 영지로 뒤바뀌는 세상을 만들었고요. 사업자의 역할이 봉건 가신의 역할처럼 변해버렸어요. 그리고 우리 모두는 스마트폰과 태블릿을 손에서 내려놓지 못한 채, 저 아득한 구름 위에 계신 새로운 영주님들의 클라우드 자본을 열성적으로 생산하고 있는, 클라우드 농노가 되어버리고 말았습니다.

| 알고리즘이 모든 권력을 장악한 클라우드 자본의 시대 |

제가 아버지로부터 배운 것을 딱 하나만 꼽으라고 한다면, 저는 '역설을 즐기는 능력'을 배웠다고 대답하고 싶어요.

아버지는 철을 찬미하셨죠. 하지만 철기 시대에 맞선 헤시오도스의 시 앞에서는 눈물을 흘리셨어요. 아버지는 공산주의 운동에 많은 것을 바치셨지만, 만약 그 공산주의 운동이 성공한다면 아버지는 강제수용소에 가게 될 것이라는 걸 잘 알고 계셨죠. 아버지께서 일하시던 제철소의 모든 깔대기와 파이프, 컨베이어 벨트를 아버지는 사랑하셨어요. 하지만 그곳에서 일하는 노동자들이 겪는 기계화, 소외, 비인간화에 대해서는 언제나 경계하고 또 두려워하셨죠.

　제가 아버지와 클라우드 자본에 대해 이야기하고 싶었던 건 그래서였어요. 경이로운 눈으로 바라보면서 동시에 부정적으로 바라볼 수 있는 방법을 아버지는 아실 테니까요. 그리고 또 다른 이유도 있었죠. 인터넷이 자본주의에 미친 영향에 대해 답하려면 클라우드 자본을 반드시 이야기해야만 하니까요.

　자본주의는 증기기관, 공작기계, 방적기, 전신주 등 자본재의 소유주들이 사람과 국가에 명령할 수 있는 힘을 가지면서 수면 위로 떠올랐어요. 어느덧 그들이 토지 소유주보다 힘이 강한 사람이 되었던 거죠. 공유지에 대한최초의 사유화가 진행되면서 그러한 거대한 전환이 가능해졌습니다. 클라우드 자본도 마찬가지예요. 더욱 강력한 명령하는 힘을 얻기 위해서는 또 다른 핵심적 공유지, 즉 인터넷 1의 사유화가 선행되어야 했죠.

　자본주의의 도입 이후 모든 자본이 그렇듯 클라우드 자본 역시 커다란 생산 도구이자 사람들의 행태를 바꾸는 기계로 볼 수 있습니다. 클라우드 자본은 놀라운 기기를 만들어내고, 동시에 자본을 가진 자가 갖지 못한 자에게 명령할 수 있는 힘을 갖게끔 해주죠. 하지만 지상의 자본과 클라우드 자본의 유사성은 거기까지예요. 이제부터는 통상적인 자본가와 클라우드 자본가의 차이에 대해서 생각해봐야 합니다.

　자본가들은 자본의 명령하는 힘을 구사하여 다른 사람들이 **더 빨**

리 일하고 더 **많이 소비하게** 만들고 싶어합니다. 지금까지는 그 일을 하기 위해 관리자와 마케터라는 두 종류의 전문가가 필요했어요. 특히 전후 테크노스트럭처의 보호를 받으며 이 두 전문가들은 은행가나 보험 중계사보다 훨씬 더 좋은 시절을 보냈죠. 주어진 노동력의 생산성을 폭발시키는 흑마법을 가르치기 위해 여러 경영대학원이 신설되었고 그곳에서 새로운 관리자들을 뽑아냈어요. 광고 마케팅 부서들은 돈 드레이퍼의 후예들을 길러냈고요.

그리고 클라우드 자본의 시대가 당도했습니다. 클라우드 자본은 단번에 관리자와 마케터의 역할을 쓸어버렸어요. 자본이 가지고 있던 노동자와 소비자에게 명령하는 힘 모두가 알고리즘의 손에 넘어갔습니다. 이것은 자동차 조립 노동자들이 산업 로봇으로 대체된 것과는 비교할 수 없을 정도로 혁명적인 변화였어요. 사실 산업 로봇은 그저 러다이트 운동 이전부터 있어왔던 자동화의 연장선상에 있을 뿐이었거든요. 그저 프롤레타리아들이 더 취약하고 비참한 상태에 빠지게 될 뿐이었죠.

하지만 자동화된 자본의 명령하는 힘은 진정 역사적인 교란을 불러왔습니다. 그들은 이제 공장, 상점, 사무실의 **바깥에** 있는 사람에게도 명령하는 힘을 갖게 되었어요. 노동자는 클라우드 프롤레타리아가 되었고 그 외의 모든 사람들은 클라우드 농노가 되어 아무런 보상 없이, 그 어떤 시장의 중계도 없이, 클라우드 자본에 복속되어 버렸죠.

한편 기존의 자본가와 생산자들은 그들의 제품을 팔기 위해 클라우드 자본가에게 무릎을 굽히는 것 외에 다른 선택지를 가질 수 없게 되었습니다. 클라우드 자본의 은혜를 입기 위해 수수료를 내는 그 관계란, 봉건 영주가 가신과 맺는 관계와 다를 바 없는 것이죠.

그러니, 아버지의 질문으로 돌아가 보자고요. "이제 컴퓨터가 서로 대화하는 세상이 되었구나. 이 네트워크는 자본주의 극복을 불가능하게 만들까? 아니면 결국 자본주의가 지닌 약점, 아킬레스건을 드러내줄까?" 클라우드 자본의 부상은 한편으로 노동에 대한 자본의 승리를 확고하게 만들었어요. 사회, 그리고 끔찍하게도 자연에 대한 자본의 힘은 더욱 증강되었고 확대되었죠. 그런데 역설이 있었어요. 그 과정에서 클라우드 자본은 자본주의가 죽여버렸던 봉건 체제를 닮은 그 무언가를 여럿 탄생시켰고 모든 곳에서 자본주의를 대체하는 현상을 낳고 있다는 거예요.

젊은 시절의 아버지에게는 꿈이 있었죠. 노동이 자본주의 시장 체제의 심장을 뒤흔들 그날이 오기를 바라는 꿈이요. 저도 그랬어요. 헌데 지금, 그 반대의 일이 벌어지고 있는 것 같아요. 자본주의 시장 체제의 핵심을 흔들고 있는 건 다름아닌 자본이란 말이죠! 그리고 자본이 최후의 승리를 향해 달려가고 있는 지금, 자본주의는 뒤쳐지고 있어요.

저는 지금 우리의 패배를 그저 달콤한 말로 포장하고 있는 걸까요? 그렇지는 않다는 걸 나중에 5장에서 보여드릴게요. 하지만 지금은 자본주의의 쇠락이 보여주는 가장 놀라우면서도 경탄스러운 모습에 대해 다루어야 하겠습니다.

클라우드 영주cloudalist들은 대체 어떻게 이런 길을 걷게 되었을까요. 그리고 어떻게 그들은, 한때 자본주의의 핵심 동력이라 여겼던 이윤을 부차적인 것으로 보게 되었을까요.

4장

클라우드 영주의 등장과
이윤의 종언

TECHNO
FEUDALISM

아버지께서 팔레오 팔리로의 집을 떠나 길을 나서셨던 건 2020년 여름이 마지막이었죠. 매년 여름 그렇듯 우리를 보러 애기나 섬에 오셨으니까요. 애기나 섬 여행은 코로나 팬데믹 초기의 그 숨막히는 분위기에서 한숨 돌릴 수 있는 정말 즐거운 시간이었어요. 하지만 여행길이 퍽 고단하셨던지 아버지께서는 다음날 아침 11시가 되어서야 몸을 추슬러 일어나시더군요. 아버지가 눈을 뜨셨을 때 저는 베란다에서 노트북으로 뉴스를 훑고 있었어요. 거의 정신이 나간 상태였죠. 제 곁으로 다가오신 아버지께 저는 외쳤고요. "클라우드 자본의 시대가 막 시작되었어요. 런던에서요!"

약 30분 혹은 그보다 조금 전, 영국인들은 충격적인 소식을 전해 들었습니다. 팬데믹이 사상 최악의 경기 후퇴를 불러왔다는 거였죠. 영국의 국민소득이 갑자기 20.4퍼센트 폭락했는데, 이건 미국이나 유럽 대륙 그 어느 나라와도 비교할 수 없는 수치였어요.[xii] 충격적이고 끔찍한 소식이긴 했지만 여기까지만 놓고 보면 사람의 세계관을 뒤흔들 이야기는 아니었죠. 하지만 15분 뒤, 아버지가 막 일어나셨을 때, 저의 세계관은 달라지고 말았습니다. 영국 경제가 고꾸라졌다는 소식이 전해지자, 런던증권거래소의 지수는 2.3퍼센트 폭증했거든요!^{xiii}

"어떤 각도에서 봐도 이상한 자본주의가 지금 눈앞에서 펼쳐지고 있어요." 저는 최대한 무게 있는 목소리로 아버지께 이 말씀을 드렸던 기억이 납니다.

"글쎄, 자본주의란 모순덩어리지." 아버지는 대답하셨죠.

"하지만 이건 자본주의가 지닌 흔한 모순 중 하나가 아니에요. 돈의 세계가 최종적으로 자본주의자들의 세계로부터 떨어져나왔다는 걸 보여주는 전례 없는 증거라고요."

제 말에 아버지는 그리 큰 감명을 받지 않은 표정으로 사로닉 제도 너머 펠로폰네스 산맥쪽을 바라보셨죠. 2020년 8월의 그 수요일 아침, 런던에서 벌어진 일이 어떤 의미인지 곱씹고 있던 저를 내버려두고 말이에요.

주식시장은 나쁜 뉴스가 들려올 때 상승하기도 합니다. 하지만 그건 어디까지나 그 나쁜 뉴스가 예상했던 것보다는 낫다고 판명될 때의 일이죠. 만약 주식 딜러들이 영국의 국민소득 하락치를 22퍼센트로 예상했다가 막상 당일이 되자 '고작' 20.4퍼센트 하락에 그쳤다는 걸 알았다면 예상보다 실제 성적이 좋은 거니까 주가 상승을 납득할 수 있습니다. 그런데 그 수요일, 주식시장은 국민소득 하락이

15퍼센트를 넘지 않을 거라 기대하고 있었어요. 2020년 8월 12일 벌어진 일이 기괴했던 건 그런 이유 때문이었습니다. 기대치보다 훨씬 나쁜 뉴스가 터졌는데 주식시장이 올랐거든요. 이전에는 그런 일이 벌어진 적이 없었어요.

그렇다면 **도대체** 무슨 일이 벌어진 걸까요? 전해진 소식은 너무 나빴고 런던 시티에 모여 있는 주식 트레이더들은 이런 깨달음에 도달하게 된 것입니다. "이렇게 비관적인 상황이라면 영국 중앙은행은 패닉에 빠질 거야. 그런데 2008년 금융위기 이후 패닉에 빠진 중앙은행들이 뭘 해왔더라? 돈을 찍어서 우리에게 줬지. 그렇게 갓 찍어낸 신선한 돈을 쥐면 우리가 하는 일이 뭐지? 주식을 사서 가격을 높이는 거야. 그렇다면 주가 상승은 예정된 것이나 다름 없으니 이 기회를 놓치는 건 바보나 할 짓이지. 마구 찍어내는 돈이 이제 곧 우리에게 몰려들 거야. 지금은 사야 할 때다. 가자!" 이렇게 영국의 금융가는 자본주의를 지배하는 중력의 법칙을 거슬러가며 주식을 사들이고 있었던 것입니다.

이런 경향은 런던에만 국한된 게 아니었죠. 팬데믹이 우리의 공동체들을 찢어놓는 동안, 아메리카 대륙과 유럽, 일본, 그 외 모든 곳의 권력자들은 2008년 미국의 미노타우로스가 죽은 후 해왔던 일을 더 거칠게 몰아붙였습니다. 금융가들이 산업에 투자해 안정적인 일자리를 만들고 경제의 붕괴를 막아줄 거라는 얄팍한 희망을 품은 채, 돈을 찍어서 금융가들에게 나눠 주는 것 말이에요. 그런 일은 없었습니다. 사양산업에 빌려주면 회수할 수 없을 것이라는 불안에 빠진 금융가들은 중앙은행의 돈을 그저 빅테크에게 빌려줄 뿐이었고, 빅테크는 세상 다른 그 어떤 곳에도 투자하기를 거부했어요. 단, 클라우드 자본을 제외하고.

제너럴일렉트릭이나 폭스바겐처럼 전통적인 자본, 지상 위의 자본에 근간을 둔 거대 기업들은 어땠을까요. 중앙은행이 이자 없이 돈을 빌려주자 그들은 그걸로 생산 투자를 하지 않았습니다. 팬데믹이 불러온 참상을 스스로 조사해본 전통 자본가들의 결론은 은행의 그것과 같았던 거죠. 근근이 살아가는 평범한 사람들의 소득은 형편없이 쪼그라들어 있었어요. 일자리는 불안정했고 미래의 비전 따위 없었습니다. 대다수의 사람들에게는 새로운 고부가가치 상품을 구매하고 향유할 여력이 없었던 거예요. 그렇다면 그런 걸 만들기 위해 투자할 이유도 없겠죠? 대신 그들은 위험 부담 없이 소득이 창출되고 압박도 없는 무언가를 하려 했습니다. 자사주 매입에 써버린 거예요. 기업의 주가가 오르면서, 주가에 따라, 경영진에게는 보너스가 주어졌습니다.

한편 빅테크에게 팬데믹은 한층 더 흥겨운 시간이었죠. 미국 경제 전체에서 단 한 달 동안 일자리 3천만 개가 사라지고 있을 때, 아마존은 그 추세를 거슬러 올라갔어요. 코로나로 옴싹달싹 못하는 시민들에게 생필품을 전달해주는, 일종의 돈 버는 적십자 구급대 역할을 하게 된 거죠. 코로나 와중에 10만여 명 이상을 고용해 그들에게 시간당 몇 달러씩 돈을 벌게 해 줬으니 이건 루즈벨트의 뉴딜 같은 일 아니었을까요. 그렇습니다. 빅테크는 중앙은행의 돈을 투자했고 그리하여 새로운 일자리를 창출했어요. 하지만 그렇게 만들어진 일자리는 클라우드 프롤레타리아를 양산하는 일자리였고, 빅테크의 투자는 클라우드 자본을 쌓아올리는 데 쓰였죠. 심지어 클라우드 영주 기업들 중 우버나 에어비엔비 같은 곳은 코로나 시즌을 힘겹게 보냈습니다. 그들의 서비스를 이용할 고객들이 사라졌으니까요. 하지만 그들도 중앙은행의 돈으로 마치 팬데믹이 없는 것처럼 클라우드 자본을 축적해 나갔죠.

결국 팬데믹이었습니다. 국가가 돈을 풀었고, 그 돈이 흘러들어가 클라우드 자본의 시대를 열게 된 계기는 바로 그것이었죠. 공식적인 기점을 정하고자 한다면, 아버지와 제가 함께 있었던 그 여름날 아침이 안성맞춤 아닐까 싶어요. 하지만 앞서 제가 언급했듯 클라우드 자본의 부상의 전체적인 이야기는 사실 그보다 더 앞으로 거슬러 올라가죠. 2008년 세계 금융 위기 앞에서 세계 각국은 돈을 뭉터기로 찍어내기 시작했으니까요. 그 결과 이윤에 이상하고도 반직관적인 효과가 발생하게 되었습니다.

| 새로운 지배 계급의 비밀 |

아버지도 아시다시피, 난롯가에서 아버지가 들려주신 연금술 이야기, 특히 철을 제련하는 이야기는 제게 역사에 대한 끝없는 호기심을 안겨주었어요. 하지만 그 후 수십여 년이 흐른 지금 저는 기술에 너무 큰 방점을 찍는 역사 서술에 대해 회의적인 입장이 되었습니다. 어떤 집단이 어떻게 권력을 차지하고 자신들의 지배를 유지하기 위해 다른 이들을 우롱하고 있나, 이런 이야기가 부족한 역사 서술 말이에요. 가령, 만약 자본가들이 당시의 지배 계급인 봉건 영주를 몰아내기 위해 무기로 삼지 않았다면 증기기관은 역사의 각주에 불과했을 거거든요.

하지만 모든 새로운 기술과 놀라운 혁신이 곧장 새로운 지배 계급의 손아귀에 떨어지고 완전히 새로운 유형의 자본으로 재탄생한다고 장담할 수는 없습니다. 전력망, 전신, 그 후에는 전화, 자동차로 가득한 고속도로와 TV 네트워크 등, 2차 산업혁명을 이루는 기술적 혁신들은 빅 비즈니스, 빅 파이낸스, 대공황, 전시 경제 체제, 브레튼우드 체제, 전후 테크노스트럭처와 유럽연합 그리고 아버지와 제가 당연하게 여겨온 현대 세계가 탄생한 바탕이 되었을 거예요. 그런데 그 과정에서 새로운 유형의 자본이 창출되지도 않았고 자본주의자들의 힘에 맞설 새로운 지배 계급이 나타나지도 못했잖아요.

반면 클라우드 자본을 탄생시킨 기술은 그 선배들에 비해 훨씬 혁명적인 것으로 드러났습니다. 그 기술 덕분에 클라우드 자본은 기존의 자본재가 절대 가질 수 없었던 능력을 갖게 되었어요. 클라우드 자본은 우리의 관심을 묶어놓고, 욕망을 만들어내며, 클라우드 프롤레타리아의 노동을 채찍질하며, 클라우드 농노들로부터 엄청난 양의 공짜 노동을 뽑아냈죠. 아마존닷컴의 클라우드 영지처럼 완전히 사유화된 디지털 거래 공간이 생겨났는데, 그곳에서는 판매자도 구매자도 통상적인 시장이라면 누렸을 그 어떤 선택지도 가질 수 없게 되었고요.[1] 그 결과 클라우드 영지의 소유자, 클라우드 영주들은 에디슨, 웨스팅하우스, 포드와 그 후손들이 결코 할 수 없었던 일을 할 능력을 갖게 되었습니다. 자본가들을 사회의 피라미드 가장 높은 곳에서 밀어낼 혁명 계급으로 재탄생하게 된 것이죠.

일부는 의도적이었고 다른 이들은 얼떨결에 그런 일을 저질렀겠지만, 아무튼 그런 과정을 통해 클라우드 영주들은 자본주의의 변화를 겪으며 살아왔던 우리가 당연하게 여겼던 모든 것을 바꾸어 놓았어요. 상품의 구성, 자율적인 개인이라는 이상적 개념, 정체성의 소유권, 문화의 전파와 확장, 정치의 맥락, 국가의 본성, 지정학의 구성까지 모두 달라졌습니다. 여기서 생기는 질문이 있죠. 어떻게 클라우드 영주들은 그 모든 자금을 끌어왔을까요?

초기의 산업가들은 공장을 짓고 증기선을 만들고 운하를 파기 위해 아프리카 노예 노동의 피와 땀을 동원했습니다. 아메리카와 남아시아 대륙의 섬과 주민들을 약탈했고요. 그 뒤를 이은 에디슨, 웨스팅하우스, 포드는 민간 은행이 무에서 창조해낸 돈을 이용했고

---

1 흥미롭게도 게이머 커뮤니티 내에서 탄생한 최초의 시끌벅적한 디지털 시장은 어떤 면에서 자유지상주의자의 꿈이 실현된 것처럼 보인다. 제작자들은 자유롭게 창작하고 서로 자유롭게 대화하는 구매자들과 제약 없이 교류한다. 디지털 마켓의 운영 기업은 한 발 물러서서 그 어떤 제품도 판촉해주지 않으며 그저 판매되는 게임마다 일정 수수료를 떼어갈 뿐이다. (지대를 싫어하는 순수한 자유지상주의가 싫어할법한 단 하나의 요소가 있다면 이것이다.) 아마존이나 알리바바 같은 거래 사이트는 이와 극명한 대조를 이룬다. 위에서 언급한 결사의 자유, 같은 상품을 같은 가격에 사고 팔 자유 같은 것을 판매자도 구매자도 누릴 수 없다. 대신 판매자와 구매자 사이의 자발적 의사소통을 차단한 알고리즘은 구매자와 판매자가 할 수 있는 것과 할 수 없는 것, 볼 수 있는 것과 볼 수 없는 것, 살 수 있는 것과 살 수 없는 것 등을 모두 규제한다.

민간 은행은 그 과정에서 빅 파이낸스로 변신했죠. 클라우드 영주들의 수법은 보다 정교했고 더 인상적이었습니다. 선진국 자본주의 국가의 중앙은행이 찍어낸 돈줄기를 끌어서 자신들에게 유리하게 써먹었으니까요.

이건 쿠데타라 해도 손색이 없는 일이었습니다. 세계에서 가장 부유한 자본주의 국가들이 돈을 찍어서 새로운 유형의 자본을 축적하도록 해주었다고 생각해 보세요. 그 새로운 유형의 축적된 자본에는 수십억 명의 사람들이 본인을 위해 공짜로 일할 수 있게끔 하는 일종의 초능력이 내재되어 있었고요. 국가의 돈으로 자본을 댔고 시민들의 공짜 노동으로 재생산되는 이 새로운 유형의 자본은 프롤레타리아가 생산하는 잉여가치를 뽑아내는 능력을 더욱 강화해줍니다. 클라우드 프롤레타리아는 열악해지는 노동 조건 속에서 줄어드는 임금을 받고 일하고 있으며, 자본가들 역시 전통적인 시장에서 그들의 설 곳을 잃어버린 채 점점 클라우드 자본을 통해 거래할 수밖에 없는 처지에 몰리고 있죠. 그렇게 창출된 막대한 이윤은 찌질한 은행가들이 만들어주는 계좌에 넣어두는 것보다 다시 클라우드 자본제국의 디지털 지갑에 넣어두는 게 낫기에, 클라우드 영주들은 은행마저도 우롱할 수 있는 위치에 오르게 되었습니다.

얼토당토 않은 이야기처럼 들리실 거예요. 이런 일을 벌인 클라우드 영주들이 어떻게 대형 은행들을 설득해서 자본을 끌어들일 수 있었겠냐고요. 실상은 이렇습니다. 설득할 필요도 없었다는 거죠.

| 2008년 금융위기가 낳은 의도치 않은 결과 |

자본주의가 거의 죽을뻔한 지도 벌써 15년이 넘는 세월이 흘렀어요. 그동안 중앙은행들은 거의 전적으로 자신의 책임 하에 돈을 찍어내어 금융가들에게 넘겨줬습니다. 중앙은행은 그들이 자본주의를 구해내고 있다고 생각하고 있었죠. 실제로는 클라우드 자본의 출현에 자금을 보태면서 자본주의의 끝을 부추기고 있었지만요. 그런데 의도치 않은 결과가 꼬리에 꼬리를 무는 것, 그게 바로 역사가 돌아가는 방식 아니겠어요?

중앙은행의 돈 찍어내기 노다지는 서구의 은행들이 융단폭격을 당한 직후인 2008년부터 시작되었습니다. 정치인들과 중앙은행들은 당시 은행이 부도나서 사람들의 예금이 사라지는 것을 두려워했죠. 1929년에 허버트 후버 행정부가 취했던 그 조치를 반복하면 두 번째 대공황이 벌어질 수도 있을 테니까요. 그래서 2009년 4월 G7의 중앙은행장들은 각국 대통령과 총리를 대동한 채 런던에서 정상급 회동을 가졌고, 은행을 물에 다시 띄우기 위해서라면 뭐든 해야 한다는 합의에 도달했죠. 상식적인 결정이었습니다.

하지만 몰상식한 결정도 있었어요. 부도 위기인 은행을 구하면서 은행을 그 지경으로 몰아가는데 책임을 져야 할, 범죄자라 해도 무방한 은행가들까지 구제해준 것입니다. 그들의 위험천만한 경영 행태도 덩달아 구제받은 셈이 되어버렸죠. 더 나쁜 건 은행가들을 위한 이런 사회주의적 조치가 시행되는 가운데, 노동자와 중산층에게는 가혹한 긴축 조치가 가해졌다는 거였어요.[2] 대침체의 한복판에서 공공 지출을 축소한다는 건 언제나 끔찍한 발상일 수밖에 없습니다. 금융가들에게 주기 위해 돈을 찍어내고 있는 와중에 긴축 재정을 펼치고 있었으니, 바보짓에 상을 준다면 그게 바로 대상 수상감이었죠. 이런 이중 잣대는 한 세대 내내 지속될 정치 불신을 낳을 수밖에 없거니와, 경제 그 자체만 놓고 봐도 치명적인 선택일 수밖에 없었으니까요.

긴축은 어려운 시기 정부 보조를 필요로 하는 노동자와 대중에게만 해로운 일이 아닙니다. 투자를 죽여버리죠. 어떤 경제 체제에서건 우리가 집단적으로 소비하는 것은 자동적으로 우리의 집단적 소득으로 환원됩니다. '불황은 사적 영역의 지출이 줄어드는 것'이라고 정의되어 있는 이유가 그거잖아요. 바로 그 시점에 공적 지출마저 줄여버린다면 정부는 경제 전반의 지출 축소를 가속화하는 셈이 되고, 이는 한 사회의 전체 소득이 낮아지는 추세를 부추기게 되죠. 그렇게 사회의 전체 소득이 떨어지고 있다면 기업은 생산 역량을 확충하기 위해 돈을 쓰지 않을 겁니다. 소비자에게 물건을 살 돈이 없으니까요. 긴축 정책이 투자에 해로운 이유가 바로 이것입니다.

---

2 유럽연합은 열성적으로 긴축 정책을 옹호했다. 이는 영국에서 2010년 이후 카메론 총리와 오스본 총리가 각각 긴축 정책을 추진하고 선거 패배의 결과를 치른 후 얼마 되지 않은 일이었다. 한편 미국에서는 오바마 대통령이 대규모 경기부양 프로그램을 추진했지만 현실은 퍽 다르게 전개되었다. 정부의 경기부양 프로그램은 재화, 서비스, 노동의 수요에 비해 상대적으로 너무 작았다. 게다가 (대체로 부동간 사격의 폭락으로 인해) 세수가 크게 줄어든 주 정부들은 큰 폭의 지출 축소를 감행했고, 그 결과 연방의 경기부양 프로그램의 효과는 거의 상쇄되어 버리고 말았다.

2008년 금융위기와 뒤따른 긴축정책은 마치 권투의 원투펀치처럼 투자를 쓰러뜨렸어요. 그러니 금융가들에게 갓 찍어낸 돈을 안겨준들 투자가 살아날 리 만무했죠. 긴축정책으로 고객들의 소득이 증발해버린 시점에 자본가가 되어 있다고 상상해 보자고요. 은행이 우리에게 마음껏 쓰라고 공짜로, 그러니까 금리 없이 돈을 빌려줬다는 가정을 하는 거죠. 당연히 그 공짜 돈을 받아들였지만 생산 라인을 늘리는 데 그 돈을 쓰는 것은 미친 짓이라는 결론에 금세 도달하고 맙니다. 그럼 이 공짜 현금으로 무엇을 해야 하겠어요? 부동산이나 예술품을 구입하거나, 그보다 좀 더 좋은 게 바로 자신의 기업 주식을 매수하는 거죠. 이렇게 하면 내 회사의 주가가 올라가서 기분 좋을 뿐더러, 특히 그 회사의 CEO라면 본인의 입지도 튼튼해지고 주가와 연동된 보너스도 올라가게 되어 있으니까요. 한마디로 말해 새로운 투자 없이 그저 이미 권력을 가진 이들의 손에 더 많은 권력이 쥐어졌을 뿐입니다.

바로 그런 일이 벌어진 거죠. 대다수의 사람들이 가난에 치이고 취약한 노동과 보이지 않는 미래 속에서 헤맬 때, 빅 비즈니스는 사상 가장 지독하고 긴 투자 거부를 하고 있었습니다. 그렇게 아낀 돈을 부동산 거래와 배당금 잔치 등으로 써버리고 있었고요. 주가가 치솟고 투자 시장이 과열되는 도금시대는 언제나 부자들의 부가 가난한 사람보다 빨리 커지면서 빈부격차가 커지는 모습을 보여요. 하지만 2008년 이후의 풍경은 달랐습니다. 불평등이 커졌는데 그건 가난한 사람들의 소득이 부자들의 소득보다 천천히 커졌기 때문이 아니었어요. 가난한 이들의 소득은 실제로 줄어들었고, 그 와중에 금융가와 빅 비즈니스는 그것까지 싹 긁어모으고 있었던 거죠.

범죄나 다를 바 없는 행태를 저질러가며 다수의 삶을 비참하게 만든 은행가들을 정부는 오히려 적극적으로 나서서 더 부유하게 만들어 주었습니다. 게다가 정부는 자승자박이나 다를 바 없는 긴축 정책을 통해 사회의 다수를 궁핍으로 몰아갔지요. 그것은 두 방향의 재앙으로 귀결되었습니다. 썩어빠진 정치와 일상화된 경기 침체가 그것이었죠. 정치의 부패에 대해서는 굳이 더 강조할 필요도 없겠죠. 그리스의 네오 나치부터 미국의 도널드 트럼프까지 우리는 여전히 그 악몽의 시대를 살고 있으니까요.

그런데 일상이 되어버린 침체란 무엇일까요? 초갑부들이 더 많은 부를 쌓는 게 왜 자본주의의 정체로 이어지는 걸까요? 어떻게 그것이 클라우드 자본에의 투자로 이어지게 되었을까요?

| 돈의 두 번째 본성 |

'인플레이션'이라는 용어는 모든 것들의 가격이 오른다는 뜻을 담고 있습니다. 빵 가격이 올랐는데, 어떤 경우에는 그저 밀가루가 갑자기 희귀해졌거나 빵의 인기가 올랐기 때문에 그런 결과가 발생할 겁니다. 하지만 인플레이션 상황에서는 다르죠. 무언가의 가격 상승은 그것 외에도 **모든 것**의 가격이 상승했기 때문에 벌어집니다. 그러니 이전과 똑같은 빵 한 덩이나 커피 한 잔, 스마트폰 한 대를 구입하려면 제빵사 뿐 아니라 **모든 사람들**이 더 많은 달러, 엔, 유로화 등을 필요로 하게 되죠. 이런 식으로 인플레이션은 **화폐의 교환가치를 떨어뜨립니다.**

자본주의는 가격과 가치를 갈라놓는 것으로 잘 알려져 있죠. 돈 역시 예외가 아니에요. 돈의 교환가치는 일정량의 현금을 받은 사람들이 그 대가로 넘겨줄 가치 있는 재화에 반영되어 있습니다. 그런 재화의 가치는 인플레이션을 통해 줄어든다는 걸 방금 이야기했고요. 하지만 자본주의 체제 하에서 돈은 그 자체로 시장 가격을 획득하게 되어 있어요. 주어진 기간 동안 일정량의 돈을 빌려오기 위해 지불해야 하는 이자율이 바로 돈의 가격인 셈이죠.

아무도 감자를 사고 싶어 하지 않아서 감자의 재고가 쌓이면 감자 가격은 떨어질 거예요. 마찬가지로 돈에 대한 수요(말하자면 대출 수요)가 현재 대출 가능한 돈의 양을 밑돈다면, 돈의 가격, 즉 이자율은 내려갈 겁니다. 빅 비즈니스는 막대한 예금을 쌓아놓았고 돈을 빌려줄 용의가 있는 사람, 즉 대부자들로부터 돈을 빌려올 역량을 지니고 있고요.(채권 구입의 형태로 돈을 빌리게 되겠죠) 그러므로 돈에 대한 전반적인 수요를 결정할 힘을 갖고 있는 건 대출의 의향이 있는 빅 비즈니스들입니다. 이론의 세계에서는 중앙은행이 다른 은행에 빌려주는 이자율을 조절하는 형태로 전체 이자율에 영향을 미치죠. 중앙은행이 이자율을 낮추면 은행도 낮은 이율로 돈을 빌려줄 수 있게 되고, 그렇게 투자를 촉진할 수 있게 되는 겁니다. 반대도 마찬가지겠고요. 하지만 이자율 전체, 즉 돈의 가격은 모든 시장에서와 마찬가지로 돈의 전반적인 수요와 공급에 따라 정해지게 되어 있어요.

　그런데 2008년 이후, 특히 팬데믹 기간 동안, 이상한 일이 벌어졌습니다. 돈의 교환가치는 유지되고 있었어요. 2008년 말부터 2022년 초까지는 인플레이션이 매우 낮게 유지됐습니다. 때로는 마이너스 인플레이션을 기록하기도 했죠. 그런데 같은 기간 동안 돈의 가격, 즉 이자율은 아예 처박혀 버렸습니다. 심지어 많은 경우 **마이너스 금리로 돌아섰죠.[3]** 이것은 긴축 재정으로 인해 사업 투자가 백지화되었다는 것, 사업하는 사람들의 돈 수요가 아주 미비해졌다는 것을 반영하는 현상이었어요. 하지만 만약 중앙은행이 계속 금리를 낮게 유지한다면 언젠가는 돈 가격이 충분히 싸지고, 대출이 늘어나면서, 투자가 다시 활기를 띠는 시점이 왔어야 하지 않을까요? 현실은 그렇지 않았습니다.

　감자나 마이크로칩, 아니면 자동차 같은 경우, 가격이 낮아지면 대체로 공급 과잉 문제, 즉 공급이 생산량을 넘어서는 문제가 해결됩니다. 차익을 노리는 이들이 낮은 가격에 물건을 쓸어담고, 동시에 생산자는 생산량을 줄여서, 과잉된 생산분이 사라질 때까지 가격 '조정'이 벌어지는 식으로 말이에요. 하지만 돈의 경우에는 일이 다

3　이것은 착오나 혼동이 아니라는 점에 주목할 것. 2009년부터 2022년까지 유로존, 스칸디나비아, 스위스, 노르웨이, 일본의 기준금리는 마이너스에 머물러 있었다. 기준금리만 그런 것도 아니었다. 그 기간 동안 18조 달러 이상의 대출이 네거티브 금리로 이루어졌는데, 이 금액은 유럽과 일본의 전체 수입보다 큰 액수다.

른 식으로 흘러가죠. 돈의 가격, 그러니까 이자율이 급락하면 자본가들은 패닉에 빠집니다. 돈을 더 싼 값에 빌릴 수 있다고 환호하는 대신, 그들은 머리를 굴려요. '그래, 이건 거의 거저나 다름없는 값에 돈을 빌릴 수 있는 좋은 기회야. 하지만 중앙은행이 이자율을 이렇게까지 낮췄다니 상황이 정말 좋지 않아 보여! 설령 내 손에 돈을 쥐어준다 해도 빌리지 않겠어.' 중앙은행들이 돈의 공식적인 가격을 거의 0까지 낮췄음에도 불구하고 투자가 회복되지 않았던 이유는 바로 이런 것이었죠. 하지만 이건 2008년 이후의 악몽에 대한 반쪽짜리 설명에 불과합니다.

나머지 절반은 타락한 은행가들이 모든 이들의 목을 졸라맸다는 것으로 해명될 수 있을 것 같아요. 심지어 중앙은행과 정부까지도 은행에 끌려다니게 됐죠. 이건 미국의 미노타우로스가 세계 자본주의를 지배했던 지난 30년의 유산이었습니다. 그들은 세상의 목줄을 쥐고 있던 덕분에 2007년부터 2011년까지 연이어 은행 부도를 겪고 있을 때조차 무사했습니다. 정부에 화급한 전화 한 통을 걸어 무기한 당좌대월을 해달라고 요구하면 그만이었으니까요.[4] 2008년 말

---

4 은행을 구제한다 해서 그것이 2008년 금융위기 뒤처리처럼 부패한 방식일 필요는 없다. 1992년 스칸디나비아 은행들이 부도 위기에 몰렸을 때도 국가가 구제를 위해 개입했다. 하지만 스칸디나비아 국가들은 은행가를 구제하지는 않았고, 그들을 쫓아낸 후 은행을 국유화하고 새로운 운영 방향을 설정하고는, 몇 년 후 새로운 주인을 찾아 매각했다. 한국에서 1998년 동남아시아 은행 위기를 겪은 후에도 비슷한 사후 처리가 있었다. 반면 2008년 미국과 유럽에서는, 리먼 브라더스의 예외적 처리를 빼고 나면, 중앙은행이 부패한 은행가들을 구제해주었다. 이런 모습을 본 나는 '뱅크럽토크라시(은행+부패+지배체제)'라는 신조어를 떠올릴 수밖에 없었다. 2008년 이후로는 은행가가 은행에 끼친 손해보다 은행가의 힘이 더 커진 세상이 되고 말았으니 말이다! 여기에 대한 자세한 내용은 나의 책 《The Global Minotaur(글로벌 미노타우로스), Zed Books, 2011년》를 참고할 것.

부터 2022년 초까지, 유럽, 미국, 일본의 중앙은행은 갓 찍어낸 현금을 금융가들의 계좌로 꽉꽉 밀어넣고 있었고[5] 그리하여 이자율의 수수께끼는 그 전보다도 한층 더 꼬이고 말았죠. 빅 비즈니스가 투자를 거부하는 가운데 막대한 돈을 공급하고,[6] 금융가들을 위해서는 차라리 사회주의적이라 해야 할 정책이 시행되면서, 이자율은 점점 더 한없이 마이너스를 향해 달려갔던 것입니다.

이상하고도 새로운 신세계였습니다. 마이너스 가격은 좋은 것과 반대되는 무언가, 나쁜 것에 붙는 가격이거든요. 가령 어떤 공장이 유독성 폐기물을 처리하고 싶다면 그들은 폐기물에 마이너스 가격을 붙여요. 그러면 누군가 그것을 처리해주는 대신 그 마이너스 가격만큼의 돈을 받아가는 거죠. 환경을 고려하는 관점에서 도입되는 가격 처리 방식입니다.[7] 그런데 어떻게 돈에 폐기물처럼 마이너스

---

5 중앙은행이 실제로 이 일을 처리하는 과정은 어떨까? 여러분과 나 같은 사람들은 중앙은행에 계좌를 가질 수 없다. 오직 은행가들에게만 허용되는 일이다. (영국은행이나 연방준비제도 같은)중앙은행은 (바클레이즈나 뱅크 오브 아메리카 같은)민간은행의 계좌를 중앙은행에 보관하고 있는데, 그 계좌에 숫자를 입력해서 당좌대월을 승인하는 것으로 충분하다. 법적으로 그런 일이 가능하려면 민간 은행은 파산을 고시하고 정부에 빌린 돈(채권)과 민간에 빌린 돈(주택담보대출, 신용카드 채무, 기업 채권 등)을 밝혀야 한다. 하지만 금융 압박이 심했고 모든 이가 모든 이에게 빚을 졌으며 아무도 갚을 수 없었던 그 때, 중앙은행은 종이쪼가리의 값어치조차 없는 파산 선언도 받지 않은 채 당좌대월을 승인해 주었다.

6 중앙은행은 명목상으로 독립적 지위를 지니고 있지만, 자연스럽게도 은행 구제 방안을 정당화하고 그것을 대중에게 설득하는 쪽으로 기울었다. 그리하여 그들은 '신뢰를 회복'하고 '투자를 촉진'하기 위해 은행가들에게 돈다발을 실어 보내는 것 외에는 선택의 여지가 없다고 설명하게 된 것이다. 상황이 매우 좋지 않다고, 은행에게 돈을 주어야 투자를 위해 기업에게 돈을 빌려줄 수 있다고, 그들은 대중을 향해 설득하고 있었다.

7 또 다른 사례로 팬데믹 기간 동안 하루 정도 유가가 0원 아래로 떨어졌던 것을 떠올려볼 수 있다. 이상하지만 이해할 수 있는 일이다. 대부분의 사람들이 집 밖으로 나오지 못하고 있었으니 가솔린과 디젤의 수요가 소멸해버린 것이다. 갑자기 석유 저장소가 넘쳐났다. 저장소를 가지고 운영하는 이들은 석유의 수요와 무관하게 매주 일정량의 석유를 구입하는 계약을 체결하게 마련이다. 그러니 그들은 누군가에게 돈을 주고 휘발유를 가져가라고 할 수밖에 없었다.

가격이 붙을 수 있나요? 중앙은행이 돈을 마치 자동차 제조업체가 황산 폐기물을 다루듯, 아니면 원자력 발전소에서 냉각로를 식힌 물을 보듯 하고 있었다면, 자본주의라는 간판이 붙어 있는 이 근사한 왕국에서 뭔가 썩고 있다는 신호로 봐야만 했던 게 아니었을까요.

어떻게 돈이 마이너스 가격을 갖게 되었을까요? 아버지, 당신 덕분에 저는 마이너스 금리의 모순을 파악할 수 있게 되었어요. 아버지는 제게 빛에 두 개의 본질이 있다는 아인슈타인의 이론을 소개해 주셨죠. 마찬가지로 노동과 자본에도 쌍둥이 같은 두 개의 본성이 있고요. 자본, 그러니 돈도 마찬가지인 거죠. 돈은 우리가 다른 모든 상품을 거래하게끔 해주는 상품이라는 본성을 지니고 있어요. 하지만 돈은 언어와 마찬가지로 우리가 다른 이들과 맺고 있는 관계를 반영하고 있기도 하죠. 우리가 주변의 물질을 어떻게 변형하며 세상을 어떻게 형성해가는지 돈은 보여준답니다. 돈은 인간이 집단으로서 가지고 있는 '소외된 능력'을 수량화하고 합산해서 보여줘요. 이렇듯 돈이 지니는 두 번째 본성을 깨닫고 나면 모든 게 말이 되죠. 바로 이 집단적 능력이 망가지고 만 것입니다.[8]

오염된 돈이 흘러넘쳤지만 그것은 진지한 투자에도, 양질의 일자리에도, 그 외에도 자본주의가 잃어버린 야생의 힘을 되찾는 그 어

---

8 망치질을 하고 있는 목수는 그 시간에 시를 짓고 있을 수 없다. 이렇듯 마르크스는 시간 단위로 거래되는 임노동이 인간을 소외시킨다고 보았다. 노동 역시 화폐를 통해 거래된다. 따라서 한 나라에서 유통되는 화폐는 그 나라의 노동 전체와 양적으로 같거나 비슷하거나, 적어도 유의미하게 반영할 것이다. 저자의 문장은 그러한 인식을 함축적으로 담고 있다. 저자가 말하는 '소외된 능력'이란 바로 노동이며, 화폐는 노동의 총량과 비례한다는 말을 하고 있는 것이다. -역자 주

떤 일에도 소요되지 않았습니다. 대신 주주와 경영진이 땅을 사고, 창고를 비워서 예술품과 스위스 별장을 매입하고, 이탈리아나 그리스, 카리브 해변과 태평양의 섬과 마을을 통째로 사는 데 쓰였죠. 그들은 축구단을 수집하고 거대한 요트를 구입했으며 때로는 비트코인이나 NFT라 불리는 뭔가를 사들였습니다. 그게 무엇이고 뭘 해야 할지 본인들도 모르는 채로 말이에요. 이렇게 은행가에게는 사회주의가, 우리 모두에게는 긴축 정책이 수행되는 동안 자본주의는 활기를 잃어갔고, 도금된 경기 침체의 시대로 접어들었습니다. 지금부터 보게 되겠지만 이렇게 썩은 돈의 혜택을 받지 못했다면 클라우드 자본이라는 괴물에 맥박이 뛰게 되는 일은 없었을 거예요.

| 클라우드 영주에게 이윤이 중요하지 않게 된 이유 |

1960년대 말, 저는 의문에 빠져 있었습니다. 당시 그리스 사람들은 우리의 삶을 망치는 파시스트 독재 정권을 '준타^{junta}'라고 부르고 있었고, 아버지는 어머니를 상대로 준타에 대해 끝없는 토론을 벌이셨죠. 그러다가 종종 '우파^{the right}'라는 게 거론되더라고요. 당시 제게는 그 우파라는 게 신성함과 혐오스러움의 경계선을 오가는 무언가처럼 들렸어요. 그래서 아버지께 질문을 드렸죠. "우파라는 게 정확히 뭐에요?"

늘 그렇듯 아버지의 대답은 역사의 미로를 헤쳐 나가면서 시작했습니다. 프랑스 혁명이 한창이던 1789년 국민회의가 탄생했죠. 왕을 쫓아내고 왕정을 뒤엎자는 이들이 의회의 왼쪽에 앉았고, 국왕의 지지자들은 오른쪽에 앉았다고 하셨죠. 그래서 우파가 되었다고요. 그런 연유를 설명한 후 아버지는 오늘날의 뜻도 가르쳐 주셨어요. 자본주의가 지배적 체제가 되고 난 후, 우파는 자본가의 이익을 옹호하며 노동조합과 국가의 개입을 극히 반대하는 이들로 정의될 수 있다고 말이에요. 우리가 살아가는 시대의 좌파 우파란 결국 이렇게 요약될 수 있다고 하셨죠. "정치적 우파들은 사적 이윤을 목표로 열심히 일하는 것만이 부유하고 좋은 사회를 이루는 바람직한 길이라 보고 있지. 좌파들은 그렇지 않아."

훗날 애덤 스미스^{Adam smith}의 저작을 접한 저는 아버지의 뜻을 좀 더 잘 이해하게 되었어요. 자유시장주의자들이 수호성인처럼 떠받드는 18세기 스코틀랜드 경제학자는 역시나, 공장 소유주가 열네 살 소년 소녀의 노동을 착취하며 일찍 죽게 만드는 것을 잔인한 일로 보고 있었습니다. 하지만 스미스는 사회가 원하는 물질적 번영, 그러니까 더 저렴하고 풍부한 옷, 잠자리, 음식 따위를 도덕주의자나 선량한 사람들이 충족해줄 수는 없다고 주장했어요. 이윤을 향한 자본가들의 열정만이 그런 걸 제공해줄 수 있다는 거였죠. 어째서일까요? 노동자들을 하루 종일 빛도 안 드는 곳에 처박아 노동력을 쥐어 짜는 것만으로는 이윤을 창출하기에 충분치 않거든요. 다 떠나서 경쟁자들도 똑같은 짓을 하고 있으니까요. 그러니 경쟁에서 앞자리를 차지하기 위해서 자본가는 투자를 해야 합니다. 가령 비용을 낮춰서 경쟁자보다 낮은 가격에 제품을 생산할 수 있게 해주는 새로운 기계 따위에 말이죠. 이윤 창출의 동기에 추동될 때 사회는 생필품을 최저가로 충분히 공급할 수 있게 되는 것입니다. 스미스에 따르면 자본주의 아래서 부와 진보는 이윤에 걸신들린 자본가들의 방해를 극복하고 이루어내는 것이 아니라, 자본가들이 이윤에 걸신들린 덕에 일어나는 거예요. 스미스는《국부론》에서 이렇게 설명합니다.

> 자본가가 사회의 이익 추구를 진심으로 원할 때보다 그가 스스로의 이익을 추구할 때 더 효과적으로 사회의 이익이 촉진되는 일이 자주 발생한다. 공익을 위해 사업하겠다는 이에 의해 좋은 결과가 달성되는 일을 나는 한 번도 본 적이 없다.

1929년 주식시장 붕괴와 대공황은 이윤 주도 시장의 빛을 바래게 했어요. 하지만 뉴딜, 전시 경제 체제, 브레턴우즈 시대와 테크노스트럭처의 부상 그리고 글로벌 미노타우로스까지, 자본주의의 연이은 변신 과정에서 이윤은 여전히 그 추동력으로 남아 있었습니다. 지구상 존재했던 모든 형태의 자본주의를 굴린 원동력은 이윤, 그리고 그것과 짝을 이루는 부채였다고 할 수 있죠. 최근까지는 그랬습니다. 2008년 금융위기 이후 선진국들의 중앙은행이 금융시장에 부패한 돈을 끝없이 퍼붓는 덫에 빠지기 전까지는 그랬다는 거죠. 그런데 이후부터는 상황이 달라졌어요. 250여 년 전 자본주의가 지구상에 출현한 이래 최초로 이윤은 투자와 혁신을 이끄는 세계 경제

엔진으로서의 역할을 내려놓게 되었습니다. 경제에 연료를 주입하는 그 역할은 중앙은행의 돈이 넘겨받았죠.

이윤은 여전히 모든 자본가들이 꿈꾸는 야망의 목표였고, 모든 중간 공급자가 노리는 바였으며, 보다 안락한 삶을 떨치고 일어나도록 사람들을 끌어내는 힘이었습니다. 하지만 전체 파이를 키우는 힘, 축적을 통해 부 자체를 늘려주는 자본 축적의 원동력은 이윤과 갈라서고 말았죠. 마치 브레턴우즈 체제가 끝나고 글로벌 미노타우로스가 고개를 들기 시작하자 열심히 일하는 것과 삶의 질이 높아지는 게 상관없어진 것처럼 말이에요.

중앙은행과 은행장들이 이윤을 노리고 그런 일을 벌인 건 아니었습니다. 그저 스스로 판 함정에 빠지고 말았을 뿐이죠. 2008년 금융위기의 충격으로 인해 투자를 위한 돈의 수요가 사라졌습니다. 이는 돈의 과다 공급을 낳았고 이자율을 찍어 눌렀죠. 이자율이 떨어질수록 투자자들은 확신을 품게 되었습니다. 지금은 미치지 않고서야 투자할 때가 아니라는 확신 말이에요. 하지만 중앙은행이 찍어낸 수조 달러 이상의 돈이 계속 금융계로 흘러들어가고 있었고, 지옥의 악순환도 끝나지 않고 있었으니, 이자율은 점점 더 미끄러지다가 결국 0 혹은 마이너스가 될 수밖에 없었던 것입니다.

거대 기업 집단과 정부는 이자 없는 대출의 맛에 길들어가고 있었고, 개발도상국의 기업들은 자국보다 외국의 돈을 빌려오기 시작했어요. 2010년대의 말에 이르면 2조 달러 넘는 돈이 쏟아져 나온 상태였는데, 그러자 중앙은행장들은 추악한 딜레마를 직면하지 않을 수 없었죠. 첫째, 돈이 쏟아지는 수도꼭지를 잠근다. 이러면 돈 찍어내기는 끝나고 금융화된 자본주의 역시 날아가 버리게 되겠죠. 둘째, 어떤 기적이 일어나기를 염원하는 마음으로 계속 돈을 찍어서 주입한다. 하지만 그런 일을 하면 실제로는 자본주의의 동력과 윤활유로서 이윤이 가지고 있던 역할은 대체될 수밖에 없습니다. 그들의 선택은, 놀랍지 않게도 후자였고요.

중앙은행의 고통은 클라우드 영주들의 기쁨이었습니다. 제프 베이조스나 일론 머스크처럼 대담무쌍하며 재능 넘치는 기업가들이 엄청나게 비싸고 상상을 초월할 정도로 강력한 클라우드 자본을 쌓아올린 것도 이 시기의 일이었죠. 게다가 기존 사업가들은 사업을 확장하고자 할 때 은행에서 돈을 빌려오거나, 사업의 지분 중 상당량을 남에게 팔거나, 새로운 자본을 끌어들이기에 마땅할 정도로 큰 이윤을 창출해야 했어요. 하지만 클라우드 영주들은 이런 요소에 구애받을 필요조차 없었습니다. 중앙은행에서 찍어내는 공짜 돈이 흘러넘치는데 왜 그런 고통을 겪어야 할까요? 그리하여 2010년에서 2021년 사이, 제프 베이조스와 일론 머스크 두 사람의 서류상 자산, 즉 그들이 지닌 주식 가격의 총합은 100억 달러 이하에서 2백조 달러까지 치솟을 수 있었던 거죠.

중앙은행의 공짜 돈이 직접 클라우드 영주들에게 들어간 것은 아니라는 걸 분명히 해둘 필요가 있겠습니다. 돈은 그저 가장 쉽게 흐를 수 있는 길을 따라 갔을 뿐이니까요. 돈은 일단 은행을 통해 전통적인 거대 기업의 관리자들에게 향했습니다. 대중의 빈곤, 구매력 부족에 질겁한 거대 기업은 실질적인 투자 따위 집어던진 채 그 많은 돈을 자사주 매입에 써버렸죠. 그러자 마치 밀물이 몰려오면 해변에 있는 것들이 모두 떠오르듯 주식, 채권, 파생상품 등등 할 것 없이, 금융가들이 종이 위에 가격을 붙여 시장에 내놓는 모든 자산의 가격이 올라버렸습니다. 그렇게 책정된 액면가가 과연 이윤을 낳을 수 있을지 여부에는 아무도 관심을 기울이지 않았어요. 중앙은행이 새 돈을 찍어내는 일에 발목이 잡혀 있는 한, 쓰레기나 다를 바 없는 서류상 자산이라도 내일이면 어제보다 비싼 값에 팔리리라는 걸 금융가들은 잘 알고 있었으니까요.

경제지들은 이 현상을 일컬어 '에브리씽 랠리[9]'라 불렀습니다. 이런 일이 10년 넘게 계속됐죠. 기업이 이윤을 내건 말건 상관 없이 기업의 주가는 하늘 높이 치솟았고, 그에 따라 부자들은 잠들어 있는 동안에도 더 부유해졌습니다. 그러다가 코로나 팬데믹이 터지자 에브리씽 랠리는 또 한 번 엄청난 가속 페달을 밟게 됐어요. 2020년 8월 12일 아침 런던에서 벌어진, 아버지와 제가 애기나 섬의 휴양지 발코니에서 목격한 사례는 바로 그 점을 보여주고 있었던 거죠. 코로나로 사람들이 발이 묶이면 경제에 돌이키기 어려운 타격이 가해질 것이라는 생각에, 중앙은행은 2008년 이후 쭉 해왔던 일을 더 큰 규모로 감행했습니다. 돈을 찍어내는 디지털 인쇄기를 고장날 정도로 빠르게 돌렸죠.

---

9 everything rally, 주식, 부동산, 원자재, 곡물, 가상화폐 등 모든 자산 가격이 오르는 현상

그렇게 불협화음이 지속되는 가운데, 지상의 자본을 지닌 전통적인 자동차 회사, 석유 회사, 철강 회사 같은 곳들은 그저 앉아서 서류에 적힌 부가 늘어나는 것을 즐기고 있었습니다. 그렇게 늘어나는 돈을 부동산이나 다른 전통적 자산으로 바꾸면서 말이에요. 반면 제프 베이조스나 일론 머스크 같은 클라우드 영주들은 그들의 서류상 부가 사라지기 전에 훨씬 더 큰 가치를 뽑아낼 수 있는 무언가로 바꾸고 있었어요. 클라우드 자본 말이에요.

두 사람 모두 이윤 따위 상관없다는 걸 알고 있었습니다. 중요한 건 전체 시장 점유율을 확보할 수 있는 기회를 잡아야 한다는 거였죠. 월스트리트에서 가장 비호감인 은행 중 하나일 골드만삭스에서 2021년 발표했던 한 편의 보고서는 금융계를 깜짝 놀라게 했습니다. '이윤 창출 못하는 기술 인덱스'라는 제목의 이 보고서는 자본주의가 이윤 창출의 굴레에서 벗어난 모습을 적나라하게 보여주고 있었어요. 2017년부터 코로나 팬데믹이 시작하기 전까지, 적자를 내고 있던 클라우드 영주들의 기업들마저도 그 주가는 200퍼센트 이상 상승하고 있었어요. 팬데믹이 중반에 접어들 무렵 그 주가는 2017년 기준 500퍼센트까지 폭증했습니다.

아마존은 2020년 창사 이후 최고의 해를 맞이했어요. 팬데믹으로 인해 인터넷 쇼핑 판매가 천장을 뚫고 치솟았으니까요. 그런데 아일랜드에 본사를 둔 제프 베이조스의 회사는 법인세를 단 한 푼도 내지 않았습니다. 단 1센트의 이윤도 내지 못했거든요. 테슬라의 경우도 마찬가지였죠. 테슬라의 이윤율은 0보다 조금 높은 수준으로 유지되고 있었지만 주가는 2020년 초 90달러에서 그해 말에는 700달러까지 솟구쳤어요.

고평가된 주식을 담보삼아 클라우드 영주들은 금융 시스템 주변에서 흘러 다니는 수십억 달러의 돈을 긁어모았죠. 그 돈으로 그들은 서버 팜을 짓고, 광케이블을 설치하고, 인공지능 연구소를 세우고, 초거대 물류센터를 짓고, 소프트웨어 개발자, 최고급 엔지니어, 전도유망한 스타트업 및 모든 것들을 쓸어 담기 시작했어요. 이윤이 그저 부차적인 요소가 되어버린 환경 속에서 클라우드 영주들은 중앙은행의 돈으로 새로운 제국을 세우고 있었던 것입니다.

결국 자본주의의 핵심 원칙 중 하나인 이윤동기를 저해하는 일이었죠. 이건 다른 이들에게 뜻밖의 타격을 입히는 결과를 낳게 되었어요.

| 사적인 불평등 |

영국의 런던 인근 어딘가의 돌봄 서비스 업체에서 일하는 질리언의 경우를 상상해 볼까요. 2010년대 중반의 어느 날, 질리언은 본인이 다니는 회사가 한 사모펀드에 매각되었다는 소식을 듣게 됩니다. 사모펀드가 무엇이며 우리 회사를 인수했다는 그 회사가 어디인지 질리언은 들어본 적조차 없어요. 하지만 질리언과 동료들은 걱정할 게 없다는 확언을 들었습니다. 새로운 경영진은 그저 이 회사가 번

창하도록 돕는 일에만 관심이 있다고 하고요.

일단 약간의 변화가 질리언의 눈에 띕니다. 회사 로고가 세련되게 바뀌었고 그 외에도 몇몇 부분에서 단장이 있었어요. 하지만 바뀐 건 사실 그것만이 아니었죠. 새로운 경영진은 기존의 회사를 두 개로 나누어 놓았어요. 질리언이나 다른 직원들이 의료 서비스를 제공하는 일을 실제로 수행하는 곳, 말하자면 '의료 회사'가 있고, 기존 회사의 건물, 설비, 차량, 기타등등 모든 자산을 소유하는 또 다른 회사인 '자산 회사'가 생겼습니다. 자산 회사는 의료 회사에 자산 사용료를 요구하죠.

그리 오래지 않아 자산 회사는 의료 회사에 부과되는 임대료를 높이고 앞으로도 더 가파른 임대료 인상을 예고했습니다. 경영진은 질리언과 동료들을 불러놓고 임대료 상승 평계를 대며, 추가 수당 없는 근무 시간 연장을 받아들이지 않는다면 회사는 큰 타격을 입을 거라고 설명하기 시작했어요. 한편 회사로부터 벌어들일 장기 임대료 수익을 담보삼아 자산 회사는 은행으로부터 거액을 대출받았습니다. 그 돈은 얼마 지나지 않아 배당금이 되어 사모펀드 주주들의 호주머니로 들어가 버렸죠.

의료 회사는 누더기가 되고 말았습니다. 그렇게 5년이 흐르고 임금과 근로 조건이 점점 악화되었기에 질리언과 동료 노동자들은 지역 주민들에게 의료 서비스를 제공하는 정부 계약을 놓치고 말았어요. 세금으로 선지급되는 큰 계약이니 경제적 손해 뿐 아니라 불명예스러운 일이기도 했습니다. 하지만 '에브리씽 랠리'에 속해 있던 모든 부동산과 함께 자산 회사의 가치 역시 상승했죠. 자산 회사의 자산을 매각하기만 하면 은행은 대출금을 전부 회수할 수 있고 사모펀드 역시 투자자들을 만족시킬 수 있을 터였습니다.

이 역겨운 행태에는 '자본구조 재조정$^{dividend\ recapitalisation}$', 혹은 '리캡'이라는 신비로운 이름이 붙어 있어요. 저는 은행 강도가 하는 짓을 '자산 재분배'라 부르는 것과 무엇이 다르냐 싶은 생각이 듭니다. 사모펀드는 질리언의 일자리를 대가로 지불하면서 말 그대로 회사의 자산을 '벗겨먹었'습니다. 금융 기법은 그 과정을 가리는 연막 역할을 수행했을 뿐이죠. 새로운 가치를 창출하지 않는 도적들이 이전에 존재했던 의료 서비스 제공 업체를 털어먹었을 따름입니다. 애덤 스미스 같은 초기 자본주의자의 언어를 빌자면 이건 이윤을 추구하는 자본주의자가 봉건적 지대 추구에 피배를 맛본 전형적 사례라 할 수 있어요. 혹은 사업을 통해 새로운 부를 창출하는 이들에 맞서 기득권이 부를 짜낸 사례라 볼 수도 있겠고요. 핵심은 이런 수법이 어떻게 성공할 수 있느냐일 것입니다. 그건 이 기업 약탈자들이 심지어 원래 회사가 파괴된 후에도 자산 회사 같은 파생물을 비산 값에 팔 수 있기 때문에 가능한 일이죠.

2008년 이전, 자본주의가 여전히 이윤을 그 원동력으로 삼고 있을 때만 해도, 이런 수법이 일반화되는 일은 가능하지 않았습니다. 만약 그런 식으로 너무도 많은 다양한 자산 회사들이 동시에 시장에 매물로 나와 버리면 그 가치는 추락할 수밖에 없을 테니까요. 애덤 스미스가 자본주의에 대해 낙관적인 생각을 품었던 것도 그래서였죠. 그러나 실제로는 애덤 스미스가 저 유명한 문장을 썼던 1770년 대부터 지금까지도 지대는 살아남았고 자본주의 하에서 더 번성했습니다. 카르텔이 형성되고, 악덕 기업은 소비자를 갈취했으며, 테크노스트럭처는 우리가 필요하지도 않은 것을 욕망하게끔 잘도 이끌어냈고, 금융으로 포장된 자산 벗겨먹기도 성행했죠. 이 모든 것이 자본주의 내에서 지대를 늘리기 위해 개발된 방법들이에요. 하지만 큰 그림을 놓고 보면 스미스의 낙관주의가 틀린 말은 아니었습니다. 지대는 이윤에 기생하는 방식으로만, 이윤의 그림자 밑에서만 살아남을 수 있었으니까요. 2008년에 바로 그게 달라졌습니다. 중앙은행이 찍어낸 돈이 이윤을 밀어내고 경제의 연료 역할을 하기 시작했어요. 에브리씽 랠리는 자산 회사 같은 부차적인 기업의 가격마저 끌어올렸습니다. 사모펀드는 자본주의적인 기업들을 할 수 있는 한 많이 인수하여 끌어쥔 후 자산 벗겨먹기를 할 수 있었습니다.

그러면서 금융가들을 위한 사회주의로 인해 클라우드 영주와 겨룰만한 집단이 떠올랐습니다. 금융 초군주^{financial uber-lords}가 그 주인공이었죠. 블랙록^{BlackRock}, 뱅가드^{Vanguard}, 스테이트 스트리트^{State Street}라는 미국의 세 회사가 사모펀드와 모든 기존 자본가들을 뛰어넘는 힘을 갖게 된 것입니다. 금융계에서 흔히 '빅 쓰리'라 부르는 이 세 회사는 미국 자본주의를 실질적으로 소유한 집단입니다.

대부분의 사람들은 빅 쓰리에 대해 들어본 적이 없을 겁니다. 하지만 그 회사들이 소유한 회사라면 알죠. 아메리칸 에어라인, 델타 항공, 유나이티드 콘티넨탈 같은 미국의 주요 항공사, 제이피모건

체이스, 웰스 파고, 뱅크 오브 아메리카, 시티그룹 같은 월스트리트의 다수 기업들, 그리고 포드나 제너럴 모터스 같은 자동차 제조회사 등을 망라하고 있으니까요. 종합해보면 뉴욕 증권거래소에 상장된 곳 중 90퍼센트가 넘는 기업의 대주주가 빅 쓰리입니다. 애플, 마이크로소프트, 엑슨모빌, 제너럴 일렉트릭, 코카콜라까지 그에 속하죠. 빅 쓰리가 보유한 주식을 달러로 환산해 적어보려면 너무 많은 0이 필요해질 지경이에요. 제가 이 글을 쓰는 현재 블랙록이 관리하는 투자액은 거의 10조 달러, 뱅가드는 8조 달러, 스테이트 스트리트는 4조 달러에 달합니다. 이게 어떤 숫자인지 감이 잡히지 않는다면 이렇게 생각해볼 수 있어요. 저 숫자의 합계는 미국의 국민 소득과 거의 정확히 일치하는 수준입니다. 중국과 미국의 국민소득 총합과도 같고요. 또는 유로존과 영국, 호수, 캐나다, 스위스를 합쳐놓은 숫자[xiv]라고 볼 수 있습니다.[10]

어쩌다 이렇게 되었을까요? 빅 쓰리의 창업자들이 금융 시장의 맹점을 찔렀다는 것이 공식적인 설명입니다. 초갑부들과 막대한 재산을 지닌 기관들은 '수동적 투자자'가 되고 싶었다는 거죠. 그들은 어느 회사를 사야 할지, 심지어 어떤 투자 전문가에게 내 돈을 맡겨야 할지조차 고민하고 싶지 않았습니다. 안전하면서도 신경쓸 필요 없는 투자를 원하는 그 수요에 맞춰 빅 쓰리는 막대한 부자들의 돈

---

10 빅 쓰리가 통제하는 주식과 파생상품의 총액 22조 달러는 뉴욕 증권거래소에 상장된 기업 전체의 주가 총액 합산(약 38조 달러)의 절반을 넘는다. 〈보스턴 유니버시티 로 리뷰〉에서 분석가들은 빅 쓰리가 미국 주주 의결권의 약 40퍼센트를 통제하고 있다고 추산했다.

을 받아 문자 그대로 '모든 것'에 투자를 했습니다. 구체적으로 주식의 경우 뉴욕 증권거래소에 올라와 있는 모든 기업을 다 샀죠. 빅 쓰리에 돈을 맡기는 건 특정 기업에 투자하는 것이 아니라 뉴욕 증권거래소 전체의 일부를 사는 것과 다를 바 없는 거예요!

2008년 이전까지는 이런 일이 벌어질 수 없었습니다. 당시는 초갑부들이라 해도 빅 쓰리를 통해 뉴욕 증권거래소의 한 부분을 뚝 떼어갈 정도로 그 정도로 충분한 현금을 갖고 있지는 못했거든요. 하지만 2008년 이후 중앙은행이 초갑부들을 위한 사회주의의 후원자 노릇을 하며 필요 이상으로 많은 돈을 찍어냈습니다.[11] 그리하여 빅 쓰리가 궁극의 금융 슈퍼파워로 등극하는 것은 피할 수 없는 일이 되었죠. 이렇게 그 자리에 오른 빅 쓰리는 남들이 넘볼 수 없는 두 가지 우위를 누리고 있습니다. 항공부터 은행, 에너지, 실리콘 밸리까지 모든 영역에서 전례를 찾아볼 수 없는 독점적 지위를 가지고 있다는 게 첫째요[12], 초갑부들에게 매우 적은 수수료를 받으면서 높은 수익을 제시할 수 있는 역량을 갖췄다는 것이 둘째죠. 이 두 이점을 발판삼아 빅 쓰리는 막대한 지대를 뜯어내고 있어요. 애덤 스미스가 저승에서 통곡할 노릇이죠.

열정을 아직 잃지 않은 소시민들은 여전히 이윤을 추구하고 있지

---

11 일단 월스트리트가 실제 중앙은행에 막대한 청구서를 들이밀 수 있는 능력을 갖게 되자, 대략 미국의 1년 국내 총생산에 해당하는 돈이 그들의 계좌로 들어갔다.
12 예컨대 뱅가드는 포드와 제너럴모터스 양사의 최대 주주다. 두 자동차 회사가 제대로 경쟁하는 게 과연 뱅가드에게 이득이 될까?

만, 진짜 부자들은 이윤을 좇는 건 바보들이나 하는 짓이라고 서로 귓속말을 주고받고 있을 테죠. 아마 스미스는 통탄할 겁니다. 연방준비제도나 영국은행처럼 자본주의의 곳간을 지켜야 할 자들이 새로운 유형의 클라우드 자본에 돈을 대준 결과 오늘날 시장은 질식해 버렸고 소비자는 더는 주권을 지닌 주체가 아니에요. 시장, 정부, 심지어 투자자의 통제마저 받지 않는 어딘가에서 조종하는 알고리즘의 노리개로 전락했을 따름입니다.

| 클라우드 영주들의 등장 |

고백할 게 있어요. 1993년, 제가 아버지를 초창기 인터넷에 접속시켜드리고 아버지는 제게 그 킬러 문항을 내셨죠. 그때 저는 아버지의 도전에 맞설 준비가 되어 있지 않았어요. 그때는 좌파가 사상 최대의 패배를 겪은 지 불과 몇 년 후였잖아요. 이른바 '현실사회주의'라는 것이 몰락했죠. 소련은 해체되고 중국은 자본주의 노동시장을 받아들였고 인도는 신자유주의와 불장난을 시작했으니까요. 그 결과 불과 한 해 만에 20억 명 이상의 프롤레타리아들이 자본주의 체제에 쏟아져 들어왔어요.

돌이켜보니 어쩌면 저는 자본주의에 대한 진보적 대안이 될 수 있는 것이라면 지푸라기라도 움켜쥐고픈 심정에 사로잡혀 있었던 것도 같아요.

저는 초기의 인터넷 공유지에 큰 영향을 받았습니다. MIT의 한 연구실에서 처음으로 초창기의 3D 프린터를 접했을 때는 마치 최면에 빠진 것만 같았어요. 젊은 디자이너들이 협동조합을 이루어 개인 맞춤형 자동차부터 주문 생산되는 냉장고까지 모든 유형의 재화를 3D 프린터로 찍어낸다면 어떨까, 대량생산에 필요한 비용을 요하지 않고 최대한 저렴한 생산을 하여 산업적 규모에 도달할 수 있지 않을까 하는 환상에 빠져들었죠. 이러한 협동조합이 자본주의 세상의 제너럴 모터스나 제너럴 일렉트릭의 위치를 빼앗고 선두에 선다면 어떨까 하는 소망도 품어봤습니다. 경제학자들의 용어를 쓰자면 제너럴 모터스나 제너럴 일렉트릭의 힘의 근원은 대량생산 능력에서 나오는 것이니까요. 대량생산의 우위를 일소한다면 기업의 힘은 줄어들고 그럴듯한 비자본주의적 미래로 향하는 길을 열 수 있지 않을까 하는 기대가 있었습니다.

이건 그야말로 엄청난 미래 예측 실패였죠. 저는 일련의 비자본주의적 협동조합 대신 새로운 유형의 자본이 등장한다는 것을 보지 못했어요. 인터넷에서 나온 새로운 자본이 제너럴 모터스나 제너럴 일렉트로닉 같은 것들을 과거의 유물로 만들 것이라고 예상하지 못했습니다. 초창기 인터넷이 보여주던 탈시장적이고 탈중앙적인 속성에 혼이 팔린 저는 오만의 구렁텅이로 향하고 있었어요.

저는 자본주의를 진지하게 위협하는 요소는 조직화된 노동의 힘뿐이라는 잘못된 전제를 품고 있었습니다. 그러다보니 우리 시대에 벌어진 역사적 전환을 완전히 간과했어요. 인터넷 공유지의 사유화가 2008년 금융위기 때 중앙은행을 통해 쏟아져 나온 공적자금과 맞물려 새로우면서도 엄청난 힘을 가진 유형의 자본을 낳고 있다는 것을 완전히 놓친 거죠. 이 클라우드 자본이 어떻게 새로운 지배 계급을 낳는지도, 이 새로운 지배 계급이 얼마나 혁명적인 존재일지도, 심지어 다수의 자본주의자들을 비롯한 인류 전체가 그들을 위해 무료로 혹은 몇 푼을 받고 일하게 만드는 위업을 달성할지도, 내다보지 못했습니다. 게다가 결정적으로 인류와 인류를 해방시키고 환경을 파괴하는 커다란 움직임에 이런 퇴행적 흐름이 미칠 영향도 간과하고 말았죠.

이 모든 역사적 변환은 그 누구도 기획한 바 아니라는 점을 주목해볼 필요가 있어요. 클라우드 영주가 되는 미래를 상상했던 자본가는 없었습니다. 중앙은행 역시 클라우드 영주들의 자금줄 노릇을 하려고 의도했던 건 아니었죠. 클라우드 자본이 민주주의에 끼칠 수 있는 해악을 바라보았던 정치인도 없었고요. 이것은 자본주의가 왕부터 사제, 심지어 농민들까지 그 누구의 뜻과도 상관없이 출현했던 것과 마찬가지예요. 클라우드 영주들의 등장은 대다수의 시야 밖에서, 등 뒤에서 벌어진 일이었습니다. 심지어 가장 강력한 역사적 주체들마저 놓칠 수밖에 없었죠.

여기서 우리는 두 가지 질문을 던져볼 수 있습니다. 클라우드 영주들의 지배가 과연 얼마나 지속될 수 있느냐가 첫째 의문일 거예요. 제가 말씀드렸듯이 우크라이나 전쟁은 팬데믹의 시작과 함께 기미가 보였던 약한 인플레이션 기운을 더욱 부채질하고 있습니다. 그것은 중앙은행에 더 이상 돈을 찍지 말아야 한다는 경고 신호죠. 중앙은행의 돈이 클라우드 영주들의 자금줄이었다면, 중앙은행의 돈이 말라붙었을 때 클라우드 영주들의 힘은 위축되고 마는 걸까요? 지상의 자본에 기대고 있는 그 옛날의 자본주의적 기업들은 원래의 지위를 되찾을 수 있을까요?

두 번째 질문은 좀 더 언어적인 것인데, 아마 아버지는 그 점을 제게 강하게 추궁하실 것 같아요. 클라우드 영주들의 지배하에 살아가는 것은 자본주의 체제에서 살아가는 것과 근본적으로 다른 걸까요? 우리가 오늘날의 체제를 묘사하기 위해 테크노퓨달리즘이라는 새로운 용어를 필요로 할 정도로 클라우드 영주들은 자본가들과 그렇게 다른 걸까요? 현 체제를 그냥 하이퍼 자본주의나 플랫폼 자본주의 정도로 부르면 안 될 이유가 뭘까요?

이 질문에 대한 답은 다음 장에서 다루기로 할게요. 하지만 그 전에 잠시 아버지께서 흠모하는 헤시오도스로 잠깐 돌아가 보자고요. 헤시오도스는 우리에게 혁명적인 기술이 낳은 새로운 세상에 대해 경고하고 있죠. 그 시대는 '낮의 노동과 슬픔에서 쉴 틈이 없으며 밤에는 죽음을 피할 수 없는' 세대를 낳으니 말이에요. 하지만 동시에 그는 핵심적인 은유를 남겨주고 있었습니다. 올림포스 구름 위에 모여 사는 신들의 귀족정 말이에요.

그들은 죽음을 피할 수 없는 우리를 압도하는 힘을 움켜쥐고 있죠. 이런 모습을 자연스러우면서도 영원한 질서로 묘사하는 한편으로, 헤시오도스는 인류를 향해 어려운 질문을 던졌어요. 그건 철기 시대를 살아가는 우리에게 딱 맞는 질문이기도 해요. 구름 위에 사는 귀족들의 힘에 우리 평범한 인간들은 도전할 수 없는 것일까요? 만약 그 힘을 손에 넣게 된다면 우리는 그것으로 무엇을 해야 할지 알 수 있을까요? 달리 말하면, 신들의 손에서 불을 훔쳐온 프로메테우스는 바보짓을 한 걸까요? 아니라면 클라우드 자본의 시대를 살아가는 오늘날의 프로메테우스에게는 어떤 과제가 주어질까요? 제가 이 책의 마지막 질문에서 답해보고자 하는 궁극적 질문이 바로 이것입니다.

5장

테크노퓨달리즘의
본질

레스보스 섬을 배경으로 한 책《다프니스와 클로에$^{\text{Daphnis and Chloe}}$》는 현재 기록으로 남아 있는 세계에서 가장 오래된 연애 소설입니다. 기원후 2세기에 롱구스가 쓴 그 소설은 서로 사랑에 빠졌지만 무슨 일이 벌어지고 있으며 무엇을 해야 하는지 알지 못할 정도로 순진무구한 두 청년에 대한 이야기죠. 클로에는 다프니스의 아름다움을 묘사할 단어를 찾기 시작하는데, 그때까지는 본인이 다프니스와 사랑에 빠지기 시작했다는 사실조차 몰라요.

　프랑스의 철학자 시몬 베유$^{\text{Simone Weil}}$는 1937년 이렇게 이야기했죠. "단어가 올바로 정의될 때, 단어는 우리가 명확한 현실을, 혹은 명확한 객관을, 혹은 방법이나 활동을 붙잡을 수 있도록 돕는다. 우리의 생각을 명료하게 하고, 의미의 내재가 결여된 단어를 불신할 수 있고, 정교한 분석을 통해 타인을 정의하는 것을 돕고, 그러함으로써, 기이하게 들리겠지만, 인간의 삶을 구원하는 하나의 방법이

될 수도 있는 것이다."[xv]

　우리가 살고 있는 체제를 뭐라 부르건 별 상관이 없다는 생각은 유혹적이죠. 테크노퓨달리즘이라 부르건 하이퍼자본주의[1]라 부르건 그건 그냥 단어의 문제일 뿐이고 체제는 그 자체로서 존속하고 있을 테니까요. 제법 그럴듯하게 들리지만 상당히 잘못된 생각이에요. '파시스트'라는 단어는 파시즘의 정의에 부합하는 정권에 대해서 사용할 때 의미가 있죠. 아무리 삐뚤어졌고 우리가 싫어하는 정권이라 해도 그걸 파시스트라 부르기 시작하면 논의가 지저분해지잖아요. 바이러스가 퍼지는 것을 팬데믹이라 부르는 건 감염병 확산에 맞서기 위한 국민 동원의 핵심 요소였습니다. 우리가 사고 있는 글로벌 체제에 있어서도 마찬가지에요. 그것을 묘사하기 위해 어떤 단어를 쓰냐는 중요한 문제입니다. 어떻게 표현하느냐에 따라서 우리가 그것을 지키고 재생산해야 할지, 아니면 도전하고 심지어 전복해야 할지 결정될 거예요.

　우리가 1770년대에 살고 있다고 가정해 보자구요. 최초의 증기기관이 광산에 고인 물을 퍼내던, 윌리엄 블레이크[William Blake]의 시구처럼 '어두운 사탄의 방앗간'의 바퀴를 돌리기 시작했을 무렵이요. 클라이드 강을 끼고 있는 버밍엄과 맨체스터 주변의 공장 굴뚝에서 짙은 연기를 내뿜는 것을 보며 우리가 '산업화된 봉건주의'나 '시장 봉

1　Hyper-capitalism. 제레미 리프킨이 2000년대에, 토마 피케티가 2020년대에 21세기의 자본주의를 묘사하기 위해 사용한 용어. 정보기술의 발달과 자본 집중 등 이 책에서 바루파키스가 언급하는 요소들을 짚고 있다는 점에서 공통점을 지닌다. -역자 주

건주의'의 출현에 대해 논한다 해서 그것을 틀렸다고 말할 수는 없을 겁니다. 따지고 보면 그게 더 맞는 말이거든요.

1770년대부터 적어도 이후 한 세기 동안 어디를 보건 눈에 띄는 건 봉건주의였어요. 봉건 영주들은 지방을 지배하고 있었고, 대부분의 도시 구역에서도 부동산을 지니고 있었으며, 육군과 해군을 지휘했고, 의회 의원회와 정부 조직을 주도했습니다. 심지어 마르크스와 엥겔스가 자본가 계급의 출현으로 인한 전세계적 영향에 대하여 그 유명한 선언문을 쓰고 있던 1840년대까지도 대부분의 생산은 구 봉건 계급인 봉건 지주의 후원 하에 이루어지고 있었죠. 토지 소유권은 정치적 권위의 주된 원동력이었고 지대는 이윤보다 훨씬 큰 힘을 지니고 있었습니다. 특히 나폴레옹 전쟁의 후폭풍으로 인해 지주들의 뜻대로 해외 곡물의 수입을 막는 곡물법이 시행되면서 지주들은 자본가를 압도하게 되었죠.[2]

그러니 그 시대를 묘사할 때 봉건주의라는 단어를 쓰지 않는 게 못마땅하다고 여기고 있다면, 당시 발생하고 있던 체제에 주목하여 자본주의라 부르는 대신 산업화된 혹은 시장화된 봉건주의라 부른다면, 뭔가 치명적인 오류를 범하고 있다고 볼 수 있겠죠. 비록 자본이 사회를 완전히 지배하는 건 한 세기나 더 후의 일이지만, 그래도 그 시대를 자본주의 시대라 과감히 지칭함으로써 우리는 인류 역사

---

2 나폴레옹 전쟁은 영국으로의 곡물 수입을 방해했고, 곡물 가격이 폭등하면서 자연스럽게 지주들은 큰 혜택을 보게 되었다. 그들은 전쟁이 끝난 후에도 그 상태를 유지하고자 했다. 그러한 목적으로 지주들은 전쟁이 끝났음에도 해외 곡물 수입을 차단하는 곡물법(Corn Law)을 도입했다.

의 거대한 전환이 벌어지고 있던 모습을 있는 그대로 바라보고 이해할 수 있게 될 테니까요.

오늘날 우리는 어디를 보더라도 자본주의를 보게 됩니다. 자본주의자들은 여전히 거의 모든 것을 가지고 있으며, 군산복합체를 운영하죠. 자본주의자들은 의회, 정부 조직체, 언론, 중앙은행, IMF나 세계은행, 파리클럽, 세계무역기구 같은 영향력 있는 국제 조직 모두를 장악하고 있습니다. 시장은 수십억 명의 삶을 지배하고 있으며 우리의 상상력은 시장의 모습을 따라 형성되죠. 치열하게 살아가는 대다수의 사람들에게 이윤이란 손에 넣어야 할 성배이며 부유한 사람들 역시 이윤 창출을 최종 목적으로 믿고 있어요. 또한 나폴레옹 전쟁이 봉건 권력에 새로운 활기를 불어넣어 주었듯이, 우크라이나 전쟁과 그로 인한 인플레이션 효과는 지상의 자본가들, 심지어 빈사 상태에 빠진 화석 연료 업계를 향해서도 행운의 미소를 되돌려주는 듯합니다. 그러나, 아니 그렇기에, 1770년대와 마찬가지로 오늘날 발생하고 있는 시스템을 과거의 용어로 묘사하는 것은 잘못된 일이에요. 하이퍼 자본주의건 플랫폼 자본주의건 지대 추구형 자본주의건, 이런 말들은 상상력의 빈곤을 보여줄 뿐 아니라 **우리** 사회가 지금 겪고 있는 거대한 변환을 상상하는 일에도 실패하고 있어요.

지금까지 저와 아버지는 인터넷 공유지의 인클로저 운동과 클라우드 자본의 등장, 스스로를 재생산함에 있어서 소유자에게 비용을 물리지 않고 오히려 우리 모두를 클라우드 농노로 만들어버리는 클라우드 자본의 속성 등에 대해 살펴보고 있었어요. 산업 제반 분야의 온라인 전환으로 인해 이제 아마존은 일종의 '온라인 장원'이 되어 있습니다. 전통적인 산업 분야 종사자들은 제프 베이조스와 그의 가신들에게 지대를 바쳐야 하는 처지죠. 빅테크의 클라우드 영주들이 어떻게 이런 결과를 얻을 수 있었는지도 함께 살펴봤어요. 중앙은행의 돈이 쏟아져 들어오면서 이윤을 부차적인 것으로 여길 수 있었던 그 틈을 노린 거죠. 지난 장의 끝에서 그로 인해 발생하는 두 개의 즉각적인 효과를 살펴봤던 것 기억하시죠? 자산 회사의 가치가 꾸준히 상승하면서 사모펀드는 손댈 수 있는 거라면 모두 자산을 벗겨먹을 수 있게 되었고, 금융계의 빅 쓰리는 산업 전 영역에 걸쳐 집단적인 독점 체제를 구축했죠.

그렇다면 본질적으로 무엇이 달라진 걸까요? 이렇게 변해버린 세상을 그 이전의 세상과 다른 방식으로 묘사하려면, 자본주의라는 단어를 버리고 테크노퓨달리즘이라는 말로 대체하는 것 외에 다른 방법이 없지 않겠어요? 제가 지난 장의 끝에서 간단히 언급했다시피 이 새로운 용어에 담겨 있는 본질은 매우 간단합니다. 이윤에 맞서 지대가 승리를 거둔 거예요.

| 어떻게 이윤은 클라우드 지대에 굴복하게 되었나 |

무엇이 자본주의를 죽음으로 몰고 가고 있을까요? 젊은 시절의 아버지는 분명한 답을 가지고 계셨죠. 자본주의는 마치 자신이 만들

어낸 최고의 피조물에 희생당한 프랑켄슈타인 박사처럼, 자본주의
가 만들어낸 가장 큰 산물인 프롤레타리아에 의해 마땅한 최후를 맞
이하게 될 것이라고요. 자본주의는 서로 충돌할 수밖에 없는 두 부
류를 만들어낸다고 아버지는 확신하고 계셨죠. 자본가는 혁신적인
기술을 소유하고 있지만 그 기술이 필요로 하는 물리적 노동을 스스
로 제공하지는 않습니다. 반면 프롤레타리아는 상선과 철도, 트랙터,
컨베이어 벨트와 산업 로봇 등 다양한 경이로운 기술과 함께, 혹은
그 기술의 일부가 되어 낮이건 밤이건 노동력을 쥐어짜내야 하는 사
람들이고요. 여기서 혁명적인 기술은 자본주의에 위협이 되지 않습
니다. 하지만 혁명적인 노동자들이 그 경이로운 기계를 작동시키는
법을 알게 되지요.

　세계 경제와 정치의 영역에서 자본이 지배하는 부분이 커지면 커
질수록 자본과 프롤레타리아의 사생결단이 벌어질 가능성도 높아집
니다. 결국에는 전지구적 차원에서 최초로 선이 악을 극복하게 되는
거죠. 가진 자와 못 가진 자로 나뉘었던 인류의 쓰라린 고통이 드디
어 회복되는 것입니다. 가치는 이제 더 이상 가격으로 전락하지 않
겠지요. 또한 결국 인류는 기술의 노예가 아닌 주인의 지위를 회복
할 수 있을 테고요.

　현실적인 용어를 써보자면 아버지의 관점은 제대로 된, 기술적 발
전을 동반한 사회적 민주주의의 탄생을 향한다고 할 수 있을 것 같
아요. 자본과 토지를 집단 소유함으로써 사회가 필요로 하는 것들을
생산하게끔 압력을 넣는 거죠. 관리자들은 그들을 선출한 피고용인,

고객, 사회 전체에 대해 답해야 할 의무를 지게 될 테고요. 그곳은 이윤과 임금의 구분이 없는 세상이므로 이윤은 더 이상 발전의 원동력이 될 수 없죠. 모든 노동자는 동등한 주주로서 그들의 급료는 기업의 순매출과 동일할 겁니다. 이렇듯 주식시장과 노동시장이 모두 죽음을 맞이하게 되면 은행은 지루하기 짝이 없는 일종의 공공 인프라 영역 같은 것이 되겠죠. 그에 따라 시장과 집중된 부가 지니고 있는, 공동체를 압도할 수 있는 권력 역시 사라집니다. 건강, 교육, 환경 보호를 제공하는 방법 등을 우리 스스로 집단적으로 정하게 되는 거죠.

실제로 벌어진 일은 전혀 달랐죠. 그보다 더 나쁠 수 없는 방향으로 흘러갔어요. 심지어 독일이나 한때의 영국처럼 강력한 노동조합이 전국적으로 영향력을 미치던 나라에서조차 임금노동은 효과적으로 스스로를 조직하는 데 실패하고 결국 자본주의를 '자연스러운' 체제로 받아들이고 말았어요. 선진국과 개발도상국의 노동자 사이의 연대는 전적으로 이루지 못한 꿈으로 남게 되었고요. 자본의 힘은 그저 날로 커져만 갈 뿐이었습니다. 아버지 같은 사회주의자의 꿈을 이루겠노라며 벌어진 혁명들은 하나같이 결국 조지 오웰의 《동물농장》과 《1984》를 연상케 하는 무언가로 변질되고 말았죠. 저는 아버지께서 들려주신 수용소 체험담을 잊을 수 없어요. 그리스의 좌파들만 모아놓은 그 수용소에서 몇 년의 세월을 겪으며 아버지는 엄습하는 공포를 떨쳐낼 수 없었죠. 만약 혁명이 성공해 '우리 편'이 권력을 잡는다 한들, 아버지는 아마 같은 교도소에 갇혀 있을 거라고, 단지 간수가 달라질 뿐이었겠구나, 하셨었잖아요. 그 말씀은 전 세계 각지에

흩어진 진정한 좌파들의 심정과 동일한 것이었죠. 아버지와 같은 좌파적 이상을 추구하는 좋은 사람들은 결국 지난 시절의 동지들에 의해 강제수용소에 처박혔죠. 높은 자리에 올라 스스로의 이념을 배신하며 권력을 휘두르는 처지가 되는 건 더 나쁜 일이었을 테고요.

그럼에도 불구하고 아버지의 예측은 시간의 시험을 놀라우리만치 잘 견뎌냈어요. 아버지께서 환영하실만한 방법은 아니었지만 말이에요. 자본주의는 그들 스스로 만들어낸 최고의 산물에 의해, 스스로의 손에 의해 간접적인 죽음을 **맞이하고** 있었어요. 다만 그 산물은 프롤레타리아가 아니었죠. 클라우드 영주들이었습니다. 조금씩 자본주의의 두 기둥인 이윤과 시장이 대체되어 갔죠. 그리하여 자본주의 이후의 체제가 등장했습니다. 사람들이 서로 나눠져 서로를 그리고 지구를 착취하는 체제를 최종적으로 치유하기는커녕, 그 전까지는 과학소설 작가들조차 상상하지 못했던 방식으로 분열을 공고화하고 착취를 강화하는 체제가 들어서게 된 거죠. 그런데 아버지, 돌이켜 생각해볼 게 있어요. 왜 우리는 어떤 체제가 종말을 맞이할 때 당연히 그보다 더 나은 것이 그 자리를 채워넣을 것이라 생각해왔던 걸까요? 그것은 일종의 망상 아니었을까요?

로자 룩셈부르크^{Rosa Luxemburg}가 던졌던 통렬한 질문, "사회주의냐 야만이냐?"라는 그 질문이 문득 생각납니다.[3] 그건 단지 수사법이 아

---

3 로자 룩셈부르크는 1915년 감옥에서 쓴 팸플릿을 통해 사회주의로의 이행이 필연적인 것이 아니며 쉽사리 야만으로 굴러 떨어질 수 있다고 경고했다. 흔히 《유니우스 팸플릿(The Junius Pamphlet)》으로 더 잘 알려진 《독일 사회민주주의의 위기(Entitled The Crisis in German Social Democracy)》는 세

니었어요. 우리는 이토록 쉽게 야만으로, 혹은 절멸로 향할 수 있으니 말이에요.

그러니 우리에게는 새로운 이야기가 필요합니다. 우리의 희망사항을 담은 이야기 말고, 실제로 무슨 일이 벌어지고 있는지 설명해주는 이야기 말이에요. 그 이야기는 자본주의를 봉건주의와 구분해주는 명백한 경제적 지표인 지대가 어떻게 돌아오게 되었는가, 그과정을 설명하는 것일 수밖에 없겠죠.

봉건제의 지대가 뭔지 이해하는 건 쉬운 일이죠. 태어난 신분이나왕의 명령 등 어떤 우연적 요소에 의해 봉건 영주는 일정한 땅에서나오는 것들을 획득할 권리를 지니게 됩니다. 그 땅에서 태어나고자란 농부들이 생산하는 산물들 중 일부를 가져가는 거죠. 자본주의를 봉건주의와 가르는 특징인 이윤은 지대보다 이해하기 조금 어려워요. 대학에서 학생들을 가르쳐온 저는 양자의 차이를 파악하지 못해 쩔쩔매는 학생들을 숱하게 봐왔습니다.

산술적으로 볼 때는 차이가 없어요. 지대건 이윤이건 생산 비용을 빼고 남은 돈이니까요. 지대와 이윤의 차이는 더 정교하고, 질적이며, 심지어 추상적이라고 할 수도 있습니다. 이윤은 시장에서 벌어지는 경쟁에 취약한 반면 지대는 그렇지 않으니까요. 그건 이윤과지대가 서로 다른 기원에서 출발하기 때문이죠. 지대는 비옥한 토지나 화석 연료를 매장하고 있는 땅 등, 공급이 고정된 무언가에 대한

계대전 지지로 나아가던 독일 사회민주당 지도부에 대한 비판을 담고 있다.

독점적 접근권에서 나와요. 얼마나 많은 돈을 투입하건 그 땅에서 얻을 수 있는 자원이 늘거나 줄거나 하지는 않죠. 반면 이윤은 기업 행위에 투자한 사람의 호주머니로 돌아갑니다. 그 투자와 기업 행위로 인해 마치 에디슨의 전구나 잡스의 아이폰처럼 존재하지 않았던 게 발생하고 그렇게 이윤이 창출되죠. 이런 상품들은 다른 사람의 투자와 기업 활동으로 인해 더 잘 만들어질 수도 있어요. 그래서 경쟁으로 인해 이윤은 줄어들 수 있습니다.

소니는 워크맨을 발명했어요. 최초의 휴대용, 개인용 음악 기기였고 소니는 덕분에 막대한 이윤을 누렸습니다. 그러자 모방과 경쟁이 시작되어 소니의 이윤은 점점 줄었고, 결국에는 애플이 아이팟을 만들어내면서 그 시장의 지배권을 가져가 버렸죠. 반면 지대 향유자는 경쟁으로 인해 이득을 보게 되어 있어요. 잭이 어떤 건물을 가지고 있다고 생각해 보자고요. 어떤 업종이 호황을 누리고 경쟁이 치열해지면서 잭의 건물을 임대하기 위한 경쟁이 치열해지고 있어요. 이 경우 잭이 받는 임대료는 높아지죠. 잭 본인은 아무것도 안 했는데, 말 그대로 자고 일어난 사이에 더 부자가 되는 겁니다. 잭의 동네에서 더 많은 기업 활동이 벌어질수록, 그 일대에 자본이 더 많이 투입될수록, 잭이 받는 지대도 커지죠.

이윤이 지대를 압도할 때 자본주의는 번창했습니다. 이 역사적인 승리는 생산적인 일과 소유권이 노동시장 및 주식시장을 통해 상품화된 것과 궤적을 함께하는 전환이었죠. 이것은 단지 경제적 영역에서의 승리만이 아니었어요. 야만적인 착취의 냄새를 풍기고 있던 지대에 맞서 이윤은 스스로의 도덕적 우위마저 주장했습니다. 폭풍우가 몰아치는 시장의 불확실성을 뚫고 미지의 항해를 해나간 용감한 기업가에게 주어지는 보상, 그것이 바로 이윤이라는 이야기였죠. 하지만 이윤이 승리를 거두었음에도 불구하고 지대는 자본주의의 황금기에도 생명을 유지해 나갔습니다. 마치 오래전 멸종된 고생물과 미생물의 DNA가 인류의 DNA 안에 여전히 남아 있는 것처럼 말이죠.

포드, 에디슨, 제너럴 일렉트릭, 제너럴 모터스, 티센크루프, 폭스바겐, 도요타, 소니, 그 밖에도 자본주의가 낳은 초거대 기업들은 지대를 압도하는 이윤을 창출하면서 자본주의를 이끌고 그들의 지배력을 유지해 나갔어요. 하지만 빨판상어에게 붙어 기생하는 물고기처럼 일부 지대 추구자들은 살아남았습니다. 아니, 사실 살아남기만 한 게 아니라 이윤이 창출되고 넉넉하게 떨어지는 부스러기를 주워 먹으며 번성해 나갔죠. 가령 석유회사들은 땅이나 해저의 특정 지역에서 시추할 권리를 확보한 후 막대한 지대를 얻잖아요. 이런 행동이 지구에 막대한 피해를 준다는 게 분명해도 그들에게는 그 어떤 비용도 청구되지 않죠.

물론 석유회사들은 그렇게 생각하고 있지 않습니다. 그들은 본인들이 약탈을 하는 게 아니라 자본주의적 이윤을 얻고 있다며 그들이 버는 돈을 정당화하려 들죠. 석유회사들 역시 다른 석유회사와 경쟁을 하고 있으며, 기술을 발전시켜서 경쟁사보다 낮은 가격에 시추할 수 있게끔 해야 하며, 그 모든 과정을 위해서는 현명한 투자를 받아야 한다며, 그들의 자본주의적 특성을 과대포장하고 있는 것입니다. 부동산 개발업자들 역시 그들이 버는 돈을 지대가 아닌 이윤으로 포장하는 경향이 있어요. 혁신적인 건축물이 없다면 지대가 나올 수 있겠냐면서요. 민영화된 전력회사 혹은 수도 공급자 역시 자신들이 정치적인 이유로 할당된 지대를 거두고 있다는 사실을 인정하려 들지 않죠.

이 모든 막대한 지대 추구자들은 공통점을 지니고 있습니다. 본인들이 거두는 지대를 이윤으로 위장하고자 하는 경향성을 강하게 드러낸다는 거죠. 어쩌면 이런 성향을 '이윤 워싱'이라 할 수도 있을 것 같네요.

2차 세계대전이 끝난 후 지대는 단지 자본주의 체제에서 살아남는 것을 넘어 한 걸음 더 나아갔습니다. 전시 경제 체제 하에서 막대한 자원과 생산력, 시장 장악력을 지니고 있던 거대 기업들의 복합체, 다시 말해 새롭게 떠오르는 테크노스트럭처의 꽁무니를 붙잡고 무대 위로 복귀했던 거죠. 테크노스트럭처는 혁신적인 마케팅과 상상력 넘치는 광고를 통해 무언가 새로운 것을 창출해내기에 이르렀습니다. '브랜드 충성도 brand loyalty'가 바로 그것이었죠.

브랜드에 충성하는 소비자 덕분에 브랜드의 소유자는 고객을 잃을 염려 없이 가격을 높일 수 있게 되었습니다. 메르세데스 벤츠나 애플의 제품에는 프리미엄 가격이 붙어 있죠. 그것은 상대적으로 저렴한, 가령 포드나 소니에 비해 벤츠나 애플이 지니고 있는 높은 지위를 반영하고 있어요. 이러한 프리미엄은 브랜드의 지대라 할 수 있습니다. 브랜딩이 지대를 뽑아내는 힘을 준다는 것이 널리 알려진 1980년대, 젊고 유망한 기업가들은 제품을 누가, 어디서, 어떻게 만드는지 등에는 별 관심을 보이지 않게 되었습니다. 그들의 관심사는 그저 브랜드를 어떻게 갖느냐 하는 것뿐이었죠.

1950년대, 지대는 브랜드를 통해 첫 번째 부활의 기회를 누릴 수 있었습니다. 1990년대에 클라우드 자본이 발흥하면서 지대는 그 오랜 세월을 이겨내고 이윤에 확실한 복수를 할 기회를 손에 넣었죠. 그 과정에서 핵심적인 역할을 수행한 기업이 바로 '애플'이에요. 아이폰 이전까지 잡스가 걸어온 길을 보자고요. 확고한 브랜드 지대를 반영한 프리미엄 가격으로 판매되는 하이엔드 제품들을 생산해왔죠. 롤스로이스나 프라다 구두와 다를 바 없는, 교과서적인 프리미엄 전략이었습니다. 그렇게 애플은 마이크로소프트, IBM, 소니, 그외에도 저렴한 가격으로 데스크탑, 랩탑 등을 파는 경쟁자 군단들과의 싸움에서 살아남았죠. 또한 아름다운 디자인과 사용자 친화적인 사용법을 지니고 있는 아이팟을 출시하면서 애플은 고객들에게 막대한 브랜드 지대를 거둬들일 수 있었어요. 하지만 애플이 수조 달러짜리 기업이 될 수 있었던 진정한 돌파구는 따로 있었습니다. 아이폰ipod이었죠. 아이폰은 단지 훌륭한 휴대전화가 아니에요. 애플이 새로운 보물창고, 클라우드 지대를 확보할 수 있게 해주는 열쇠였습니다.

스티브 잡스는 천재적인 발상을 했어요. '서드파티 개발자'들이 자유롭게 애플 소프트웨어를 이용해 프로그램을 만들고 애플 스토어를 통해 판매할 수 있게 한다는 급진적 아이디어를 실현한 것이죠. 이렇게 애플은 무임금 노동자, 가신 자본가의 집단을 창출해냈습니다. 그들은 스스로 열심히 일했죠. 애플의 엔지니어들이 도저히 스스로 다 만들어낼 수 없을 정도로 다양하고 복잡한 앱을 만들어내기 시작했어요.

아이폰은 이렇게 돌연 훨씬 더 갖고 싶은 스마트폰이 되었습니다. 아이폰은 다른 어떤 스마트도 제공하지 못할 정도로 다양한 즐거움과 기능을 누릴 수 있는 일종의 자유이용권이 되었죠. 노키아, 소니, 블랙베리 같은 애플의 경쟁자들이 아이폰보다 더 빠르고 저렴하고 심지어 아름다운 스마트폰을 만들어낼 수 있다 한들 이제는 경쟁이 되지 못했습니다. 오직 아이폰을 써야 애플 스토어에 입장할 수 있으니까요. 왜 노키아나 소니, 블랙베리는 자체 앱 스토어를 만들지 않았을까요? 안 한 게 아니라 못 한 거예요. 너무 늦었거든요. 이미 많은 사람들이 아이폰을 쓰고 있으니 서드파티 개발자들은 아이폰 말고 다른 플랫폼을 위해 앱을 개발할 여유가 없었습니다. 서드파티 개발자들은 대체로 작은 투자사를 끼고 있는 경우가 많았어요. 그들은 경쟁을 해서 살아남아야 했고, 애플로부터 한 푼도 받지 못하지만 애플 스토어에 등록하는 것 외에 선택지가 없었죠. 오히려 애플에 돈을 내야 했습니다. 비용이 얼마냐고요? 전체 매출의 30%를 애플에, 말하자면 '바닥세'로 내야 하는 거였죠. 이렇게 최초의 클라우드 장원인 애플 스토어app store가 탄생했고, 그 비옥한 토지 위에 **가신 자본가 계급**이 성장했습니다.

충분히 많은 서드파티 개발자를 확보하여 그들이 앱을 만들도록 하는 일, 그 과업에 성공한 거대 기업은 단 하나밖에 없었습니다. 구글이었죠. 아이폰이 등장하기 한참 전부터 구글의 검색 엔진은 클라우드 제국의 핵심으로 자리잡고 있었어요. 구글은 지메일, 유튜브 등을 보유하고 있었고, 나중에는 구글 드라이브와 구글 맵, 기타 여러 온라인 서비스를 추가해 나갔습니다. 이미 클라우드 자본에서 지배적 지위를 가지고 있다는 점을 이용해 구글은 애플과는 다른 전략을 취했습니다. 아이폰과 경쟁할 스마트폰을 제조하는 대신 운영체계인 안드로이드를 만들었고, 소니, 블랙베리, 노키아 등 경쟁사조차 원한다면 무료로 마음껏 쓸 수 있도록 허락했어요. 안드로이드를 설치한 애플의 경쟁사가 충분히 늘어난다면 안드로이드로 구동되는 스마트폰의 사용자가 충분히 늘어날 것이고, 이는 서드파티 개발자들로 하여금 애플 스토어뿐 아니라 안드로이드용 앱도 개발하게끔 하는 원동력이 될 수 있을 거라는 판단이었죠. 구글이 애플 스토어의 유일한 제대로 된 경쟁자, 구글 플레이를 만들게 된 과정은 이렇습니다.

소니, 블랙베리, 노키아, 그 외 다른 회사들이 만든 운영체제와 비교해볼 때 안드로이드는 더 좋을 것도 나쁠 것도 없었어요. 하지만 안드로이드는 구글의 풍부한 클라우드 자본이라는 초능력을 등에 업고 있었죠. 그것은 소니, 블랙베리, 노키아가 스스로의 힘으로는 절대 갖출 수 없는 힘이었고, 서드파티 개발자들이 몰려들었습니다. 개발자들이 어떻게 저항할 수 있었겠어요? 설령 내키지 않더라도 다른 휴대폰 제조업체는 하드웨어를 판매하면서 이윤의 부스러기를 챙기는 가신 자본가의 역할을 받아들이지 않을 도리가 없었습니다. 반면 구글은 다른 가신 자본가들이 손에 넣을 수 없는 클라우드 지대를 벌어들였습니다. 이제 서드파티 개발자들이 구글 플레이를 위한 앱을 만들기 시작했거든요.

그 결과 세계 스마트폰 업계는 두 클라우드 영주 기업, 애플과 구글의 독점 체제가 되고 말았어요. 그들이 벌어들이는 부의 큰 부분은 서드파티 개발자들의 무임금 노동에서 나왔습니다. 개발자들은 앱이 팔리는 만큼 정해진 몫을 떼어 바쳐야 했죠. 애플과 구글이 이렇게 버는 돈은 이윤이 아닙니다. 지상의 농지에서 영주가 얻는 지대의 디지털 버전일 뿐인, **클라우드 지대**죠.

같은 시기 아마존은 세계적 공급망을 통해 유통되는 물리적 재화를 그들의 디지털 장원인 아마존닷컴^amazon.com 을 통해 판매하는 방법론을 완성했습니다. 이건 앞서 살펴본 바 있어요. 아마존의 알고리즘 기반 전자상거래 포털러 덕분에 클라우드 지대는 더 이상 디지털 세상만의 것으로 남아 있지 않게 된 것이죠.

중앙은행의 돈으로 실탄을 확보하고 사모펀드의 지원으로 힘을 얻는 이 클라우드 영주들은 전 세계로 그들의 클라우드 장원을 뻗쳐 나갔어요. 가신 자본가들과 클라우드 농노 모두로부터 엄청난 클라우드 지대를 뽑아냈지요. 여기서 모순처럼 보이는 현상이 벌어집니다. 옛날 방식 그대로 이윤에 의존하는 자본가의 숫자는 **늘어나고** 있었다는 거예요. 정작 그들의 이윤율과 권력은 줄어들고 있었는데 말이죠. 마찬가지로 가신 자본가들 역시 임금에 의존하여 살아가는 사람들, 다수에 해당하는 노동자들에게 명령할 수 있는 힘을 여전히 가지고 있었고 그것을 향유하고 있었습니다. 또한 컴퓨터, 자동차, 영업용 차량, 어쩌면 사무실이나 창고, 공장 같은 생산수단 역시 자신들의 것으로 보유하고 있었고요. 사실 모든 가신 자본가들이 소규모 장인이라 할 수는 없었죠. 그들 중 일부는 큰 자본을 지닌 생산자들이었어요. 하지만 크건 작건, 권력이 있건 없건, 모든 가신 자본가들은 그 정의상 그들의 상품을 판매함에 있어서 아마존이나 이베이, 알리바바 같은 전자상거래 사이트에 의존할 수밖에 없는 사람들이에요. 가신 자본가의 매출 중 적잖은 부분이 그들이 기대고 있는 클라우드 영주의 손끝에 달려 있죠.

아마존이 물리적 상품의 제작자들을 클라우드 장원으로 끌어들이고 있는 동안, 다른 클라우드 영주들은 불안정하고 취약한 노동을 하는 이들에게 관심을 기울이기 시작했습니다. 선진국에서는 우버Uber, 리프트Lyft, 그럽허브GrubHub, 도어대시Doordash, 인스타카트Instacart 같은 회사들이 등장했고, 아시아와 아프리카의 개발도상국에서도 그들을 모방한 기업들이 등장했어요. 이들은 클라우드 장원에 운전자, 음식 배달부, 세탁소, 식당, 심지어 개 산책 시켜주는 사람들을 끌어 모은 후 이 무임금 내지는 저임금 노동자들로부터 일정액을 뜯어가기 시작했습니다. 그 돈을 우리는 '클라우드 지대'라 부르죠.

아버지, 최근 저는 팔레오 파릴로의 부모님 댁의 상자에서 8밀리미터 영사기 필름 상자를 발견했어요. 소리가 녹음되어 있지 않은 그 필름들은 대체로 1960년대에 아버지가 여행하면서 찍으신 것이 었죠. 아버지가 일하시던 철강 회사는 아버지를 미국, 일본, 유럽으로 보내 선진 기술을 습득하게 했고, 심지어 유럽의 식민지였던 나라로 보내 고품질 철광석과 석탄 공급을 확보하게 했죠. 아버지는 그런 출장을 갈 때마다 지체 없이 영상을 찍으셨던 거였고요. 그중엔 '1964-인도네시아'라고 적혀 있는 필름 뭉치도 있었어요. 영상 대부분은 자카르타 외곽의 도로 풍경을 담고 있었죠. 시끌벅적한 길을 따라 가는 영상을 보다보니 길가에 차려진 와룽warung을 보지 않을 수가 없더라고요. 아버지께서 설명해주셨던 바 와룽은 현지인들이 모여서 차리는 가게의 일종으로 그리스의 키오스크 같은 것이었죠. 마실 것부터 음료수, 신문, 샴푸, 아스피린에 텔레비전까지 안 파는 게 없었어요.

아버지, 그런데 말이죠. 인도네시아의 클라우드 영주 기업인 부칼라팍Bukalapak은 이미 350만 개 이상의 와룽을 인수했답니다. 이들은 지역 가게들을 클라우드 장원에 업로드하는 것에서 멈추지 않았어요. 와룽에 의존하고 있는 지역 커뮤니티들에 '마이크로 크래딧'이라는 이름의 고리대금업을 통해 기본적인 은행 서비스를 제공하면서 값비싼 디지털 수수료를 받아내는 금융화까지 진행하고 있죠. 그들이 더 커지는 것을 두고 볼 수 없다는 듯, 2021년 제프 베이조스는 '제프 베이조스 익스페디션Jeff Bezos Expeditions'을 인도네시아에 급파해 부칼라팍의 경쟁사를 찾아 투자하기 시작했어요.[xvi] 페이팔Paypal의 창업자이며 페이스북 초기 투자자, 팔란티어Palantir의 창업자로 유명한 피터 틸^{Peter Andreas Thiel} 역시 본인이 운영하는 발할라 벤처스를 통해 같은 행보를 걷고 있고요. 중국의 대표적인 빅테크 기업 텐센트^{Tencent} 역시 마찬가지입니다.

이제 우리는 어떤 식으로건 어느 정도는 클라우드 장원에 의존해야 고객을 찾을 수 있어요. 미국 중서부의 공장 소유주건 본인의 최신간을 팔고자 하는 시인이건, 런던의 우버 운전자건 인도네시아의 노점상이건 다 마찬가지입니다. 이것도 진보라면 일종의 진보긴 하죠. 하지만 봉건 영주들이 지대를 걷기 위해 힘 좀 쓰는 녀석들을 데려다 가신의 무릎을 꿇리고 피를 보아야 했던 시절은 지나버린 지 오래입니다. 클라우드 영주들은 징수하고 몰수하기 위해 집행관을 고용할 필요조차 없어요. 가신 자본가들은 클라우드 장원, 그 사이트에서 자신의 링크 하나가 지워지는 것만으로도 모든 고객을 잃어버릴 수 있다는 사실을 너무도 잘 알고 있거든요. 구글 검색 엔진에서 링크 한두 개가 지워지기만 해도, 전자상거래 사이트와 소셜 미디어 사이트에서 사라져 버리면, 온라인 세상에서 아예 없어지는 것과 다를 바 없습니다. 이렇듯 청결한 하이테크 공포가 테크노퓨달리즘의 근간인 셈이죠.

큰 그림을 보자고요. 이윤이 세계 경제의 윤활유 역할을 빼앗기고 있다는 것이 점점 더 분명해 보입니다. 대신 그 자리를 클라우드 지대가 차지해가고 있죠. 여기서 우리 시대의 유쾌한 역설이 눈에 들어오기 시작해요. 자본주의적인 활동이 늘어감에 따라 열정적으로 자본이 축적되는데, 이는 자본주의적인 이윤의 축소 및 자본주의적인 시장을 클라우드 영지로 대체해가는 과정이 되어간다는 거죠. 쉽게 말해 자본주의는 자본주의적 활동이 팽창한 결과로 위축되고 있다는 겁니다. 자본주의적 활동을 통해 테크노퓨달리즘이 태어났고 점점 더 힘을 얻고 있어요. 그런데, 다른 길이 있긴 있었을까요?

| 약에 취한 자본주의 |

"나는 설득되지 않았어." 아버지의 말씀이 들리는 것 같아요.

"중세 영주들은 음모를 꾸미고 폭력을 휘둘렀을 뿐 그 무엇에도 투자를 하지 않았잖니. 반면 네가 말하는 클라우드 영주들은 하이테크 자본의 최첨단에서 엄청난 투자를 하고 있어. 그들은 자본주의자의 정수라고 할 수 있지. 연구 개발에 돈을 쏟아 부어서 검색 엔진이나 디지털 개인 비서나 화상회의 앱처럼 새로운, 욕망할 만한 상품을 만들어내잖아. 그들이 만들어내는 게 중세 장원을 연상시킬 수야 있지. 저커버그의 페이스북이 경쟁자가 등장하기 한참 전부터 수백만 명의 사용자를 빨아들여서 수조 달러가 넘는 비즈니스를 이룩해놨으니 말야. 하지만 갑자기 틱톡이 떠오른 걸 보라고!"

아버지의 말씀은 이렇게 계속될 거예요. "네가 말하는 클라우드 영주는 게으른 남작이나 백작 등과는 완전히 다른 존재야. 토머스 에디슨, 헨리 포드, 조지 웨스팅하우스에 가까운 사람들이지. 야니스, 내 생각에는 그 어떤 말보다 '약 빤 자본주의자^{Capitalists on steroids}

라는 호칭이 어울릴 것 같구나. 마지막으로 따져보자면, 설령 그들이 네가 말하는 클라우드 지대라는 것으로 아무리 배를 불리고 있다 해도, 그들이 하는 일은 여전히 자본주의에 속한 것 아니겠니. 그냥 지대 과잉 자본주의라고 해보자꾸나. 아니면 클라우드 자본주의, 혹은 하이퍼 자본주의는 어떠니. 하지만 테크노퓨달리즘이라고? 아니, 나는 그렇게 보지 않는단다."

맞아요, 아버지. 클라우드 영주들은 약 빤 자본주의자들이죠. 적어도 한때는 그랬던 사람들일 거예요. 그 점에 대해서는 논쟁하지 않겠어요. 지대를 착취할 권리를 타고나는 봉건시대의 영주들과 달리, 클라우드 영주들은 클라우드 영지를 무에서 창조해내야만 했죠. 그리고 그 말씀도 맞아요. 그들은 자신의 목적을 위해 기술에 엄청난 투자를 해야만 했죠. 하지만 여전히 의문이 남아요. 그들은 정확히 무엇에 투자를 했던 걸까요? 그 투자의 출처는 과연 어디일까요?

클라우드 영주들은 새로운 상품을 창조하기 위해 투자를 했다고 하셨죠. 하지만 상품이란 이윤을 낼 목적으로 판매하기 위해 만들어진 물건이나 서비스를 뜻해요. 검색 결과는 판매되기 낼 목적으로 만들어지지 않았죠. 알렉사나 시리 역시 사용자의 질문 횟수에 따라 요금을 매기지 않아요. 페이스북, 트위터, 틱톡, 인스타그램, 유튜브, 왓츠앱 등도 그래요. 그 목적이 완전히 다르죠. 우리의 관심을 가져가서 자신들의 뜻대로 조작하는 거잖아요. 빅테크 클라우드 영주들이 챗GPT같은 인공지능 챗봇의 사용에 요금을 매기거나 우리에게 알렉사 같은 물리적 기기를 판매할 때도 마찬가지에요. 그들은 우리에게 상품을 판매하는 게 아니에요. 그런 기기들은 간신히 손해를 면할 정도로, 때로는 정말 적자를 볼 정도로 낮은 가격으로 판매 혹은 임대되고 있어요. 우리의 집에 놓이는 것, 그래서 우리의 관심을 더 가져가는 게 진짜 목적이거든요. 이렇게 우리의 주의를 붙잡아놓고, 그 힘을 지렛대로 삼아서 그들은 가신 자본가들에게 클라우드 지대를 받죠. 우리에게 **그들의** 상품을 파는 건 바로, 여전히 구식 장사를 하는 가신 자본가들인 거예요. 클라우드 영주들의 투자란 궁극적으로 자본주의 시장 내에서의 경쟁을 지향하는 게 아니에요. 우리가 다함께 자본주의 시장에서 **탈출하도록** 만드는 게 목표죠.

그건 저도 인정해요. 스티브 잡스, 제프 베이조스, 마크 저커버그, 세르게이 브린 같은 클라우드 영주들이 에디슨, 포드, 웨스팅하우스 같은 사람과 비슷한 데가 있긴 있죠. 부풀어오른 자아, 엄청나게 커진 회사, 자신의 지배력을 강화하기 위해 현재의 시장질서와 국가 제도까지 기꺼이 파괴할 준비가 되어 있는 것 등등. 하지만 20세기 초까지 활약했던 빅 비즈니스의 두목들은 시장을 독점하여 이윤을 남기는 일, 공장과 생산 라인으로 대표되는 자본을 쌓는 일에 단단히 집중해 있었어요. 그런 그들이 볼 때 오늘날의 클라우드 영주들이 희한할 정도로 많은 부를 쌓으면서도 **그 어떤** 상품 생산의 조직화도 할 필요를 느끼지 않는다는 건 참 이상하게 보일 겁니다. 그뿐 아니라 클라우드 영주들은 더 저렴한, 보다 나은 상품을 개발해야 한다는 시장의 압력으로부터도 벗어나 있죠. 경쟁자가 더 나은 제품을 만들어서 시장 점유율을 앗아갈 거라는 공포를 느끼지 않는 것도 물론이고요.

"클라우드 영주들이 그런 공포를 느끼지 않을 거라고 생각하니?" 아버지의 반론이 들려오는 것 같네요. "틱톡이 페이스북의 사용자를 가져가서 매출에 타격을 준 걸 생각해보렴. 디즈니플러스가 넷플릭스에 가하는 실존적 위협은 또 어떻고. 월마트 웹사이트가 아마존의 시장점유율을 가져간 것도 잊지 않도록 하렴. 이건 포드, 에디슨, 웨스팅하우스가 직면했던 시장 경쟁과 동일한 것 아니겠니?"

글쎄요, 아버지. 비슷하지만, 달라요.

장원의 성쇠를 좌우하던 전투와 경쟁은 봉건주의의 일부였어요. 때로는 장원을 몰락과 침략으로부터 지키기 위해 상당한 노력을 기울여야 했죠. 특히 1350년 이후 흑사병이 심각한 노동력 부족을 불러왔고 농노들이 장원을 떠나 다른 곳으로 이주할 수 있게 된 다음은 더욱 그랬고요. 하지만 우리는 장원간의 경쟁을 시장 경제의 경쟁과 혼동하지 말아야겠습니다.

틱톡이 다른 소셜 미디어 사이트에서 사용자와 그들의 관심을 훔쳐갈 수 있었던 건 틱톡이 낮은 가격으로 서비스를 제공해서가 아니었어요. 틱톡이 질적으로 더 우수한 '친구'나 끈끈한 관계망을 제공한 덕분은 더욱 아니었고요. 틱톡은 전혀 다른 온라인 경험을 제공하여 클라우드 농노들이 이주한 거죠. 디즈니플러스는 넷플릭스에서 서비스 중인 영화나 드라마를 더 낮은 가격에, 더 좋은 화질로 제공하는 사이트가 아니잖아요. 단지 넷플릭스에 없는 영화와 드라마를 보여주고 있을 뿐이죠. 월마트가 아마존의 가격 인하나 상품의 품질 향상을 불러오고 있지도 않아요. 월마트가 하는 일은 그저 자체 데이터베이스에 기반해 새로운 클라우드 영지를 만들어 사용자를 관리하는 것이니까요. 클라우드 장원 건설의 선구자라 할 수 있는 애플은 '프라이버시 규칙'이라는 걸 내세우기 시작했죠. 경쟁사인 페이스북이나 구글 등이 아이폰 사용자의 데이터를 가져가지 못하도록 막는 게 그 내용이었어요. 이렇듯 애플이 다른 클라우드 영주들의 사용자 경험 획득과 조작을 꼼꼼하게 가로막아 버리자, 마크 저커버그는 애플의 행동이 '독점 지대'의 추구이며 '혁신을 가로막는다'고 목청 높여 항의하기도 했습니다.

포드, 에디슨, 웨스팅하우스처럼, 아마존, 텐센트, 알리바바, 페이스북, 애플, 구글의 클라우드 영주들은 기술뿐 아니라 정치, 마케팅, 노조 파괴 및 독점 전략 수립과 시행 등에 투자하고 있어요. 하지만 클라우드 영주들이 추구하는 건 상품을 팔아서 이윤을 극대화하는 게 아니라, 그렇게 경쟁하는 자본가들로부터 최대한의 지대를 얻어내는 것이란 점을 다시 한 번 강조하고 싶습니다.

지대에 대한 이윤의 반란은 봉건주의에서 자본주의로의 이행, 그 거대한 전환을 예언하는 현상이었죠. 사회 경제 체제의 변화를 주는 원동력이 지대에서 이윤으로 변화한 것이었으니까요. 우리가 시장 봉건주의 같은 용어 대신 **자본주의**라는 개념을 사용할 때 더 많은 통찰을 얻을 수 있는 건 그래서일 것입니다. 우리는 지대가 아닌 이윤에 의해 작동하는 사회 경제 체제로 접어들었잖아요. 그 근본적인 사실을 인정한다면 그것을 묘사하기 위한 새로운 개념이 필요하게 되죠. 오늘날의 전환을 하이퍼 자본주의나 지대 과잉 자본주의 같은 식으로 본다면 그건 같은 오류를 범하는 일일 겁니다. 변화하는 세상의 본질, 핵심 원리를 놓치는 거죠. 지대가 사회 변화의 핵심 동력의 자리를 되찾았다는 점에서, 저는 테크노퓨달리즘보다 더 나은 이름을 도저히 떠올릴 수가 없어요.

제대로 정의를 내리고 이름을 붙이는 건 생각보다 더 중요한 일입니다. 덕분에 우리는 지금 벌어지고 있는 체제 전환의 의미와 중요성을 보다 잘 파악할 수 있게 되었다고 생각해요. 그리고 체제 전환이 우리 모두에게 끼치는 영향에 대해서도 한층 더 깊이 생각해볼 수 있어요.

| 일론 머스크의 트위터 광란극, 테크노퓨달리즘으로 이해하기 |

지금 우리는 집단적인 곤경에 처해 있어요. 그걸 이해하려면 '테크노퓨달리즘'이라는 단어와 개념이 필요한데, 대체 그게 무엇인지 생생하게 보여줄 수 있는 인물을 단 한 사람 꼽아보라면, 단연 일론 머스크일 거예요.

일론 머스크는 명석하지만 문제적인 인물이죠. 보기 드문 공학적 재능과 이상한 대중적 과시욕을 겸비하고 있는 그는, 우리 시대의 토머스 에디슨이라 할 만합니다. 아버지도 기억하시듯 경쟁사를 음해하기 위해 코끼리를 전기로 감전시켜 죽였던 그 에디슨 말이에요. 자동차 제조부터 우주여행, 심지어 인간 두뇌와 컴퓨터를 연결하는 것까지, 머스크는 대체로 신생 후발 기업의 무덤으로 여겨지는 산업 분야에 뛰어들어 혁명적 변화를 불러왔습니다. 그러더니 본인이 제조업에 종사하는 엔지니어로서 쌓아올렸던 모든 것을 위험에 빠뜨리면서까지, 수백억 달러를 써가며 트위터를 인수했어요. 많은 논객들이 머스크의 그런 행보를 두고, 엄청난 부자들이 남의 눈을 휘둥그레지게 하려고 허세를 부리는 흔한 행동으로 치부하고 있었습니다. 하지만 머스크의 트위터 인수는 논리적인 행보예요. 머스크 본인의 사고방식보다 더 명확한 테크노퓨달리즘의 논리가 작동하고 있죠.

머스크가 아직도 만족하지 못하고 있다고 해서 우리가 놀랄 필요는 없을 거예요. 제조업자로서 큰 성공을 거두었고, 세계에서 가장 부유한 사람이라는 위치도 차지해봤지만, 그런 성취나 지금 가지고 있는 부가 머스크를 새로운 지배 계급의 일원으로 만들어주지는 못하니까요. 머스크가 만든 자동차 회사 테슬라는 클라우드를 이용해 자동차를 디지털 네트워크의 일부로 만들었습니다. 그렇게 만들어진 자동차와 운전자의 빅 데이터는 머스크의 클라우드 시스템 속에 저장되죠. 머스크가 설립한 로켓 회사 '스페이스X'는 수많은 위성을 쏘아올려 지구의 저고도 궤도를 꽉 채우고 있죠. 그것은 다른 누군가가 클라우드 자본을 쌓는데 분명 큰 도움이 될 겁니다. 하지만 머스크 본인은 어떤가요? 비즈니스계의 '앙팡 테리블'이었던 그로서는 실망스럽게도, 클라우드 자본에게서 기대되는 막대한 지대를 얻어내지는 못하고 있었어요. 트위터가 바로 그 부족한 퍼즐 한 조각이 되어주는 겁니다.

머스크는 트위터를 인수하자마자 트위터라는 '공론장'을 수호하겠다는 사명을 발표했어요. 그야말로 모든 것을 아무렇게나 이야기할 수 있는 곳으로 만들겠다는 소리였죠. 이건 세상의 관심을 돌려놓기 위한 선전 문구였다고 할 수 있어요. 수많은 이들이 짧은 문장으로 활기차게 토론하는 SNS를 어떤 사업가가 자기 놀이터로 삼겠다고 집어삼키는 게 옳은지 그른지를 놓고 세상이 진지한 토론을 시작하던 참이었으니까요. 진보 성향의 논객들은 머스크의 트위터가 도널드 트럼프의 계정을 복구해줬다는 것을 물어뜯고 있었고, 점잖은 사람들은 트위터 직원들에 대한 가혹한 처분을 문제 삼고 있었으며, 좌파들은 첨단 기술에 해박한 루퍼트 머독이 등장하는 것은 아닌지 전전긍긍하고 있었죠. 하지만 머스크는 본인의 목적에 투철했습니다. 머잖아 그는 트윗을 통해 본인의 야심을 밝혔어요. 트위터를 '슈퍼 앱everything app'으로 만들겠다는 거였죠.

머스크가 말하는 '슈퍼 앱'이란 무슨 뜻일까요? 그건 테크노퓨달리즘으로 가는 관문 그 이상도 이하도 아닙니다. 사용자의 관심을 흡수하고, 소비자 행태를 조작하고, 그들이 클라우드 농노로서 공짜 노동을 하게끔 하는 거죠. 아참, 절대 빼놓으면 안 되는 요소도 있습니다. 판매자들이 그 앱을 통해 물건을 팔면서 클라우드 지대를 내게 하는 것 말이에요. 아마존, 구글, 알리바바, 페이스북, 틱톡, 텐센트의 소유주와 달리 머스크는 '슈퍼 앱'이 될 수 있을만한 그 무언가도 갖고 있지 못했고 무에서 유를 창조할 수도 없었어요. 야욕 넘치는 사업가나 초거대기업이 가지고 있지 않은 '슈퍼 앱'의 씨앗, 누군가 구입하려면 구입할 수 있는 무언가는 단 하나밖에 없었죠. 트위터 말이에요.

트위터는 절대 세계의 공론장이 될 수 없습니다. 사적 소유물인 장원일 뿐이니까요. 그러니 여기서 적절한 질문은 따로 있겠죠. 머스크는 과연 그럴듯한 클라우드 장원 건설에 성공할 것이냐, 그리하여 새로운 테크노퓨달리즘 지배계급인 클라우드 영주의 한 사람으로 자리매김할 수 있을 것이냐 말이에요. 이건 머스크가 얼마나 성공적으로 트위터의 클라우드 자본을 강화할 수 있느냐에 달린 일입니다. 어쩌면 그 과정에서 그가 지금껏 키워온 자동차와 인공위성의 빅데이터 네트워크를 연결하는 게 도움이 될지도 모르겠네요. 머스크의 트위터 익살극을 통해 우리는 테크노퓨달리즘이 무엇인지, 그것이 앞으로 가져올 세상의 모습이 어떤지, 생생하게 목격해볼 수 있어요.

머스크와 트위터의 이야기는 하나의 사례일 뿐이고 그 결과 역시 상대적으로 제한적이죠. 하지만 테크노퓨달리즘이 풀어놓는 문제는 그것만이 아닙니다. 훨씬 더 넓고 깊게 스며드는, 우리 모두가 벗어날 수 없는 문제를 만들어놓죠.

대인플레이션을 떠받치는 테크노퓨달리즘

모든 거대한 전환은 새로운 유형의 위기를 동반하게 마련입니다.

우리 인류는 농업을 발명하고 스스로의 생활 공동체를 식물과 동물로 꽉 채웠어요. 그건 의도와 달리 유해한 세균을 기르는 일이기도 했고 끔찍한 전염병 대유행을 낳았습니다. 자본주의의 도래는 대공황 같은 경제 위기를 잉태하고 있었죠. 오늘날의 테크노퓨달리즘도 마찬가지에요. 이미 존재하는 불안정성의 근원은 더욱 심해지고 있고 심지어 새로운 유형의 위협으로 변하는 중이죠. 특히 대인플레이션the Great Inflation과 생활 물가 상승 위기는 테크노퓨달리즘의 맥락을 벗어나면 이해하기 어렵죠. 최근 벌어진 팬데믹만을 탓할 일이 아닌 거예요.

지난 4장에서 저는 중앙은행이 은행의 손실을 막기 위해 수조 달러를 찍어냈던, 2008년 금융위기 이후의 20여 년을 되짚어 보았어요. 은행가들은 사회주의적으로 보호받고, 그 외 나머지들은 긴축정책으로 고통을 겪었죠. 투자는 찌그러졌고 서구 자본주의의 동역학은 어그러졌습니다. 우리는 겉만 번지르르하게 도금된 스테그네이션으로 떠밀려 들어갔죠. 그 시기에 중앙은행이 쏟아 부은 썩은 돈이 찾은 진지한 투자처는 단 하나, 클라우드 자본을 축적하는 것이었습니다. 2020년 클라우드 자본이 벌어들인 클라우드 지대는 개발도상국 전체의 GDP를 합쳐놓은 것보다 커졌어요. 클라우드 지대가 우세를 점하고 이윤이 위축되게 된 과정을 간단히 보자면 이렇다는 거죠.

지대의 충격적 귀환이 스테그네이션이라는 유독한 현상을 더욱 심화할 것은 분명합니다. 그걸 이해하고 인정하는 건 좌파냐 우파냐의 문제와도 상관없는 일이에요.[4] 임금은 소비되죠. 많은 이들은 힘들게 벌어서 얻은 임금으로 생계를 유지하며 살아가니까요. 이윤은 자본재에 투자됨으로써 자본가의 이윤 창출 능력을 유지시킵니다. 하지만 지대는 그저 맨션, 요트, 예술작품, 암호화폐처럼 다양한 자산에 그저 쌓일 뿐이에요. 지대는 투자를 촉진하여 유용한 것을 생산하고 나약해진 자본주의에 활력을 불어넣는 바람직한 돈의 순환 경로에 들어가는 걸 한사코 거부하죠. 이렇게 악순환이 시작됩니다. 스테그네이션이 깊어질수록 중앙은행은 더 많은 돈을 찍어내고, 약탈은 더욱 심해지며 투자는 줄어들고, 스테그네이션이 심해지고, 이런 식으로 말이에요.

팬데믹은 이 추세를 더욱 증폭시켰어요. 코로나 이전 시기와 이후의 분명한 차이가 있다면 그건 중앙은행이 찍어낸 신선한 수조 달러의 돈 중 일부가 정부에 의해 직접 국민에게 제공되었다는 거죠. 집 밖으로 나올 수 없게 된 시민들의 생존을 보장해야 했으니까요. 그럼에도 불구하고 새로 찍힌 돈 중 대부분은 빅테크 기업들의 주가를 끌어올리는 결과를 낳고 말았습니다. 스위스의 은행인 USB에서 2020년 10월 발행한 보고서는 그 점을 잘 보여주고 있어요. 그해 4월에서 7월 사이에 억만장자들의 자산은 27.5%나 증가했죠. 전 세

---

4 9세기 초 런던에서 활동했던 은행가이자 유명한 자유시장주의 경제학자였던 데이비드 리카도 역시 이 점을 분명하게 이해하고 있었다. 전체 소득 중 지대가 증가하는 현상을 투자를 줄이고, 재화에 대한 수요를 감소시키며, 성장을 둔화시킨다. 그가 1817년에 펴낸 《정치경제학과 조세의 원리(On the Principles of Political Economy and Taxation)》를 참고할 것.

계에서 수백만의 사람이 직장을 잃고 정부 보조로 간신히 생계를 이어가야 했던 바로 그 시기에 말이에요.[xvii]

한편 코로나 확산 방지를 위한 봉쇄는 항구, 도로, 공항을 막아버렸죠. 오랜 세월동안 지역 내 생산 능력을 키우지 않고 투자하지 않았던 많은 곳의 공급망이 뒤엉켰어요.

외부로부터의 공급이 갑자기 중단되면 어떤 일이 벌어질까요? 게다가 중앙은행의 돈 나무에서 따온 돈으로 국민 다수의 수입을 보조해주고 있다면? 식료품, 운동용 자전거, 제빵기, 천연가스, 가솔린, 주택 매매가, 그 외 수많은 재화들의 가격이 십여 년 넘도록 억제되고 있다가 천장을 뚫고 치솟는 건 당연한 일이었죠. 이렇게 대인플레이션의 조건이 갖춰졌습니다.

'공급망이 막힌 결과 벌어진 인플레이션은 그렇게 심하지 않을 거야.' 많은 이들이 이런 희망을 품고 있었죠. 이 인플레이션이 '일시적'일 것이라는 예상에는 나름의 논리가 있었습니다. 2020년대 노동자들이 가진 임금 협상력은 본인의 역량에 온전히 기대는 것일 수밖에 없었어요. 이건 강력한 노동조합의 힘을 통해 물가상승률보다 높은 임금인상을 쟁취할 수 있었던 1970년대와 다른 조건이죠. 정부가 보조해준 유급휴가 및 소득 보조 프로그램이 끝나고 보니 노동자들의 임금은 아주 조금 오른 정도에 지나지 않았고, 대중의 구매력은 치솟은 물가로 인해 처참해진 상황이었습니다. 그렇다면 수요가 썰물처럼 빠져나가면서 재화의 가격도 떨어져야 하겠죠. 물론 세상 일이라는 게 이런 식으로 돌아가지 않았고요.

인플레이션은 결코 통화 현상에 지나지 않는 일이 아닙니다. 이건 마치 돈이 그저 가치 교환의 매개에 지나지 않는다고 할 수 없는 것과 마찬가지죠. 이유를 막론하고 전반적인 가격이 상승하면 모두가 자신의 구매력을 지키려 하면서, 사회 전체를 둘러싼 권력 게임이 시작됩니다. 사업가라면 가격을 얼마까지 높일 수 있을지 그 한계를 시험하려 들겠죠. 만약 가격을 높이지 않았다간 이윤은 고사하고 늘어나는 생산비에 잡아먹히고 말테니까요. 통상적인 임대인이건 클라우드 영지를 빌려주는 사람이건, 임대인이라면 일단 임대료를 높여볼 겁니다. 노동자들 역시 최대한 많은 월급을 받기 위해 애를 쓰겠죠. 그래야 치솟은 생활비를 감당할 수 있을 테니까요. 정부 역시 그 판에 뛰어들지 않을 도리가 없습니다. 소득세와 부가가치세를 더 높여서 물가에 대응할 거예요. 과연 그게 인플레이션으로 고통 받는 취약한 시민들을 돕는 쪽으로 향할까요, 아니면 치솟은 에너지 가격의 압력에 시달리는 빅 비즈니스에 대한 보조금으로 쓰일까요? 아니면 정부는 그냥 아무 일도 하지 않을까요? 인플레이션은 이 모든 질문에 대한 답을 기다리는 대신 그저 전개되어 나갈 뿐입니다.

이런 식의 힘싸움이 벌어지면 결국 누가 힘이 제일 세고 약하냐가 관건이 되겠죠. 자본이 노동을 지배하는 세상이라면 인플레이션은 노동자들이 임금의 영구적인 삭감과 소득 감소를 받아들이는 식으로 끝날 거예요. 만약 중국처럼 정부가 자본을 압도하는 세상이라면 인플레이션은 자본가와 임대인이 그들이 뜯어낸 돈 중 일부는 정부 적자, 부채, 지출 용도로 바치면서 해소될 테고요. 그러니 우리에게 주어지는 질문은 이렇습니다. "클라우드 자본이 지상의 자본을 지배하고 있으며, 노동은 우선순위의 최하위권에 놓인 세상에서, 인플레이션은 어떤 결과를 초래할까?"

하나는 분명하고 하나는 덜 분명하지만, 두 방향의 결과가 나올 겁니다. 일단 표면적으로는 슈퍼마켓이나 에너지 회사, 그 밖에 비용보다 높게 가격을 높일 수 있는 거대 기업들은 초과 이윤을 수확하는 즐거운 시기를 보내겠죠.[5] 하지만 그보다 덜 분명하게 보임에도 더 흥미로운 반사적 효과가 있어요. 우리가 살고 있는 이 초기 테크노퓨달리즘 시대에서 대인플레이션은 사회의 생산력이 조직되는 방식에 섬세하면서도 깊은 영향을 남긴다는 것입니다. 전통적인 자본은 점점 더 새로운 클라우드 자본에 의해 대체되고, 테크노퓨달리즘의 포섭력과 장악력은 점점 더 강고해지죠. 그런 관점에서 살펴볼 만한 사례를 두 가지 준비해 봤어요.

| 독일 자동차와 녹색 에너지 |

독일 자동차 제조사들은 대인플레이션이 불러온 두 가지 위기에 대응해야 했어요. 연료 가격이 오르면서 소비자들이 자동차 구매에서 멀어졌을 뿐 아니라 자동차를 생산하기 위해 들어가는 에너지의

---

5 부록 1의 내용을 참고할 것

비용도 높아졌으니까요. 독일 언론은 독일이 탈산업화를 해야 할지, 그것이 가능할지 여부 등을 놓고 고뇌에 잠겼습니다. 그 불안한 마음은 이해하지 못할 바 아니지만 독일 언론의 분석은 요점을 놓치고 있었죠.

아버지는 이렇게 생각하실지도 모르겠어요. "독일 자동차 브랜드들은 석유로 가는 내연기관 자동차에서 전기자동차로의 전환을 상대적으로 매끄럽게 해낸 축에 속하지, 그러니 앞으로도 지금과 같은 생산량을 유지하면서 잘 버텨나갈 수 있을 거야. 그렇다면 전기차로의 전환을 촉진시킨 에너지 가격 상승과 인플레이션은 결국 독일 자동차 회사에 득이 된 일일 수도 있겠지." 하지만 그렇지 않아요.

독일 자본과 산업계는 고도의 정밀한 기계, 전자 엔지니어링의 힘으로 그 자리에 올랐죠. 특히 독일 자동차 기업들은 고품질의 엔진 및 내연기관이 만든 에너지를 바퀴에 전달하는 기어박스, 회전축, 그 외 온갖 부품들을 생산하면서 이윤을 창출해왔고요. 그런데 전기자동차는 기계적으로 훨씬 단순한 제품이에요. 대부분의 부가가치, 그로 인한 이윤은 그걸 움직이는 소프트웨어에서, 또한 클라우드에 연결된 자동차에서 나오는 데이터에서 나오죠. 달리 표현하자면 대인플레이션으로 인해 독일의 산업은 전통적인 자본에서 벗어나 점점 더 클라우드 자본에 의존할 수밖에 없게 된 것입니다.

그러다보니 문제가 생겼어요. 미국, 중국의 경쟁자들과 비교해볼 때 독일의 자본가들은 클라우드 자본에 투자하는 것의 효용을 너무 늦게 실감했어요. 클라우드 영주가 되는 건 말할 것도 없고요. 새롭게 시작된 게임에서 한참 뒤쳐지고 만 것입니다. 흔히 쓰이는 표현을 빌자면 '비교우위를 상실한 상태에서 제조업을 하고 있는 셈'이에요. 충분한 클라우드 지대를 얻지 못하는 독일은 잉여를 발생시키는데 곤란을 겪게 될 거에요. 이건 독일의 잉여에 의존할 수밖에 없는 유럽연합의 경제와 그 구성원들의 곤란이기도 하겠습니다.

에너지 영역에 대해서도 비슷한 이야기를 할 수 있겠죠. 팬데믹이 종식되고 에너지 가격이 솟구치자 거대 석유 가스 회사들은 떼돈을 벌었어요. 화석 연료 업계는 제2의 전성기를 맞이했습니다. 마치 나폴레옹 전쟁 기간 동안 해외 곡물의 수입이 곤란해지면서 영국 지주들이 큰 재미를 봤던 것처럼 말이에요. 하지만 제2의 전성기가 오래 가는 법은 없죠. 봉건 영주들의 좋은 시절은 나폴레옹 전쟁의 추억과 함께 짧은 회복 후 금방 역사의 뒤안길로 사라져 버렸고, 결국 자본주의의 이익이 지배적인 원동력이 되었습니다. 마찬가지로 대인플레이션 역시 에너지 분야에까지 클라우드 자본의 손길을 뻗치고 있었죠.

화석 연료 산업은 봉건적인 계약과 지상의 자본이 맺은 불경한 동맹과도 같아요. 산업 전체가 토지나 해저의 특정 영역에서 시추할 권리에 의존하고 있고, 정부나 개인 토지 소유자가 옛날 방식으로 토지 사용료를 받는 식이죠. 석유 채굴 설비, 유조선, 파이프라인 등 고전적인 자본재에 의존하는 산업이기도 합니다. 그런 것들을 통해 운반된 원유를 고도로 집적화되고 수직계열화된 정유소나 발전소로 보내게 되어 있어요. 미적으로 보나 경제적으로 보나 19세기에 윌리엄 블레이크가 말했던 '어두운 사탄의 방앗간'에서 크게 다르지 않다고 할 수 있죠.

반대로 재생 가능 에너지는 탈중앙화된 방식으로 운용될 때 최고의 성능을 발휘합니다. 수평적으로 넓게 퍼진 태양광 패널, 풍력 터빈, 히트 펌프, 지열 발전소와 파력 발전소 등이 네트워크를 구성하도록 되어 있죠. 허가를 받고 토지 사용료를 낼 필요가 줄어드는 대신 재생 가능 에너지의 생산성을 높이려면 인공지능을 동원한 복잡하고 섬세한 소프트웨어 기반 시설이 필요해져요. 한마디로 재생 가능 에너지란 마치 전기차 업계가 그렇듯 클라우드 자본 집약적 산업인 것입니다.

화석 연료에서 녹색 에너지로의 전환은 그 무엇보다 시급한 주제죠. 에너지 가격의 상승은 대인플레이션을 구성하는 핵심적 요소 중 하나니까요.

그런데 대인플레이션을 구성하는 핵심적 요소 중 하나인 에너지 가격 상승은 우리가 그 목적을 이루는데 방해가 되고 있어요. 에너지 가격 상승으로 인해 화석 연료 업계는 순풍에 돛단 듯 순항하고 있으니까요. 하지만 이 상황이 오래 지속되지는 않을 거예요. 친환경 에너지의 발전은 친환경 전력 생산 가격을 끌어내리고 있는 중이니까요. 심지어 화석 연료의 생명이 연장되면서 지구가 더욱 파괴되어가는 와중에도 클라우드에 기반을 둔 녹색 에너지는 성장하고 있어요. 그에 따라 클라우드 영주들의 상대적 힘도 커져만 가고 있고요.

테크노퓨달리즘은 임금, 가격, 이윤을 쥐어짜는 본성을 지니고 있기에, 가격이 치솟는 인플레이션을 억제하는 경향을 내재하고 있습니다. 하지만 대인플레이션이 불러일으킬 단기적 효과를 정확히 예측하는 일은 불가능해요. 왜냐하면 지금까지 살펴봤듯이 인플레이션은 언제나 곧 불붙게 될 계급 전쟁의 징후이기 때문이기 때문입니다. 인플레이션이 어떻게 흘러갈지 결정하는 가장 큰 요인은 정치와 권력이에요. 분명한 게 있다면 대인플레이션이 클라우드 자본의 영역을 확장하리라는 것, 그래서 궁극적으로 노동자들의 정치력에 부정적 영향을 미칠 것이며, 그들뿐 아니라 우리들 중 많은 이를 클라우드 프롤레타리아로 만들 것이라는 거죠.

테크노퓨달리즘의 미래에 대해서는 여전히 거대한 물음표가 드리워져 있습니다. 중앙은행은 현재 대인플레이션에 대응하기 위해 돈 찍어내기를 멈췄어요. 그렇다면 클라우드 영주들이 지닌 주식의 가격에도 타격이 오겠죠. 그렇다면 빅테크의 근로자들은 직장을 잃게 될까요? 반대로 지금은 석유 회사와 소매 유통 업체들이 놀라운 이윤을 향유하고 있는데, 그로 인해 테크노퓨달리즘의 거품이 꺼지게 될까요? 혹은, 그 거품은 이미 꺼진 걸까요?

| 자본주의는 되살아날 수 없을까? |

"인터넷은 자본주의를 무적으로 만들어줄까, 아니면 자본주의의 지속 불가능성을 폭로해줄까?" 아버지의 원래 질문이었죠. 그에 대한 저의 답을 이제 아버지도 알고 계실 테고요. 하지만 팬데믹 이후 벌어진 경제적 소동을 놓고 볼 때 제가 발견했던 추세와 원칙이 여전히 살아있는지 확인해 볼 필요는 충분한 것 같아요. 대인플레이션은 자본주의를 소생시켰을까요?

주류 경제학자와 논객들은 대인플레이션을 그다지 신비로운 눈빛으로 바라보지 않는 듯해요. 테크노퓨달리즘이나 다른 무언가, 어떤 역사적 변환을 드러내는 징후로 보고 있지 않은 거죠. 그들에게 인플레이션은 중앙은행이 너무 많은 돈을 찍어냈고, 정부가 팬데믹에 대응하기 위해 지출을 늘린 결과일 뿐입니다. 2022년 내내 중앙은행장들은 붉게 상기된 얼굴로 이자율을 높일 수밖에 없었어요. 그래야 수요를 줄이고 상승하는 물가를 억제할 수 있을 테니까요. 그동안 근엄한 태도의 논객들은 표정을 관리하느라 정신이 없었고요.[6] 2022년의 대인플레이션을 보는 주류 경제학계의 기분이란 1660년 스튜어트 왕가의 왕정복고를 바라보는 왕당파의 그것과 다르지 않았을 겁니다. 누구나 쉽게 받아들일 수 있는 익숙한 권위가 복귀하는 현상이었으니까요.

---

6 앞에서 나는 중앙은행이 막대한 양의 돈을 찍어내고 그것을 금융인들에게 연결해주면서 썩은 돈을 만들어냈다는 사실을 지적한 바 있다. 나는 또한 은행가들을 위해 돈을 찍어내는 가운데 그 썩은 돈을 다수가 취할 수는 없도록 긴축 정책을 편 행위에 대해서도 언급한 바 있다. 중앙은행의 실수는 단지 돈을 많이 찍어낸 것만이 아닌 것이다. 주류 경제 논객들은 중앙은행이 돈을 찍어냈다는 점을 비판하면서도 이 긴축 재정 부분에 대해서는 침묵을 지키고 있는데, 이는 매우 흥미로운 일이다.(분명 그들 스스로도 긴축 재정에 동의하기 때문일 것이다.) 그들은 2008년 이후 다른 방향으로 전개될 수 있었던 흐름에 대해서는 한사코 이야기를 하지 않는다. 공적 사적 채무의 탕감, 부도난 은행의 국유화, 대불황 시대를 통과하기 위해 모든 배를 함께 띄울 수 있도록 중앙은행이 발권한 후 기본소득을 지급하는 것 등, 중앙은행이 실제로 수행했던 것 외의 대안들에 대해 과연 그들은 동의할까? 물론 그렇지 않을 것이다. 그러므로 주류 경제 논객들의 중앙은행 비판이란 위선적인 재잘거림에 지나지 않는다.

그뿐만이 아니었죠. 돈을 빌려오고 빌린 채로 가지고 있을 때 드는 비용이 점점 커졌습니다. 돈의 가격이 0에 가까울 정도로 떨어졌던 미친 시절은 끝났어요. 다들 제정신이 돌아왔습니다. 물론 그 또한 공짜가 아니었어요. 마치 파티가 끝난 후의 분위기와 같은 숙취가 몰려온 거죠. 이자율이 높아지면서 주식 매매 놀음을 하기 위해 빌린 돈에 의존해왔던 금융인들은 시장에서 퇴출되지 않을 수 없었고, 놀랍지 않게도 주가는 이자율 상승보다 훨씬 가파르게 추락했어요.

높이 오른 자일수록 아프게 떨어지지 않겠어요? 대인플레이션이 시작된 후 가장 큰 타격을 입은 건 다름 아닌, 팬데믹 이후 주식 가격의 엄청난 상승을 경험했던 클라우드 대기업가들일 수밖에 없었습니다. 2022년 한해동안 미국의 빅테크 클라우드 영주 기업들의 시가총액은 총 4조 달러나 증발했어요. 이것만으로도 퍽 놀라운 일인데 더 놀랄 일은 따로 있습니다. 그런 추락을 겪고 난 후에도 그들이 보유한 주식의 평가액은 평균적으로 코로나 이전 수준을 웃돌았다는 거죠. 반면 코로나 통행금지로 큰 재미를 보았던 펠로톤, 줌, 카바나는 모두 고꾸라지고 말았어요. AMC나 게임스탑 같은 '밈 주식'들도 그렇거니와, 이른바 SPAC이나 NFT, 비트코인, 도지코인, 그외 암호화폐들도 그랬고요. 논객들은 또 한 차례 안도의 한숨을 내쉬었죠. 설령 아주 잠깐 세상이 테크노퓨달리즘으로 향했을지 몰라도, 이제 그 시기는 끝났고 그것은 그저 또 하나의 버블일 뿐이었다고 하면서요.

그들의 관점에서 보자면 인플레이션의 지속을 걱정하는 우리가 주목해야 할 지점들은 따로 있죠. 우크라이나 전쟁과 에너지, 식량 가격의 상승 사이의 관계라던가, 미국이 여러 국가에 부과한 제재, 미국과 중국 사이의 신냉전 분위기로 인한 제조업 생산 기지의 재조정, 고령화, 더 엄격해지고 있는 이민 정책 등등. 말하자면 그들은 예전으로 돌아가고 있다고 주장하고 싶어해요. 일부 좌파들 역시 대인플레이션을 보며 비슷한 안도감을 느끼고 있죠. 그들은 인플레이션이 가난한 이들을 힘들게 한다는 점에서 싫어하면서도, 그들이 이해할 수 있는 세상이 돌아오게 해준다는 점에서 내심 인플레이션을 환영하고 있을지도 모르겠습니다. 돈의 가격이 0보다 비싼 세상이 돌아오는 것, 메타, 테슬라, 아마존 같은 회사들의 시가총액이 지상으로 내려와 구시대의 좌파들이 경멸하던 구시대 자본가의 시대가 돌아오는 것 등은, 그들에게 싫지만은 않은 일일 테니까요. 어쩌면 아버지도 그런 생각을 품고 계신 건 아닐지, 잠깐 고민해보게 되네요.

그런데 죄송한 말씀을 드려야겠어요. 그 옛날로 돌아갈 방법은 이제 없어요.

첫째, 중앙은행에서 나온 자금의 흐름은 클라우드 자본의 건설에 쓰였는데, 클라우드 자본은 이미 임계점을 넘기고 말았습니다. 이미 만들어진 것이 어디 가지는 않죠. 계속 영향력을 행사할 거예요. 클라우드 자본은 지구상 모든 사회로부터 막대한 클라우드 지대를 거둬들이는 구성적인 권력을 가지고 있고, 그 힘은 조금도 줄어들지 않았으니까요. 자본 버블이 무언가를 만들어내고 심지어 그 버블이 꺼진 후에도 유지되는 사례가 이번이 처음인 것도 아닙니다. 미국의 철도가 바로 이런 식으로 지어졌잖아요. 19세기에 철도 버블은 꺼졌지만 그 전에 철도는 건설되었고, 보스턴에서 뉴욕, 로스엔젤레스와 샌디에이고로 향하는 철도는 오늘날까지도 남아 있죠. 보다 최근의 사례로는 2001년 꺼진 닷컴 버블을 떠올려볼 수 있어요. 주가가 우스꽝스러울 정도로 높이 치솟은 닷컴 기업들은 주가가 폭락하고 부도가 났지만, 닷컴 버블은 광케이블과 서버를 남겼어요. 그것들이 인터넷 2와 빅테크의 기반이 되어주었죠.

둘째, 중앙은행의 돈은 사실 말라붙지 않았습니다. 이전보다 느리게 흐르고 있긴 하지만 아무튼 흘러나오고 있죠. 적어도 테크노퓨달리즘을 떠받치기에는 충분한 양이에요. 대인플레이션과 맞서려면 그것 외에는 답이 없음에도, 중앙은행은 돈줄기를 완전히 잠그지 않아요. 닥쳐올 후폭풍을 감당할 수 없으니까요. 최근 캘리포니아와 스위스에서 은행이 부도위기에 몰리는 사태가 있었죠. 그것을 본 미국과 유럽의 중앙은행은 깨달았습니다. 그들이 풀어놓은 수조 달러의 돈을 함부로 회수하려 드는 순간 변동성의 폭풍이 몰아쳐 24조 달러 시장에 달하는 미국의 공공 부채를 강타할 텐데, 미국의 공공부채란 국제 은행 및 금융의 반석이나 다를 바 없다는 것을.[xviii] 유럽 중앙은행 역시 독일의 모든 은행, 아울러 이탈리아 정부가 파산하도록 몰아붙인다면 유로 통화권 전체를 날려버릴 수 있는 위험이 있다는 걸 잘 알고 있습니다. 돈 찍어내는 일을 1990년대부터 시작했던 일본은행 역시 그 일을 멈춘다는 걸 상상조차 하고 있지 않아요. 영국은행은 2022년 9월 28일 돈 찍어내기를 멈춘다고 공식 발표했습니다. 하지만 곧 영국 공공 부채를 진정시키기 위해 추가로 650억 파운드를 발행한다며 굴욕적인 후퇴를 할 수밖에 없었죠.[7] 한 마디로 중앙은행의 돈은 아직도 여기 있고, 앞으로도 우리 곁에 남아, 한때 자본가의 이윤이 했던 구조적 역할을 계속 수행할 겁니다.

셋째, 클라우드 자본은 이제 너무도 단단하게 자리를 잡았어요. 중앙은행에서 흘러나오는 돈이나 막대한 클라우드 지대가 아니더라도 스스로의 영향력을 강화할 수 있는 여러 수단을 가지고 있죠. 지금 떠오르는 여러 분야들이 모두 클라우드 자본에 의존하고 있다 해도 과언이 아니니까요. 신재생에너지와 자율주행 차량을 더 생산하는 것부터 학자금 대출을 감당할 수 없는 젊은이들을 위해 저렴한 온라인 학위 프로그램을 운영하는 일까지, 클라우드 자본의 영역은 날로 확장되어만 가는 추세입니다. 우리가 전기차나 녹색 에너지의 경우에서 살펴보았던 것처럼, 심지어는 대인플레이션마저도 지상의 자본으로부터 권력을 가져가 클라우드 자본에 넘기는 역설적인 역할

---

7 https://www.reuters.com/markets/europe/bank-england-buy-long-dated-bonds-suspends-gilt-sales-2022-09-28/.
이 예리하고 짧은 위기는 영국 역사상 최단기 재임 수상을 탄생시키는 결과로 이어졌다. 리즈 트러스 수상은 영국에서 가장 부유한 이들에게 득이 되는 쪽으로 영국의 부채를 상당히 증가시키겠다는 의향을 밝혔던 것이다. 트러스의 발표가 나오자 영국 채권 시장은 바닥부터 흔들리기 시작했다. 은행가를 위한 사회주의 정책이 시행되던 와중에 런던 금융가 시티에 매설된 온갖 지뢰들이 문제가 되었던 것이다. 영국의 펜션 펀드는 인플레이션의 위험을 덜고 높은 이율을 누리기 위해 파생상품에 막대한 투자를 했는데, 그 파생상품은 영국 정부가 발행한 채권을 담보로 하지 않는 한 구입할 수 없는 것이었다. 그리하여 트러스가 긴축 정책을 철회하지 않은 채 부자 감세를 위해 더 많은 채권을 발행할 것을 발표하자 채권의 가격은 떨어졌고, 파생상품 구입을 위해 빚을 져야 했던 펜션 펀드는 더 많은 현금을 요하게 되었다. 패닉에 빠진 펜션 펀드는 그들이 가진 유일한 유동자산을 매물로 내놓았으니, 그것은 바로 영국 정부 채권! 이렇게 끔찍한 악순환이 시작되었고, 이는 영국 은행이 개입하며 리즈 트러스가 불명예스럽게 총리 관저를 떠난 다음에야 진정되었다.

을 수행하고 있죠. 한마디로 우리는 자본주의에서 테크노퓨달리즘으로 이행하는 과정 속에 있어요.

이 장에서 저는 아버지께 테크노퓨달리즘이라는 단어를 납득시키겠다는 목표를 갖고 있었어요. 시몬 베유의 말처럼 '단어는 우리가 명확한 현실을, 혹은 명확한 객관을, 혹은 방법이나 활동을 붙잡을 수 있도록' 도와줄 테니까요.

테크노퓨달리즘은 자본주의의 변형된 모습이 아니라, 자본주의와 질적으로 다른 그 무언가라고 저는 주장하고 있죠. 테크노퓨달리즘이라는 단어는 지대 과잉 자본주의나 플랫폼 자본주의, 하이퍼 자본주의가 전달할 수 없는 현실의 결정적 변화를 그려내고 있어요.

이제 테크노퓨달리즘이라는 단어가 지닌 힘을 더 풀어내야 할 때가 온 것 같습니다. 그 힘을 통해 우리는 우리의 사회경제적 조건뿐 아니라 그보다 더 큰, 21세기를 규정할 권력의 충돌도 이해할 수 있을 거예요. 바야흐로 미국과 중국 사이에 신냉전이 시작되고 있습니다.

6장

테크노퓨달리즘의
전 지구적 여파:
새로운 냉전

2019년 5월 15일, 도널드 트럼프 대통령은 구글을 향해 행정명령을 내렸습니다. 중국의 거대 통신 기업 화웨이가 만드는 스마트폰에 구글의 안드로이드 운영체제 사용을 허락하지 말라는 것이 그 내용이었죠. 이로써 트럼프는 화웨이를 구글의 디지털 장원에서 쫓아내 버렸어요. 워싱턴은 또한 유럽 정부로 하여금 화웨이를 유럽 5G 네트워크 사업자에 포함시키는 계획을 철회하라고 압력을 넣었어요. 이것은 트럼프의 난동극 차원의 문제가 아니었죠. 조 바이든이 백악관의 새 주인이 된 후 트럼프가 시작했던 중국과의 신냉전은 새로운 단계에 접어들었어요. 특히 2022년 10월이 결정적이었습니다. 〈뉴욕타임스〉는 이렇게 적었어요. '백악관은 중국에 반도체 및 반도체 제조 설비를 판매하는 행위 전반에 규제를 걸었다. 핵심적 기술에 대한 중국의 접근을 차단하려는 시도였다.' 한마디로 바이든은 중국에게 이렇게 말한 거죠. "미국은 선진 기술에 바탕을 둔 경제를

건설하려는 너희들의 꿈을 짓밟아버릴 것이다."[xix]

무슨 일이 벌어졌던 걸까요? 그들의 결정을 설명하기 위해 트럼프와 바이든은 국가 안보 우려와 남중국해에서 벌어지는 대만과 중국의 오랜 긴장 관계를 이유로 꼽았습니다. 하지만 중국에 공산당 정권이 들어서 있고 그들이 대만에 대해 갖고 있는 입장은 새로울 것도 급할 것도 예측 불가능할 것도 없는 일이거든요. 더구나 애플을 비롯해 수많은 미국 기업들이 2000년대 중반 이후로 공산 중국의 해안가를 따라 거대한 생산 기지들을 건설할 때, 그때는 과연 '우려'할 일이 없었을까요? 아니면 워싱턴이 1990년대 중국의 세계무역기구 가입을 허락할 때는 세상이 거꾸로 뒤집혀 있기라도 했던 걸까요? 그도 아니면 2008년 이후 베이징이 투자를 국민소득의 30퍼센트에서 50퍼센트까지 끌어올리기로 했을 때, 그리하여 유럽과 미국의 제품에 대한 수요를 촉발하고 미국이 주도하는 금융화된 자본주의를 스스로의 어리석음으로부터 구해냈을 때, 중국은 그때부터 '우려할' 일이 된 걸까요? 어디서 이런 '우려'가 갑자기, 그것도 우크라이나 전쟁을 앞두고 튀어나와, 신냉전을 야기하고 있는 걸까요?

이 질문에 대한 답을 찾으려면 '미노타우로스의 비유'를 되짚어볼 필요가 있어요.

1971년 닉슨 쇼크 전까지의 상황을 되짚어 보죠. 다량의 달러를 보유한 비 미국인이라면, 35달러당 금 1온스의 고정된 가격으로 미국이 보관한 금을 요구할 수 있었어요. 2차 세계대전 종전부터 1965년까지 미국은 유럽과 아시아에서 수입하는 것보다 많은 물건을 수출하고 있었으니, 미국의 무역 흑자는 미국이 제트기나 냉장고를 프랑스나 일본에 팔 때마다 외국이 가지고 있던 달러가 미국의 손으로 돌아온다는 것, 그리고 미국의 금 보유고는 털끝 하나 건드려지지 않은 채 유지된다는 것을 의미했죠. 하지만 1960년대 중반부터 미국은 무역흑자국에서 무역적자국으로 바뀌었고, 달러로 환산해보니 외국을 상대로 파는 것보다 사오는 게 더 많은 나라가 되고 말았어요. 이는 달러가 미국에서 유럽과 아시아로 흘러들어가 다시는 돌아오지 않는다는 것을 의미했죠. 이렇게 미국의 적자가 커져감에 따라 외국인들이 미국의 금을 요구하는 목소리도 커져만 갔습니다. 그들은 미국이 달러 가치에 해당할 만큼 충분한 금을 가지고 있지 못할 상황을, 미국의 금이 동나버리는 상황을 우려했던 거예요.

이렇게 모든 것을 다 잃어버릴 경우를 막기 위해 닉슨은 1971년 8월 15일 세계를 상대로 선언합니다. 이제는 더 이상 외국에 고정된 가격으로 달러와 금을 바꿔주지 않겠다는 것이었죠. 달리 표현하자면 이런 거였어요. '우리 보관소에서 너를 위해 더는 금을 내줄 수 없다. 우리의 달러는 이제 너희의 문제다.'

미국 아닌 나라의 중앙은행은 현실을 직면해야 했어요. 이제는 자국 화폐의 가치를 담보하기 위해 금을 쌓아두는 건 의미가 없었습니다. 달러를 쌓아두어야 했죠. 달러는 불현듯 '갚겠음'[1]의 상징 같은

---

1 저자는 원서에 'IOU'라고 표현했는데, I owe you(당신에게 빚을 지고 있음)라는 뜻으로, 일반적으로 부채를 인정하는 비공식 문서를 뜻한다. -편집자 주

것으로 변해버렸어요. 이른바 닉슨 쇼크 이후의 세계 금융 시스템이란 사실상 어떤 패권국이 발행한 '갚겠음' 문서에 의해 뒷받침되고 있는데, 그 패권국은 외국의 '갚겠음' 문서 보유자들이 그 문서로 뭘 할 수 있는지도 자기네가 결정하는 그런 나라죠. 그 '갚겠음' 문서로 할 수 없는 일도 패권국이 정하고요. 바야흐로 미국은 무역적자국이 되, 세상 그 어떤 무역적자국과도 다른 나라가 된 것입니다.

프랑스, 그리스, 인도처럼 '평범한' 무역적자국이 자국의 화폐 가치를 유지하려면 어떻게 해야 할까요? 달러를 빌려와서 지불 능력을 유지해야 하고, 동시에 돈이 해외로 새나가는 것을 막기 위해 금리를 인상해야겠죠. 이 모든 일이 미국에게는 해당사항이 아니에요. 달리 표현하면 미국은 아득한 옛날부터 지금까지 모든 제국이 꿈꾸던 마법의 공식을 찾아낸 겁니다. 부유한 외국인과 외국의 중앙은행들이 자발적으로 미국 정부에 금융적 협력을 하게끔 해낸 거예요!

글로벌 미노타우로스가 탄생한 건 이런 이유 때문이었어요. 미국은 세계에 상품을 판매하는 대신 달러를 사용하는 다른 방법을 제안했습니다. 그 달러를 월스트리트에 투자하게 하는 거였죠. 월스트리트는 아시아와 유럽(주로 중국과 독일)에서 발생하는 무역 흑자를 미국의 생산성을 위한 투자로 재활용하는 작동 원리를 만들어냈어요. 이렇게 만들어진 미노타우로스에 힘입어 평화와 번영이 지속되었습니다. 2008년 불현듯 무너져버리기 전까지 말이에요.

이 모든 이야기가 미국과 중국의 신냉전과 무슨 상관이냐고요? 1971년 이래 막대한 달러를 지니고 있는 비미국인 자본가들은 언제나 같은 문제와 맞닥뜨릴 수밖에 없었어요. 달러를 쓰지 않는 나라에서 이 많은 달러로 대체 무엇을 할 수 있겠어요? 그걸 들고 미국에 가서 다시 미국에 투자하는 것만이 유일한 선택지였죠. 그런데 해외 자본가들은 미국 정부가 다른 그 어떤 나라의 정부와도 다르다는 사실을 금방 알아차렸습니다. 영국, 그리스, 스페인에서는 부유한 외국인이 마음에 드는 걸 뭐든 살 수 있어요. 반면 워싱턴은 독일, 일본, 그리고 (나중에는)중국의 자본가들을 향해 말했습니다. "이 나라, 미합중국에서, 그대들은 부동산을 살 수 있노라. 그대들은 우리 정부의 국채를 살 수 있노라. 그대들은 작고 눈에 띄지 않는 기업들, 러스트벨트의 파산한 공장들, 또한 당연히 월스트리트가 만든 얽히고설킨 파생상품도 구입할 수 있지. 하지만 우리의 보잉, 우리의 제너럴 일렉트릭, 우리의 빅테크, 우리의 거대 제약회사, 그리고 물론 우리의 은행에는 그 지저분한 손을 들이밀 수 없어."

여기서 우리는 트럼프가 화웨이 금지령을 내렸고 바이든이 중국 테크 기업들을 상대로 경제 전쟁을 선포했다는 사실로 돌아가 볼 수 있을 것 같아요. 두 대통령이 내린 금지령에 깔려 있는 논리는 동일한 사고방식의 연장선상에 있거든요. 다만 2008년 이후의 세상, 테크노퓨달리즘 세계에 맞춰 적응한 형태일 뿐이죠. 이제는 클라우드 자본이 지상의 자본을 지배하고 있으니, 미국의 헤게모니를 유지하려면 해외 자본이 미국의 거대 자본주의 기업집단인 보잉이나 GE같은 것을 살 수 없게 하는 것만으로는 부족해졌어요. 이제 세계는 클라우드 자본이 국경을 넘어 전 세계 어디에서건 클라우드 지대를 빨아들일 수 있는 곳이 되었으니, 미국의 헤게모니를 유지하려면 미국의 클라우드 영주들에게 위협이 될 수 있는 그들과 직접 맞서야 할 필요가 생긴 겁니다. '중국' 말이에요.

중국 특색 테크노퓨달리즘

진정한 패권은 무력으로 결정되는 게 아니죠. 거절할 수 없는 악마의 거래를 제안할 수 있느냐에 달려 있어요. 그런 사례 중 하나가 어떤 중국인 관료가 제게 설명해준 '다크 딜Dark Deal'이었어요. 다크 딜은 신냉전 이전까지 미중 경제 관계의 바탕에 깔려 있었죠. 미국의 지배 계급이 중국의 지배 계급에 제시한 은밀한 거래가 그 핵심이었는데, 제안된 내용은 우리가 미노타우로스를 통해 살펴본 그것과 같았어요. "우리 미국은 무역 적자를 통해 너희 제품에 대한 수요를 높게 유지하겠다. 우리는 우리의 산업 생산력을 너희의 공장으로 이전해 주겠다. 대신 너희는 자발적으로 그 이윤을, 공교롭게도 앞글자를 따면 FIRE가 되는, 미국의 금융finance, 보험insurance, 부동산real estate 영역에 투자해라!"

이건 실험과 검증을 거친 처방이었습니다. 닉슨 쇼크 이후 달러는 세계의 찬송을 받는 '갚겠음' 증서가 되었죠. 미국인들은 일본의 공장에서 생산할 수 있는 거라면 뭐든지 사들였지만, 그렇게 벌어들인 돈은 미국의 FIRE에 투자하는 것 외에 달리 쓸 데가 없었으니까요.

닉슨의 1972년 중국 방문은 미국이 전략적으로 중화인민공화국과의 국교를 수립하여 중국과 소련 사이를 갈라놓는 신호탄이었어요. 중국과 수십년간 대화하지 않았음은 물론이고 심지어 전쟁까지 했던 미국은, 똑똑한 돈을 앞세워 중국으로 향했습니다. 중국을 그저 '덩치 큰 일본'으로 바라보고 있었던 거죠. 그것은 덩샤오핑이 중국의 문호를 서구에 개방하면서 만들고자 했던 이미지이기도 했고요.

일본의 가전제품, 중국의 의류, 한국의 텔레비전이 월마트에 쏟아져 들어왔습니다. 그렇게 번 이윤으로 한국, 일본, 중국의 자본가들은 미국 국채, 골프 코스, 마천루, 월스트리트의 파생상품 등을 사들였죠. 1970년대 이래 세계화된 자본주의는 이 놀라운 재활용 시스템에 기반을 두고 있었습니다. 아시아의 제조업이 미국에서 이윤을 얻은 후 그것을 미국에 지대로 바치면, 미국은 그 지대로 아시아의 공장에서 만들어내는 온갖 것들을 수입하는 시스템이었죠.

이걸 왜 '다크 딜'이라 부르냐고요? 미국과 동아시아의 지배계급이 맺은 이 협정 속에는 태평양 양쪽 해안 노동자들의 고통을 불러일으킬 내용이 작은 글자로 써 있었으니까요. 미국이 산업에 투자하지 않고 산업 핵심지를 텅텅 비워 아시아와 개도국으로 옮긴 결과, 미국의 노동자들은 착취와 비참에 직면하게 되었습니다. 한편 빠르게 산업화하는 중국의 해안가 도시의 노동자들은 과잉 투자로 인해 끔찍한 착취를 겪었죠. 동시에 과잉 투자로 살을 찌운 선진국 산업 중 일부는 아직 개발도상국 수준인 임금과 사회적 혜택을 노리고 중국의 도심으로 진출해 현지 노동력을 고용하기도 했습니다. 각기 다

른 비참한 풍경이었지만 모두 같은 글로벌 재활용 과정의 결과물이었죠.[2]

이것은 '동양과 서양의 만남'의 세계화 버전이라고 할 수 있어요. 그러니까 흔히 '글로벌 사우스 Global South'라 부르는, 아시아, 아프리카, 라틴아메리카의 경제력이 취약한 국가들이 있잖아요. 이런 나라들은 늘 달러가 부족해서, 의약품, 에너지, 스스로 제품을 만들어 수출하기 위한 원자재 등을 수입하려면 월스트리트에서 돈을 빌려와야 합니다. 그래야 달러를 다시 벌어서 월스트리트에 갚을 수 있을 테니까요. 그리고 예나 지금이나 늘 개발도상국의 달러가 동날 시점이 다가오죠.

그 시점이 되면 서구는 국제통화기금, 그러니까 IMF라는 이름의 채무 집행관을 보냅니다. IMF는 빚 진 나라의 물, 토지, 항구, 공항, 전기, 전화망, 때로는 심지어 학교나 병원까지 요구해요. 정부가 그것을 토착 권력자나 국제적인 기업에 넘기는 조건으로 부족한 달러를 빌려주죠. 그걸 인수한 이들은 적당한 이익을 본 후 월스트리트에 넘길 수밖에 없고요. 여기서 우리는 아까 봤던 것처럼 미국의 패권을 지켜주는 글로벌 재활용 동역학의 신식민지적 양상을 목격하게 됩니다. 제가 좋아하는 은유를 또 쓰자면, '미노타우로스의 지배'

---

2 미국과 중국의 노동계급은 또한 2차 피해를 겪어야 했다. 중국 자본가들의 이윤이 미국의 부동산 시장에 흘러들면서 미국의 주택 가격이 상승한 것이다. 이는 미국 노동자들의 고통을 가중시켰고, 그들을 '꿈에도 그리던 내 집 마련'의 꿈을 이루기 위해 더 많은 대출을 받는 악몽으로 이끌었다. 한편, 미국의 순수입이 커질수록 중국 자본가들의 달러 이윤은 커져갔고, 이는 미국으로 재수출되었는데, 그러면 그럴수록 중국의 수출 제품을 만들기 위해 일하던 중국 대중의 전체 수입은 줄어만 갔다.

가 유지되는 거죠.

그러던 중 2008년 금융 위기가 터졌습니다. 그로 인해 두 가지 효과가 발생했고 그것이 오늘날 신냉전의 바탕이 되었죠. 일단 전 세계의 과잉 생산 재활용 동역학 속에서 중국의 입지가 높아졌습니다. 아울러 미국과 중국에서 클라우드 자본을 쌓는 과정에 급격한 가속이 붙었죠. 이는 세계를 두 개의 구역으로, 좀 더 정확히 말하자면 두 개의 초거대 클라우드 장원으로 나누고 있어요. 중국이 2008년의 후폭풍 속에서 어떻게 초진화했는지 조금 더 깊이 들여다보는 것은 이 모든 일을 이해하는데 도움이 되죠.

이번 장을 시작하면서 언급했듯이 월스트리트의 기반이 흔들리자 중국은 자국 국민 소득의 절반 이상을 국내 투자로 돌리면서 세계 자본주의를 안정시켰습니다. 그러한 움직임은 먹혀들었죠. 서구가 긴축 정책에 목을 매고 있는 동안 중국의 투자가 휘청대는 세계를 지지한 셈이 되었으니까요.[3] 중국의 국제적 위상은 높아졌고, 베이징은 그간 흑자를 통해 쌓아놓은 달러를 이용해 월스트리트에게 밥을 주었을 뿐 아니라 그 유명한 '일대일로 프로젝트'를 가동하여 아프리카, 아시아, 심지어 유럽에서도 주요 투자자로 자리매김하기에 이르렀습니다. 물론 이 눈부신 역할 상승은 공짜가 아니었죠. 대가가

---

3 중국의 막대한 투자로 혜택을 본 것은 미국 경제만이 아니었다. (처음에 그리스, 다음에는 아일랜드, 포르투갈, 스페인, 이탈리아, 키프로스 등)유로존 내 경제적으로 취약한 국가들이 도미노처럼 쓰러지기 시작했을 때, 독일의 수출 제조업 기업들은 그런 나라들의 시장에서 벗어나, 막대한 투자로 수요가 유지되고 있던 중국으로 발길을 돌렸다. 가령 중국은 3년도 안 되는 기간에 만 킬로미터가 넘는 고속철을 건설하고 있었던 것이다.

있었습니다. 이렇게까지 투자를 강화하는 과정에서 중국 노동자들에게 돌아가야 할 경제 성장의 파이가 줄어들었거든요. 반면 중국의 금융, 보험, 부동산 영역에서 일하는 중국의 지대 추구자들은 확실히 더 부유해졌고요. 특히 중국 지방 정부가 개발을 허가해준 토지를 담보로 한 대출을 통한 담보가 늘어났어요. 2008년 이후의 투자가 중국의 주택 및 토지 가격 인플레이션과 손에 손을 잡고 함께 가게 된 건 그런 이유 때문이었죠.

연방준비제도에서 흘러나오는 중앙은행의 돈에 힘입어 미국의 클라우드 자본은 떠오를 수 있었죠. 마찬가지로 중국에서도 클라우드 자본의 성장은 베이징의 투자 촉진 덕분에 가능했어요. 실리콘밸리 빅테크는 자신들이 막강한 경쟁자와 맞서게 되었다는 사실을 금새 깨달았습니다. 중국에서도 빅테크가 출현한 거죠. 서구인들은 중국의 빅테크를 과소평가했어요. 우리는 바이두를 구글의 중국판 짝퉁쯤으로 보죠. 알리바바는 아마존의 모방자로 여기고요. 하지만 실은 그 이상입니다. 중국의 5대 클라우드 영주 복합기업인 알리바바, 텐센트, 바이두baidu, 평안平安, 징둥닷컴JD.com이 얼마나 막강한지, 그 본성이 무엇인지 이해하려면, 이런 사고 실험을 해볼 필요가 있어요.

구글, 페이스북, 트위터, 인스타그램, (미국 사용자들이 여전히 사용하고 있는 중국 소유 기업인)틱톡 같은 것을 다 합쳐놓은 무언가를 상상해 보자고요. 전화 회사가 하던 역할을 하는 스카이프, 왓츠앱, 바이버, 스냅챗, 같은 것도 포함시키고요. 아마존, 스포티파이, 넷플릭스, 디즈니플러스, 에어비엔비, 우버, 오르비즈 같은 것도 끼워 넣어야겠죠. 마지막으로 페이팔, 찰스 슈웝, 그 밖에 월스트리트 은행들이 개발한 모든 자체 앱도 포함이고요. 이쯤 되면 중국의 슈퍼앱과 비슷합니다. 뭔가 빠진 게 없다면 말이에요.

실리콘밸리의 빅테크와 달리 중국의 빅테크는 정부와 직접적으로 결탁해 있어요. 그래서 클라우드 영주가 이토록 모든 것을 관할할 수 있게 된 거죠. 도시에서의 생활을 단속하고, 은행 계좌가 없는 시민들을 위한 금융 서비스를 촉진하고, 국민들을 국가 건강 관리 시설로 연결시키고, 안면 인식 기술을 이용해 감시와 검열을 하고, 거리를 오가는 자율 주행 자동차들을 이끄는 등, 모든 일에 정부와 손을 잡은 빅테크가 개입합니다. 심지어 중국의 빅테크는 중국 국경을 넘어 중국의 일대일로에 참여한 아프리카와 아시아 국가까지 중국의 거대한 클라우드 장원을 넓혀가는 중이죠.

여기서 핵심은 통신, 엔터테인먼트, 전자상거래, 해외 투자를 특히 온라인 금융 서비스와 매끄럽게 통합하는 것입니다. 온라인 금융 서비스는 클라우드 지대로 넘어가는 관문이니까요. 제가 이 글을 쓰고 있는 현재(2023년 1월 10일 현재) 텐센트에 속한 모바일 메신저 앱 위챗은 하루에 380억 개의 메시지를 처리하고 있어요. 사용자들은 위챗이 지불 수단이기도 하기 때문에 위챗 앱을 버릴 수가 없죠. 음악을 스트리밍으로 듣고, 소셜 미디어 스크롤을 하염없이 내리고, 가족에게 메시지를 보낼 때, 중국 내에서라면 누구에게건 같은 앱으로 돈을 보낼 수 있어요. 위챗 계정을 열고 중국 은행 계좌를 개설했다면 중국인이 아니어도 돈을 보내고 받을 수 있고요.

이렇듯 금융 서비스로의 큰 도약에 성공하면서 중국의 클라우드 영주들은 사용자의 사회적, 재정적 생활에 대한 360도의 시각을 확보하게 되었어요. 클라우드 자본을 소비자 행동 조작을 위한 수단으로 놓고 본다면, 중국의 클라우드 영주들은 실리콘밸리의 경쟁자들보다 한층 더 큰 야심을 이미 실현한 셈입니다. 반면 실리콘밸리는 그들이 벌어들이는 클라우드 지대에 비해 훨씬 적은 권력을 지니고 있다고 볼 수 있죠. 미국의 빅테크는 그들이 할 수 있는 범위 안에서 최선을 다해 중국을 따라가려 하고 있어요.[4] 하지만 미국의 클라우드 영주들이 중국의 클라우드 영주들처럼 클라우드 자본과 금융을 성공적으로 융합시켜, 이른바 **클라우드 금융**을 탄생시키고자 애쓰고 있는 모습을 보며, 미국의 지배자들은 중국의 힘을 점점 더 두려워하고 있죠.

이것을 우리는 '중국 특색 테크노퓨달리즘'이라 할 수 있겠어요. 그러니 중국에서 테크노퓨달리즘이 시작되었을 때부터 누가 패권국이 될지를 두고 새로운 싸움이 시작되고, 온 세상이 미국과 중국의 초클라우드 장원으로 나뉘어 지정학적 충돌이 벌어질 것은 시간문제일 수밖에 없었던 것입니다.

---

4 미국의 빅테크는 나름대로 중국의 맞수들을 상대로 최선을 다하고 있다. 하지만 이미 자리 잡고 있는, 결코 직접 침범할 수 없을 정도로 막강한 독점력을 지닌 월스트리트를 상대해야 하다 보니, 금융 분야에 대해 큰 목소리를 내지 못한다. 하지만 마이크로소프트는 런던 증권 거래소 그룹과 계약을 체결하였고, 구글은 시카고에 기반을 둔 CME와 10년, 10조 달러의 투자를 하기로 했다. 뉴욕의 나스닥이 아마존 웹 서비스와 계약하여 그 서버를 AWS로 옮기기로 합의한 것 역시 빼놓을 수 없다.

중국의 클라우드 금융이 불러오는 위협

사람들이 종종 던지는 질문이 있죠. '달러의 지배가 언제 끝날까?' 그리고 '중국의 위안화가 과연 세계 기축통화 자리를 대체하게 될까?' 뭐 그런 거 말이에요. 하지만 그런 질문은 핵심적인 사실을 간과하고 있습니다. 달러의 지배는 모든 나라들의, 심지어 중국의 구미에도 맞게 되어 있다는 사실 말이죠.

달러의 지배는 중국이나 독일처럼 큰 무역 흑자를 보는 나라들로 하여금 과잉 생산을, 즉 해당국의 순수출을 미국 내의 자산과 지대로 바꿔줍니다. 미국의 부동산, 미국 국채, 워싱턴이 볼 때 외국에서 사가도 괜찮은 기업들을 소유할 수 있죠. 달러가 국제적으로 이런 역할을 해주지 않는다면 중국, 일본, 한국, 독일의 자본가들이 자국 노동자들로부터 막대한 잉여가치를 뽑아낸 후 그걸 저 어딘가에 안전하게 쌓아두는 일이 어떻게 가능할 수 있겠어요. 오랜 세월 베이징에서 일하고 가르치는 경제학자 마이클 페티스[Michael Pettis]는 이 점을 명료하게 지적했어요.

달러는 미국을 이루는 구성원 중 일부에게 엄청난 특혜를 만들어 주었을 수 있다. 하지만 달러의 지위는 미국 경제 전반에 엄청난 부담을 지우는 중이다. 특히 미국인 대다수가 그렇다. 그들은 무역 적자를 높은 실업률, 더 많은 가계부채, 더 큰 재정적자로 지불하고 있는 것이다.[xx]

그러니 미국만이 달러 체제의 옹호자일 것이라고 생각한다면 그건 착각이에요. 달러 지배 체제를 끝장내겠다는 사람은 독일의 산업 자본가들, 사우디 왕가와 유럽 은행가들의 저항에도 맞서야만 하는 겁니다. 프랑스와 네덜란드의 수출 기업들도 유로가 달러의 왕좌를 차지하는 것만큼은 결코 보고 싶어 하지 않을 거예요. 달러의 몰락을 진심으로 바라는 이들은 워싱턴의 정권 교체 의도에 따라 직접적인 위협을 당하는 이들 뿐입니다.[5] 국가가 아닌 국민 차원에서 보자면 미국의 노동계급과 중산층이야말로 달러의 국제적 위상이 소멸함으로써 가장 큰 이득을 볼 수 있을 단일한 인구 집단일 테고요.

미국과 중국의 다크 딜은 전적으로 달러의 현재 지위가 유지되는 것을 전제로 하고 있죠. 그 사실을 놓고 볼 때 워싱턴은 중국의 부상에 공포를 느낄 이유가 없었습니다. 아무튼 미국의 의사결정권자들은 다크 딜이 미국의 패권 유지를 위해 역할을 한다고 보았으니까요. 중국의 자본가들이 중국 노동자들로부터 부가가치를 쥐어짜기 위해 달러를 필요로 하는 한, 심지어 그 상대가 중국 공산당이라 해도 미국은 그들을 자신들과 한 패로 간주할 수 있었죠. 물론 곁에 두기 안전한 친구들은 아니지만요. 하지만 클라우드 자본의 부상은 모든 것을 바꾸어 놓았습니다.

---

5 가령 워싱턴의 눈 밖에 난 이후의 사담 후세인이나, 이란, 베네수엘라, 쿠바 그리고 우크라이나 전쟁 발발 이후의 러시아 등이 이에 속한다.

상하이에서 로스엔젤레스로 향하는 배에 실린 1톤의 알루미늄을 중국이 소유한 소셜미디어 틱톡을 통해 미국인들에게 전달되는 맞춤형 광고와 비교해 보자고요. 모두 어떤 중국 기업에 달러를 벌어다 주죠. 하지만 전자는 그 달러에 부합하는 금속 덩어리를 미국에 가져다주죠. 그 금속을 만들기 위한 중국인들의 노동이 물리적으로 미국에 옮겨간 셈입니다. 하지만 중국이 틱톡 광고로 미국에서 돈을 벌 때는 그런 물리적 이전이 발생하지 않아요. 이게 왜 중요한지, 이 차이가 클라우드 자본의 지정학적, 전략적 중요성의 핵심에 놓여 있는지 좀 더 살펴보도록 할게요.

미국에 수출하기 위해 알루미늄을 더 생산하고픈 중국 자본가가 있어요. 그 중국 자본가는 그들에게 달러를 지불해줄 미국 소비자를 필요로 하죠. 그렇게 달러를 벌어야 알루미늄 생산에 필요한 에너지 비용, 원재료인 보크사이트 가격을 지불하고, 남은 돈으로 이윤을 창출할 수 있을 테니까요. 그런데 미국산 제품이 중국에 수출되는 양에는 한계가 있다보니, 미국이 중국을 상대로 무역 적자를 감수하지 않는 한 미국 소비자의 수요가 전부 충족될 수는 없어요. 또한 미국은 달러의 세계 지배가 없다면 이런 무역 적자를 유지할 수도 없고요. 한마디로 일정량의 알루미늄을 중국에서 생산해 미국 서부 항구에 들이기 위해서는 두 가지 요소가 필수적입니다. 달러의 특별한 지위, 그리고 중국과의 무역 장부에 빨간 글씨로 쌓여만 가는 미국의 무역 적자.

반면 틱톡은 미국 시장에서 새로운 상품을 창출하기 위해 미국 소비자들의 추가적인 달러를 필요로 하지 않아요. 그 서버도, 알고리즘도, 광섬유 케이블도 이미 모두 중국 내부 자본으로 갖춰져 있고, 유지되고 있으니까요. 미국 사용자들에게 인기를 끌만한 비디오 하나를 더 만들기 위해 들어가는 비용은 0이거나 최소한의 한계비용일 뿐입니다. 이게 결정적인 문제에요. 틱톡은 미국의 무역 적자나 달러의 패권에 의존하지 않고도 중국이 미국 시장에서 클라우드 지대를 징수할 수 있게 해주거든요. 틱톡은 그 클라우드 자본의 형성과 유지에 달러를 필요로 하지 않으면서도, 자신들의 클라우드 지대만큼은 달러로 긁어들이고 있습니다. 직접적으로, 매끄럽게, 빛의 속도로 말이에요. 그러니 다크 딜의 가치는 줄어들 수밖에 없고 미국의 지배계급과 국가가 지니고 있는 권력도 줄어드는 거죠.

중국의 클라우드 자본은 점점 지상의 자본과 결합해 갔습니다. 그에 따라 부와 권력을 지닌 중국인들은 미국의 공식적 권위로부터 점점 더 벗어나게 되었죠. 미국의 힘이란 중국의 상품이 그들의 항구를 통과할 수 있게끔 허락할 수 있는 힘에서 나오니까요.

미국 기업과 정부가 누리는 혜택이 점점 줄어들어 갔습니다. 그러니 워싱턴이 다크 딜을 복구하려 드는 건 시간문제일 수밖에 없었죠. 화웨이와 ZTE 같은 기술 기업을 전면적으로 차단하면서 트럼프는 루비콘 강을 건넜습니다. 미국 앱스토어에서 더는 틱톡을 다운로드하지 못하게 막으면서 틱톡 역시 쫓아내 버렸고요.[xxi] 그들의 동기는 '국가 안보' 우려라는 흔한 말로 포장되어 있었지만 그건 아주 얇은 가면이었을 뿐이죠. 한 꺼풀만 들어내도 진짜 동기를 알 수 있어요. 중국의 클라우드 금융이 부상하고 있고, 다크 딜이 미국의 지배계급보다 중국의 지배계급에게 상대적으로 유리하게 기울고 있다는 점에 대한, 심각하지만 비논리적이지는 않은 우려가 바로 그 동기입니다. 소련과의 냉전에 비교해보면 신냉전은 그 이면에 깔린 정치적 동기가 그리 크지 않아요. 그저 테크노퓨달리즘 지배계급 내의 적나라한 이권 다툼일 뿐이죠.

달러가 이 세상에서 대체할 수 없는 '갚겠음' 증서로 남아있는 한, 그리하여 부유한 비 미국인들이 미국의 자산과 지대를 누릴 수 있게 해주는 발판이 되어주고 있는 한, 다크 딜이 당장 위기에 처할 일은 없을 겁니다. 다 떠나서 중국의 클라우드 영주들이 미국, 유럽, 전 세계에서 달러로 거둬들인 클라우드 지대를 가지고 달리 할 수 있는 일이 뭐가 있겠어요? 그들은 미국 시장의 접근 가능성 여부에 의존할 수밖에 없고, 이는 트럼프 정부로 하여금 확신을 줬을 거예요. 중국을 그렇게까지 많이 밀어붙이지 않아도 중국은 스스로의 클라우드 자본력과 그 범위를 제한할 거라고 말이죠.

어떤 면에서 보면 트럼프는 중국을 상대로 레이건이 1985년 일본에게 했던 일을 시도했다고 볼 수 있어요. 이른바 플라자 합의를 통해 엔화의 가치를 크게 절하하고, 일본의 대미 수출을 제한함으로써, 일본 수출 기업들이 미국에 물건을 팔고 더 넓게는 미국의 무역 적자로부터 얻을 수 있는 이윤을 제한하려 했던 것 말이에요. 일본 정부는 기민하게 조용히 순응하는 길을 택했죠. 그리하여 일본은 지금까지도 결코 제대로 회복되었다 할 수 없는 영구적인 슬럼프에 빠져들었고요.[6] 중국은 과연 다른 방식으로 대응할까요?

| 두 개의 거대한 클라우드 장원 |

트럼프는 깨달았죠. 중국은 일본이 아니란 것을요. 오키나와의 거대한 미군 기지가 잘 보여주고 있다시피 일본은 미국의 방위 우산 아래 있는 나라입니다. 반면 중국은 미국의 군사력 바깥에 있는 나라로, 워싱턴이 도쿄를 상대로 1985년에 제시했던 그런 요구에 따라야 할 필요를 느끼지 못했어요. 게다가 중국은 자체적인 빅테크 기업을 보유하고 있었습니다. 특히 그 엄청난 클라우드 금융 역량을 통해 자국의 입지를 공고히할 수 있을 터였죠. 트럼프의 공격적 움직임과 맞닥뜨렸지만 중국은 중국의 이윤을 미국의 자산으로 재활용하는 다크 딜을 유지했는데 그건 놀랄 일이 아니었어요. 엔화 가

---

6 1985년 9월 22일, 미국, 일본, 서독, 프랑스, 영국은 플라자 합의에 서명했다. 공개된 바에 따르면 플라자 합의는 미노타우로스의 고삐를 쥐기 위해, 다시 말해 미국의 무역 적자를 어느 수준으로 제한하기 위해 달러 가치를 절하하는 것을 목표로 하고 있었다. 플라자 합의에 따라 달러 대 엔화의 가치는 협정 체결 후 2년 내로 50퍼센트 이상 절하하도록 정해져 있었지만, 플라자 합의의 진짜 목적은 훨씬 미묘했다. 그 목적은 일본이 미국의 대부 자본주의(rentier capitalism)에 맞서는 국가가 되는 것을 방지하는 데 있었다. 플라자 합의에 대응하기 위해 일본의 중앙은행은 새롭게 찍어낸 다량의 돈을 시중은행에 풀었고 부동산을 중심으로 엄청난 버블이 형성됐다. 1990년대 초 일본 정부는 이자율을 높임으로써 버블을 꺼뜨리려 했는데, 그러자 주택 및 사무용 건물의 가격이 폭락했다. 일본 은행들의 장부에는 막대한 대출 내역이 기재되어 있었지만 아무도 그걸 갚을 수 없는 상황이 오고 만 것이다. 이것은 1930년대 중반 이후 선진 자본주의 국가가 불황성 유동성 함정에 빠진 첫 번째 사례였고, 2008년 이후 서구에서 벌어질 일을 예견하는 것이기도 했다. 그 후로 일본의 중앙은행은 (훗날 이른바 '양적 완화'라 불리게 될)대대적인 규모의 유동성 공급 정책을 도입했고, 이 정책은 2008년 이후 서구권 모든 중앙은행에 의해 차용되었다.

치를 절상하라는 미국의 요구에 맥없이 굴복했던 일본과 달리, 베이징은 위안화 재평가를 요구하는 미국에 굴하지 않았죠. 화웨이나 ZTE같은 중국의 빅테크 거대 복합 기업들은 쓰라린 상처를 곱씹으며 자체 운영체계와 플랫폼 소프트웨어 개발 등으로 눈을 돌렸습니다. 비록 그 비용이 막대할지언정 중국의 클라우드 자본을, 그러니 결국에는 클라우드 금융을, 미국에게 넘겨주지 않는 것이 미래로 향하는 길이라는 걸 중국의 지도자들은 이해하고 있었던 거죠. 그렇게 바이든의 백악관 입성 후 첫 해, 중국 자본가와 미국 지대수익 추구자들 사이에 맺어진 다크 딜은 절뚝거리며 유지되게 되었죠.

그런데 블라디미르 푸틴이 우크라이나를 침략하고 미국이 그에 대응하면서 이 모든 방정식이 뒤틀리기 시작했어요. 푸틴의 침략에 대한 보복 차원에서 연방준비제도는 러시아의 중앙은행에 속하는 수천억 달러를 동결시켰죠. 하지만 여전히 미국이 완전한 통제권을 지닌 달러 지불 시스템 안에 남겨두었어요. 이것은 한 중앙은행의 돈이 다른 중앙은행에 의해 사실상 압류당한 것으로, 자본주의 역사상 처음 벌어진 사건이었습니다.[7] 심지어 1850년대, 러시아와 영국의 군인들이 서로 죽고 죽이던 크림전쟁의 와중에도, 영국은행은 차르의 중앙은행에 대한 금융적 신뢰를 존중하고 있었고, 러시아의 채무자들 역시 영국 은행가들에게 진 빚을 꼬박꼬박 갚고 있었으니

---

7 서구의 중앙은행이 타국의, 가령 베네수엘라나 아프가니스탄 중앙은행의 자금을 동결한 바 없던 것은 아니다. 하지만 러시아 중앙은행의 돈이 묶인 것은 주요국의 중앙은행에 속한 돈이 실제로 압류당한 최초의 사례다.

까요.

중국 자본가, 아니면 중국의 금융 장관 같은 사람의 입장에서 생각해 보죠. 이들은 수조원 가치에 달하는 달러 자산을 미국 국채(즉 미국 정부에 빌려준 돈), 캘리포니아의 부동산, 뉴욕의 투전판에서 돌아다니는 주식과 파생상품의 형태로 지니고 있어요. 이것들을 미국 정부가 언제건 압류할 수 있다는 것을 이제 모두가 알게 되었습니다. 하지만 그 누구도 워싱턴이 그런 짓을 감히 저지를 수 있으리라고는 생각하지 않았죠. 그런 행보는 미국이 주도하는 달러 시스템으로부터 자산의 이탈을 불러올 뿐 아니라 아무도 다시 달러의 지배로 돌아오려 하지 않을 테니까요.

그런데 바로 '그 일'이 벌어졌습니다. 푸틴의 군대가 우크라이나를 침공한지 나흘 후, 워싱턴은 러시아의 중앙은행에 속하는 3천억 달러 이상의 자금을 동결했고, 러시아의 중앙은행을 통해 거래하는 자는 누구건 국제 지불 시스템으로부터 추방해 버렸어요.[8] 이런 상황에서 미국 손에 수조원의 달러 자산을 맡겨놓고 편히 잠이 오겠어요? 그게 마음에 안 든다면 뭘 할 수 있을까요?

러시아도 그렇거니와, 심지어 독일 같은 나라라고 해도 그렇습니다. 내가 쌓아둔 돈을 워싱턴이 움켜쥐고 나를 국제 지불 시스템에서 추방해버릴 때 딱히 대응할 방법이 없어요. 러시아의 석유와 가

---

8 국제적으로 돈이 움직일 수 있게 해주는 국가간 메시지 전달 시스템인 스위프트(SWIFT)를 떠올려보자. 비록 그 소유주는 벨기에 국적의 외관을 띄고 있지만 스위프트를 누가 사용할 수 있고 누가 사용할 수 없는지 최종적으로 결정할 권한은 워싱턴에 있다.

스를 공급받는 나라에 러시아의 루블화로 지불할 것을 요구했던 푸틴처럼, 자국 화폐로 수출 거래를 하는 건 가능하지 않냐고요? 퍽 그럴듯한 해법처럼 들리지만 애석하게도 그렇지 않죠. 러시아의 전원 별장이나 공장, 아니면 러시아 현지 은행 같은 일부 자산에 관심이 있는 극소수의 외국인 자본가라면 모를까, 컴퓨터나 자동차를 수출하는 대가로 루블화를 받고 싶은 사람이 세상에 과연 얼마나 되겠어요? 이것은 독일 수출 기업들이 겪고 있는 문제이기도 합니다. 스페인, 프랑스, 이탈리아 같은 나라에 수출을 하면서 막대한 유로화를 벌고 있지만, 저평가된 유로존 내에는 독일이 갖고 싶은 자산이 그닥 존재하지 않거든요.

아버지가 중국이라면 어떻게 하시겠어요? 심지어 경제 규모가 충분히 크고 내실을 갖춰서 많은 외국인 자본가가 중국의 자산을 원하고 위안화 결제를 받아들인다 해도 여전히 문제는 남아 있어요. 달러 시스템에서 떨어져나간 중국인 자본가는 더 이상 미국의 무역 적자로부터 혜택을 받을 수 없을 테니까요. 무역적자국 미국이 알루미늄, 시멘트, 전기 자동차, 자질구레한 옷가지 등을 진공청소기처럼 빨아들이는 지금의 상황을 더는 기대할 수 없게 되어버리죠. 하지만 여기서 잊지 말아야 할 것이, 이건 어디까지나 중국 자본가들의 문제일 뿐이고, 틱톡 같은 중국의 클라우드 영주들에게는 꼭 그렇지만도 않다는 것입니다. 클라우드 영주들은 이미 클라우드 금융을 이룩해서 대안적인 세계 지불 시스템을 만들어 놓았으니까요. 그런 무기를 쥐고 있기에 달러 세상이 끝날 가능성이란 중국의 자본가들에게 심각한 문제인 반면 중국의 클라우드 영주들에게는 위협이 되지 못합니다.

다크 딜을 조금씩 허물어뜨리고 있는 건 중국의 클라우드 영주들만이 아니에요. 2020년 8월 14일, 중국인민은행의 담장 안에서 혁명이 일어났어요. 6년간의 치열한 연구 끝에 베이징의 중앙은행은 디지털 위안화의 발권을 시작했습니다. 아직은 실험 단계였지만 그 의도만큼은 진지했죠. 어떤 나라가 완전한 디지털 화폐를 발행한 것은 그야말로 처음 있는 일이었으니까요. "그래서 어떻다는 거니?" 아버지의 질문이 들리는 것 같네요. "우리 모두는 늘 디지털화된 화폐를 사용하고 있단다." 네, 맞아요. 하지만 이번에는 경우가 좀 달라요.

커피를 한 잔 사거나 기차표를 끊을 때, 우리는 스마트폰 앱이나 마이크로칩이 탑재된 플라스틱 카드를 사용하죠. 이렇듯 우리에게 친숙한 통상적인 디지털 지불 방식은 시중 은행의 기반시설을 통해 운용되고요. 그런데 중국은 바로 이 중간 상인, 시중 은행을 배제하고 중앙은행이 직접 발행하는 디지털 화폐를 만든 거예요. 이 디지털 화폐가 갖는 국제적 함의를 곱씹어보자고요.

여기 함부르크에서 공장을 운영하는 위르겐이라는 사람이 있습니다. 위르겐은 광저우에서 시우라는 사람이 제공하는 원자재를 이용해 선박용 프로펠러를 만들어요. 그 프로펠러는 상하이 인근에서 조선소를 운영하는 아이라는 사람에게 판매되죠. 시우에게 원자재값을 송금하기 위해 위르겐은 본인이 거래하는 독일 은행의 웹사이트에 접속해요. 서류에 필요한 항목을 기입하고 엔터를 누르죠. 위르겐이 거래하는 독일 은행은 독일의 중앙은행인 분데스방크에 거래된 숫자를 보내고, 분데스방크는 프랑크푸르트에 있는 유럽중앙은행에 정보를 넘기죠. 이제 유럽중앙은행은 위르겐의 유로화를 달러로 환전한 후 미국이 통제하는 국제 금융망을 통해 중국인민은행으로 보냅니다. 중국인민은행은 그렇게 들어온 돈을 위안화로 바꿔서 시우가 거래하는 은행으로 보내고요. 최종적으로 시우의 거래은행은 시우의 계좌에 돈을 넣어줘요.

위르겐이 보낸 프로펠러를 조선소의 아이가 받아서 송금을 하면 이 복잡한 과정이 정확히 반대 방향으로 진행되죠. 이렇게 이상할 정도로 복잡한 절차가 경이로운 디지털 시대에 살아야 할 까닭이 있을까요? 물론 이유가 있습니다. 이렇게 덜컹거리고 정신없이 복잡하며 비효율적인 거래 시스템이야말로, 각각의 단계에 개입하는 시중은행들이 얻는 지대의 근원이거든요. 이 송금 과정에 참여하는 모든 이들이 떡고물을 조금씩 얻게 되어 있어요. 그 떡고물을 다 모아놓고 보면 커다란 떡 한 덩어리는 너끈히 나오죠.

만약 위르겐, 시우, 아이가 중국인민은행이 제공하는 새로운 디지털 지갑을 사용하고 있다면 어떨까요. 위르겐은 스마트폰을 들고 디지털 위안 앱을 켜서, 일정량의 디지털 위안을 시우에게 보내겠죠. 거래는 즉각 이루어지고 중간 수수료 같은 건 없어요. 거래 끝! 디지털 위안화는 위르겐이 거래하는 독일 은행, 분데스방크, 유럽중앙은행, 결정적으로 미국의 입김에 전적으로 지배당하고 있는 국제 송금 시스템 등, 그 모든 중간 거래인들이 설 자리를 없애 버리죠. 워싱턴

과 시중 은행 입장에서 볼 때 이보다 더 끔찍한 악몽은 아마 없을 겁니다.[9]

2022년 이전까지 중국의 클라우드 금융과 디지털 위안화는 마치 자동차가 거의 다니지 않는 신작로 같은 모습이었어요. 비록 울퉁불퉁하지만 여전히 달러로 만든 초고속도로가 존재하고 그걸 사용하면 될 판에, 세계적인 엄청난 부호들이 중국인민은행의 감시를 받는 위안화 도로를 통해 돈을 움직일 필요는 없었으니까요. 하지만 키예프, 카르키프, 마리우폴에서 포성이 울려 퍼지기 시작한 후로는 중국의 돈길을 따라갈 좋은 이유가 생겼습니다. 앞서 언급했던 것처럼 미국이 러시아 중앙은행에 속한 수천억 달러를 묶어두기 시작했으니 말이에요.

달러 초고속도로에 진입이 금지된 러시아의 돈은 많이 사용되지 않아서 아직 비닐도 벗기지 않은 부분이 남아 있는 중국산 '대안 경로'를 택하기 시작했어요. 이 새로운 경로를 택한 건 러시아의 돈뿐만이 아니었죠. 러시아인이 아닌 수많은 부호들 역시 돈을 그저 달러 고속도로에 풀어놓는 것만으로는 불안하다고 인식하기 시작했습니다. 워싱턴이 운영하는 달러 목장에 내 돈을 풀어놓으면서 워싱턴

---

9 미국 연방준비제도와 유럽중앙은행 또한 중국의 디지털 위안화에 맞서 자체적인 디지털 화폐를 만드는 쪽으로 기울었던 것은 너무도 자연스러운 일이다. 하지만 미국과 유럽의 중앙은행은 중국인민은행과 달리 격렬한 반발에 직면해야 했다. 디지털 달러나 유로화를 악마의 환생으로 여기는 월스트리트와 프랑크푸르트 은행들이 바로 그 반발의 주체였다. (디지털 화폐는 지불 시스템에 대한 그들의 독점을 빼앗을 테니 이는 당연한 일이었다.) 중국의 시중 은행들 역시 중앙은행의 디지털 화폐를 마땅찮게 여기고 있었다. 하지만 미국이나 유럽에서는 은행이 법에 호소하며 정치인과 관료들을 막아설 수 있었던 반면, 중국에서 은행가들은 공산당의 명령에 따라야만 했다. 일단 공산당이 디지털 위안화를 결정한 후로는 더 묻거나 따질 수 없었다.

의 자비에 전적으로 의존하는 것이 과연 현명한 일인지 고심하게 된 거죠. 여차하면 그 목장에서 쫓겨날 수도 있을 테니까요.

그들은 조금씩 자산을 다각화하기 시작했습니다. 마치 트럭 회사가 기존의 낡은 고속도로 외의 새로운 경로로 조금씩 트럭을 보내기 시작한 것과 비슷하다고 할까요. 이렇게 중국의 클라우드 금융은 달러 기반 국제 지불 시스템의 유력한 대안으로서 스스로의 자리를 확보해나가게 되었어요.

바이든 행정부 안팎의 똑똑한 사람들의 눈에는 그 징후가 보였습니다. 1971년 이래 처음으로 다크 딜이 흔들리고 있었어요. 세계의 부자들 혹은 미국의 정책 결정자들에게 달러의 지배가 더는 당연한 것처럼 여겨지지 않게 된 거죠. 워싱턴의 많은 이들에게 공감대가 형성됐습니다. 만약 중국 빅테크의 날개를 어서 꺾어놓지 못한다면, 그래서 중국의 클라우드 금융과 디지털 중앙 화폐가 임계점을 넘겨버린다면, 미국이 지대추구형 자본주의 국가로서 누리고 있던 전례 없는 권력은 흔들릴 수밖에 없었죠.

그리하여 2022년 10월 7일, 중국이 첨단 무기를 개발할 수 있으며 그것이 국가 안보 우려 사항이라는 명분하에, 바이든 대통령은 '첨단 반도체 개발을 위해 필요한 것은 그 무엇도 중국으로 수출해서는 안 된다'고 선포하기에 이르렀죠. 반도체는 선진국 경제의 벽돌과 다를 바 없어요. 미국 기업뿐 아니라 미국과 거래를 하고 싶은 기업이라면 그 누구도 중국에 반도체를 판매해서는 안 되죠. 이건 바이든이 경제 전면전을 선포한 것이나 다름없었습니다.

의도는 불을 보듯 훤했죠. 중국의 클라우드 금융을 노린 충격과 공포의 급습이었어요. 그 공격으로 미국은 중국의 클라우드 금융이 실리콘밸리와 월스트리트 연합군에게 맞설만한 괴물로 크기 전에 제압하려 했던 겁니다. 과연 뜻대로 될까요? 바이든의 반도체 규제는 단기적으로는 중국의 기술 발전 속도를 늦추고 중국 클라우드 자본의 축적을 둔화시킬 거예요. 하지만 그 규제는 두 가지 의도치 않은 효과를 낳았어요. 두 효과는 서로 다른 방향으로 향하면서도 장기적으로 볼 때는 중국의 클라우드 자본을 키워주고 있고요.

바이든의 반도체 규제가 낳은 의도치 않은 효과 중 첫째는, 그 규제가 중국 관료들로 하여금 중국의 클라우드 금융에 전적으로 의존해야겠다는 동기를 제공한 거죠. 이전까지만 해도 그들 역시 주저하고 있던 길을 가게끔 한 것입니다. 중국 관료들이 주저하고 있었던 이유는 그들 역시 중국의 수출 주도 성장에, 중국의 자본가들이 미국의 무역 적자에 힘입어 누리고 있던 다크 딜이 주는 이윤에 의존하고 있었기 때문이죠. 그 이윤을 위협하는 것은, 심지어 중국 국내에서 벌어들이는 클라우드 지대까지도, 뭐든지 미심쩍은 눈길의 대상이 될 수밖에 없었죠. 물론 이건 바이든 정부가 대놓고 베이징에 껄끄러운 선택을 들이밀기 전까지의 일입니다. 다크 딜을 폐기할 것이냐, 기술의 암흑 시대로 들어갈 것이냐. 생각하고 자시고 할 것도 없는 일이죠. 꼭 그래야만 한다면 베이징은 다크 딜을 집어치우는 쪽으로 나아가는 것을 택했습니다. 그리고 다크 딜에 의존하는 중국의 자본가들 대신 다크 딜 없이도 클라우드 지대를 긁어모을 수 있는 중국의 클라우드 영주들을 위해 움직이기 시작했고요.

　바이든의 반도체 규제가 낳은 두 번째 의도치 않은 효과는 전 세계의 자본가와 지대수익 추구자들에게 미쳤습니다. 심지어 서유럽의 자본가들마저 중국의 클라우드 금융으로 몰리게 되었어요. 함부르크에서 중국 시장과 불가분의 관계를 맺고 거래하는 우리의 친구 위르겐을 다시 떠올려 보자고요. 위르겐은 어쩌면 독일연방공화국의 충실한 시민이며 베를린이 워싱턴과 맺고 있는 우호적인 동맹 관계에 본인도 자부심을 느끼고, 중국 공산당이나 중국인민은행을 향한 일말의 호감조차 없는 신실한 자유시장주의자일 수도 있습니다. 하지만 위르겐은 신문을 볼 때마다 불안할 거예요. 워싱턴은 반도체 규제 뿐 아니라 온갖 다양한 방식으로 중국에 강경한 태도를 취하고 있으니 말이죠. 향후 본인의 프로펠러 수출 사업을 지속하려면 디지털 위안화 계좌를 열어 결제가 가로막힐 위험을 피해야겠다는 생각을 하게 될 수 있는 거죠.

　전쟁이 엉뚱한 방향으로 역사의 흐름을 가속화한 건 이번이 처음 있는 일도 아닙니다. 2차 세계대전은 영국의 파운드화가 지배적인 국제 결제 수단으로서의 지위를 상실하고 달러가 그 패권을 차지하게 되는 계기가 되었죠. (가령 아랍의 석유를 구입할 때 지불 방식은 파운드에서 달러로 원만하게 이행되었습니다.) 우크라이나 전쟁을 맞이한 미국은 러시아의 돈줄을 끊었는데, 그 결과 달러에서 중국의 클라우드 자본으로 작동하는 위안화 기반 결제 시스템으로 상당한 액수가 흘러들어갔어요. 지금까지 이야기했듯 중국의 클라우드 지대는 커져만 가고, 중국의 자본가들이 향유하는 이윤에는 먹구름이 드리워졌으며, 결정적으로, 세계의 두 강대국이 맺은 다크 딜은 약화된 거죠.

이 모든 변화가 전쟁과 평화, 국제 긴장과 협력 등에 미칠 반향은 결코 과소평가되어서는 안 됩니다. 우리가 지금 처한 이 순간에서 한 걸음 물러나 더 큰 그림을 그려볼 필요가 있어요. 역사의 교훈을 되짚어 보자고요. 자본주의는 갓 태어났을 무렵부터 그랬습니다. 아주 젊고 활기찼던 자본주의는 태생적으로 국내 시장이 소화할 수 있는 것보다 더 많은 상품을 생산하는 능력을 지니고 있었죠. 특정 지역의 자본가들은 본인들의 자본주의적 산업생산품을 소비해줄 시장을 갈구할 수밖에 없었습니다.[10] 그 결과 공격적인 해외 확장이 이루어졌죠. 저 먼 곳의 땅을 확보하고 값진 것을 뜯어가고자 하는 열망 때문이 아니라, 국내에서 생산된 물건을 저 먼 곳에까지 내다 팔 시장을 확보하고자 하는 열망 때문에 벌어진, 그런 새로운 유형의 제국주의적 동기가 꿈틀거리게 되었습니다. 여러 자본주의 국가들이 아프리카에서, 아시아에서, 아메리카 대륙에서 같은 경쟁을 벌이게 되었고, 이런 신제국주의적 갈등은 결국 19세기 말 유럽에서, 20세기의 전반부에는 온 지구 위에서, 피비린내나는 두 차례의 세계대전.

---

10 어떤 지역의 주민들은 자연스럽게 그 지역 내에서 생산된 것에 친숙할 수밖에 없다. 문제는 낮은 임금으로 인해 주민들 스스로 그것을 구입할 수 없으며, 높은 임금을 줘야 할 상황이 되면 자본가는 그 지역에서의 생산을 포기한다는 데 있다. 존 메이너드 케인스의 말을 빌자면 '수요의 부족이 아니라 유효수요의 부족'인 것이다.

으로 향할 수밖에 없었어요. 한마디로 말해 자본주의의 등장은 산업적인 규모의 살육이 전세계적으로 벌어지도록 이끌었습니다.

테크노퓨달리즘의 초기에 접어들어 있는 우리는 어떤 세상이 펼쳐질 것을 예상할 수 있을까요? 이미 우리는 닥쳐올 일들을 암시하는 징후를 몇 가지 살펴봤습니다. 우크라이나 전쟁과 대인플레이션의 영향 하에, 빈곤은 늘어나고 있으며 기후 변화와 공포 분위기가 날로 커지는 중입니다. 세계는 바야흐로 두 개의 성숙한 거대 클라우드 장원으로 나뉘고 있어요. 하나는 미국, 하나는 중국의 클라우드 장원입니다. 이런 양극화가 불러올 결과 중 좋고 바람직한 것이 그리 많지는 않을 것 같네요.

| 유럽, 개발도상국, 지구를 덮쳐오는 테크노퓨달리즘의 유령 |

1971년 닉슨이 유럽인들을 상대로 '우리의 달러는 이제 당신들의 문제요'라고 했던 것, 기억하시죠? 1971년의 역사는 닉슨의 그 말에 한 점 거짓도 없었음을 적나라하게 보여줬어요.

그날 이후 미국 자본주의는 연이어 위기를 생산해냈죠. 1973년과 1979년의 오일 쇼크, 연준 의장 폴 볼커가 미국 기준금리를 20% 위로 높여버린 1981년 이후 닥쳐온 전 세계의 부채 위기, 미국 금융 네트워크의 버블이 연이어 터지며 벌어진 1991년 사건, 2001년의 닷컴 버블, 그리고 가장 최근이지만 이게 끝이 아닐, 2008년 금융위기까지.[11] 이건 그 짐승, 글로벌 미노타우로스의 내재된 본성이 낳는 결과예요. 유럽과 아시아의 자본가들이 창출하는 이윤의 70퍼센트 이상이 돌고 돌아 결국 미국에 '분산'되도록 되어 있으니까요. 이렇게 위기가 한 번씩 닥쳐올 때마다 유럽은 점점 더 약해지고, 분열하고, 퇴행했습니다.

노력이 부족했다고 할 수는 없어요. 대서양 너머로부터 매번 충격파를 맞을 때마다 유럽의 지도자들은 다음 위기로부터 유럽을 막기 위한 방패를 마련하기 위해 안간힘을 썼습니다. 그들은 유럽의 제도를 확장하고 자원을 결합하여 궁극적으로 유럽을 단일 통화권으로 정착시키는 접근법을 택했죠.[12] 미국의 지대추구형 자본주의 앞에서 취약할 수밖에 없는 유럽을 해방시키는 것이 그 모든 행보의 궁극적 목적이었죠. 그런데 이 다양한 프로젝트가 결국 실패한 이유는 뭘까요?

이 질문에 대한 답에는 복잡한 설명을 요하는 부분이랄 게 전혀 없어요. 유럽연합 스스로가 미국과의 다크 딜에 의존하고 있었으니 말이죠. 유럽에서 가장 강한 힘을 지닌 독일, 네덜란드, 프랑스의 수

---

11 저자의 책 《The Global Minotaur(글로벌 미노타우로스)》 참고.

12 가령 1970년대에 유럽통화제도(European Monetary System)을 창설하고, 1980년대에 유럽을 단일 시장으로 만들고, 1990년대에 유로화를 출범하고, 2010년대에 유로 안정화 기구(European Stability Mechanism)을 개설하고, 2020년대에는 코로나 팬데믹 후 경제회복기금(Recovery Fund)을 출범했던 것 등을 떠올려볼 수 있다. 흥미롭게도 유럽이 거대한 실패를 경험했을 때 그것들은 이러한 노력에도 불구하고 벌어졌다기보다, 바로 이 거대한 프로젝트들 때문에 벌어지고 있었다. 이 거대한 실패의 유구한 이야기를 더 알고 싶다면 내가 쓴 다음 책들을 참고할 것. 《And the Weak Suffer What They Must?(그래서 약자들이 고통을 겪어야 하는가?)》, 《Adults in the Room(책임지는 어른들)》

출 기업들 중 가장 똑똑한 이들이, 유로화를 키워서 달러의 자리를 빼앗는 일에 전혀 관심이 없었던 이유도 그와 동일하고요. 유럽의 화폐 통일이 그 설계부터 불완전할 수밖에 없었던 건 그래서였습니다.[13] 그들은 그저 변화와 충격으로부터 스스로를 보호하고 싶었을 뿐, 미국과 맺은 협정으로부터 해방되고 싶은 생각 따위 전혀 없었거든요. 유럽의 자본가들은 미국의 무역 적자를 통해 이윤을 얻고, 그 이윤을 미국의 자산으로 쌓아두는 그 협정 말이에요.

다크 딜에 의존하고 있는 유럽에게 있어서 다크 딜이 쇠퇴하고 있는 것보다 더 나쁜 일이 있을 수 있을까요? 그렇습니다. 온 세상의 돈과 권력이 자본가의 손아귀에서 벗어나 클라우드 영주들의 영역으로 향하는 거예요. 클라우드 자본이 지상의 자본을 힘에서 압도하고 있고, 전 세계에 뻗어 있는 가치 사슬로부터 빨아들이는 클라우드 지대가 점점 더 커지고 있다는 저의 전제가 사실이라면, 유럽은 정말이지 깊은 위기에 빠져 있는 겁니다. 왜냐하면 유럽은 중국이 아니거든요. 유럽에는 실리콘밸리에 맞서 경쟁할만한 빅테크 기업이 단 하나도 없어요. 유럽의 금융 시스템은 월스트리트에 거의 전적으로 의

---

13 제대로 된 단일 통화권이라면 공통의 중앙은행 뿐 아니라 공통의 재무부도 필요로 한다. 그 공통의 재무부에는 (가령 미국 국채에 상응할만한 유럽의 무언가, 말하자면 유로본드 같은)공통의 채무를 충분히 발생시킬 수 있는 능력이 부여되어야 하는 것이다. 만약 유럽연합이 공통의 채권을 발행할 수 있는 재무부를 창설한다면, 유럽으로 수출하는 중국 자본가들은 그들이 유로화로 얻은 이윤을 유로본드의 형태로 쌓아둘 수 있으며, 가령 미국 국채 같은 달러 자산을 피할 여지가 생긴다. 이는 유로를 달러의 패권에 도전할 수 있는 기축통화의 반열에 올려놓을 것이다. 하지만 그 경우 미국은 무역 적자를 금융으로 메우는 게 더욱 어려워질 것이며, 미국의 입장이 곤란해지면 대미 무역 흑자(즉 미국의 적자)로 이익을 보는 독일이나 네덜란드의 경제적 이득이 흔들리게 된다. 북유럽의 자본가와 정부가 유럽의 완전한 화폐 통일을 반대하는 게 과연 놀라운 일일까?

존하고 있고요. 유럽에 클라우드 자본이 결여되어 있다는 건 신냉전을 앞둔 지금 매우 심각한 일입니다. 우크라이나 전쟁은 유럽의 제조업 분야에 에너지 쇼크를 가져왔는데,[14] 그것은 유럽이 처한 지정학적 불안정성이 무엇인지 이미 잘 보여주었다고 할 수 있죠.[15]

적어도 유럽은 여전히 부유하고, 이론적으로는 가난한 시민들을 돌볼 여력이 있죠. 하지만 스리랑카, 레바논, 파키스탄, 인도, 그 외 아시아의 대부분 지역과 아프리카, 라틴아메리카의 전체 지역에서는 그렇지 못해요. 대인플레이션으로 인해 촉발된 식량과 연료 가격의 상승은 전 세계 개발도상국을 1970년대와 1980년대의 그것을 연상시킬 정도로 끔찍한 채무 위기로 몰아넣었습니다. 개발도상국 정부는 지난 수십여 년에 걸쳐, 달러를 빌려와 설비를 갖추고 원자재를 수입한 후 그것을 가공하여 판매(하고, 그렇게 그 나라의 정경유착 기업인들이 벌어들인 이윤을 달러로 바꿔서 미국의 자산에 투자)하라는 조언을 들어왔는데, 이렇게 쌓인 달러 빚의 금융비용이 점점 늘

---

14 유럽의 경우 에너지 가격만이 문제가 아니다. 러시아산 천연가스로부터 단절된 유럽은 미국에서 오는 액화천연가스에 더 의존할 수밖에 없게 되었다는 것도 지적해야 한다. 유럽 자본가들의 이윤 중 큰 덩어리가 미국에서 재활용된다는 면에서는 동일하나, 이 경우는 그 이윤이 유럽 자본가들 소유의 미국 내 자산으로 바뀌는 대신, 미국 회사에 속하는 미국의 자산이 되어버린다는 점에서 차이가 있다. 유럽 자본가들을 행복하게 했던 다크 딜은 이렇듯 유럽이 러시아에서 미국산 천연가스로 전환해야 하는 국면에서 또 다른 타격을 입게 되었다.

15 유럽의 전략적 일관성의 결여는 또 다른 질문을 낳는다. 언젠가는 결국 우크라이나 전쟁의 평화 협상이 시작될 것이고 미국은 EU에 우크라이나 재건 비용 중 큰 부분을 감당하라고 요구할 것이다. 이때 누가 EU를 대표해 협상에 임할 것인가? EU 회원국 중 동유럽, 발틱해 연안, 노르딕 국가들은 파리나 베를린이 푸틴에 너무 유화적이라고 보며 그들을 믿지 않는다. 하지만 베를린과 파리는 EU 기금을 통제하고 있다. 물론 EU는 워싱턴의 말에 따라 우크라이나 재건 비용을 낼 것이다. 하지만 EU의 대표성 문제가 진지하게 논의된 적은 없다. 이것이 대륙 단위에서 벌어지는 '(미국 독립 전쟁을 야기했던)대표 없는 조세'가 아니고 무엇인가!

어나자 결국 파산에 이를 수밖에 없게 된 것이죠.[16]

전 세계의 개발도상국은 무시무시한 양자택일에 직면하게 되었습니다. 달러로 된 부채에 대해 채무불이행을 선언하는 게 한 방법이죠. 그렇다면 국민을 먹여 살리고 공장을 돌리고 농사를 짓는데 필요한 에너지, 식량, 원자재 구입이 불가능해집니다. 아니면 국제통화기금을 통해 또 한 번 달러로 돈을 빌려올 수도 있고요. 그렇게 돈을 또 빌려올 때는 두 가지 비인간적 조건을 감내해야 합니다. 첫째, 물이나 전기 같은 필수 영역을 '투자자'의 가면을 쓴 정경유착 부호들에게 넘겨야 하죠. 둘째, 국민들이 굶어 죽을 지경이 되도록 연료와 식량의 가격을 높여야 합니다. 둘 중 어떤 길을 택하건 이른바 개발도상국은 그들을 저개발국에 묶어놓는 힘 앞에 굴복할 수밖에 없는 처지죠.

하지만 개발도상국 정부가 강요당하는 끔찍한 선택은 그게 전부가 아니에요. 세계 그 자체가 달러에 바탕을 둔 클라우드 장원과 위안화 기반의 클라우드 장원으로 나눠지고 있으니까요. 개발도상국은 누구에게 복종할지 선택을 강요당합니다. 정경유착 부호들이 중국에서 돈을 빌려오거나 상하이에 곡식을 판매하여 이윤을 창출한 후 그 돈을 캘리포니아의 부동산이나 월스트리트의 파생상품에 묻

---

16 1970, 80년대 당시 전 세계 개발도상국이 겪었던 고통은 미국의 이자율이 4퍼센트에서 20퍼센트로 급상승한 데 주로 기인하고 있었다. 오늘날 미국의 이자율은 훨씬 낮은 수준으로 떨어져 있다. 하지만 세계의 개발도상국들이 겪고 있는 고통은 1970년대나 80년대의 그것과 다르지 않다. 달러의 가치 자체가 15퍼센트 가량 높게 평가되고 있기 때문이다. 달러의 가치 평가와 미국 국채 금리 상승을 합쳐놓고 보면 오늘날 개발도상국이 겪는 고통은 당시와 유사한 수준이라 볼 수 있다.

어둘 수 있던 시절은 이제 끝났습니다. 새로운 부채 위기로 인해 개발도상국의 지배계급은 어느 한 편을 택하도록 강요당하고 있죠. 희토류나 원자재를 팔아서 버는 돈을 어떤 클라우드 장원에 넣어야 미래의 소득을 확보할 수 있을까요? 그들이 지금처럼 계속 월스트리트에 의존할까요? 아니면 그들의 이윤과 지대를 중국의 클라우드 금융에 투입할까요? 어느 경우가 됐건 개발도상국은 신냉전이 격화됨에 따라 나뉘게 될 거예요.

이것은 신(新)식민지주의의 일상적 행태보다 훨씬 더 나아간 것입니다. 중국과 미국의 자본이 서로 들이받고 있던 건 벌써 오래 된 일이죠. 하지만 지금 벌어지는 일은 그와 별개예요. 상품의 가격이나 벤더 파이낸싱 같은 것으로 경쟁하고 있지 않으니까요.[17] 이건 아직 개척되지 않은 테크노퓨달리즘의 영역을 두고 벌이는 거대한 싸움입니다. 그들은 서로 각기 다른 체계를 갖추고, 클라우드 지대를 짜낼 수 있는 클라우드 영주의 자리를 굳히기 위해 경쟁중이죠. 제국주의의 이 최신 진화형이 더 많은 전쟁과 더 많은 실패국가의 탄생으로 귀결되지 않는다면 그건 가히 기적일 겁니다.

기적이라는 말이 나와서 말인데, 공공재를 고갈시키는 성향이 자본주의에 내재되어 있다는 점을 감안해본다면, 우리 인류가 기후 재

---

17 벤더 파이낸싱(vendor financing)이란 판매자가 구매자에게 돈을 빌려줘서 자신이 파는 것을 사도록 해주는 것이다. 가령 우리가 차를 살 때 폭스바겐이나 제너럴 모터스가 대출을 해주는 것을 떠올려볼 수 있다. 같은 방식을 국가 경제 차원에서도 활용할 수 있다. 가령 레바논, 이집트, 스리랑카 같은 나라에서 서구의 전함, 원자재, 심지어 방금 공장에서 나온 소비재를 구입하고자 할 때, 런던이나 뉴욕의 은행에서 해당국의 정부나 수입업자에게 돈을 빌려주는 것이다.

앙에서 벗어나기 위해서는 정말이지 엄청난 기적이 필요할 것 같아요. 테크노퓨달리즘의 발전은 그 기적의 실현 가능성을 더욱 희박하게 만들고 있죠. 클라우드 자본의 시대는 기후 변화의 경로를 완화하는 데 있어서 두 가지 장벽을 세우고 있습니다. 정치의 차원에 세워진 장애물은 더할 나위 없이 분명해 보이죠. 우리 종의 생존을 가능케 하는 수준으로 기후 변화를 제한하려는 노력에는 (브라질, 러시아, 인도, 남아프리카공화국 등은 언급할 필요도 없고)미국, 유럽, 중국 등이 참여하는 거대한 협상이 필요하죠. 그러나 신냉전의 그림자가 드리워지고 있는 지금, 우리가 바랄 수 있는 최선은 그저 각기 나뉜 양 진영에서 서로 다른 녹색 전환이 이루어지는 것 정도가 아닐까 싶어요. 그런데 이렇게 나뉘어 있는 두 개의 슈퍼 클라우드 장원은 국제적 녹색 어젠다를 둘로 나누고, 화석 연료 기업복합체의 손에 놀아나 클라우드 장원끼리 갈등과 경쟁을 하며, 결국 계속 석유를 시추하는 결론으로 나아가게 되지 않을까 걱정스럽습니다.

테크노퓨달리즘이 녹색 전환에 끼칠 악영향 중 눈에 좀 덜 띄는 것도 있어요. 이른바 전력 '시장'이라는 게 그렇습니다. 저는 '이른바'라는 말을 썼죠. 그건 이 전력 시장이라는 게 진짜 시장이 아니고, 절대 그렇게 될 수 없기 때문입니다. 이 점을 생각해 보자고요. 어떤 주택이나 사무실에 들어오는 전력선은 단 하나 뿐입니다. 자연적 독점은 바로 **이렇게** 정의되는 거예요. 그러니 정부가 이런 독점적 사업권을 개인 사업자에게 팔겠다고, 그 독점적인 힘을 누군가에게 주겠다고 하면, 사람들이 들고 일어나는 것도 자연스러운 일이고요.

정부가 민영화를 하기만 하면 단일한 그리드와 하나뿐인 전력선이라는 현실을 뛰어넘을 수 있다고, 전력 경쟁 시장이라는 결과를 낳는 마술이 벌어질 수 있다고 주장하는 마가렛 대처의 후예들은 차라리 마법이라 해도 무방한 희망사항을 읊고 있을 뿐입니다. 몇몇 에너지 공급자가 매일 경매를 통해 누가 전기를 공급할지 경쟁하다보면 가장 저렴한 가격으로 전기가 공급될 수 있다는 소리잖아요. 이렇게 경매인 척하는 시장, 한 줌의 기업들이 담합하여 소비자 및 그들보다 영세한 자본가를 등쳐먹는 이곳은, 지대수익 추구자에게 그야말로 기쁨 그 자체라 하겠습니다. (단적인 예로 그들은 코로나 팬데믹과 그 뒤를 이은 푸틴의 우크라이나 침공으로 인한 에너지 위기에서 떼돈을 벌었죠.)

하지만 그게 끝이 아니에요. 민영화된 발전소까지 갖게 된 이 대부자 자본가들은 미래에 발생할 손실을 피한다는 명분하에 미래의 매출을 담보로 돈을 빌리며 국제적인 투전판에 뛰어듭니다.[18] 쉬운 말로 이야기하면, 우리의 에너지 시스템은 정경유착 부호들의 손에 떨어져 있고, 그들은 에너지를 금융화의 그물망에 던져 넣은 채 재

---

18 그들이 하는 행동을 살펴보자. 내일 전력 가격이 하락하여 발생할 손실을 줄이기 위해 그들은 내일 전력 가격이 떨어진다는 쪽에 상당한 돈을 걸어놓는다. 하지만 자신들이 가진 돈을 걸고 싶지는 않으므로 빌려온 돈을 거는데, 그럴 때 아직 생산되지 않은 전력을 담보로 삼는다. 만약 전력 가격이 떨어진다면 그들의 도박은 성공한 것이고 전력 가격 하락으로 인한 매출 손실을 어느 정도 충당할 수 있게 된다. 그런데 2022년 전력 가격이 천장을 뚫고 치솟자 문제가 생겼다. 전력 가격 하락에 돈을 걸었던 금융계에서 그러한 옵션 계약을 유지하려면 앞으로 생산될 전력을 더 많이 담보로 잡아야 한다고 요구하기 시작한 것이다. 전력 회사들은 더 많은 담보를 일으키기 위해 더 많은 전력을 선물로 제공할 수밖에 없었다. 그러자 전력 선물의 가격이 떨어졌고 이는 주가 하락을 야기했는데, 주가가 떨어진 전력 회사들은 더 많은 담보를 제공하지 않을 수 없는 상황에 몰렸다. 이런 악순환, 악마적인 상황 속에서 전력회사가 할 수 있는 일이라고는 국가에 구제 금융을 요청하는 것뿐이었다.

미를 보고 있죠. 이 금융화의 그물은 점점 더 클라우드 금융과 하나가 되어가고 있습니다. 그러니 공동체, 사회, 인류의 일원인 우리 평범한 사람들은 기후 위기를 피하기 위해 필요한 에너지 산업 전환을 요구할 수 있는 힘마저 빼앗기게 되고요.

클라우드 영주 계급의 힘이 더 커지고 있다는 것, 테크노퓨달리즘의 진격이 더욱 빠르고 거세지고 있다는 것, 이 나쁜 소식을 특히 젊은이들을 상대로 전하는 제 마음이 편치 않은 건 이런 이유 때문입니다. 점점 더 그렇지 않은 우리, **평민**demos들이 기후 종말을 피할 길은 묘연해지고 있지요. 이 지구가 과열되는 것을 막으려면 테크노퓨달리즘에 대한 저항과 손에 손을 잡아야 한다는 것을, '미래를 위한 파업'의 전선에 서서 싸우는 젊은이들이 알아주었으면 하는 마음이에요.

| 누가 승자고 누가 패자인가? |

아직 젊으셨던 그 시절, 아버지는 조직화된 노동이 전지구적으로 힘을 합쳐 자본주의를 몰아내는 미래를 꿈꾸셨었죠. 그런데 노인이 되신 아버지가 목격하신 건 고삐 풀린 자본주의의 세계화라는, 정반대의 현실이었죠.

1991년 이후 세계화는 두 측면에서 벌어졌죠. 대륙 저 건너편까지 버튼 하나만 누르면 돈이 오갈 수 있게 해준 금융 자본의 세계화,

그리고 인도인 개발자들이 샌프란시스코에서 설계한 아이폰을 정저우에 공장을 둔 대만 회사에서 조립하고 필라델피아에서 판매할 수 있게 해준 생산 라인, 혹은 가치 사슬의 세계화. 대부분 중국과 인도, 그 밖에 구 공산권 국가에 살고 있던 25억여 명의 노동자가 이 글로벌 가치 사슬에 몸을 묶고 가난의 수렁에서 탈출했죠. 하지만 숫자로 보이는 소득이 이토록 눈부시게 성장하는 것은 공짜가 아니었습니다. 그만한 아픔이 뒤따랐죠.[19] 참혹한 근무환경의 공장에서 하루 16시간씩 아이폰을 조립하는 중국의 노동자들은 소득이 네 배로 늘었지만 자살률 역시 그만큼 치솟았습니다. 그런 비참은 바이에르와 몬산토의 유전자 조작 종자에 의존하게 된 인도의 농부들 역시 마찬가지였고요.[xxii] 심지어 세계화의 최대 수혜국인 미국에서도 수백만이 절망으로 죽음에 이르렀습니다.[xxiii] 이 모순은 다크 딜의 직접적인 결과라 할 수 있었죠. 미국의 무역 적자를 동원해 중국을 자본주의적 생산력이 넘치는 국가로 만들고, 전 세계 자본가와 대부자들의 배를 불리고, 선진국은 과소 투자로 비참해지는 가운데 개발도상국은 과잉 투자로 골머리를 썩게 만드는 그런 결과를 낳은 거예요.

소련이 붕괴되고 2년이 지난 후, 세계화의 속력이 점점 빨라지던

---

19 이 대목에서, 세계화가 소득에 미치는 긍정적인 영향은 주로 중국과 한국에서 나왔고, 동남아시아의 다른 나라들이 조금 더 낮은 기여를 하고 있다는 점에 주목할 필요가 있다. 만약 세계화가 세계의 가난에 미친 긍정적 영향에 대한 통계에서 중국과 한국을 제외한다면 세계화가 가난의 박멸에 도움을 준다는 가정은 그 지지 기반을 대부분 잃고 만다. 이것은 자유시장을 맹신하는 이들을 곤란하게 하는 아이러니가 아닐 수 없다. 그들은 세계화를 자유시장 자본주의의 우월성을 입증하는 사례로 주장하고자 하지만, 중국이 경제 강국으로 급부상할 수 있었던 것은 베이징이 신자유주의적 제안을 거부했기 때문이다. 중국은 규제받지 않는 금융 시장이라는 관념을 거부하고 국가 주도의 계획 투자를 고수하면서 현 위치를 지키고 있으니 말이다.

무렵, 아버지는 이 책의 주제가 되어줄 그 질문을 하셨어요. 자본주의가 영원할 수는 없을 거라는 아버지의 완고한 희망을 접으신 거였죠. 그로부터 30여 년이 흘렀어요. 저는 아버지의 소원이 이루어졌노라고, 인터넷이 자본주의의 종언을 입증하고 있노라고 주장하고 있죠. 아버지가 원하셨던 그런 방식은 아니지만요. 제 생각이 맞다면 이제 질문은 이렇게 달라질 거예요. "자본주의적 세계화가 전지구적 테크노퓨달리즘으로 바뀌는 이 전환 속에서, 승리자는 누구고 패배자는 누구일까요?"

자본주의 시대를 통틀어 그랬습니다. 지대수익 추구자들이 자본가의 이윤에서 많은 몫을 빼먹을 때 좋은 일이 생기는 경우는 없었죠. 이윤이 지대로 전환된다는 건 그런 거예요. 자본주의 자체의 역동성이 무뎌지고, 버블이 발생하고 곧 터져버리죠. 약자를 수탈하는 결과를 가져오고 국가는 채무에 중독됩니다. 테크노퓨달리즘의 출현은 이런 위기 발생 과정을 한층 더 높은 수준으로 끌어올리는 것이나 다를 바 없어요. 경제사학자 애덤 투즈^{Adam Tooze}가 그리스어 단어 두 개를 붙여 만든 신조어를 빌자면, '중층위기^{poly-crisis}' 상태를 불러오고 있는 것입니다.

바로 지금 이 순간에도 본인의 시간과 에너지를 쏟아 부어 누군가의 클라우드 자본을 쌓아주고 있는 수십억 명의 클라우드 농노들을 생각해 보자고요. 그들의 노동은 극소수의 클라우드 영주를 위한 권력과 클라우드 지대를 추출해냅니다. 하지만 그렇게 만들어진 돈은 그 자체가 소득이 아니기에, 더 많은 사람들의 소득이 되어 선순환하는 일 따위도 결코 벌어지지 않아요. 저는 이 현상을 **글로벌 가치 기반의 위축**the shrinking of the global value base이라고 묘사하고 싶습니다. 이렇게 임금이 위축되는 와중에 클라우드 자본은 임금 노동자들에게 더 가혹한 노동 환경을 강요하면서, 점점 더 많은 이들을 클라우드 프롤레타리아로 만들어 버려요. 그 결과 대중의 소득이 확연히 줄어들게 되고 이는 상품 구매력의 감소로 이어집니다. 이렇게 유효수요 내지 총수요가 줄어든다는 것은 경제 위기가 점점 더 자주, 점점 더 심각하게 발생한다는 말과 동일하죠. 생태학적 은유를 해보자면, 자본가와 노동자는 점점 더 자주, 빈번하게 벌어지는 기상 이변을 겪는 중입니다. 그러다 보니 서식지의 감소를 겪고 있고, 멸종 위기종이 점점 더 큰 위험으로 몰려가게 되는 거죠.

이건 그나마 우크라이나 전쟁이 발발하기 전까지의 상황이에요. 워싱턴은 중국의 빅테크들과 클라우드 금융을 상대로 한판 붙기로 결정했죠. 그렇게 다크 딜은 종지부를 찍을 수밖에 없었고 바야흐로 세상은 달러 기반의 클라우드 영지와 위안화 기반의 틀라우드 영지로 나눠지게 되었습니다. 그 과정에서 중국과 미국의 노동자들이 고통을 겪을 것은 분명했지만, 미국의 지대수익 추구자들과 중국의 자본가들 역시 잃을 것들이 꽤 많았어요. 만약 중국의 잉여가치가 더는 미국에 이전처럼 넘어가주지 않는다면 미국의 지대수익 추구자들은 곤경에 처하게 되겠죠. 미국의 지대수익 추구자들이 겪는 불행한 상황은 곧 중국 자본가들의 고통과도 직결되어 있고요. 중국 자본가들은 미국 시장에서 수출을 해야 하는데, 미국 시장의 수출은 미국이 달러를 통해 일으키는 부채로 유지되고 있으니 말이에요. 미국의 클라우드 영주들은 앞으로 무슨 일이 벌어질지 도무지 예측이 불가능한 상황입니다. 자본가들에 비해, 미국 사회 전반에 비해 상대적으로 큰 힘을 쥐게 되긴 했는데, 다크 딜이 종말을 향하면서 발생하게 될 영향이 그들의 발밑을 어떻게 뒤흔들지, 그것은 거대한 미지의 영역으로 남아 있으니까요.

지상의 자본과 클라우드 자본 사이에 양다리를 걸치고 있는 애플이나 테슬라 같은 회사들이 피해를 입게 될 건 분명한 일이죠. 가령 구글 같은 곳과 달리 애플은 아이폰과 아이패드의 생산을 위해 중국에 엄청난 물리적 자본을 투입했으니까요. 그런 투자를 미국으로 이전해온다는 건 말처럼 쉬운 일이 아닙니다. 애플이 2007년부터 중국에서 생산해왔던 건 중국의 값싸고 숙련된 노동력 때문이 아니었어요. 인적 자본, 지상의 자본, 클라우드 자본이 완전히 융합된 생산 생태계 전반을 미국 땅에서 구현하는 일이 불가능했기 때문이었죠. 아마존이나 구글처럼 클라우드 자본에 훨씬 집중되어 있는 아마존이나 구글 같은 기업 역시 글로벌 가치 기반의 위축에 영향을 받지 않을 수 없어요. 중국에서 창출한 이윤과 지대가 달러 기반의 슈퍼 클라우드 영지로 흘러들어오지 않는 건 아마존과 구글의 매출을 교란하는 일일 수밖에 없으니까요.

한 가지만큼은 분명합니다. 기술의 발전은 클라우드 자본의 힘을 점점 더 키워줄 거예요. 대규모, 가변적, 진보한 3D 프린트 기술 및 AI로 강화된 산업 로봇과 결합한다면 클라우드 자본은 전통적인 자본으로 이루어진, 규모의 경제를 통해 상대적 우위를 점하고 있는 기업 복합체들을 모든 면에서 능가할 수밖에 없어요. 게다가 워싱턴은 중국을 상대로 경제 전쟁을 시작했고 그 결과 물리적 자본의 탈세계화가 촉발됐죠. 이는 전통 자본의 상대적 쇠퇴를 더욱 가속화할 수밖에 없습니다. 두 거대한 클라우드 장원은 희토류, 리튬, 그리고 당연하게도 우리가 만들어내는 데이터까지, 그 모든 원자재를 두고 전 세계에서 더 치열한 경쟁을 하도록 예정되어 있다고 할 수 있죠.

세계화의 최전성기는 2005년에서 2020년까지였어요. 그 동안 세계의 주요 무역권 내에는 큰 파울선이 그어졌습니다. 유럽연합을 남쪽의 적자국과 북쪽의 흑자국으로 갈라놓았던 선이 그런 파울선의 사례라고 할 수 있죠. 미국의 해안가 대도시 경제권과 중서부의 러스트벨트 사이에도 그런 파울선이 존재한다 할 수 있고요. 중국의 해안가에서 경제가 폭발적으로 성장하지만 내륙은 그렇지 못했다는 것은 일종의 '경제적 베를린 장벽'이었다고 할 수도 있어요. 이제 세계화가 저물어가고 있으니 이런 파울선 역시 허물어지게 될까요? 현실은 아마 정 반대일 겁니다. 기존의 파울선은 그대로 남아있는 가운데 새로운 것들이 출현하겠죠. 가령 유럽을 동서로 가르는 선이라던가, 클라우드 영주의 권력에서 혜택을 보는 미국인과 그렇지 않은 미국인을 가르는 선처럼 말이에요. 이렇듯 테크노퓨달리즘은 세상을 크게 둘로 나눠놓게 되는데, 그 결과 세계는 대륙 단위의 슈퍼국가들로 분열될 테죠. 그런 클라우드 영지가 끝나지 않는 전쟁을 치르는 모습은 조지 오웰의 《1984》에서 묘사된 바와 크게 다르지

않을 거예요.[20]

　이러한 미래가 평화에 해로울 것은 분명해 보입니다. 하지만 평화만이 문제가 아니죠. 태평양 양쪽에서 한 줌도 안 되는 클라우드 영주들이 움켜쥐는 권력의 강도와 속성을 떠올려 보자고요. 진정한 민주주의라는 말에서 우리가 떠올릴 수 있는 그 모든 것들은 점점 더 붙잡을 수 없는 파랑새가 되어갑니다. 이 지점에서 서구의 관점에서 볼 때 엄청난 아이러니가 발생하는 것도 같아요. 클라우드 영주들을 견제할 수 있는 힘, 그리하여 민주주의를 살아 있게 할 수 있는 희망을 보여주는 정치적 원동력을 가진 조직은 중국 공산당 뿐인 것 같다는 거죠. 시진핑 주석은 마윈 같은 중국 클라우드 영주들에게 엄격한 제한을 걸었죠. 그리고는 클라우드 금융에 공산당이 납득할 수 있도록, 다시 말해 공산당 스스로가 마음대로 주무를 수 있도록, 제약을 걸었어요.[21]

　하지만 시진핑이 맞닥뜨린 가장 큰 도전은 공산당의 권위가 경제 성장에서 나온다는 것입니다. 그리고 중국의 경제 성장은 다크 딜을 통해 성장한 자본가들로부터 나오고 있었죠. 이론적으로 보자면 시

---

20 《1984》에서 조지 오웰은 오세아니아, 유라시아, 이스타시아라는 세 초강대국이 세계 패권을 노리지면 달성하지 못하는 미래를 상상했다.

21 마윈은 워렌 버핏의 후광을 끼었은 중국판 제프 베이조스라 할만한 인물이다. 그는 아마존의 중국판 경쟁사인 알리바바를 설립하고 운영했으며, 특히 클라우드 금융 기업인 앤트 그룹을 세웠다. 시진핑이 중국 클라우드 영주들의 권력을 지목하며 그것을 박탈하겠다고 했을 때 시진핑이 겨냥했던 대상이 바로 마윈이었다. 2018년 마윈은 알리바바 회장직에서 물러나도록 '권유'받았고, 2021년에는 앤트 그룹의 지배권을 내려놓도록 강요받았다. 한편 중국 정부는 그러한 조치가 마윈 한 사람만을 노린 게 아니라고 언론에 흘려놓았다. 클라우드 영주들에게 고삐를 물리겠다는 정부의 의지를 보여주고자 했다는 것이었다.

진핑이 결국은 돌고 돌아 클라우드 영주들 뿐 아니라 중국 자본가들을 상대로, 중국 노동자들을 위한 계급 전쟁을 선포했다고 할 수도 있을 거예요. 2021년 8월, 그는 '과잉 소득'을 줄여야 한다고 발표했고, 결정적으로 총 투자를 중국의 총 소득 중 50퍼센트에서 30퍼센트로 축소하는 새로운 정책을 발표했습니다. 이건 중국의 국내 임금이 대대적으로 오르는 가운데 대미 수출에 바탕을 둔 중국 자본가들의 이윤이 크게 줄어들어야 한다는 것을 의미했어요. 하지만 이게 진짜 정책이라고 할 수 있을까요? 그보다는 일종의 선전선동이자 중국적인 포퓰리즘이라고 보는 편이 더 맞지 않을까요? 중국의 정치적 지배 계급은 과연 클라우드 영주 및 자본가들과 계속 충돌할 능력과 의지를 가지고 있을까요?

그렇게 말할 수는 없을 겁니다. 설령 노동 계급의 소득을 높이는 것이 시진핑의 진심이라 하더라도, 다수의 임금을 높이는 것이 중국 국민들에게 새로운 힘을 북돋는 결과로 이어질 거라고 장담할 수 있는 사람은 아무도 없겠죠. 그럼에도 불구하고 세계의 평범한 사람들이 지니고 있는 아주 작고 미약한 희망이라는 것이, 전체주의에 짓눌려 있는 사회 속에서 빛나고 있다는 건, 정말이지 해결할 수 없는 호기심을 불러일으키는 현상입니다.

한때 자유주의자들은 아버지나 저 같은 사람, 사회주의적 변혁을 갈망하는 좌파들을 두려워했었죠. 좌파가 패배하자 자유주의자들은 안도했지만 국가 권력을 가로막기 위한 노력은 계속해 나갔습니다. 그들이 볼 때 강력한 국가란 설령 부르주아 자유주의 국가라 해도 예속으로 향하는 포장도로와 같은 것이니까요. 그런데 오늘날 벌어지고 있는 전지구적인 예속 상태는 서구의 국가 권력이 너무 강해서가 아니라 약해서 벌어진 일이었죠.

이 역설을 생각하면 짜릿한 충격이 느껴지지 않으시나요? 서구의 국가는 너무 약했습니다. 갓 태어난 클라우드 자본이 점점 성장해 자본주의의 토대를 뒤흔들고 테크노퓨달리즘으로 향하는 것을 막기에는, 너무도 약했던 거죠.

7장

테크노퓨달리즘에서
벗어나기

오랜 기다림 끝에 결국 예술가가 등장했습니다. 그 예술가를 기다리고 있던 건 반짝이고 커다란 로봇 형태의 금속제 외골격이었죠. 한때 시드니 외곽의 발전소였던 예술 전시 공간의 높은 천장에서 드리워진 긴 케이블에 묶여 있었어요. 저는 은은한 조명이 드리워진 한때의 발전기 터빈실에 관객으로 앉아 있었죠. 일렁이는 음악과 홀리는 듯 우아하게 빛나는 기계의 모습에 점점 빠져들었어요. 그날은 2000년 8월 19일, 마크 저커버그가 페이스북을 창업하기 4년도 더 전이었어요. 최초의 트윗이 나오려면 6년이 더 필요했고, 구글이 최초의 검색 결과를 내놓기 바로 직전 해였죠. 인터넷은 여전히 순수의 시대였습니다. 사이버 세상의 주권자가 될 우리 모두가 운영하고 참여하는 열린 디지털 포럼의 꿈이 아직 살아 있던 무렵이었죠.

드디어 그 전시의 주인공인 예술가 스텔라크Stelarc가 등장했습니다.[1] 스텔라크는 외골격에 올라탔습니다. 다리는 자유롭게 움직일 수 있었지만 상체는 인터넷으로 전시를 보는 익명의 시청자에 의해 원격 조종되고 있었어요. 스텔라크가 무바타^{Movatar}라 이름 붙인 기계에 올라타자 시스템이 가동되기 시작했습니다. 곧 무바라크는 보이지 않는 누군가가 기다리고 있는 인터넷에 접속했어요. 무용가가 전혀 힘들이지 않고 움직이는 모습을 볼 때 우리는 시선을 빼앗기곤 하죠. 무바라크의 움직임도 시선을 빼앗았지만 그건 너무도 이상했기 때문이었어요. 그 아래 있는 하체와 달리 상체가 제멋대로 꿈틀대고 있었습니다. 그 서툰 움직임은 퍽 의미심장했죠.

그런데 이 퍼포먼스의 의미는 구체적으로 무엇이었을까요? 저는 열린 창 틈새로 인간과 기술 사이의 관계를 엿보는 듯한 기분이 들었습니다. 헤시오도스의 시에서 받은 영감처럼, 서로 모순적이고 발전해 나가는 그 관계 말이에요.

훗날 저는 아버지의 질문을 떠올리고 상념에 잠겼어요. 인터넷은 자본주의의 적일까, 친구일까? 무바타는 그 대답을 줄 수 있을까? 이게 인간의 조건에 미치는 영향이 뭐지? 당시로서는 그 답을 짐작하지 못했어요. 하지만 이제는 분명히 말할 수 있을 것 같습니다. 스텔라크의 무바타는 전통적인 자본이 클라우드 자본으로 진화했을 때, '생산된 생산수단'이 **생산된 행태 변경 수단**으로 바뀌었

---

1 스텔라가 선보인 '모바타'라는 제목의 퍼포먼스는 '2000 사이버컬처' 전시의 일환으로, 오스트레일리아 카슐라에 있는 카슐라 발전소에서 공개되었다.

을 때, 우리가 겪게 될 일을 예언하고 있었어요. 스텔라크의 퍼포먼스는 포스트휴먼이라는 개념을 실험하는 것이었지만, 그가 만든 모바타는 인류의 미래 현실의 본질을 포착했다고 할 수 있죠. 오늘날의 눈으로 볼 때, 모바타는 초연결된, 알고리즘으로 구동하는, 클라우드 기반 자본의 가호를 받아 태어나는 피조물인 것입니다. 그것의 다른 이름은 아마도 '호모 테크노퓨달리스^{Homo technofeudalis}'가 아닐까 싶네요.

| 개인의 자유를 빼앗아간 클라우드 자본 |

요즘 그래요. 아버지가 살아오신 길을 생각해보면 문득 부러워요. 아버지는 자유로운 개인의 전형이셨죠. 물론 생계를 위해 엘레우시스의 강철 공장에서 일하며 영혼 없이 상사들을 상대하셔야 했지만 점심시간마다 엘레우시스 고고학 박물관의 탁 트인 뒤뜰을 누비며 지극한 행복을 느끼실 수 있었어요. 고대에 만들어진 기둥들을 사이를 거닐며 당시의 기술이 흔히 생각했던 것보다 훨씬 발전했다는 단서를 더듬어 나가셨죠. 그리고 정확히 오후 5시 이후로는 귀가하여 늦은 시에스타를 즐기고 일어나 가족과의 시간을 보내거나, 때로는 책과 논문을 쓰셨던 거죠. 아, 물론 저와 난롯가에서 금속을 녹이고 있지 않을 때 말이에요. 그러니까 아버지의 인생에서 공장 생활은 개인적 삶을 넘볼 수 없도록 울타리가 쳐져 있었습니다.

아버지께 당연했던 그런 규칙은 그 시절의 반영이었죠. 비록 특정 수준으로 제한되어 있긴 해도, 우리 자신에 대한 주권을 자본주의가 우리로부터 모두 빼앗아가지는 않았다고 모두가 생각하고 있었던 그 시절의 사고방식 말이에요. 아무리 힘들게 일해야 하는 사람이라 해도 인생의 일부에서만큼은 그 일과 별도의 영역을 가질 수 있었습니다. 비록 그게 아무리 작고 사소해도, 우리에게는 자율적이고, 자결권이 있고, 자유로운 그런 영역이 있다고 믿었어요. 아버지나 저 같은 좌파들은 그 자유를 온전히 누릴 수 있는 건 오직 부자들뿐이라는 걸 잘 알고 있었죠. 가난한 이들에게 주어질 자유란 패배할 자유뿐이고, 최악의 경우에는 자신의 발목에 묶인 사슬을 사랑하는 법을 배운 노예가 되고 말 뿐이라는 것도요.[2] 사실 지금까지도 우리같은 자본주의의 가장 치열한 비판자들은, 그럼에도 일정 부분이나마 우리에게 스스로에 대한 소유권이 주어져 있다고 보고 있잖아요.

그런데 오늘날을 살아가는 젊은이들은 어떨까요. 이런 작은 자비마저도 빼앗긴지 오래 아닌가요. 온라인에 자아를 전시하는 건 더이상 선택이 아닙니다. 그러니 개인적인 삶이라는 것도 일종의 핵심 중요 업무 같은 게 되어버렸어요. 온라인에 첫 발을 내디딜 때부터 젊은이들은 마치 무바타처럼 서로 충돌하는 두 요구와 맞닥뜨려 고통 받게 됩니다. 스스로를 브랜드로 바라보며 홍보해야 한다고 교육

---

2 이에 대한 추가적인 논의는 나의 책 《딸에게 들려주는 경제 이야기》 참고.

받아온 청년들이지만, 그럼에도 다른 사람의 눈에 진정성 있게 보여야 한다는 생각을 떨칠 수가 없는 거죠. (그 '다른 사람'에는 나를 채용해줄 누군가도 포함되어 있죠. 어떤 학생이 제게 했던 말이 있어요. "제가 진정한 나 자신을 찾지 못하는 한 저를 고용해줄 회사는 없을 거예요.") 그래서 사진 한 장을 올릴 때마다, 비디오 하나를 찍을 때마다, 영화 한 편을 리뷰할 때마다, 친구들에게 사진이나 메시지를 공유할 때마다, 젊은이들은 그로 인해 누가 기뻐할지 아니면 소외될지 신경을 바싹 곤두세워야 하죠. 요즘 젊은이들은 본인에게 잠재되어 있는 '진짜 자아'가 가장 매력적으로 보일 수 있는 방법이 무엇일지 고심해요. 온라인에서 목소리 큰 사람들이 택할법한 의견이 뭔지 촉각을 곤두세우며 자신의 생각을 그에 맞추기 위해 노력하죠.[3] 모든 경험은 캡처 후 공유될 수 있으니 이걸 할지 말지 끝없이 고민하게 되는 것은 당연한 일이고요. 심지어 실제로는 기억을 공유할 기회가 없다 해도 그런 기회를 상상해보는 건 어렵지 않죠. 그런 기회는 쉽게 찾아옵니다. 모든 선택은 보는 사람이 있건 없건 자아 전시 행위의 일부가 되어버리는 거예요.

'사람은 사고파는 물건이 아니라는 권리'는 오늘날 이 사회에서

---

3 존 메이너드 케인스는 주식의 '진정한' 가치를 절대 알 수 없다는 점을 설명하기 위해 그 유명한 미인대회의 예시를 꺼내들었다. 미인대회의 심사관들(주식시장의 참여자들)은 가장 예쁜 참여자가 누구인지 판단하는 일에 관심이 없다. 단지 그들은 평균적인 견해를 가진 사람들이 가장 예쁘다고 볼 사람이 누구인지 예측하고 그 예측을 바탕으로 선택할 뿐이다. 그리하여 마치 자신의 꼬리를 쫓아가는 고양이 같은 결과를 맞이하게 된다. 케인스의 미인대회 예시는 오늘날 젊은이들이 처한 비극을 바라보는 데에도 도움이 될 듯하다.

완전히 실종되어 버렸죠. 급진적인 사회비평가가 아니어도 누구나 알고 있는 사실이에요. 그런데 아이러니한 건 자유주의적 개인주의를 누가 질식시켰냐는 겁니다. 갈색 군복을 입은 파시스트도 스탈린주의 수호대도 범인이 아니에요. 자유주의적 개인주의는 새로운 유형의 자본이 출현해 자본주의 사회의 젊은이들에게 가장 자유주의적인 행동을 하라고 부추기기 시작한 순간 위기에 몰렸습니다. 뭐라고 부추겼을까요? '너 자신이 되어라!(아울러, 그걸 성공적으로 해내라!)' 클라우드 자본은 지금까지 수많은 행태 조작을 시도하고 결과를 개선해가며 돈을 벌어왔지만, 바로 이것이야말로 목표를 초과달성해낸 최고의 성공작이라 할 수 있을 겁니다.

소유적 개인주의Possessive individualism[4]는 언제나 정신건강에 해로운 영향을 미쳐왔어요. 자유주의적 개인이라는 개념이 그나마 시장으로부터 벗어날 수 있는 여지를 제공하고 있었죠. 그런데 테크노퓨달리즘이 그 울타리마저 없애버렸고, 사정은 끝도 없이 악화되기 시작했어요. 클라우드 자본은 개인을 알고리즘이 소화하기 쉽도록 정보 파편들로 조각내고 우리의 클릭으로 표현된 선택의 집합 정도로 만들어 버렸죠. 클라우드 자본으로 인해 그다지 소유적이지 않았던 개

---

4 정치철학자 C. B. Macpherson이 1962년 《The Political Theory of Possessive Individualism: Hobbes to Locke(소유적 개인주의의 정치이론: 흡스에서 로크까지)》를 통해 주장한 개념이다. 맥퍼슨에 따르면 흡스와 로크로 대표되는 17세기 영국 정치철학자들은 인간의 명목적 본질의 핵심을 자기 소유(self-ownership)로 보고 있었다. 토지, 주택, 기타등등 여러 재산을 소유할 뿐 아니라 자기 자신 또한 그러한 소유물로 바라보는 관점이 17세기 자유주의의 바탕에 깔려 있었고 그것이 오늘에까지 영향을 미치고 있다는 것이다. -역자 주

인은 **소유된** 무언가로 전락했어요. 아니, 그보다는 스스로를 소유할 수 없는 존재로 격하되었다고 말하는 편이 더 정확할 수도 있겠군요. 클라우드 자본은 우리의 관심사에 끼어들면서 우리의 주의 집중력을 위축시켰습니다. 이건 우리의 의지력이 약해진 게 아니에요. 우리의 '집중력이 도둑맞은' 거죠.[5] 그런데 잘 알려져 있다시피 테크노퓨달리즘의 알고리즘은 가부장제, 편견, 기존의 억압을 강화하는 성향이 있다보니, 소녀들, 정신이상자들, 한계에 몰린 사람들, 그리고 물론 당연하게도 가난한 이들까지, 이 모든 약자들이 가장 큰 피해를 입게 되었습니다.

파시즘이 우리에게 준 교훈이랄 게 있다면, 무언가를 악마화하는 고정관념을 의심해야 한다는 것이겠지요. 또한 올바름, 공포, 질투, 그밖에 우리의 마음속에서 올라오는 그런 감정들을 향한 추악한 끌림을 경계해야 한다는 것도요. 우리가 살고 있는 테크노퓨달리즘 세계 속에서 인터넷은 우리에게 두렵고 구역질나는 '타자'들을 코앞에 들이밉니다. 온라인에서 폭력을 표출하는 건 피가 흐르지도 않고 고통이 느껴지지도 않으니 우리는 그 '타자'들을 온라인에서 만나면 오프라인보다 더 고함을 치고, 비인간적 언어를 구사하며, 짜증을 내는 경향을 보이죠.

우리는 정체성과 집중의 문제에서 불만과 불안을 곧잘 느끼게 되는데, 그에 대한 테크노퓨달리즘의 감정적 보상이 바로 편협한 태도

---

5 책 제목 《도둑맞은 집중력》에서 따온 표현.

일 거예요. 댓글 관리자를 두거나 혐오 표현을 규제한다 해도 이러한 경향을 멈출 수는 없습니다. 이건 클라우드 자본의 본성에 내재해 있는 문제니까요. 알고리즘은 클라우드 지대의 최적화에 맞춰져 있고, 그것은 더 많은 증오와 불만을 자기복제합니다.

아버지가 언젠가 제게 해주신 말씀이 있어요. 영원불멸한 아름다움을 지닌 것, 집중할만한 가치가 있는 무언가를 찾는 것은 우리 영혼 주변을 떠도는 악마에게 스스로를 빼앗기지 않을 수 있는 유일한 방책이라고요. 마치 아버지께서 고대 그리스의 유물에 탐닉하셨듯이 말이죠. 저 역시 제 나름대로는 그런 방법을 오래도록 시도해 왔어요. 하지만 테크노퓨달리즘과 맞닥뜨린 지금은 홀로 고립된 자유주의적 개인 행세를 하는 것으로는 그리 오래 버틸 수 있을 것 같지가 않아요. 인터넷 접속을 끊고, 핸드폰 전원을 끄고, 신용카드나 모바일 결제 대신 현금을 사용하는 게 잠깐은 도움이 될 수 있겠죠. 하지만 해법은 아닐 거예요. 우리가 함께 뭉치지 않는 한 우리는 결코 클라우드 자본을 순화하지도 사회화하지도 못할 겁니다. 그들에게 사로잡힌 우리의 정신 또한 영영 되찾을 수 없을 거예요.

그리고 여기서 다시 한 번, 가장 큰 모순을 발견할 수 있어요. 자유주의적 개념의 토대, 자기 소유자로서의 자유를 회복하려면, 소유권에 대한 전면적인 재규정이 요구된다는 거죠. 왜냐하면 이제 세상은 점점 더 클라우드에 바탕을 둔 생산, 분배, 협력, 통신으로 돌아가고 있으니까요. 자유주의적 개인에 심폐소생술을 하고 싶다면 우리는 자유주의자들이 거부하는 바로 그것, 새로운 혁명의 계획을 세워야만 하는 것입니다.

불가능해진 사회민주주의

그렇다면 정치의 힘으로 테크노퓨달리즘을 묶어둘 수는 없는 걸까요? 사회민주주의가 적어도 잠시나마 자본주의의 고삐를 쥐었던 그때처럼 말이에요.

사회민주주의자들이 변화를 이끌어낼 수 있었던 시절은 권력이 구식 산업 자본을 통해 형성되던 시절이었죠. 사민주의자들은 조직화된 노동과 제조업 선두 기업을 테이블로 불러들이고 서로 타협하도록 압력을 넣어가며, 은유적인 의미에서, 때로는 문자 그대로 두 세력 사이에서 심판 노릇을 했어요. 그 결과 노동자의 임금이 높아지고 노동조건이 개선되는 한편으로, 제조업의 이윤 중 한 몫이 연금, 병원, 학교, 고용보험 및 예술 등에 다양하게 할애되었습니다. 하지만 1971년 브레튼우즈 체제가 종말을 맞이하며 권력이 산업에서 금융으로 넘어갔어요. 유럽의 사민주의자들과 미국의 민주당은 하나같이 월스트리트, 런던 금융가 시티, 프랑크푸르트와 파리의 은행가들과의 악마의 계약으로 빨려 들어갔죠. 협상 내용은 거칠고 단순했습니다. 정부의 사민주의자들은 은행을 규제의 굴레에서 해방시켰어요. '자, 날뛰어 봐! 규제 따위 알아서들 해.' 이렇게 말하는 거나 다름없었죠. 그 대가로 금융계는 식탁 아래에 빵 부스러기를 던져주

기로 했습니다. 급격한 금융화로 벌어들이는 돈의 일부를 복지국가의 운영비로 떼어준 거죠.[6]

　호메로스의 용어를 빌려서 이야기해볼까요. 사회민주주의자들은 오딧세이아에 나오는 '연꽃 먹는 자들'처럼 되어버리고 말았어요. 연꽃을 먹고 황홀경에 취해 모든 근심 걱정을 잊고 있다가 괴물의 밥이 되었던 오디세우스의 선원들처럼, 사민주의자들은 금융화의 단물로 배를 불린 끝에 지적으로 나약하고 도덕적으로 문제 있는 존재가 되어버리고 말았습니다. 금융화의 꿀맛 같은 단물 속에는 금융계의 가치관이 담겨 있었어요. 과거에는 위험했을지 모르지만 더는 위험하지 않다고, 이 요술 거위가 영원히 황금알을 낳아줄 거라고, 그 황금알로 복지국가의 재원을 마련할 수 있다면 거위야 무슨 짓을 해도 괜찮지 않겠냐고, 그런 생각에 전염되어 버렸죠. 그리고 2008년, 금융 자본이 무너졌습니다. 사민주의자들에게는 은행가를 상대로 "이제 그만해! 은행은 살려야겠지만 너희들은 아니야!"라고 말할만한 정신적, 도덕적 기반이 더는 남아 있지 않았습니다. 우리가 지난 4장에서 살펴봤던 '은행가를 위한 사회주의'와 '그 외 모든 이들을 대상으로 한 긴축정책'의 시대는 그렇게 시작되었죠. 그리하여 경제는 침체로 접어들었고 중앙은행이 찍어내는 돈은 그저 클라우드 자본을 살찌우게 된 거예요.

6　런던 금융가 시티에서 벌어들이는 막대한 이윤 중 작은 부분을 가져와 NHS 운영비 확장에 썼던 토니 블레어 정권이 좋은 사례라고 할 수 있다. 이것은 2007년과 2008년 금융시장이 폭락하고 무너지면서 도리어 시티의 은행과 은행가들이 납세자의 돈으로 구제금융을 받을 때까지는 그럴듯해 보였다.

지난 날 사회민주주의자들이 자본가의 권력을 어느 정도 가져올 수 있었던 건 노동조합을 등에 업고 있었고 고통스러운 규제를 가하겠다고 위협할 수도 있었기 때문이었죠. 오늘날 클라우드 영주들은 강력한 노동조합이 나타날까 하는 걱정을 전혀 하지 않습니다. 클라우드 프롤레타리아는 너무도 미약해 노동조합을 형성하지도 못하고, 클라우드 농노들은 자신들이 클라우드 영주를 위해 생산자 노릇을 하고 있다는 것조차 알지 못하니까요.

규제의 경우도 그렇죠. 옛날에는 가격 상한을 걸거나 카르텔을 분쇄하는 식이었습니다. 클라우드 자본의 시대에는 둘 다 말이 안 되니 클라우드 영주들로서는 그저 편안할 수밖에요. 클라우드 기반 서비스는 무료거나 이미 시장 최저가로 제공되고 있으니 소비자를 보호하기 위해 가격을 규제하는 건 말이 되지 않습니다.[7]

클라우드 자본을 쪼개버리는 건 어떨까요? 지상의 자본이 지배하던 시절 시어도어 루즈벨트 대통령은 록펠러가 지배하는 스탠다드 오일과 다른 석유 기업들의 카르텔을 해산해 버렸죠. 그 거대 카르텔을 각 지역별 석유 회사로 나누고 서로 경쟁하게 하는 건 정치적으로 매우 어려운 일이었지만 기술적으로는 더없이 간단했습니다. 그런데 오늘날의 아마존, 페이스북, 페이팔, 테슬라를 과연 어찌 분

---

7 무언가를 생산하면서 하나 더 생산할 때 들어가는 비용을 한계 비용(marginal cost)이라 부른다. 그런데 비디오 스트리밍 사이트에서 영상 하나를 더 업로드하거나 출판사가 전자책을 한 부 더 판매하는 경우처럼 한계 비용이 0으로 수렴하는 세계에서는, 가격 역시 사라지는 경향을 보이게 된다. 그 경우 제대로 돈을 버는 방법은 클라우드 지대를 거두어들이는 것뿐이다. (페이스북에서 자신의 게시물을 홍보하고자 하는 이들에게 돈을 받거나 아마존이 판매자의 매출 중 35퍼센트를 가져가는 것 등을 떠올려볼 수 있다.)

할할 수 있단 말인가요?

그들의 클라우드 장원에 빌붙어 살아가고 있는 서드파티 개발자(즉 가신 자본가) 중 누군가 감히 클라우드 지대를 먼저 내지 않고 사용자(즉 클라우드 농노)들에게 접촉하려 하면, 클라우드 영주들은 아무런 어려움 없이 그 가신들을 박살내버릴 수 있죠. 그들 스스로가 잘 알고 있는 사실이에요.[8]

소프트웨어가 업데이트될 때 사용권 계약서를 읽고 '아니오'라고 누를 사람이 과연 얼마나 되겠어요? 즉 클라우드 영주들은 사용자들을 자기들 내키는 대로 다룰 수 있고, 그 점도 스스로 잘 알고 있어요. 왜냐하면 그들은 우리의 연락처, 친구, 대화 기록, 사진, 음악, 영상 등 그 모든 것을 인질로 잡고 있고, 그들의 품에서 벗어나 다른 클라우드 장원으로 옮기려 하면 그걸 잃게 된다는 걸 우리는 잘 알고 있거든요. 게다가 정보로서도 클라우드 자본가들을 막기 위해 할 수 있는 일이 별로 없다는 것 또한 그들에게 주지의 사실입니다.

국영 전화 회사들은 그렇지 않았죠. 정부는 A라는 회사를 통해 가입한 전화 사용자가 B라는 회사의 전화를 쓰는 사람에게 전화를 건다고 해서 요금을 더 받거나 하도록 내버려두지 않았어요. 하지만 클라우드 영주들에게 그럴 수 있나요? 세상 그 어떤 정부가 트

---

8 소설가이자 빅테크 비평가인 코리 독토로우의 적절한 코멘트를 인용한다. "플랫폼을 위해 일한다는 것은 규칙을 어길 때마다 그 명목으로 돈을 뜯어가는 두목을 위해 일하는 것과 같다. 하지만 그 두목은 당신이 어겼다는 그 규칙이 무엇인지 말해주지 않는다. 규칙이 뭔지 구체적으로 가르쳐주면 다신이 그 규칙 위반을 피하고 돈을 뜯기지 않을 수 있다는 것을 알고 있기 때문이다. 불분명한 규칙으로 안전을 지킨다는 발상이 오직 컨텐츠 규제에서만은 최선의 방식으로 여겨지고 있다."

위터로 하여금 그 많은 개인 정보를, 가령 마스토돈[Mastodon][9]과 공유하도록 강제할 수 있단 말인가요?[10]

더 나쁜 건 세상의 이념적 구도마저 클라우드 영주들에게 유리하게 돌아가고 있다는 거죠. 아버지가 아직 젊으셨을 때만 해도 정치적 좌파들에게는 객관적 진리에 대한 믿음이 있었잖아요. 좌파들은 인류의 삶을 개선하겠다는 더 높은 목적을 추구하며, 그 수단으로 소득과 부, 권력을 재분배해줄 새로운 제도의 개발과 정착에 헌신했죠. 아버지 같은 마르크스주의자들이 한 걸음 더 나아가 혁명을 주장했던 것도 그런 이유 때문이었어요. 본인들이 가지고 있는 윤리적 기반이 타당하다 믿었고, 사회과학적 이론과 관점이 과학적 합리성을 지니고 있다 확신했고, 인류 역사의 바람직한 최종적 완성을 위해 일하고 있다는 신념을 품고 있었으니까요.

그리하여 인류는 모든 구조적인 착취가 일소되고 갈등이 소멸한 자유로운 공산사회가 될 거라는 아름다운 꿈을 품고 있었죠. 심지어 마르크스주의의 이상으로부터 점점 멀어져가고 그것을 더럽혔던 사

---

9 오픈 소스를 기반으로 하고 자원봉사자들에 의해 운영되는 마이크로블로깅(트위터처럼 짧은 글로 소통하는 형식의 블로그) 플랫폼.

10 1990년대와 2000년대, 모바일 통신사는 상호운용성을 가로막기 위해 애를 썼고, 규제 당국은 상호운용성을 보장하기 위해 통신사를 규제해 나갔다. 가령 통신사는 다른 회사 번호를 쓰는 이에게 전화를 걸 때 추가요금을 받거나, 통신 계약을 해약하면서 본인 번호를 유지하지 못하게 하려 했던 것이다.
상호운용성을 강제함으로써 규제 당국은 더 많은 통신사가 등장해 가격을 낮추는 결과를 불러올 수 있었다. 사용자가 그들의 데이터, 전자책, 대화 기록, 사진, 음악 등을 손실 없이 이 클라우드에서 저 클라우드로 옮길 수 있게끔 하는 '클라우드 상호운용성'은 클라우드 영주들이 두려워하는 것 중 하나다. 하지만 전화번호나 연락처 목록과 달리 클라우드가 가지고 있는 개인 정보는 훨씬 복잡하기에, 클라우드 영주들이 그리 심각하게 걱정할 필요는 없을 듯하다.

회민주주의자들조차 그 정치적 신념과 원동력은 마르크스주의적인 확신에서 끌어오고 있었어요. 사회민주주의자들의 의제란 가령 보편적 건강 보험이나 무상교육처럼 마르크스주의자들이 주장했던 것과 같았죠. 하지만 그들은 시장과 자본주의를 버리지 않았고, 더 중요한 차이는 소련 공산주의와 비밀경찰, 강제수용소 등과 놀아나지 않았죠.

돌이켜보면 참 신기한 일입니다. 좌파들이 확신에 가득차 있던 그때, 정치적 우파들은 일종의 상대주의를 포용하고 있었어요. 사회민주주의자들, 베트남전 반대 운동가들, 시민권 운동가들, 페미니스트 등이 지니고 있는 도덕적 확신에 경계하는 눈초리를 보내고 있었어요. 세상은 씻지 않고 냄새나는 히피들이나 그보다 나이 많은 공산주의 방랑객들이 떠드는 것과 달리 흑백으로 나눠지지 않는 훨씬 복잡한 곳이라고 주장하고 있었죠.

하지만 1991년 크렘린 광장에 걸린 붉은 깃발이 내려가면서, 국제 좌파 운동의 패배가 분명해진 그 순간, 모든 이들의 입장이 돌변해 버렸어요. 오른쪽에 있는 사람들이 갑자기 불변의 진리를 포용하고 양보할 수 없는 가치를 주장하고 있었죠. 모든 사람에게는 국가를 이루거나 민주국가를 형성할 수 있는 보편적 권리가 있다는 주장을 지금껏 의심해왔던 반동주의자들이 갑자기 마음을 바꾸어 (몇몇에게)총구를 들이대고 민주주의를 도입하라고 협박하기 시작했죠.[11]

---

11 1950년대와 1960년대, 팔레스타인 사람들, 쿠르드족, 사하라 사막 서쪽 지역 거주민들은 민족자결

우파는 그들의 새로운 접근법을 '역사의 종말'이라는 용어로 제시 했어요. 자산을 공유하고 급진적 평등을 추구하는 사회주의가 아니 라 자유시장과 소유주의적 개인주의에 바탕을 둔 자유민주주의가 해법이라는 이야기였죠. 한편 좌파는 이전까지 우파가 걷던 길을 걷 기 시작했어요. 모든 확신을 포기하고 상대주의를 받아들였고요. 모 든 이에게는 다른 이로부터 착취당하지 않을 권리가 있다는 원칙은, 언젠가 그 누구의 관점도 다른 이의 관점보다 중요하지 않다는 원칙 으로 돌변하고 말았습니다.

서구가 이렇게 변하게 된 바탕에는 당연히 서구의 탈산업화가 깔 려 있었어요. 탈산업화로 인해 노동 계급은 조각나 버렸고 테크노퓨 달리즘으로의 전환이 시작되어 오늘에 이르고 있죠. 노동계급이 상 대적으로 단일한 성격을 지니고 있었을 때만 해도, 상대적으로 단단 한 계급적 자의식이 유지되고 있었고, 이는 사회민주주의 정부가 적 어도 어느 정도의 영향력을 행사할 수 있는 바탕이 되어주었습니다. 오늘날 계급투쟁은 소위 '정체성 정치'에 자리를 내주었어요.

안타깝게도 급진적, 성적, 인종적, 종교적 소수자들을 지켜내고 정 의를 회복해야겠다는 움직임은 사회적 진보로 보이고 싶어하는 힘

주의 원칙에 기반한 독립국가 건설을 외쳤으나 단일한 도덕적 원리의 존재를 부정하는 보수주의자 들에 가로막혔다. 마찬가지로 민주주의를 요구하고 있던 라틴아메리카, 이집트, 대한민국의 국민들 은 그들의 사회와 제도가 아직 민주주의를 떠받칠 수 있을 정도로 발전하지 못했다는 에드먼드 버크 식의 반론을 접해야 했다. 하지만 1991년 이후 주권국가와 민주주의에 회의적이었던 이 보수주의자 들은, 물론 선택적이긴 하지만, 민주화의 이름으로 구 유고슬라비아에서 군사 작전을 수행하고, 아 프가니스탄과 이라크에서 전쟁을 벌였다. 그 과정에서 나토를 끌어들였음은 물론이다.

있는 이들의 입맛에 맞을 뿐 그 이상의 가치는 없어요. 그 힘 있는 사람들은 소위 다양성의 언어를 잘도 끌어다 쓰지만 그건 어디까지나 립서비스로 끝날 수 있을 때까지만이죠. 소수자들이 받는 억압의 체계적인 원인을 해소하는 일에는 관심이 거의 없습니다. 더구나 정체성 정치에 대한 이 허황된 고담준론들은 클라우드 자본과 결탁되어 점점 더 커져만 가는 경제적, 정치적 약탈의 힘을 막는 데 아무 역할을 하지 못하죠. 대안우파의 입장에서 볼 때 그런 담론들보다 더 좋은 상대는 없을 거예요. 정체성 정치가 판치는 건 대안우파에게 백인 유권자들의 방어적, 부족적, 인종주의적 감성을 부추겨 정치적 자본을 쌓을 수 있는 더 없는 기회로 보일 테니까요.

이렇듯 새로워진 정치의 장에서 사회민주주의는 불가능합니다. 우리는 더 이상 한쪽에 자본이 있고 다른 쪽에 노동이 있는 세상에 살고 있지 않아요. 그런 세상이라면 사회민주주의 정부가 양쪽을 오가며 심판 노릇을 하고 적절히 협상을 하라고 강요하는 심판 노릇을 할 수 있었겠죠. 대신 지금의 정치 세력은 중도와 대안우파로 나누어지며, 그들 모두가 새로운 지배 계급인 클라우드 영주들에게 속박되어 있어요. 정작 클라우드 영주가 떠오른 건 지금의 정치 세력이 허락한 탓인데 말이에요.

한편 좌파들은 '여성'을 어떻게 정의할 것인가, 억압의 순위가 어떻게 되는가, 같은 온갖 문제를 두고 벌이는 내전에 사로잡혀 있어요. 그러다보니 기존의 프롤레타리아와 취약 노동 계층, 기후 변화의 피해자들, 테크노퓨달리즘에 짓눌리고 그 클라우드 장원에 속박되어 있는 대중은 물론이거니와, 클라우드 프롤레타리아나 클라우드 농노, 가신 자본가를 위해 말하는 이를 찾아볼 수도 없는 것입니다.

사회민주주의의, 또한 진정한 자유로운 개인의 이념을 되살리려면 두 가지가 필수적이에요. 첫째, 좌파와 우파의 구분은 한물갔다는 신화를 반드시 폐기해야 합니다. 우리가 자본의 제국에 살고 있는 한, 그 자본이 무차별적으로 인간과 지구를 착취하고 있는 한, 그것을 전복하겠다는 좌파의 의제에 착근하지 않은 민주 정치란 있을 수 없을 테니까요. 둘째, 테크노퓨달리즘의 세계 속에서 좌파와 우파란 무엇인지 근본적으로 재검토, 재설정해야만 합니다. 클라우드 자본 위에 세워진 테크노퓨달리즘 제국은 아주 복잡하면서도 새롭고, 사악한 계급 구조와 갈등을 낳을 것이기 때문이죠.

복잡하고 어려운 이야기처럼 들릴 수도 있어요. 그러니 좀 더 간단하게 정리해볼게요. 2차 세계대전 후 마르크스주의는 위협적인 진실을 확신에 찬 어조로 제시했어요. 분노에 가득 찬 우파는 상대주의로 빠졌고 사회민주주의가 그 기회를 잡았죠. 1991년 마르크스주의가 역사적 패배를 당한 후 마르크스주의의 진리는 사라졌고 자유주의적 진리가 복귀하면서 사회민주주의는 종언을 맞이했어요. 2008년 금융위기는 자본주의의 워털루 전투와도 같았고 테크노퓨달리즘이 부상하게 되었죠. 이제 자유주의자, 사회민주주의자, 대안우파들은 클라우드 영주들이 허락해준 한 줌의 권력을 놓고 서로 싸우는 중입니다. 오늘날 우리의 미래는 우리가 살고 있는 테크노퓨달리즘적 조건을 이루는 진실을 알아내고, 확신을 품는 것에 달려

있어요. 그것이 밝은 미래의 충분조건은 아니지만 필요조건인 것은
분명합니다.

| 클라우드 금융의 도구가 된 암호화폐 |

토머스모어Thomas More가 16세기에 《유토피아》를 썼을 때만 해도
그 책은 일종의 사고 실험에 지나지 않았습니다.

《유토피아》는 봉건 질서가 지닌 악덕을 어떻게 치유할 수 있을
까에 대한 사고 실험이었어요.(무어 스스로도 그 봉건 질서의 일원
이었다는 점도 지적해 두자고요.) 반세기 후 톰마소 캄파넬라Tommaso
Campanella[12]도 그 나름의 유토피아 이야기를 펴냈습니다. 육체노동을
하는 자에게는 온전한 시민권이 부여되어서는 안 된다는 아리스토
텔레스적 관점이 당대의 주류였는데, 그것을 논박하는 책인《태양
의 나라The City of the Sun》를 썼던 거죠. 기생하는 봉건 지배 계급이 아
니라 장인과 건축가들이 정치적 힘을 가져야 마땅하다는 것이 캄파
넬라의 주장이었어요.

오늘날 암호화폐 기술을 열정적으로 옹호하는 사람들은 어떨까

---

12 톰마소 캄파넬라(Tommaso Campanella, 1568-1639): 이탈리아의 철학자. 13세에 성 도미니크회 수
도회에 들어가 공부하였으나, 중세 기독교 신학과 봉건 체제의 토대가 되었던 아리스토텔레스 철학
을 비판하는 논문과 책을 쓰다가 종교재판에 회부되어 이탈리아 각지를 떠돌았다. 결국 27년간의 투
옥 생활을 했으며 그 기간 동안《태양의 나라》를 비롯한 주요 저서를 썼다.

요? 월스트리트, 클라우드 영주들, 정부, 딥스테이트로 이루어진 테크노퓨달리즘 질서 전체를 자신들이 만든 똑똑한 커퓨터 코드와 해킹 불가능한 알고리즘으로 무너뜨릴 수 있다고 주장하는 그들은, 오늘날의 경제적 유토피아주의자라 할 수 있을 거예요. 16세기의 유토피아 소설들이 봉건주의에 대한 반작용으로 등장했듯, 오늘날의 경제적 유토피아론과 암호화폐 옹호론은 테크노퓨달리즘에 대한 반작용으로 볼 수 있을 테고요.

말씀드려야 할 사실이 있어요. 지금은 엄청나게 유명해졌고 또 신비로운 아우라를 둘러싸고 있는 그 이름, 사토시 나카모토^{Satoshi Nakamoto}가 썼다고 하는 2008년의 논문을, 저는 블로그스팟^{blogspot} 사이트를 통해 원문으로 봤었죠.[13] 그때 전 마치 최면에 걸린 듯한 기분이 들었어요. 그 논문은 이렇게 시작했습니다. '인터넷에서 벌어지는 상행위는 금융 기관의 서비스로 제공되며 신뢰할 수 있는 제3자로 간주되는 전자 지불 체계에 거의 전적으로 의존하고 있다.'

그 논문은 기존에 등장한 모든 금융 기관을 우회하면서 온라인으로 거래할 수 있게 해주는 알고리즘을 제안하고 있었어요. 그게 얼마나 엄청난 주장인지, 그런 일이 진짜로 벌어진다면 사적 영역이건 국가가 소유한 것이건, 금융 영역에 빌붙어 살아가는 이들이 얼마나 심각한 타격을 받게 될지, 짐작하기란 어려운 일이 아니었죠.

---

13 2008년 10월 31일 업로드된 게시물의 제목은 다음과 같았다. '비트코인: 사용자 대 사용자 전자 화폐 시스템(Bitcoin: A Peer-to-Peer Electronic Cash System)'

암호화폐가 왜 매력적인지 감을 잡기 어려우실 수 있으니, 아버지가 체크카드를 이용해서 런던에서 브라이튼까지 가는 기차표를 예매하시는 경우를 예로 설명해 볼게요. 아버지는 트레인라인닷컴 같은 서비스에 접속하고 그들은 아버지에게 약간의 클라우드 지대를 걷어갑니다. 그냥 75페니라고 해보자고요.[14] 그 75페니는 어디로 갈까요? 트레인라인 앱을 통해 업로드된 75페니는 트레인라인 홀딩스 리미티드라는, 트레인라인 앱을 소유하고 있는 기업으로 향합니다. 하지만 그 회사는 또 다른 회사의 소유고, 그걸 가지고 있는 회사는 또 다른 회사에 속해 있고, 그런 식으로 끝없이 올라가죠. 아버지의 75페니는 이 페이퍼컴퍼니에서 저 페이퍼컴퍼니로, 런던에서 저지를 지나 룩셈부르크까지, 여러 중앙은행들의 적법한 관리 감독 하에 결국 어떤 아름다운 탈세 천국으로 향하게 되는 거예요. 결국 아버지의 돈은 규제는 고사하고 그 어떤 정부도, 의회도, 민중도, 인간의 마음도 뒤쫓지 못할, 달러화된 금융 자본의 세계적 흐름에 동참하게 되는 것입니다.

자, 지금 돈이 이렇게 흘러 다니고 있는 걸, 나카모토의 논문에서 제시한 미래상과 비교해 보자고요. 암호화폐 세상 속에서 컴퓨터 앞에 앉은 우리에게는 은행 계좌도, 플라스틱 카드도, 우리의 신원을 증명해줄 사회보장번호도 요구받지 않아요. 이메일 계정을 통한 본

---

14 나는 이 예를 다음의 책에서 빌려왔다. Nicholas Shaxson, 《The Curse of Finance: How global finance is making us all poor(금융의 저주: 글로벌 금융은 어떻게 우리 모두를 가난하게 만드는가)》, The Bodley Head, 2018

인 인증 따위도 필요 없죠. 우리에게 필요한 건 그저 임의의 숫자와 문자의 조합처럼 보이는 개인키$^{private\ key}$ 뿐인데, 그마저도 자동화된 암호화 절차를 조금 밟으면 금방 얻을 수 있죠. 무언가를 구입하여 그 값을 지불하고, 선의의 기부를 하고, 심지어 온라인 설문조사나 국민투표를 할 때조차, 이 개인키면 충분합니다.[15]

한마디로 개인키란 나의 주소이며 은행 계좌이고 사회보장번호이기도 해요. 본인의 컴퓨터에만 저장해두고 오직 나만이 알고 있는, 내 컴퓨터에만 저장되는 문자열인 거죠. 하지만 그것으로 결제를 하면 개인키는 전세계적 컴퓨터 네트워크를 타고 돌아다니죠. 아버지나 저 같은 사람들이 가지고 있는 컴퓨터로 이루어진 네트워크로 말이에요. 그런 거래가 이루어지려면 조건이 필요하겠죠. 마치 은행이 우리의 통장에 잔고가 있는지 확인해주고, 이미 써버린 돈을 또 쓰지 못하도록 검증하듯, 개인화된 암호화폐 역시 검증하는 과정을 필요로 한단 말이에요. 여기서 차이가 있다면 그 검증이 누구를 통해 이루어지냐죠. 은행이나 그와 유사한 자본주의 기생 기관에 의해 검증받는 대신, 암호화폐는 컴퓨터들이 만드는 공통의 네트워크를 통해 검증을 해요.

아버지의 거래를 검증해 주려면 협동 작업이 필요해요. 암호화폐는 그 검증을 임의의 수학 문제를 풀면서 경쟁하는 과정으로 대신

---

15 이렇게 다양한 방식으로 활용 가능한 암호화폐로 내가 거론하고 있는 것은 원래의 비트코인이 아닌 이더리움이다. 이더리움은 참여자들로 하여금 결제뿐 아니라 투표, 디지털 연락처 등 모든 종류의 커뮤니케이션이 가능케 해준다.

하고 있죠. 최대한 빨리 타인의 거래를 검증해줄 계산력을 제공하는 이에게 보상을 주도록 시스템이 설계되어 있어요. 아버지의 거래 내역은 '블록block'이 되어 네트워크 내에서 발생했던 모든 거래의 긴 기록, 흔히 '블록체인'이라고 알고 있는 거기에 덧붙여지죠. 이 기록 혹은 덧셈 경쟁에서 승리한 컴퓨터에는 특별한 상이 주어져요. 그 노고에 대한 치하로 경쟁에서 이긴 컴퓨터와 그 소유주는 '노동의 대가'인 토큰을 부여받아, 향후 그 네트워크에서 발생할 수 있는 거래에 사용할 수 있게 되는 거예요.[16]

암호화폐의 매력이 좀 느껴지시나요? 은행이 발급해준 카드로 결제할 때 벌어지는 온갖 광란과 비교해본다면, 블록체인 기반의 거래는 그야말로 '민주주의의 실현'처럼 느껴져요. 암호화폐 세상에서는 아무도 거래 수수료를 떼어가지 않고, 어떤 은행이나 기업과도 무관하죠. 어떤 국가도 거래를 들여다볼 수 없어요. 어떤 클라우드 영주도 암호화폐 참여자가 무엇을, 언제, 누구로부터 샀는지 기록을 쌓지 못해요. 여남은 개의 중간 단계를 거치며 각각의 과정마다 금융가를 살찌우는, 그런 제정신이 아닌 길을 갈 필요가 없는 거죠.

더구나 거래를 완료하기 위해 참여한 컴퓨터의 네트워크는 그 누

---

16 2008년 발표한 원래 논문에서 사용자간 거래에 대해 정리한 대목을 참고했다.
    '노드(Node. 블록체인의 참여자를 뜻한다)는 약간의 협응과 함께 모두 동시에 작동한다. 메시지는 그 어떤 특정한 위치로 유도되지 않고 그저 최선의 노력을 제공한 곳으로 전달되면 그만이므로 노드는 특정될 필요가 없다. 노드는 스스로의 의사에 따라 네트워크를 떠나고 나갈 수 있다. 지금까지 작업해왔던 체인을 가지고 있다면, 네트워크에서 이탈한 동안 벌어진 작업과 대조할 수 있기 때문이다. 비트코인 참여자는 CPU의 계산력을 통해 투표를 하여, 타당한 블록은 그 위에 작업하여 연장하는 식으로 수용하고, 타당하지 않은 블록은 그 위에 작업하여 연장하는 것을 거부하는 식으로 배제한다. 이러한 합의 메커니즘을 강화하기 위해 필요하다면 규칙이나 보상이 추가될 수 있다.'

구의 소유물도 아닙니다. 그러니 자신이 투자한 만큼 파이가 잘 커지고 있는지, 자기 입으로 들어올 클라우드 지대가 얼마나 될지, 자신들의 사업에 곤란이 닥쳐온다 싶으면 지지를 철회할 준비를 하고 있는 쳐다보는 투자자의 시선 따위도 없죠. 이건 암호화폐라는 클라우드 기반 네트워크가 클라우드 지대를 **전혀** 발생시키지 않기 때문만은 아닐 거예요.

암호화폐는 2008년에 태어났죠. 그보다 더 알맞은 때가 또 있었을까 싶어요. 스스로의 오만에 빠진 자본주의 금융이 거의 죽다 살아난 바로 그 해, 신념을 가진 자유지상주의자, 무정부주의자, 월가 점령 운동을 시작한 사회주의자들, 심지어 1980년대 이후로 꾸준히 암호학과 프로그래밍에 몰두하며 사생활 문제를 걱정해온 소위 '사이퍼펑크cypherpunks'들까지, 여러 스팩트럼에 속하는 다양한 이들이 대안을 찾고 있었고 비트코인은 그들에게 큰 영감을 주었죠. 하지만 그 연대는 곧 균열이 가기 시작했습니다.

결국 암호화폐 운동에서 주도권을 가져간 건 자유지상주의자 분파였죠. 그들은 언제나 중앙은행을 공공의 적 1호로 보고 있었어요. 마치 인간과 신의 사이에 자리 잡은 가톨릭교회가 그렇듯, 중앙은행은 사람들이 직접 화폐에 다가갈 수 없게 하는 존재라는 논리였어요. 그들이 스스로를 종교개혁을 촉발시키고 밀어붙인 루터처럼 생각한 건 당연한 연상 작용이었죠. 하여 초기에 무정부주의자와 사회주의자를 끌어들였던 암호화폐 운동은 거대하고 역동적인 통화 시장이 되어갔어요. 새로운 블록체인 기술에 충분히 익숙한 사람이라면 누구나 자신만의 '코인'을 발행하면서 달러로 환산되는 코인의 가치를 끌어올리는 일에 치중하게 되었죠. 국가가 발행하는 돈, 즉 경화fiat에 맞서겠다는 이념적 지향성은 자신들만의 경화를 발행하는 이들의 마케팅 전략 정도로 굴러떨어졌어요. 비트코인 하나가 2만 달러 이상에 거래된 2017년쯤 되면 암호화폐가 약속했던 해방의 꿈은 물거품처럼 사라지고 말았죠.

블록체인과 유사한 기법을 이용해 모델 케이트 모스는 본인의 사진을 1만7천 달러에 팔았어요. 비트코인같은 문자열의 형태로 말이죠. 한때 트위터의 수장이었던 잭 도시 역시 본인이 작성한 세계 최초 트윗과 연결된 코드를 경매에 붙여서 290만 달러에 팔았고요. 이 광기의 정점에는 비플Beeple이라는 예명으로 알려진 마이크 윙클만Mike Winklemann이 있었습니다. 사진 콜라주로 구성된 본인의 초기작을 암호화된 문자열로 만들더니 그걸 뉴욕 크리스티 옥션을 통해 무려 6천930달러에 팔았으니까요. 이 모든 난리통을 조롱하는 이도 있었어요. 브루클린에 사는 한 영화감독은 이 모든 암호화폐 광란에 참여하는 바보들의 얼굴에 쏘아주고 싶다는 듯, 본인의 방귀 소리를 녹음한 파일을 문자열로 만들어 8천500만 달러에 팔았고요.

암호화폐가 다른 방향으로 흘러갈 수는 없었을 것 같아요. 암호화폐는 그 본성상, 순수했던 초기 참여자들을 향한 약속을 배신할 수밖에 없도록 만들어져 있었죠. 나카모토가 꿈꾸었던 비트코인은 현실의 화폐와 일종의 평행관계를 이루는 것이었어요. 그 목표를 이루기 위해선 사람들이 비트코인으로 기차표, 음료수, 심지어 집을 사고팔기도 해야 했죠. 하지만 나카모토는 비트코인의 가치를 유지하기 위해 희소성을 부여해야 한다는 생각을 했습니다. 정확히 2천100만 개의 비트코인만 발행될 수 있도록 상한선을 그어 놓았죠. 이렇듯 공급이 제한되면 비트코인의 수요가 오름에 따라 달러로 환산되는 가격이 올라갈 수밖에 없잖아요. 비트코인의 달러 환산 가격이 특정 지점을 넘어가는 시점이 되자 비트코인은 그대로 두고 그냥 달러로 기차표, 음료수, 집을 사는 게 합리적이라는 게 분명해졌죠. 비트코인은 내버려두면 가치가 더 올라갈 게 분명해졌으니 말이에요. 암호화폐가 대중적 관심을 끌고 성공한 바로 그 순간, 그것이 화폐 노릇을 하지 못할 거라는 건 분명해졌어요. 초기 투자자들은 점점 더 부자가 되고 더 많은 사람들이 돈놀이를 하려 달려드는 일종의 피라미드 사기 같은 게 되는 결말을 피할 수 없게 된 겁니다.

이렇게 암호화폐 귀족이 탄생했습니다. 그런데 이들을 제외하고 나면 암호화폐 기술로 인해 진정한 혜택을 본 사람들은 따로 있었어요. 암호화폐 전도사들이 몰아내겠다고 겨냥하고 있던 바로 그 자들, 월스트리트와 빅테크 거대 기업이에요. 가령 J. P. 모건과 마이크로소프트는 최근 '컨소시움 블록체인'을 운영하기 위한 협업에 찬성했습니다. 마이크로소프트의 데이터 센터를 바탕으로 금융 서비스의 지배력을 높이기 위해 두 기업이 손을 잡은 거죠. 골드만삭스와 홍콩중앙은행도, 세계은행도, 심지어 마스터카드와 비자카드 스스로도 비슷한 블록체인 프로젝트를 발표했어요!¹⁷ 암호화폐는 유토피아를 향해 나아가지 못했습니다. 그저 클라우드 금융의 또 다른 도구가 되어 클라우드 자본을 축적하는 하나의 엔진으로 전락하고 말았죠.

블록체인은 의심할 여지없이 매력적인 도구입니다. 암호화폐를 처음 접하고 저는 그것이 우리가 아직 발견하지 못한 문제에 대한 답이라는 내용의 글을 쓰기도 했어요. 하지만 우리가 발견하지 못했던 문제가 무엇이었을까요?

그 질문의 정체는 어떻게 자본주의를 바로잡고 테크노퓨달리즘을 끝어낼 것인가가 아니었어요. 자본주의와 테크노퓨달리즘은 모두 착취와 억압의 체계이며, 스스로의 목적을 위해 기술 혁신과 공조하여 힘을 강화하는 본성을 지니고 있어요. 자본주의 하에서 암호화폐는 금융 자본을 위해 복속될 뿐이죠. 테크노퓨달리즘 하에서 암호화폐는 클라우드 자본 축적의 논리를 강화하고 부추길 따름입니다.

미래의 언젠가에 암호화폐 기술이 진보적으로 유용한 무언가가 될 수 없을 거라는 말은 아니에요. 우리가 클라우드 자본을 사회화하고 우리의 경제를 민주화하는 일을 해내는 그날, 블록체인 기술은

---

17 〈파이낸셜 타임스〉에 따르면 골드만 삭스는 홍콩 금융관리국(Hong Kong Monetary Authority), 국제결제은행(International Settlements and other financial institutions)과 힘을 합치고 있다. '창세기(Genesis)'라는 명칭을 단 그 연합 프로젝트는 블록체인을 통해 친환경 프로젝트를 위해 발행되는 특수 목적 채권인 그린 본드(Green bond) 구매자들이 그와 결부된 탄소 배출 크레딧을 추적할 수 있게 해주는 것을 목표로 삼고 있다. 세계은행 역시 '치아(Chia)'라는 이름을 붙인 블록체인을 이용한 유사한 시스템을 개발하고 있다.

유용하게 사용될 겁니다.[18] 하지만 그런 일이 가까운 시일 내에 가능할 것 같지는 않으니, 우리는 보다 긴박한 질문에 대답해야겠죠. 테크노퓨달리즘의 대안은 무엇일까요? 만약 사회민주주의가 불가능하고 암호화폐의 약속이 덧없이 무너졌다면, 우리는 어떻게 대안을 만들어낼 수 있을까요?

| 또 다른 지금을 상상하기 |

우리, 그러니까 좌파들은 영원히 패배의 쓴 잔을 마시고만 있죠. 그 이유 중 하나는 우리가 진짜 중요한 질문에 답을 하지 못하고 있기 때문일지 모르겠어요. 제가 언젠가 어느 펍에 갔을 때, 본인을 '무식쟁이 보수'라고 칭하는 한 사람이 다가왔어요. 이 술집에 사회주의자가 있다는 말을 듣고 질문을 하러, 혹은 시비를 걸러 온 거죠. "지금 우리가 가진 게 싫다면 대체 뭘로 바꿀 거요? 그게 돌아가긴 합니까? 지금 귀를 기울이고 있으니까 나를 설득해보시지!" 전 시도조차 하지 않았어요. 제가 속으로 하는 혼잣말도 안 들릴 정도로 시

---

18 2014년 당시 나는 그리스 정부가 유럽중앙은행 및 기성 은행들의 통제를 벗어난 결제 시스템을 가질 수 있도록 미래지향적이며 진보적인 결제 도구를 모색한 바 있다. 그 과정에서 나는 블록체인 기반 결제 시스템의 설계를 추진하면서 그것을 '국고 화폐'라 불렀다. 1년 후 나는 그리스의 재무장관이 되어 그러한 시스템의 도입을 위해 일했다. 불행하게도 당시의 총리는 그리스 자체의 블록체인 발동에 반대했으며 국제 통화 기득권에 굴복했다. 나로서는 사임 외에 다른 선택지가 없었다. 자세한 내용은 나의 전작 《Adults in the Room: My Battle with the European and American Deep Establishment(방 안의 어른들: 유럽과 미국의 뿌리깊은 제도와의 싸움)》참고.

끌벅적한 술집의 찌렁찌렁한 소리 때문만은 아니었죠. 제게 설득력 있는 답변이 준비되어 있지 않았다는 것, 그게 진짜 이유였어요.

그나마 비슷한 경험을 한 동지가, (아주 훌륭한 동지가 있다는 게 그나마 위안이 되어주었죠. 칼 마르크스 말이에요.) 자기 확신이나 상상력이 부족한 사람은 결코 아니었지만, 자본의 제국을 대체할 것이라고 그가 기대하고 예언했던 사회주의 혹은 공산주의가 어떤 모습일지에 대해서는 그저 막연한 언급만을 해두고 그 이상으로 나아가길 거부했었으니까요.

왜 그랬을까요? 사회주의에 대한 청사진 제시를 거부하며 마르크스는 영리한 변명을 제시했습니다. 그건 대영박물관 열람실에서 작업하거나 안락한 거실에서 잡담을 나누는 중산층 지식인의 역량을 벗어나는 일이라는 거였죠. 그러한 과제는 자신들의 집단적 이익을 추구하는 프롤레타리아들이 그들이 가는 방향대로 사회주의를 만들 수 있고 그래야 한다고, 그렇게 마르크스는 말했습니다. 소련과 서유럽 양쪽에서 사회주의가 걸어왔던 길을 알고 있는 우리는 그것이 희망사항일 뿐임을 잘 알고 있죠. 그런데 제가 무슨 핑계를 댈 수 있겠어요.

현실적인 유토피아 건설의 청사진을 제시하려 시도하는 건, 위험한 건 물론이거니와 끔찍하게 어려울 수밖에 없다는 겁니다. 그럼에도 불구하고 술집에서 들었던 저 킬러 문항에 설득력 있는 답변을 내놓지 못한다면 우리의 마음과 육체와 환경을 되찾자는 대의 하에 사람들을 불러 모으는 일은 앞으로도 가망 없는 과제로 남을 수밖에요.

그 취객과의 만남이 있은 지 몇 주가 흘렀어요. 저는 제가 쓴 책에 대한 서평 하나를 접했습니다. 아버지의 손녀딸에게 자본주의의 작동 원리를 가르쳐주는 편지 형식의 책이었죠.[xxiv] 저와 정치적 맞수 관계였던, 당시 아일랜드 재무장관이 서평을 썼더라고요. 몇몇 대목에서 호의적인 평가가 나와서 저는 깜짝 놀랐어요. 하지만 구조적 전환을 요구하는 제 외침에 대해 통렬하게 비판하는 결론으로 향했고, 그건 충분히 예상 가능한 일이었죠.

'진정한 민주주의를 창조하고 기술과 생산수단을 공동 소유해야 한다는 그의 주장은 기업가 정신과 진취적인 개인에 대한 그의 선호와 그리 잘 어울리지 않는 듯하다.'라는 이 대목을 읽고 저는 생각했어요. '아니, 정곡을 찔렀잖아!' 이제 더는 손바닥으로 하늘을 가리면서 숨을 수 없으니, 설득력 있는 대안 시스템의 설계도를 꺼내들어야 할 때가 온 것입니다. 생산수단의 집단 소유, 개인의 자유, 창의적인 사고와 기술 발전이, 물론 진정한 민주주의와 함께 어우러질 수 있는 그런 미래상을 제시해야 합니다.

그 과제란 분명하면서도 버거운 것이죠. 알고리즘과 AI로 강화된 클라우드 기반 자본까지 포함된 자본과 토지가 사회화된 사회에서 생산, 분배, 혁신, 토지 사용, 주택, 돈, 가격, 그 외 모든 것들이 어떻게 될지 설명해야만 했으니까요. 국제 무역과 돈의 흐름이 어떻게 작동할지도 설명해야만 했고요. 민주주의가 어떤 의미를 지니게 될지, 어떻게 작동하게 될지도 설명해야 했습니다. 아버지와 저 사이니까 드리는 말씀인데, 그런 책을 쓰는 제 마음의 상태란 영겁의 고통을 겪는 것과 같았다고밖에 이야기할 수 없을 듯해요.

꼬박 며칠을 고민했습니다. 기업이 어떻게 운영되어야 할지, 화폐가 어떤 식으로 발행되어야 할지, 제가 가진 생각들이 있었지만 그것들은 곧장 저 스스로의 반박에 의해 암초에 부딪혔어요. 진보란 불가능해 보였습니다. 그러던 중 문득 깨달음이 왔어요. 자신의 모든 생각에 반대하는 책을 쓴다면 어떨까? 제 머릿속에 떠돌아다니는 다양한 관점들을 반영하는 캐릭터로 가득 찬 소설을 쓴다면 그것이 답이 될 수 있겠다는 결론에 도달했던 거죠.

결국 저는 세 명의 캐릭터로 그 모든 반론을 함축할 수 있었어요. 전직 월스트리트 은행가였던 에바는 제가 제시한 청사진을 자유주의적, 기술관료적 관점에서 비판해줄 캐릭터였죠.(아까 언급했던 아일랜드 재무장관 입맛에 맞을 그런 생각을 하는 사람이에요.) 아버지가 좋아하실법한 마르크스주의적 페미니즘 관점을 제시해주기 위해 은퇴한 인류학자 아이리스가 등장했고요. 빅테크에서 일하는 경험을 통해 환상에서 벗어나게 된 탁월한 기술자 코스타는 독자가 클라우드 자본의 역할에 주목하도록 해주는 캐릭터였어요. 하지만 해결해야 할 과제가 아직 하나 더 남아 있었어요.

펍에서 만났던 그 남자는 제가 제안하는 시스템이 현존하는 그것과 어떻게 다른지 알고 싶어 했어요. 지금 우리가 지니고 있는 기술, 현존하는 인류의 숫자, 어리석음, 등등 모든 것을 다 유지한 상태에서 다른 세상을 제시해달라는 거였죠. 달리 말하자면 미래에 이러저러한 기술이 발전할 것이라고 전제하고 논의를 풀어나가서는 안 된다는 것이었습니다. 저의 대안 체제가 지금보다 더 나은, 우리가 펍이나 화장실 거울에서 볼 수 있는 사람들보다 더 똑똑하고 착한 누군가로 채워져서는 안 된다는 것 또한 분명했고요. 한마디로 제 청사진은 이미 현존하는 시스템의 설계도 위에 그려져야만 한다는 것이죠. 그런데 역사는 중요하잖아요. 우리가 하는 모든 일은 경로의 존성을 지니고요. 그러니 제가 제안하는 대안이 2020년, 책이 출간되었던 현재 존재하는 것처럼 묘사하려면 그게 어떻게 가능한 일이었는지 설명하는 과정이 빠질 수가 없죠. 그런 이유로 저는 제가 보여주는 대안적 역사의 출발점을 2008년으로 설정했습니다.

제 이야기 속에서 저는 2008년의 월가 점령 운동이나 스페인에서 2011년부터 2015년까지 이어진 긴축 재정 반대 운동, 그리고 아테네 신타그마 광장에서 2010년 5월 시작되어 2년간 이어졌던 긴축 재정 반대 운동 같은 무언가가 일어나, 결국 성공한 후의 미래를 그려봤던 거죠.

하지만 제가 만든 세 캐릭터는 독자들이 알고 있는 역사, 우리가 살고 있는 엉망진창이 된 테크노퓨달리즘의 현실에 여전히 한 발을 걸친 상태여야 했어요. 그게 중요하다는 걸 저도 알고 있었죠. 그래야 독자들과의 접점이 생길 테고 제가 고안하는 대안적 체제에 대해서도 비판적 관점이 유지될 수 있으니까요.

그런 식으로 글을 쓰는 게 가능하냐고요? 과학소설 속의 오염되지 않은 정신세계를 가진 이들에게는 허무맹랑한 소리처럼 들릴 테지만, 아버지가 잘 아시다시피 저는 어린 시절의 큰 부분을 평행우주와 웜홀이 당연하다는 듯 등장하는 과학소설에 푹 젖어서 보냈잖아요. 그러니 주사위는 던져진 것이나 다름없었죠. 저는 두 개의 평행우주를 상상해 봤어요. 하나는 우리가, 제가, 독자가, 이바와 아이리스, 토스타가 살고 있는 지금의 현실이죠. 또 하나는 테크노퓨달리즘이 사회주의에 바탕을 둔 기술에 의해 대체된, 우리가 가지 못한 대안적인 미래였고요. (책에서 저는 그 미래를 아나코-생디컬리즘[19]이라 불렀는데, 좀 더 간단히 '테크노민주주의'라고 해도 괜찮아요.) 그 이야기는 두 평행 우주 사이에 문자 교환이 가능해지면서 절정에 달해요. 서로 다른 우주를 살고 있는 캐릭터들이 서로의 세계에 대해, 그리고 상대방의 세계에 대해 필담을 주고받는 거죠.

그렇게 《Another Now: Dispatches from an alternative present(또 다른 지금: 대안 현실에서 온 편지)》가 나왔어요. 펍에서 만났던 남자, 아일랜드 재무장관, 그 밖에도 테크노퓨달리즘에 맞서 제가 내놓는 대안이 무엇인지 알고 싶어하는 모든 이들을 향해 한 권의 책으로 답을 한 거죠.

지금부터 나올 내용은 그 책의 요지를 축약한 거예요. 세 명의 캐릭터가 지닌 다양한 관점과 반론, 논쟁 등은 생략하고 테크노퓨달리즘에 대한 저의 간략한 대안을 함축해 봤어요. 또 다른 지금을 상상할 준비, 되셨나요?

---

19 공산주의 사회 건설을 위해 (적어도 표면적으로는 한시적인)프롤레타리아 독재를 수단으로 삼는 마르크스주의, 레닌주의, 마오쩌둥주의와 달리, 노동자의 연대와 직접 행동, 직접 민주제, 노동자 자주경영을 강조하는 공산주의 운동의 흐름. 공산주의와 무정부주의의 이상적 모습을 합친 것이라 볼 수 있다. 당연하게도 현실 사회주의 국가 중 아나코 생디컬리즘을 구현한 사례는 없다.

| 민주화된 기업 |

마치 대학생이 입학 즉시 도서관 카드를 하나씩 받는 것처럼, 모든 직원이 채용 즉시 주식 한 주를 받는 기업이 있다고 상상해 보세요. 그 주식은 판매나 양도가 불가능하고, 모든 직원에게 한 표의 투표권을 줍니다. 그리고 그 회사의 모든 결정이 그렇게 부여된 투표권을 이용한 선거로 이루어지죠. 채용, 승진, 연구, 제품 개발, 가격 책정 전략 등 모두가요. 투표가 이루어지는 회사의 인트라넷은 상설 주주총회 기능을 하는 거예요. 하지만 동등한 소유권이 있다 해서 급료까지 같은 건 아니고요.

기업의 세후 매출은 민주적 절차를 통해 네 조각으로 분할됩니다. 일단 회사는 장비, 라이센스, 공과금, 임대료, 이자 등 고정비를 지출해야 하죠. 연구개발 비용도 네 조각 중 하나가 될 테고요. 나머지 둘 중 하나는 직원들에게 돌아가는 기본급, 마지막 하나는 보너스가 될 거예요. 다시 한 번 말하지만 이 네 조각은 민주적으로, 1인 1표에 기반한 투표를 통해 집단적으로 결정됩니다.

넷 중 하나를 늘리고자 제안하는 사람은 반드시 나머지 넷 중 한 개 이상을 줄이는 방안을 담은 제안을 제출해야 해요. 그러다 보면 서로 대입하는 제안이 나올 테고, 그것은 전자식 투표 양식을 통해 직원이자 주주인 이들 사이에서 선호도 조사를 하게 되죠. 만약 1차 선호도 조사에서 절대 다수를 접하는 계획이 나오지 않는다면 후순위를 떨어뜨리는 식으로 절차가 돌아가죠. 선호도가 가장 낮은 계획은 경쟁에서 밀려나요. 대신 밀려난 제안에 투표했던 사람들의 투표는 사전에 찍었던 2순위 후보에 자신의 표를 주게 되죠. 이 단순한 투표 알고리즘은 1순위 제안이 전체 투표 중 과반수를 얻을 때까지 반복됩니다.

회사가 그렇게 넷의 몫을 얼마나 할당할지 결정하고 나면, 기본급이 모든 직원에게 동등하게 분할됩니다. 갓 비서로 채용된 사람이건 청소부건 그 회사의 스타 디자이너건 엔지니어건 상관없이 말이죠. 이런 급여 체계는 중요한 질문으로 이어집니다. 직원들 사이에서 보너스 분배는 어떻게 결정할 것인가? 그 답이 될 만한 모범을 우리는 유명한 노래 경연 대회인 '유로비전^{Eurovision}'에서 찾을 수 있어요. 참여국별로 몇 점씩 점수를 부여받은 후 그것을 경연자에게 적절히 분배하여 배분하는 방식을 사내 인트라넷 투표 시스템에 도입하는 것입니다. 유로비전의 정신을 이어받아 직원들은 1년에 한 번씩 100점의 디지털 토큰을 부여받고 그것을 동료 직원들에게 나누어주죠. 근본적인 발상은 단순합니다. 지난해 회사에 가장 큰 기여를 했다고 생각하는 동료들에게 그 토큰을 적절히 나눠주는 거예요. 이렇게 토큰이 다 분배되고 나면 보너스로 할애된 회사의 매출은 직원들이 동료로부터 받은 토큰의 비율에 따라 보너스로 분배되는 것입니다.

이런 기업 경영 체제를 법제화하는 것은 테크노퓨달리즘의 지반에 운석이 떨어지는 것과도 같은 충격을 불러올 수밖에 없겠죠. 가장 피상적인 차원에서 보더라도 이런 방식의 경영 및 급여 시스템은 직원들을 자기밖에 모르는 관리자들의 횡포로부터 해방시켜줄 거예요. 하지만 구조적 차원에서 미칠 영향은 더욱 큽니다.

첫째, 이런 방식을 택하면 임금과 이윤의 구분이 무의미해져요. 그렇게 우리는 집단 소유권을 갖게 되죠. 생산수단을 보유하고 있으며 이윤이나 지대를 거둬들이는 사람과 자신의 시간을 내어주고 임금을 받는 사람 사이에 존재하는 근본적 계급 차이가 일소되는 것입니다. 또한 주식시장도 없어지겠죠. 주식은 오직 그 회사에서 일하는 사람만이 갖게 되며, 그것도 한 사람이 단 한 주를 갖고 빌려줄 수도 판매할 수도 없을 테니까요. 이렇게 단숨에 우리는 금융화를 끝장내고 사모펀드를 박살내게 됩니다.

가능성이 높은 일이 또 하나 있어요. 기업 지배 소유 구조가 이렇게 바뀌면 독점적 사업자로 자리 잡기 전에 대기업을 해체하는 일을 하는 규제 당국의 필요성 역시 함께 사라진다는 거죠. 집단적 의사 결정 구조가 일정 규모, 적당히 불러보자면 5백 명 이상의 기업까지 제약 없이 적용된다고 생각해 보자고요. 직원이며 주주인 그들은 거대 복합 기업을 구성하지 않을 것이며, 이미 그런 기업이 되어 있다면 높은 확률로 투표를 통해 더 작은 회사로 나눌 거라고 생각해요.

제가 수십년간 가르쳐온 학생들을 비롯해 제가 아는 대부분의 사람들은 자본주의가 시장과 동일한 거라고 단정짓고 있었어요. 그러니 사회주의 체제가 되면 생산자와 소비자가 가격을 신호로 삼지 않게 된다고 생각하는 거죠. 이보다 진실에 부합하지 않는 주장도 드물 거예요. 자본주의적 기업 내에는 시장 원리가 적용되지 않는 영역들이 포함되어 있죠. 직원들로부터 지대, 이윤, 이자의 형태로 잉여가치를 뽑아내는 그것은 비시장적 움직임이라고요. 기업이 커질수록, 클라우드 자본이 부리는 이들이 늘어날수록, 그 기업 내에서 시장 원리가 작동하지 않는 범위는 커지며 그만큼 시장의 오작동이라는 결과도 늘어납니다.

그와 달리 제가 여기서, 그리고 《또 다른 지금》에서 제안하는 민주화된 기업은 제대로 기능하는 경쟁 시장 체제가 확고할수록 잘 돌아가게 되어 있어요. 시장은 지대 긁어모으기나 시장 지배력 집중에서 벗어날수록 바람직하고, 민주화된 기업은 그 방향을 지향하는 구조니까요. 그러니 다른 접근법을 택해보는 거죠. 자본주의적 기업에서 벗어나, 노동시장과 주식시장을 없애버리고, 진정한 경쟁적인 제품 시장 및 가격 형성 구조로 가는 길을 닦는 거예요. 이런 변화는 사업가 정신과 혁신에 큰 힘을 실어줄 거예요. 혁신이 자본주의적 기업과 관련되어 있다는 기존의 통념도 잘못된 것으로 확인되겠죠.[20]

이런 변화는 클라우드 영주들에게 어떻게 받아들여질까요? 제프 베이조스, 마크 저커버그, 일론 머스크 본인과 그들을 롤모델 삼은 이들은 자신이 처한 현실을 깨닫게 될 겁니다. '내' 회사의 일을 자기 마음대로 결정하고 싶어도, 이제 그들에게 남은 건 그저 주식 단 하나에서 나오는 단 한 표 뿐이라는 걸요. 아마존, 페이스북, 트위터,

---

20 이는 앞서 언급된 바 있는 아일랜드 재무장관의 의문에 대한 나의 답변이기도 하다. 그는 주식시장과 자본의 사적 소유를 없애자는 나의 주장이 결국 기업가적 창의와 혁신에 대한 적개심에서 나오고 있다고 단정짓고 있었던 것이다.

테슬라의 의사 결정 과정에서 장기 지속되는 과제를 설정하려면 그들은 동등한 힘을 가지고 있는 직원이자 주주인 동료들을 설득해 절반 이상의 동의를 얻어내야만 합니다. 그 기업들의 클라우드 자본, 그 중심에 있는 저 막강한 알고리즘의 통제마저도 적어도 그 기업의 내부 역학 구도 내에서라면, 결국 민주화되겠죠. 그렇다고 해도 클라우드 자본의 잠재력은 그리 약화되지 않을 겁니다. 소비자의 행동을 조작하는 수단으로서 가진 힘은 그대로일 테고요. 그러니 좋은 사회라면 그들로부터 구성원들을 보호하기 위한 추가적인 방법을 고민해야겠죠.

그 보호 방법 중 하나로 사회적 책임법^{Social Accountability Act}을 제안해볼 수 있을 거예요. 모든 기업은 마치 형사재판의 배심원처럼 임의로 선정된 시민 패널에 의해 수합된 사회적 가치 지표에 따라 평가되어야 해요. 시민 패널은 그 기업의 고객, 기업 활동에 영향을 받는 지역 공동체의 구성원 등 다양한 바탕에서 선택되어야겠죠. 만약 어떤 기업의 점수가 꾸준히 떨어져 일정 수준 이하로까지 내려간다면 공적 심사가 개시되어 회사의 등록이 취소될 수도 있을 테고요. 2차적이고 보다 적절한 사회적 보호의 비용은 '공짜' 서비스의 근절을 통해 마련될 것입니다.

사용자의 관심을 제3자에게 팔아서 인터넷과 앱 서비스가 돈을 벌면 어떤 일이 벌어지는지 지금 우리는 뼈아프게 배우고 있는 중입니다. 그런 수익 모델은 사용자를 클라우드 농노로 만들죠. 클라우드 농노의 노동은 클라우드 자본을 강화하고 재생산하며 우리의 생각과 행동에 대한 클라우드의 지배력을 더 강화할 뿐이에요. 우리의 대안 현실 속에서 공짜 서비스의 환상은 소액 지불 플랫폼 기능으로 대체되어 있어요. 그걸 '생각 한 푼 Penny For Your Thought'이라고 불러보죠. 넷플릭스 정기구독과 비슷한 방식이지만 영국의 국립 의료 서비스 National Health Service와 유사한 보편 제공 원칙과 결합된 모델이에요.

우리의 데이터를 요구하는 앱 개발자들은 디지털 권리장전으로 보호받는 사용자의 동의를 받고 그들에게 적절한 비용을 지불해야 합니다. 디지털 권리장전 덕분에 우리는 우리의 데이터 판매 여부, 누구에게 판매할지 등을 결정할 수 있게 되는 거죠. 마이크로 지불 플랫폼과 디지털 권리장전의 결합은 현재 작동하고 있는 사용자의 관심을 뜯어 파는 시장의 종말을 가져올 겁니다. 동시에 앱을 사용하는 이들은 개발자에게 접속할 때 돈을 내야 하고요. 그 비용은 개인 차원에서 보면 별 거 아니지만 많은 사용자를 확보한 앱이라면 상당한 액수를 벌어들일 수 있습니다. 이러면 디지털 서비스 이용료를 감당하기 어려운 사람들이 소외될 수 있지 않겠냐고요? 아니에요. 대안 체제에서는 돈 자체가 다른 방식으로 작동하니까요.

| 민주화된 돈 |

중앙은행이 모든 사람들에게 무료로 디지털 지갑을 하나씩 나눠 주고 있다고 상상해 보세요. 그 디지털 지갑은 실질적으로 은행 계좌 노릇을 하겠죠. 사람들의 이용을 촉진하기 위해 일종의 연금(혹은 기본 배당금)이 매달 그 계좌로 입금됩니다. 사실상의 기본소득이죠. 한 걸음 더 나아가 중앙은행은 시중 민간 은행에서 중앙은행의 디지털 지갑으로 저축을 이전하는 이들에게 이자를 지급해요. 전부가 아니라면 상당수의 사람들이 시중 민간 은행에서 예금을 빼서 중앙은행의 공공 디지털 결제 저축 시스템으로 옮겨오는 건 시간문제일 겁니다. 그런데 이러자면 중앙은행이 막대한 양의 통화를 발행해야 하는 것 아닐까요?

네, 그 배당금은 새롭게 발행된 돈이어야겠죠. 비록 중앙은행이 2008년 이후 영구적 불안 상태에 빠진 시중은행들을 살리기 위해 새롭게 찍어낸 돈의 양과 발행 속도에는 미치지 못할테니까요.[21] 중앙은행 말고 다른 곳에서 만들어내는 돈이라면 지금도 시중은행들이 그 역할을 하고 있죠. 대안 세계에서 벌어지는 일은 시중 은행의 안전하지 않은 장부에 적힌 돈이 중앙은행의 안전한 장부로 옮겨가는 것뿐이에요. 사람들과 기업들이 이 시스템을 통해 결제하면 할수록 그 돈은 중앙은행 계정 안에 그대로 남아 있게 되죠. 이체 한 번을 할 때마다 돈이 전 세계를 돌고 돌면서 은행가와 주주들의 도박판 밑천으로 쓰이는 대신, 그냥 중앙은행의 손 안에 있게 되는 겁니다.

---

[21] 이 글을 쓰고 있는 2023년 4월 현재, 중앙은행은 대인플레이션을 억제해야 한다는 목적을 가지고 있으므로 더는 신규 화폐 발행을 하지 않으려는 듯하지만, 은행 연쇄 파산의 우려로 인해 중앙은행은 수십억 달러를 더 찍어내지 않을 수 없는 상황에 몰려 있다. 5장에서 설명했듯 2008년 이후 중앙은행의 돈은 자본가들의 이윤을 대신해 자본주의 시스템의 연료 역할을 하고 있다.

이는 중앙은행을 시중 은행장들의 유순한 부하에서 일종의 통화 공공재 같은 것으로 전환시키죠. 그러니 임의로 선택된 시민과 폭넓은 전문가들 중에서 선출된 이들로 만들어진 통화 감시 배심원단 Monetary Supervision Jury이 구성되어, 얼마나 많은 신규 통화를 발행할지, 금융 거래하는 이들의 사생활은 얼마나 잘 보장되고 있는지 등을 묻고, 필요하다면 감시도 하게 될 겁니다.

투자는 어떻게 이루어질까요? 새로운 체제 속에서는 스타트업이나 기업에 돈을 빌려줄 수 있어요. 하지만 그 어떤 기업의 주식도 뭉터기로 구입할 수 없죠. 주식이란 종업원들에게 한 개씩 주어질 뿐이니까요. 게다가 기업에 돈을 빌려줄 때도 지금과 다를 겁니다. 중앙은행의 디지털 계좌를 통해 직접 빌려줄 수도 있고 중간 거래인을 통할 수도 있겠죠. 하지만 여기에는 핵심적인 제약이 따라붙어요. 그 중간 거래인은 현재 은행이 그렇듯 허공에서 없는 돈을 빌려줄 수 없습니다. 현실에 존재하는 예금 소유주가 있고, 그 예금주로부터 받은 돈이 통장에 있을 때, 그때만 기업에 투자 목적으로 돈을 빌려줄 수 있죠.

세금은 어떻게 될까요? 소득에는 세 종류가 있다는 점을 떠올려 봐야죠. 첫째, 중앙은행에서 시민들의 디지털 계좌로 입금해주는 기본 배당이 있습니다. 둘째, 민주화된 기업에서 일하면서 벌어들이는 임금이 있죠. 그 임금은 기본급과 보너스로 구성되어 있고요. 셋째, 중앙은행에 저금하거나 민간 중간 거래인을 통해 기업에 투자하여 벌어들이는 이자 소득이 있겠어요. 이 모든 소득에는 세금이 붙지 않습니다. 그 어떤 판매세도, 부가가치세도, 그 비슷한 세금도 없어요. 그렇다면 어떻게 국가의 재정을 충당할까요? 모든 기업들이 매출의 일정 비율로 내는, 가령 5%의 법인세가 세원이 됩니다. 이건 이윤이 아니라 매출 중에서 고정 비율이라는 게 중요해요. 기업은 과세 범위를 축소하기 위해 과다한 지출을 하며 업무상 비용 처리하려 들고, 세무 당국은 그걸 잡기 위해 쫓아다니는 끝없는 숨바꼭질은 이제 끝이죠. 그 외의 다른 세원이라면 상업적인 건물과 토지에 붙는 세금인데 이건 잠시 후에 더 설명해 드릴게요.

국제 무역과 결제에 있어서도 새로운 국제 금융 시스템이 도입되죠. 개발도상국으로 지속적인 부의 이전을 보장해주는 그러한 시스템입니다. 버블을 키우다 결국 금융 위기를 불러오는 무역 및 금융 불균형을 억제하는 효과도 지니고 있고요. 각기 다른 사법 관할권 사이에서, 그러니까 영국, 독일, 중국, 미국 등을 오가며 벌어지는 모든 무역과 모든 화폐의 이전이 새로운 디지털 국제 회계 단위로 이루어져야 한다는 것이 새로운 아이디어의 핵심이에요. 저는 그 디지털 통화 단위에 '코스모스Kosmos'라는 이름을 붙였죠. 만약 어떤 나라가 코스모스 환산 기준으로 수출보다 수입이 많다면, 그 무역적자에 상응하는 **불균형 부과금**imbalance levy 처분을 받아요. 마찬가지로 어떤 나라의 수출이 수입을 능가한다면 그 무역 흑자에 해당하는 만큼의 불균형 부과금 처분을 받게 되겠죠. 이로써 각국이 지니고 있는 중상주의적 열망은 해소됩니다. 어떤 나라가 다른 나라들로부터 수입하는 것보다 더 많은 가치의 제품을 수출함으로써 벌어지는 잉여가치의 생산도, 한 나라가 다른 나라로부터 수입하기 위해 상대국의 돈을 빌리면서 점점 더 빚의 늪으로 빠지는 것도, 그렇게 약한 나라가 영원한 빚의 족쇄에 묶이는 현상도 끝나게 되는 거죠.

아울러 어떤 나라의 코스모스 계정에 갑자기 너무 많은 돈이 들어오거나, 반대로 너무 많이 빠져나갈 경우, 2차적으로 **급변 부과금** surge levy의 적용 대상이 될 거예요. 수십년간 개발도상국이 겪어온 일을 떠올려 보자고요. 한국, 대만, 일부 아프리카 국가들처럼 향후 경제 개발의 전망이 밝아 보이는 나라로 '똑똑한' 돈이 대거 유입되었죠. 미래의 경제성장을 노린다지만 그 돈은 땅과 기업의 가치가 오르기 전에 쓸어담는 역할을 했어요. 그렇게 돈이 흘러들어오면 토지와 기업의 가격이 하늘 높은 줄 모르고 치솟고 사람들은 경제 개발의 기대치를 한껏 높인 채 버블을 키워나가다 결국 터져버리고 말아요. 그땐 '똑똑한' 자본은 이미 들어올 때보다 더 빠른 속도로 달아나버린 후죠. 그리하여 남는 건 황폐화된 삶과 경제뿐이고요. 그러니 **급변 부과금**은 투기 자본이 경제적으로 가장 취약한 나라에 들어가 불필요한 피해를 끼치는 걸 막는 목적을 지닙니다.[22] 이렇게 도입된 두 종류의 부과금으로 형성된 자금은 개발도상국의 녹색 투자를 위한 펀드가 되죠.

---

22 이러한 두 종류의 부과금은 존 메이너드 케인스가 1944년, 전후 세계 금융 시스템을 정초했던 브레튼우즈 회의에서 설립을 제안했던 국제청산연맹(International Clearing Union)의 정신을 이어받고 있다는 점을 지적해두고 싶다. 내가 제안한 코스모스와 달리 방코르(Bancor)라는 통화에 바탕을 두고 있는 이 시스템은 달러를 국제 금융의 중심에 놓고 싶었던 미국 대표단에 의해 단박에 거절당했는데 이는 전혀 놀랄 일이 아니었다.

1직원 1주 1표 시스템은 혁명적인 영향을 낳을 거예요. 주식시장과 노동시장, 그리고 자본의 제국을 끝장낼 테니까요. 일터는 민주화될 것이며 거대 복합 기업들은 유기적인 크기로 줄어들 거예요. 공공의 지불 및 저축 시스템으로 중앙은행의 역할을 바꾸는 것 역시 마찬가지로 근본적인 혁명적 여파를 낳게 됩니다. 민간 은행을 금지하는 건 아니지만 그들이 딛고 서 있던 토대를 없애버림으로써 그저 임금을 받고 저축을 하고 싶은 우리를 은행으로부터 해방시키는 거죠. 더구나 기본 배당이 주어지는 것은 우리가 노동, 시간, 가치 등을 생각하는 방식을 근본적으로 뒤흔들어, 돈을 받고 고된 일을 하는 것을 미덕이라 여기는 억압적인 도덕관념으로부터 우리를 해방시켜 줄 거예요. 마지막으로 코스모스 시스템은 국제적인 상품과 돈의 흐름의 균형을 잡아줄 겁니다. 더 강한 경제력을 지닌 나라가 약한 나라를 착취하지 못하게 하면서, 세계가 진정으로 필요로 하고 있는 녹색 투자를 가장 취약한 나라에 먼저 제공할 수 있게 되겠죠.

지금까지 자본의 독재로부터 해방된 경제를 건설하기 위한 토대가 될 요소들을 제시해 봤어요. 그 해방은 테크노퓨달리즘이 필요로 하는 발판을 빼앗는 일이기도 합니다. 이제 새롭게 떠오르는 질문이 있겠죠. 고대로부터 존재해왔던 땅에 묶인 지대는 봉건주의에 대한 자본주의의 공격에도 불구하고 살아남았고, 결국 테크노퓨달리즘 시대를 맞이하여 클라우드 지대의 형태로 되살아났습니다. 그렇다면 우리 사회를 지대의 전횡으로부터 해방시키기 위해 우리가 해야 할 일은 구체적으로 무엇일까요?

| 공유지로서의 클라우드와 토지 |

커피가 거의 다 준비됐어요. 노트북 컴퓨터도 부팅되고 있죠. 잠시 후 커피가 담긴 머그잔을 손에 쥐고 이웃 도서관에서 운영하는 미디어 사이트를 통해 아침 뉴스를 훑어보기 시작해요. 첫 번째 소식은 코앞으로 다가온 지역 주민투표 관련 사항이네요. 두 번째는 브라질에서 날아온 소식이이고요. 수십 년 넘게 불법 벌목으로 고통받아 온 원주민에 대한 배상을 놓고 벌어지는 갈등을 담고 있어요. 세 번째 소식은 중앙은행의 통화 관리 배심단 내에서 벌어지는 논쟁에 대한 것인데요, 사람들은 중앙은행이 예금자에게 지급되는 이자율을 낮춰야 할지 아니면 모든 사람들의 기본배당을 높여야 할지 논쟁을 벌이고 있다고 합니다. 아버지의 취향에는 좀 딱딱한 소식뿐이네요. 하지만 스포츠에도 관심이 없으시니 그쪽은 대충 넘어가고, 가장 좋아하시는 주제인 고고학 섹션으로 넘어갈게요. 전 세계 연구자들이 업데이트하는 소식이 지속적으로 업데이트되고 있네요. 이제야 잠이 깨고 가슴이 뛰는 기분이에요!

아버지가 보시는 뉴스피드와 각각의 섹션들은 로컬 공공 미디어 센터에서 조절하고 운영하는 알고리즘에 의해 구성되고 있어요. 형식상으로는 지자체 소유지만 실질적으로는 추첨과 선거에 의해 뽑힌 지역 주민들이 관리하고 있죠. 가끔 그들이 만든 알고리즘만 보는 게 지겹다 싶으면 디지털 세계 지도를 펼쳐봅니다. 세계 곳곳의 지역 공공 미디어 센터가 점으로 찍혀 있어요. 그걸 클릭하면 다른 나라, 다른 곳의 공공 미디어 센터가 만든 뉴스피드를 볼 수 있죠.

자기 지역 외의 미디어 센터를 방문할 때마다 아버지의 중앙은행 계좌에서 약간의 돈이 빠져나가요. 아버지에게 다른 세상을 들여다볼 수 있게 해준 좋은 사람들에게 보상이 지급되죠. 광고도, 사용자를 추적하고 유혹하는 알고리즘도 없어요. 중앙은행이 아버지께 매달 지급하는 기본배당과 비교하면 그야말로 티도 안 나는 작은 지출만으로도 그런 큰 차이가 생기는 거죠. 게다가 타 지역 공공 미디어 센터에 돈을 주는 건 아버지에게게도 기분 좋은 일이에요. 그들은 아버지와 다른 모든 이들에게 문명을 제공하고 있으니까요. 그들은 사용자에게 세상을 향한 창문을 열어줍니다. 지구상에 존재하는 모든 미디어 센터들과 협업하여 우리에게 '양질의, 다양한, 즐거운 정보와 지식과 지혜'를 제공하기 위해 최선을 다하고 있죠. 아버지의 지역 미디어 센터 광고 문구에 따르면 그렇다고 하네요.

커피를 다 마셨으니 이제 일하러 갈 시간입니다. 스마트폰의 여행 앱을 클릭해요. 그 앱의 정보 역시 지자체에서 제공하고 있죠. '직장'을 클릭합니다. 다양한 운전자 협동조합에서 제시하는 가격이 쭉 나열되고 있어요. 그 옆에는 가장 가까운 버스나 기차 정류장과 운행 시각 등이 표시되고요. 아버지는 우버와 리프트가 존재하던 그 시절을 문득 떠올립니다. 그런 앱, 클라우드 장원은 운전자의 노동을 착취하고 운전자를 클라우드 프롤레타리아로 만들고 있었죠. 또한 운전자들은 본인의 데이터를 빼앗기면서 클라우드 농노가 될 수밖에 없었고요. 하지만 요즘은 자가 운전자만이 승차공유 서비스를 하고 있고, 공공 운송 직원들이 알고리즘을 통제하고 있고, 이런 공적 통제를 우회할 방법 따위는 없다는 사실을 떠올리면, 지난 시절의 나쁜 기억 따위는 금방 털어버릴 수 있죠. 게다가 아버지가 더 이상은 어떤 자본주의적 기업에 고용되어 있지 않다는 걸 생각하면 발걸음이 한없이 가벼워지는 듯해요. 세상 어디에 있는지 알지도 못할 유령회사에 팔려 있는 기업, 직원을 사람과 로봇 중간쯤의 무언가로 취급하는 그런 회사는 더 이상 존재하지 않으니까요. 물론 인생은 여전히 걱정으로 가득 차 있습니다. 특히 날로 예측 불가능해지는 기후가 그렇죠. 하지만 적어도 우리의 영혼을 파괴하도록 체계적으로 구성되어 있는 직장에 다니고 있지는 않아요.

직장에 도착했습니다. 아버지의 핸드폰에 깔린 앱에는 현재 진행되고 있는 모든 사원 주주 투표가 나열되어 있어요. 원하는 건 참여할 수 있고 아니면 그냥 넘겨도 되죠. 새로운 제품이나 업무 방식 등에 대한 제안 사항이 있다면 사내 아이디어 게시판에 올립니다. 동료들 중 누군가가 그것을 발견하여 함께 키워나갈 때를 기다리는 거죠. 만약 아무도 동참하지 않는다 해도 뜻을 굽히지 않고 아이디어를 더 나은 형태로 개발하여 다시 올릴 수 있어요. 물론 세상 일이 완벽할 수야 없죠. 인간이란 최고의 체제 속에서도 그걸 망쳐놓을 수 있는 방법을 찾아내고야 마는 존재니까요. 다수를 이룬 동료들이 투표를 통해 아버지를 해고하는 일도 가능할 거예요. 하지만 오늘날 직장에는 책임감을 공유하는 분위기가 자리 잡았고, 이는 스트레스를 줄여줄 뿐 아니라 상호간의 존중을 통해 기업과 개인의 발전으로 나아가는 성숙한 문화를 형성하고 있죠.

아버지는 택시를 타고 귀가 중이에요. 시내 중심 상업지구를 빠져나가는 택시 안에서 아버지는 문득 지난 **슬픈 시절**을 떠올립니다. 사람들은 살림을 꾸려나갈 공간, 집을 마련하기 위해 주택담보대출에 묶이거나 세입자가 되어야 했었죠. 은행이나 집주인, 둘 중 하나에게 속박되어야만 했다는 뜻이기도 하고요. 살인적인 주택담보대출 이자를 내거나 탐욕스러운 집세를 내야 했죠. 이제 모든 부동산은 지역 연합에 의해 운영됩니다. 지역 연합은 상업지구와 사회지구를 구분하고, 상업지구에서 나오는 지대를 바탕으로 사회지구에 사회적 주택을 건설할 기금을 마련하고 있어요. 당연하지만 지역 연합의 공직은 임의로 선택된 시민들에 의해 수행됩니다. 해당 지역 내에 사는 다양한 집단과 공동체를 충분히 대표할 수 있을 만한 사람들이 알고리즘에 의해 임의로 선정되죠. 집은 더 이상 불안의 근원이 아니에요. 안심하고 오래도록 뿌리 내릴 수 있는 삶의 토양이죠.

이 대안 현실 속에서 아버지의 인생은 어떻게 흘러갈지, 나머지는 아버지의 상상에 맡겨두는 게 좋겠죠. 그래도 가장 핵심적인 요소 하나는 좀 더 설명해드리고 싶어요. 토지와 부동산의 소유권이라는, 봉건주의와 자본주의 체제 모두에서 가장 핵심적인 역할을 수행했던, 가장 오래된 힘의 근원과 그것의 공유에 대해 말이에요.

상업 지구의 지대 부과 시스템의 핵심은 '영구적 경매 전대 계획 Permanent Auction Subletting Scheme, PASS'입니다. 각 지역 공동체가 상업 지구에서 최대한의 지대를 받아내어 사회 지구에 투자하는 것을 보장하게끔 설계된 시스템이에요. 두 사람이 가장 공정하게 케이크를 나누려면 어떻게 해야 하는지, 그 유명한 이야기 아시죠? 한 사람이 케이크를 자르고 다른 사람이 자기 몫을 고르는 거잖아요. PASS도 그것과 유사한 방식으로 작동해요. 상업 지구의 공간을 임대 중인 현 임차인과 잠재적인 임차인 사이에 늘 경매가 붙도록 되어 있죠.

매년 한 차례씩 상업 지구의 현 임차인은 PASS에 방문해서 본인이 점유하고 있는 상가의 가치를 입력해야 합니다. 그때 지켜야 할 규칙이 두 가지 있어요. 첫째, PASS는 임차인이 자체 신고한 시장가를 바탕으로 매달 고정된 월세를 산정합니다. 보증금, 관료 기구, 흥정, 부동산 중개인 따위 전혀 없죠. 대단하지 않나요?

하지만 두 번째 규칙이 있어요. 누구나 언제건 PASS에 방문해서 내가 빌려 쓰고 있는 공간에 대해 나보다 높은 값을 부를 수 있다는 거죠. 그 경우 저는 6개월 내로 퇴거해야 하고 그 사람이 그 자리에 들어오게 되어 있어요. 이 두 번째 규칙은 본인이 사용하는 부동산의 가치를 최대한 정직하게 평가하고 밝힐만한 유인동기를 제공합니다. 만약 상가의 진정한 가치보다 월세를 더 높게 부르고 있다면 실제 가치보다 높은 월세를 내는, 손해 보는 결과를 낳겠죠. 반대로 본인이 임대한 상가의 가치를 저평가하고 있다면 그러한 저평가를 후회하게 될 가능성이 점점 커질 테고요. 그 상가의 진정한 가치에 부합하는 값을 부르는 누군가가 나타나, 나를 쫓아낼 가능성이 더 높아질 테니 말이에요.

PASS 제도의 진정한 장점은 지역 위원회가 상업 지구의 임대료를 책정할 필요가 없다는 데 있습니다. 지역 위원회가 해야 할 일은 그저 어떤 지역과 건물이 상업 지구인지, 혹은 사회 지구인지 결정하는 것에서 시작해요. 만약 너무 많은 땅을 사회 지구로 설정한다면 사회 지구에 투자할 돈이 부족한 결과를 낳게 될 겁니다. 반대로 너무 상업 지구를 넓힌다면 사회적 주택과 사회적 기업이 들어설 공간이 부족해지겠죠. 여기서 지역 위원회는 어려운 일을 해야 합니다. 두 번째 과제가 발생하는 거예요. 상업 지구와 사회 지구의 균형을 잡는 것 말이죠. 사회적 주택, 특히 더 바람직한 주택이 어떻게 분배되어야 할지 그 원칙을 세워야 합니다. 이건 정말이지 풀기 어려운 과제예요. 그러니 누가 지역 위원회에 선출되느냐가 결정적 관건이 됩니다.

지역 위원회를 선거로 뽑는다면 이는 토지 소유권의 횡포를 선거 제도의 횡포로 대체하는 결과로 이어질 수 있어요. 선거 제도란 권력적 위계관계를 낳는 경향을 내재해고 있으니까요. 그 점을 알고 있었던 고대 아테네의 민주주의자들은 선거에 반대하며 대신 추첨을 했어요. 오늘날 서구의 배심원제의 근간이 되는 발상이었죠. 보다 기술적으로 발전된 오늘날이라면 지역 주민들 중 임의로 선발된 이들로 꾸려지는 지역 위원회만큼 공공재로서의 토지를 되살리는데 적합한 기구가 또 없을 겁니다.

같은 원칙을 나라 전체를 다스리는 문제에까지 적용해볼 수 있지 않을까요. 전국 단위의 시민 의회Citizens' Assembly를 꾸려서 나라를 운영할 때 도움을 받을 수 있을 테니까요. 전국 모든 시민 중 임의로 선발된 이들로 구성된 시민 의회는 다채로운 발상, 정책, 법의 시험장 역할을 할 겁니다. 시민 의회가 제안한 법안은 배심원단의 심의와 손질을 거쳐 의회로 넘어가 추가적 토론을 거쳐 법으로 만들어지는 거죠.[23] 그리하여 오랜 세월 끝에 드디어 민중이 민주주의의 중심으로 돌아오는 것입니다.

| 테크노퓨달리즘을 전복하는 클라우드 반란 |

이 책 전반에 걸쳐 저는 어떤 체제의 얼개를 그려 보았어요. 자본주의를 대체하려 드는, 많은 맥락에서 이미 자본주의를 대체해버린, 그 체제를 저는 '테크노퓨달리즘'이라 부르고 있죠.

얼마 전까지는 제가 이런 주장을 꺼내들면 좌파들 사이에는 소스라치게 놀라고 심지어 분노하는 사람이 반드시 등장했었죠. 이해할 만한 일이긴 했어요. 마치 당신께서, 아버지가 그랬던 것처럼, 언젠가는 자본주의가 마르크스의 예언을 따라 사회주의에 의해 대체될 것이라는 믿음을 품고 그 신앙 속에서 위안을 찾는 이들이라면 그랬

---

23 국회와 병행하여 운영되는 시민 의회라는 아이디어는 물론 나의 독창적인 산물이 아니다. 아일랜드가 그런 시민 의회를 창설했다. (An Tionól Saoránach, 혹은 '우리 시민들'이라는 이름을 지니고 있다.) 아일랜드 시민의회는 국회의 승인 하에 낙태에 대한 사회적 논의를 촉발시키고 그것을 국민투표에 부치는데 결정적 역할을 했다. 시민 의회가 국가 전체의 운영에 기여할 수 있는 방안에 대한 추가적인 논의는 책 《Against Elections: The Case for Democracy(선거에 반대한다: 민주주의를 위한 사례)》참고.

을 수밖에요. 자본주의 이후는 이미 도래했지만 사회주의는 아니라는, 사실상 자본주의를 대체한 시스템은 더 나쁜 무언가라는 주장을 듣는 그들은 얼마나 낙담하고 경악스러웠겠어요. 하지만 그들이 그런 반응을 보인 데에는 또 다른, 보다 껄끄러운 이유가 있었습니다.

한 마르크스주의 활동가가 문득 제게 눈을 반짝이며 질문을 던졌어요. '야니스, 만약 당신 말대로 착취가 자본주의 기업의 한계를 넘어서서 발생하고 있다고 해 보죠.' 그 남자는 천진난만하게 솔직한 태도로 말을 이어나갔어요. '그렇다면 프롤레타리아를 조직화하는 것만으로는 절대 충분할 수가 없지 않겠어요?'

그게 바로 제 말입니다. 제가 공장 노동자, 기차 운전수, 교사, 간호사 등을 조직화하는 일이 더는 필요하지 않다고 주장하려는 건 아니에요. 제가 말하려는 건 그것만으로는 절대 충분하지 않다는 거죠. 점점 더 클라우드 자본이 지배력을 넓혀나가는 이 세상 속에서, 그 클라우드 자본은 돈 한 푼 받지 못하는 클라우드 농노들의 공짜 노동에 의해 점점 더 커지고 있어요. 사실상 불안정 노동에 시달리는 프레카리아트라 해야 할 프롤레타리아를 조직하는 것만으로는 그 굴레를 끊을 수 없죠. 테크노퓨달리즘을 무너뜨리고 민중을 민주주의의 중심으로 되돌려놓을 수 있는 한 가닥 가능성이라도 쥐고 싶다면, 우리는 전통적인 프롤레타리아와 클라우드 프롤레타리아를 규합하는 것에서 멈추지 않고, 클라우드 농노들, 더 나아가 전부는 아닐지라도 최소한 가신 자본가의 일부까지 규합할 필요가 있습니다. 반드시 이들 모두를 포섭한 이 거대한 연합이어야 해요. 그리고 이런 연합이라면 테크노퓨달리즘을 끌어내리기에 충분할 거고요.

까다로운 주문처럼 들리네요. 사실 그렇긴 하죠. 하지만 자본의 막대한 힘에 저항하는 건 언제나 만만치 않은 일이었으니까요. 19세기에 노동조합을 결성하던 과정에 대해 생각할 때마다 저는 몸서리를 쳐요. 노동자, 광부, 항구의 하역 노동자, 양털 깎는 노동자, 침모들은 자본의 앞잡이 노릇을 하는 깡패들로부터 폭행을 당하고, 기마경찰의 구타에 시달려야 했죠. 하루 일당을 못 받으면 가족이 굶는 시대에 살면서도 직장을 잃을 위험을 무릅쓰고 싸웠어요. 심지어 성공적으로 파업을 조직해낸다 한들 그렇게 확보해낸 임금 인상의 혜택은 파업에 참여하지 않은 이들에게도 돌아갔죠. 이것은 이미 엄청나게 어려운 조직화를 한층 더 어렵게 만드는 요인이었어요. 그래도 19세기 사람들은 노동조합을, 파업을 조직했습니다. 그 모든 역경에 맞서, 확실하고도 엄청난 개인적 손실을 감수해가며, 아주 작고 불확실한 혜택을 수많은 이들과 나눠야 하는 싸움을 해나갔죠.

테크노퓨달리즘은 민중의 조직화에 맞서 새로운 거대 장벽을 세우죠. 하지만 테크노퓨달리즘은 그것을 뒤엎기 위해 연대하는 꿈을 감히 꾸는 이들에게 새로운 큰 힘을 부여하기도 합니다. 그 새로운 거대 장벽이란 클라우드 농노와 클라우드 프롤레타리아들 사이에 벌어져 있는 물리적 거리와 그로 인한 고립입니다.

서로 각자의 스크린으로, 각자의 개인용 스마트폰으로 의사소통하는 우리는 아마존 창고 노동자를 감시하고 관리하는 그런 종류의 디지털 장비를 통해 클라우드 자본의 지배를 받게 되는 거예요. 사람들이 함께할 기회가 점점 줄어드는만큼 집단행동 역시 점점 더 어려워질 테고요. 하지만 이 지점에 클라우드 자본이 그 잠재적 반란군에게 부여하는 막대한 힘이 숨어 있어요. 우리에게는 클라우드를 통해 연대하고, 조직하고, 행동할 수 있는 능력이 있거든요.

물론 이것은 초창기의 트위터가 내걸었던 약속 중 하나였죠. 트위터는 '아랍의 봄'부터 '블랙 라이브즈 매터' 운동까지 대중 동원을 가능하게 해줬고요. 이제 우리는 그 약속이 얼마나 실현되었고 또 얼마나 어긋났는지 목격하게 되었습니다. 하지만 여기서 제가 말하는 건 클라우드를 **통한** 동원을 넘어서는 것이에요. 클라우드에 **속한** 시스템과 기술을 이용해 구현되는 그런 실천을 생각해 보자는 겁니다.

《또 다른 지금》에서 저는 한 번에 클라우드 영주 기업을 딱 하나씩만 선정해 전 세계적인 행동을 벌이는 것을 상상해 보았어요. 전 세계의 노동조합원들이 전 세계에 퍼져 있는 아마존 물류센터 노동자들에게 단 하루 한꺼번에 일을 멈춰달라고 요청하는 장면을 상상해 보자고요.[24] 그것만으로는 미약한 행동일 테죠. 하지만 그 캠페인이 더 퍼져나가 전 세계적으로 아마존 사용자와 고객들이 아마존 웹사이트를 방문하지 않는다면, 그리하여 클라우드 농노거나 아주 작

---

24 《또 다른 지금》이 출간된 후 '진보 인터내셔널(Progressive International)'을 결성한 몇몇 이들이 바로 이런 국제 캠페인을 조직해 나갔다. 진보 인터내셔널은 진보주의 좌익 활동가와 조직들을 규합하기 위한 국제기구로, 주요 제창자는 나와 미국의 정치인 버니 샌더스(Bernard Sanders). 우리가 사용한 구호는 '#MakeAmazonPay(아마존이 지불하게 하라)'였다.

은 기회만을 제공받는 클라우드 가신 계급으로서의 신분에 저항하는 날을 갖는다면 어떨까요. 그로 인한 개인적 불편은 그다지 크지 않을지 몰라도 집단적인 효과는 대단할 겁니다.

이러한 집단행동이 그저 적당한 성공에 머물러, 당일 아마존의 매출이 평소보다 10퍼센트 정도 떨어졌다고 해보죠. 그런데 동시에 아마존 물류창고 노동자들의 파업이 아마존의 배송을 24시간 지연시키고 있다면 어떨까요. 이러한 집단행동은 아마존의 주가에 상당한 타격을 줄 수 있고, 그것은 기존의 노동운동으로는 달성하기 어려운 효과인 것이죠. 이렇게 클라우드 프롤레타리아와 클라우드 농노들은 실질적인 연대를 해나갈 수 있습니다. 저는 이것을 **클라우드 조직화**라 부르고 싶어요.

클라우드 조직화는 통상적인 집단행동의 셈법을 뛰어넘는다는 점에서 매력적입니다. 극대화된 개인적 희생을 통해 최소한의 집단적 이익을 얻어내는 대신, 이제 우리는 정 반대의 길을 걸을 수 있죠. 최소한의 개인적 희생만으로 커다란 집단적, 개인 이익을 거둘 수 있으니까요.[25] 이렇게 뒤집힌 셈법은 클라우드 농노와 클라우드 프롤레타리아가 수십억 명의 사람들을 지배하는 클라우드 영주들의 통제를 뒤흔들 수 있을 만큼 큰 규모로 연대할 수 있는 길을 열어준다고 할 수 있죠.

---

25 혹은 일종의 유사과학적 용어를 던져보자면, 투쟁은 '맥시민' 전략(개인적 희생을 최대화하여 최소한의 개인적 이익 얻기)에서 벗어나 '미니맥스' 전략(개인적 희생을 최소화하며 최대한의 개인적 이득 얻기)로 나아간다 할 수 있겠다.

물론 이런 종류의 집단행동이 고작 하나 혹은 몇몇 주요 클라우드 영주 기업에만 향해서는 충분치 않을 거예요. 제가 그리는 클라우드 저항이란 가령 수도요금과 전기요금 통지서를 받은 후 불면증에 빠진 사람 같은 다양한 구성원까지 그 대의 안에 포섭하는 거예요. 정교한 계산 하에 목표를 설정한 공과금 납부 거부 운동은 민영화된 수도, 전기 회사의 주가에 마찬가지로 큰 타격을 입힐 수 있어요. 거대 복합 기업들은 점점 더 클라우드 금융과 운명 공동체로 결탁해가고 있으니, 타이밍만 잘 맞는다면 이런 평화로운 게릴라 파업이 정치적, 경제적으로 큰 영향을 미칠 수도 있을 테고요. 가령 나이지리아의 노동자들을 착취하거나 콩고의 국립공원을 파괴하는 기업을 대상으로 미국 소비자들이 보이콧 운동을 전개하는 식으로, 클라우드 저항 운동이 국제적 협력을 낳을 수도 있을 거예요.

또 다른 캠페인도 가능해요. 전 세계의 회사들을 후보로 놓고 최악의 기록을 보여주는 이들에게 시상을 하는 거죠. 0시간 계약[26]을 가장 많이 하는 회사, 최악의 저임금 기업, 탄소 발자국을 가장 깊게 찍는 회사, 아니면 노동조건이 가장 열악한 기업, 혹은 주가 띄우기 목적으로 '구조조정'을 일삼는 기업 같은 곳들 말이에요. 이런 기업의 주식을 보유한 연금 펀드가 있을 테니, 해당 연금을 지닌 이들을

---

26 0시간 계약(zero-hours contracts)이란 근로시간을 특정하지 않은 근로계약이다. 노동자는 자신이 언제 몇 시간 일할지 모르는 상태로 대기해야 한다. 국내에서는 노동법상 허용되지 않는다. -역자 주

대규모로 조직해내는 거예요.[27] 연금 펀드를 목표로 삼고 있다는 것을 발표하는 것만으로도 주가 폭락을 불러올 수 있을 정도의 타격을 줄 수도 있거니와, 그와 관련된 사모 펀드의 투자자들 역시 근심에 빠져 앞다투어 탈출할 수도 있겠죠.

위키리크스에서 영감을 받았던 저는《또 다른 지금》에서 오직 투명성을 강화하기 위한 목표를 갖고 디지털 바이러스를 업로드하는 반항적 해커들의 활동을 상상해 보았어요. 그들의 바이러스는 클라우드 영주들과 정부 조직, 그리고 화석 연료 기업 같은 악당들 사이에 놓여 있는 감춰진 디지털 연결 고리를 추적하고 드러내는 거죠. 그런 일이 어떻게 가능할지, 아니 가능하기는 할런지, 저는 모르겠습니다. 하지만 이것 하나만은 분명하죠. 그런 조직들이 그들의 행동에 대해 수십억 명의 감시를 받고 있으며, 자신들이 감시당하고 있다는 사실을 알게 된다면, 겁에 질려 마비 상태에 빠질 거예요. 그렇게 수십억 명의 눈에서 비늘이 떨어지고 나면 많은 이들이 더 연대와 지지를 위해 몰려들 겁니다.

지금까지 말한 것 중 쉽거나 당연한 건 하나도 없어요. 하지만 그래봐야 자신이 꿈꾸는 미래를 위해 생명까지 바쳤던 19세기의 광부, 침모, 하역 노동자들의 것들과 비교할 수나 있을까요? 클라우드는 자유와 민주주의를 앗아가지만, 되찾고자 하는 이들에게는 자유와

---

27 한국에서는 '연금 펀드'하면 국민연금 펀드나 노르웨이 국부 펀드 등을 떠올린다. 하지만 여기서 저자는 다양한 민간 연금까지 포함해 이야기하고 있다. -역자 주

민주주의를 내어주기도 합니다. 누가 더 힘이 센지 결정하고 입증하는 것은, 그들의, 우리의 몫이라 할 수 있습니다.

| 클라우드 자본의 집단 소유 |

젊은 시절의 아버지는 뭔가에 꽂혀 계셨죠. 아버지가 1940년대에 정리하신 바에 따르면 사적 자본은 오직 극소수에 의해서만 소유될 수 있어요. 사적으로 소유되고 있는 한 자본은 집중하고자 하는 본성을 지닐 테니까요. 하지만 집중된 자본은 집중된 권력을 의미합니다. 그 말은 자유, 자율, 사회적 민주주의, 자유주의적 민주주의 등 그 모든 것들은 자본을 전복하지 않는 한 필연적으로 결국 자본의 독재로 귀결되어 퇴색하고 만다는 이야기와 다를 바 없어요.

1981년 그리스 총선에서 사회주의자들은 압승을 거두었습니다. 이제 우리가 더는 비밀경찰을 두려워하지 않아도 된다며 아버지는 기뻐하셨죠. 하지만 아버지 주변 사람들이 모두 승리의 기쁨에 젖어 고주망태로 취하고 있을 때, 아버지는 비관적인 태도를 고수하며 분위기를 홀딱 깨놓고 계셨어요. 제아무리 똑똑한 사민주의자들이 정부 요직을 많이 차지한다 한들, 직장을 민주화하지 않는 한 사회적 민주주의는 불가능하다는 게 아버지의 주장이었죠. 역사는 아버지의 편을 들어주었지만 그렇다고 아버지가 기뻐하실 것 같지는 않네요.

물론 그리스나 다른 곳에서 사민주의는 실패했습니다. 하지만 그건 우리가 겪은 최악의 패배가 아니었어요. 자본을 사회의 통제 하에 두려 했던 유일한 대규모 실험이었던 소련의 실패가 바로 최악의 패배였죠. 소련은 과학과 기술 양쪽에서 괄목할만한 혁신을 이루어냈어요. 하지만 소련의 중앙집중적 계획 경제는 그것들을 사회적 유익으로까지 연결해내지 못했죠. 소련의 과학자들은 인간의 신경과 컴퓨터의 제어를 종합하고 자동화하는 사이버네틱스의 선구적 논의를, 구글이나 아마존보다 수십여 년 전에 발명해냈어요. 소련식 하향 의사결정 체제가 아니었다면 그것은 사회를 위해 유익하게 쓰였겠죠. 그렇게 주민에게 일상의 고역을 강요하던 끔찍한 독재 체제는 1991년 완전한 패배를 맞이하고 말았습니다.

　그 후로는 고삐 풀린 사적 자본이 전 세계를 들쑤시고 다녔습니다. 이는 2008년 금융 위기를 낳았고 결국 가장 끔찍한 혼종을 탄생시켰어요. 인간의 정신과 사회의 시장이 가진 힘을 강탈해가는 클라우드 기반 자본의 시대가 열린 것이죠. 끝없이 쏟아져 들어오는 중앙은행의 돈 덕분에 클라우드 영주들은 그들의 제국을 건설할 수 있었습니다. 그리하여 이제 우리는 마치 스텔라크의 무바타처럼 테크노퓨달리즘이라는 큰 회로의 부품으로 전락하고 말았죠.

　그래요, 그러니까 아버지는 당신이 물어보셨던 질문에 대한 답을 이미 가지고 계셨던 거였어요. 그 속에는 좋은 소식과 나쁜 소식이 같이 들어 있죠. 나쁜 소식은 인터넷이 새로운 유형의 자본을 길러냈다는 거죠. 그 새로운 자본은 자본주의를 죽이면서 그 자리를 훨씬 나쁜 무언가로 대체했어요. 좋은 소식은 소련도 개혁적 사민주의 자들도 가져본 적 없는 도구가 우리의 손에 쥐어져 있다는 거예요. 이 도구를 통해 우리는 어쩌면 새로운 공유지를 재정립할 수 있을지도 몰라요.

간단히 말하면 우리는 새로운 유형의 지배 체제 하에 살아가고 있지만 동시에 전에 없던 황금과도 같은 기회를 쥐고 있다는 것입니다. 어쩌면 사람들에게 여가를 제공하고, 자유를 극대화하며, 밑에서부터 위로 올라오는 공산주의라는 아버지의 꿈을 실현할 수 있게 해줄 그런 기회 말이에요.

우리가 그걸 제대로 활용할 수 있을까요? 아, 정말이지 저도 알 수 있다면 좋겠네요. 하지만 다시 한 번 역사를 떠올려 보자고요. 가령 1776년을 살던 사람들이 보편적 선거권이나 노예제 폐지 같은 것을 현실적으로 상상할 수 있었을까요? 제가 아는 건 그저 아버지와 헤시오도스가 가르쳐준 진리 뿐이에요. 우리에게는 기술 혁명으로 향하는 확고한 성향이 있고, 기술의 발전은 우리를 가만히 내버려두지 않아요. 기술 혁명은 우리를 모순 속으로 거칠게 밀어 넣습니다. 그리고 곧 선택의 순간이 다가오죠. 우리는 기계가 우리의 발전을 돕는 미래, 말하자면 〈스타트렉〉을 연상시키는 길을 걸을지, 아니면 인간이 그저 기계 제국의 건전지로 전락하고 마는 〈매트릭스〉 같은 디스토피아의 길을 걸을지, 갈림길에 서게 되는 것입니다.

대부분의 사람들에게는 그 어떤 바람직한 결말보다는 야만이 판치고 기후 종말이 닥쳐온 〈매트릭스〉 같은 세상이 열릴 가능성이 훨씬 커 보일 거라고 생각해요. 그런데 다시 한 번 생각해봐야 할 게 있죠. 공산주의 세상이 열리고 모든 이가 구원받을 날이 눈앞에 있다고 믿고 있었던 그들, 아버지와 수용소 생활을 함께 했던 동지들을 떠올려 보자고요. 긍정적인 결과가 보장되어 있다고 사람들이 믿는 때야말로 새로운 유형의 독재에 시달리거나 패배를 맞이하게 되는 순간입니다. 반면 수용소 생활로 단련된 아버지는 동지들의 확신과 달리 내면에 깊은 회의적 관점을 간직하고 계셨어요. 오늘날 우리가 가야 할 길이 바로 그렇습니다. 클라우드 반란을 성공으로 이끌어낼 가능성이 아무리 작고 희박하다 해도, 그 가능성이 조금이라도 있다면 그것은 유리가 좋은 삶을 이룰 수 있는 유일한 기회인 것이죠. 아리스토텔레스가 우리 삶의 궁극적인 목적이라 믿었던 '에우다모니아(eudamonia, 행복)'를 얻어내려면, 설령 그 무엇도 보장되고 있지 않다 해도 희망을 품고 실천하는 수밖에 없어요. 아무리 나쁘게 보더라도 지금 이곳을 살아가는 우리가 지옥같은 수용소를 살았던 아버지보다 주저해야 할 이유는 없을 테니까요.

마르크스는 자본주의 사회를 살아가는 우리의 상태를 일컬어 그 유명한 '소외'라는 표현을 사용했습니다. 우리의 노동으로 생산해내는 것에 대해 소유권을 갖지 못하고, 우리가 시간과 에너지를 투입하는 일이 실제로 어떻게 되어 가는지 말할 수조차 없는 상태를 이르는 표현이었죠. 테크노퓨달리즘 하에서 우리는 우리 자신의 정신조차 소유하지 못하게 되었습니다. 모든 프롤레타리아는 근무 시간 동안 클라우드 프롤레타리아로 살아가고, 나머지 시간은 클라우드 농노로 살아가니까요. 그나마 먹고살 만한 자영업자들은 모두 클라우드 가신이 되어버렸고, 고군분투하는 자영업자들은 클라우드 농노가 되고 말았죠. 민영화와 사모펀드가 자산 벗겨먹기로 우리 주변의 모든 물리적 부를 집어삼키는 동안, 클라우드 자본은 그러한 자산 벗겨먹기 사업 모델을 우리의 두뇌까지 확장하고 있어요.

우리의 정신을 각자의 것으로 지키려면, 우리는 클라우드 자본의 집단 소유로 나아가야만 합니다. 구름 위에 떠 있는 그것, 클라우드 자본을 행태 조작 수단에서 인간적 협력과 해방의 수단으로 바꿀 수 있는 유일한 방법은 그것뿐이니까요.

만국의 클라우드 농노, 클라우드 프롤레타리아, 그리고 클라우드 가신들이여, 눈을 떠라. 우리는 우리의 정신에 채워진 족쇄 외에는 잃을 게 없노라!

독자 여러분께 드리는 편지

노정태(자유기고가·번역가, 경제사회연구원 전문위원)

이 책의 취지는 간명하다. 2024년 현재, 자본주의는 그 수명을 다했다는 것이다. 우리는 자본주의 시스템 속에 살고 있다고 생각하지만 실은 그렇지 않다. 우리가 살고 있는 이 세상은 첨단 기술로 이루어진 봉건주의 체제다. 이른바 '테크노'(기술) '퓨달리즘'(봉건주의)라는 것이다. 당장 돈 한 푼 안 쓰고 살 수 없는 세상, 온 국민이 한국 주식도 아니고 미국 주식에 투자한다고 난리를 치는 요즘, 그게 무슨 소리일까? 이 과격한 주장을 이해하려면 자본주의가 무엇인지 따져 보아야 한다. 그 아득한 옛날 누군가에 의해 화폐가 발명된 후, 사람은 언제나 시장에서 경제 활동을 해왔다. 하지만 자본주의가 시작된 건 불과 몇백 년도 되지 않은 일이다. 자본주의란 단지 사람들이 돈을 벌고 쓴다는 것으로 정의되지 않는다는 것이다. 세상을 움직이는 원동력이 자본에 있고, 그 자본을 투자하여 이윤을 벌어들이는 행위를 국가와 사회가 장려하는, 그런 체제가 바로 자본주의다.

그런데 오늘날의 경제는 어떤가. 물론 지금 우리에게 보이는 세상은 돈으로 움직인다. 하지만 기업의 투자와 이윤 창출이 세상의 원동력이라고 단언하기엔, 어딘가 석연치 않다. 2008년 금융위기부터 최근까지 미국 연방준비기금을 비롯한 전 세계의 중앙은행들은 사실상 0에 가까운 낮은 금리로 돈을 마구 찍어냈다. 그렇게 돈이 흔한 세상이 되었지만 임금은 상승하지 않았고, 일반적인 소비자의 구매력 역시 높아지지 못했다. 기업으로서는 자본을 투자하여 새로운 상품을 개발하고 판매하여 이윤을 벌어들이는 불확실한 경로를 택하기보다, 차라리 자기 회사의 주식을 매입하고 소각하는 식으로 주가를 끌어올리는 길을 택하게 마련이었다. 실물 경제가 불황이건 불경기건 상관 없이 주가가 훨훨 날뛰는 이상한 세상이 오게 된 것이다.

　그 와중에 한층 다른 길을 가는 기업들이 있었다. 아마존, 페이스북 등으로 대표되는 거대 IT 기업들이다. 이 회사들의 비즈니스 모델에는 다른 기업들과 근본적인 차이가 있다. 일반적인 기업은 제품(상품과 서비스)을 생산하고 그것을 소비자에게 판매해서 돈을 번다. 반면에 IT 기업들은 우리가 그들의 서비스를 사용하면서 만들어내는 개인정보를 수합하고 정리한다. 알고리즘으로 처리된 우리의 개인정보는 우리의 성향, 선호, 기타 등등을 나타내는 데이터 뭉치가 되는데, 그걸 잘 들여다보면 우리가 앞으로 뭘 구입하고 싶은지, 뭘 사야 하는지, 어떤 물건은 절대 안 사는지 등을 금방 알 수 있다. 아주 값진 마케팅 정보가 되는 것이다. 그들은 그런 것, 즉 우리 스스로 제공한 우리의 개인정보를 팔아서, 돈을 번다. SNS에서 '나 오늘 떡볶이 먹고 싶다'는 문장을 쓰면 순식간에 나의 화면이 떡볶이 광고로 도배된다. 우리의 모든 행동을 그들이 보고 있는 것이다. 우리는 그들에게 광고용 개인정보 데이터를 제공하는 일종의 샘플들이 되어 있는 셈이다. 인터넷은 자유롭고 열린 공간이 아니라, 한 분야당 한 기업이 독점 내지 과점하는, 오프라인보다 더 갑갑한 세상이 되어버렸다. 검색은 구글, 인터넷 쇼핑은 아마존, 메신저는 한국의 경우 카카오톡 등등… 부모님께 카톡 대신 비둘기 다리에 편지 묶어 보낼 수는 없는 노릇이고, 친구가 같이 보자고 보낸 유튜브 영상 링크를 무시한 채 내가 읽고 있는 종이책 이야기만 할 수도 없지 않은가. 이렇게 우리는 거대한 '인간 가두리 양식장' 속의 물고기가 되고 만 것이다.

　이것은 단지 우리의 소중한 개인정보를 누군지도 모르는 사람들이 마케팅 용도로 쓰고 있어서 기분이 나쁜 차원의 문제가 아니다. 우리의 생각, 감정, 판단을, 사실 그걸 만든 사람들 스스로도 다 파악하지 못하는 '알고리즘'이 제단하는 세상에 살게 되었다는 게 문제의 핵심이다. 유튜브 구독자 백만 명을 자랑하는 어떤 인플루언서가 있다고 가정해 보자. 다들 그 사람의 예상 수익을 놓고 부러워하지만, 그의 입지는 사실 불안하기 짝이 없다. 유튜브의 소유주인 구글의 정책 이전에, 알고리즘의 사소한 오판만으로도, 채널의 수익 창출이 정지되거나 심지어 채널이 삭제될 수도 있기 때문이다. 인스타그램, 페이스북, 기타등등 우리가 늘 이용하는 모든 '디지털 플랫폼'

이 마찬가지다. 우리는 알고리즘의 노예가 되고 만 것이다.

우리는 이런 세상 속에 살고 있다. 이미 자리잡은 초거대 다국적 자본은 은행에서 공짜로 푸는 돈으로 계속 자신들의 지배력을 강화하는 세상. 그렇지 못한 우리 대다수는 플랫폼 기업이 깔아놓은 판 위에서 알고리즘의 간택을 받기를 고대하며 영상을 찍고 노래를 부르고 있는 세상. 이런 세상을 과연, 모든 사람이 자유롭고 개방적인 경쟁을 하도록 시스템적으로 보장하는 것을 근간으로 하는, 자본주의라 말할 수 있을까?

아쉬운 면이 없지 않지만, 이 책의 가치는 분명하다. 글로벌 IT 기업의 출현과 득세로 인해 우리가 이전과 다른 세상에 살게 되었음을 지적한 논의는 지금까지 없지 않았다. 하지만 이렇게 '전혀 다른 세상'이 왔다는 것을, 마치 아직 새벽별이 보이는데 울기 시작한 수탉처럼 외치는 책은 없었다. 또한 이 책만큼 '큰 그림'과 전체적인 조망을 제시한 책도 없었다. 이 책은 21세기 이후 세계 경제의 흐름에 대한 총론으로서 존재 가치를 지니고 있다.

이 책을 읽고 번역할 기회를 제공해주신, 세상의 모든 정보가 디지털 데이터로 오가는 세상에 꾸준히 종이책을 만들고 계신 김영곤 대표님과 21세기북스 여러분께 감사드립니다. 모쪼록 이 책이 더 나은 세상의 모습을 그리며 나아가기 위한 작은 발판이 되기를 바랍니다.

테크노퓨달리즘의
정치경제학

봉건주의 아래서 지배계급의 권력은 대다수가 소유할 수 없지만 묶여 있을 수밖에 없는 토지의 소유로부터 나온다. 자본주의에서도 권력은 대다수가 갖지 못하고 있는 자본의 소유에서 나오지만, 다수는 생계를 위해 자본에 노동을 팔아야 한다.

테크노퓨달리즘에서 새로운 지배 계급은 모든 이에게 그 촉수를 뻗친 클라우드 자본으로부터 권력을 얻는다. 이 부록에서 나는 자본주의가 가치, 잉여, 권력을 생산하는 방식을 요약한 후, 우리가 살아가는 테크노퓨달리즘 사회에서 잉여 생산과 권력이 창출되고 분배되는 과정을 그려볼 것이다.

들어가며

지금부터 서술되는 나의 이론적 접근은 객관적 과학이 아니다. 그럴 수도 없는 것이, 그 어떤 경제학자도 객관적이거나 과학적이라고 주장할 수 없기 때문이다.(특히 자신만은 객관적이고 과학적이라고 주장하는 이들일수록 그렇다.) 노벨 물리학상 수상자는 (설령 자기들끼리 서로 싫어하더라도) 언제나 상호 존중한다. 하지만 경제학 분야에서 그와 같은 수준의 영광으로 여겨지는 상(알프레드 노벨을 기념하는 스웨덴 국립은행 경제학상 the Bank of Sweden's Prize for Economics in the Memory of Alfred Nobel[1]을 받은 경제학자들은 서로를 곧잘 돌팔이 취급하곤 한다. 그것은 경제학이 복잡한 수식과 막대한 통계의 외피를 둘러쓴 철학(혹은 종교)에 가까운 것이기 때문이다. 그런 겉포장을 적절히 구사하면 그렇지 않은 이에 비해 훨씬 큰 힘을 휘두를 수 있다.

경제학은 각기 다른 정치적 동기를 지닌 채 서로 충돌하는 관념들(일부는 지배계급을 선호하고, 나머지는 피착취계급을 선호하는)이 일종의 용병처럼 우리의 마음과 정신을 놓고 충돌하는 전장이라 보는 게 가장 정확하다. 기록을 위해 말해두자면, 이어질 분석은 애덤 스미스, 데이비드 리카도, 칼 마르크스 같은 고전파 경제학자의 전통 위에 서 있으며, 존 메이너드 케인스, 존 케네스 갤브레이스, 하이먼 민스키의 영향도 받았다.[2]

---

1 우리가 흔히 '노벨 경제학상'이라 부르는 상, 알프레드 노벨을 기념하는 스웨덴 국립은행 경제학상(the Bank of Sweden's Prize for Economics in the Memory of Alfred Nobel)은 알프레드 노벨의 유언으로 제정된 상이 아니다. 스웨덴 중앙은행 설립 300주년을 기념해 제정된 상으로, 시상자 선정을 노벨위원회에서 하고 있다는 점이 동일하여 그 권위를 인정받고 있다. -역자 주

2 경제학을 대결의 장으로 보는 관점에 대해 간략하면서도 지나치게 전문적이지는 않은 입문서를 원하는 독자라면 내가 1998년에 펴낸 책《Foundations of Economics: A beginner's companion(경제학의 토대: 입문)》을 참고할 수 있을 것이다. 더 깊고 전문적인 내용을 원한다면 다음 책을 참고할 것. 《Modern Political Economics: Making sense of the post-2008 world(현대 정치경제학: 2008년 이후 세계 이해하기)》.

자본주의

가치, 노동, 자본 각각이 이중적 성격을 지니고 있음을 파악하는 것은 자본주의가 부를 생산하고 분배하는 방식을 이해하는 데 있어서 결정적이다. 가치, 노동, 자본의 이중적 성격은 자본주의적 이윤이 샘솟는 거대한 원천이 된다. 그렇게 만들어진 이윤은 부채와 함께 자본주의 형성의 자금을 제공하며, 자본의 축적은 근대 이후 세계의 모습을 결정지었다.

| 1. 상품 생산 |

'상품'은 자신이 사용하거나 선물로 주기 위해서가 아니라, 오직 판매만을 목적으로 생산되는 재화나 서비스를 뜻한다. 자본주의 하에서 (그러나 물론 자본주의 이전 체제에서도) 상품의 구입과 판매는 시장 내에 국한되어 있었다.

1.0 시장: 시장은 구매자와 판매자가 자유롭고 자발적으로 만나 거래하는 모든 탈중앙화된 거래 장소를 의미한다.

- 일러두기 1: 시장은 경쟁이 더 치열하거나 적을 수 있다. (판매자가 적고 구매자가 많은) 과점^{ologopolistic} 시장이거나, (판매자가 많고 구

매자가 적은) 구매과점^{oligopsonistic} 시장일 수도 있다. 이들은 독점(판매자 하나에 다수의 구매자) 시장 혹은 수요독점(판매자 다수에 하나의 구매자)의 한계까지 밀어붙이는 경향을 보인다. 구매자와 판매자의 수가 모두 줄어들 때 시장은 쇠퇴하며, 이는 양쪽에서 모두 하나의 구매자와 판매자만 남는 쪽으로 향한다. (이 경우를 1대1 거래 혹은 쌍방독점/수요독점이라 할 수 있다.)

• 일러두기 2: 테크노퓨달리즘 하에서 거래는 중앙화되며 그 장소 또한 시장이 아니라 (가령 빅테크 플랫폼 같은) 클라우드 장원에서 이루어진다. 클라우드 장원은 클라우드 자본이 만들고 운영하는 알고리즘에 따라 구매자와 판매자를 짝짓는다.

1.1. 가치의 두 본성 Value's two natures
1.1.1 경험가치 Experiential Value
1.1.2. 교환(혹은 상품) 가치 Value

경험적 가치는 목마를 때 시원한 물 한 잔을 들이키는 것, 아름다운 노을을 감상하는 것, 방정식을 풀거나 노래를 흥얼거리는 것, 쇼핑하는 것, 산에 오르는 것, 사랑을 나누는 것, 감사하는 것 등, 우리가 경험하는 모든 인간적 가치로부터 흘러나온다. 그러므로 경험적 가치는 무형의 것이며 수량화할 수 없고 주관적이며 변화무쌍하다. 경험적 가치는 우리가 어떤 식으로 생산하느냐와 무관하게 존재해왔고 우리 인간이 감수성을 지니고 있는 한 앞으로도 존

재할 것이다.[1]

교환가치는 자본주의 체제 내에서 양적으로 표현 가능한 상품의 가치다. 보다 구체적으로, 어떤 상품의 단위당 교환가치는 그것으로 교환 가능한 다른 상품의 단위가 얼마나 되느냐에 따라 측정된다. 교환가치는 상품을 팔았을 때 얻을 수 있는 재화나 상품의 가격에 반영된다.(아래 일러두기에서 설명하겠지만 오직 그것만으로 환원할 수는 없다.) 교환가치에는 그것을 만든 사람의 경험이나 증여가 반영되지는 않는다.(말하자면 상품을 최종적으로 소비하는 사람은 어떤 경험을 통해 경험가치를 끌어내게 될 테지만 그 상품의 교환가치를 산정할 때 최종 소비자의 경험가치가 반영되지는 않는다.)

• 일러두기: 여러 판매자 사이의 경쟁이 치열해질수록 상품의 가격은 그 교환가치의 반영에 근접하게 된다. 그 교환가치란 해당 상품을 생산하는 과정에 직간접적으로 개입된 모든 인간 노동, 즉 총 경험적 노동(아래 1.2.1 참고)으로 결정되거나, 총 경험적 노동을 반영하게 된다.

---

1 전통적으로 정치경제학 내에서는 경험적 가치를 사용가치(use value)라 불러왔다. 이 용어는 혼란스럽다. 현명한 사람이라면 그 자체가 목적일 뿐인 무언가에 막대한 주관적 가치를 부여할 수 있고, 사실 그래야 마땅하)기 때문이다. 가령 위대한 예술작품이나 아름다움, 지식 그 자체를 위한 지식의 탐구, 산이 거기 있다는 이유만으로 산에 오르며 느끼는 희열 등이 그렇다. 하여, 나의 '경험적 가치'라는 용어는 '사용(use)'할 수 있느냐 여부를 떠나서 누군가가 긍정적으로, 건강하게, 즐겁게, 만족스럽게 받아들이는 모든 경험을 포괄한다.

1.2. 노동의 두 본성 Labour's two natures

1.2.1. 경험적 노동 Experiential Labour

1.2.2. 상품화된 노동 Commodity Labour

경험적 노동은 정의내리기 어렵고, 수량화할 수 없으며, 조변석개하고 때로는 인간 노동의 마술적 측면을 담고 있다. 노동자는 최종 제품이나 서비스를 경험하거나 소비하는 사람이 누가 됐건 어떤 경험적 가치(1.1.1참고)를 느낄 정도로 물건이나 서비스에 불어넣게 되는데, 그것이 상품의 생산 과정에서 경험적 노동이 하는 역할이다.[2] (이미 생산되어 판매를 기다리는)상품에 집중해본다면, 경험적 노동이란 생산 과정에서 상품에 교환 가치를 불어넣어주는 인간적 투입이다.(1.1.2 참고)

상품화된 노동은 노동자가 사용자에게 빌려주는 노동 시간과 기술을 한데 묶은 것이다. 상품화된 노동의 교환가치는 해당 노동자가 임금으로 구입할 수 있는 상품에 투입된 다른 노동자들의 경험적 노동의 총합과 같다. 가격이 (아주 드문 빈도로 완벽하게) 상품의 교환가치를 반영하는 것과 마찬가지로, 임금은 (아주 드문 빈도로 완벽하게)

---

2 내가 **경험적 노동**이라 부르는 것은 고전적 정치경제학(가령 애덤 스미스, 데이비드 리카도, 칼 마르크스)에서 그저 **노동**으로 지칭되고 있다. 나는 **경험적**이라는 형용사를 추가했는데 그것은 (경험적-활동으로서의-노동을)상품으로서의-노동과 구분하기 위해서였다. 고전파 경제학자들이 **노동력**(labor power)이라 부르는 **상품화된 노동**(commodity labor)을 참고할 것.
간단히 말해 고전파 정치경제학자들이 **노동**과 **노동력**을 구분했다면, 나는 노동의 두 본성을 정의하기 위해 덜 혼란스럽고(더 많은 깨달음을 주는) **경험적 노동**과 **상품화된 노동**이라는 표현을 사용한 것이다.

상품화된 노동의 교환가치를 반영한다.

1.3. 자본의 두 본성

1.3.1. 상품 생산의 수단으로 만들어진 것들

1.3.2. 소유자가 비소유자들에게 착취력을 행사할 수 있게 해주는
사회적 관계

상품 생산의 수단으로 만들어진 것들은 가령 기계, 공장, 사무실
건물, 트랙터 등, 물리적 자본이라는 유사한 형태를 지닌다. 상품(혹
은 자본재)이라고 불리는 이것들은 다른 상품을 생산하기 위한 특별
한 목적 아래 만들어진 상품이므로, 노동 생산성을 증강시키기 위해
구매되는 물리적 기물로 여겨질 수 있다. 좀 더 추상적으로 말하자
면 물리적 자본에는 생산의 물리적 수단이 되기 위해 응축, 결정화
된, 혹은 '죽은' 경험적 노동이 담겨 있다고 볼 수 있겠다.

소유자가 비소유자들에게 착취력을 행사할 수 있게 해주는 사회
적 관계(그 물리적 존재 및 기능)와는 별도로, 자본은 자본을 소유하지
못한 노동자가 생산하는 잉여가치(1.4 참고)를 추출하는데 필요한
사회적 힘을 제공한다.

• 일러두기: 낚싯대, 트랙터, 산업용 로봇(즉 자본재)의 물리적 성
격과 기능에 대해서는 신비롭거나 이상하게 여길 만한 부분이 없다.
반면 착취력을 제공하는 자본의 본성은 그만큼 분명하지 않다. 자본

의 착취력이란 생산 수단에 대한 소유권을 가진 사람들(자본가와 지주), 그리고 아울러 자율적으로 접근권을 지닌 사람들과 그 나머지 사이에 사회적 관계로부터 도출된다. 자본 소유의 비대칭성으로 인해 자신의 자본을 갖지 못한 이들은 자본가에게 상품화된 노동(1.2.2 참고)을 팔아서 자본가를 위해 잉여가치(1.4 참고)의 생산에 기여하는 대가로 임금을 받는 것 외에 다른 길이 없게 된다.

이러한 관계를 생생하게 떠올려보기 위해 앞서 3장에서 언급했던 필 씨의 경우를 상기해볼 것. 필 씨는 영국에서 호주 서부로 노동자들을 데리고 왔으나, 노동자들은 생산 수단(즉 주변 지역의 풍부한 토지)에 대한 자율적 접근권을 갖게 되었으며 필 씨로부터 독립할 수 있었고 필 씨는 착취력을 상실했다. 자본의 두 번째 본성인 착취력은 상품 생산의 수단으로 만들어진 것에 대한 비대칭적 접근권에서 비롯하는 것이다.

1.4 잉여가치는 상품 X를 단위만큼 생산하고 판매했을 때 사용자가 얻게 되는 차액이다. 좀 더 정확히 말하자면, 잉여가치란 (a)상품 X를 단위만큼 생산하는데 필요하고 주입되어 있는 **경험적 노동**의 가치와 (b)상품 X를 동일한 단위만큼 생산하기 위해 사용자가 지불해야 하는 **상품화된 노동**의 가치의 차이인 것이다.[3]

---

3 잉여가치라는 말로 우리가 뜻하는 것은 **잉여교환가치**다. 경험적 가치는 순수하게 주관적이며 개인적이므로 그 무엇과 비교해도 남거나 모자랄 수 없기 때문이다.

| 2. 분배 |

상품의 생산과 판매로 인해 발생하는 돈은 크게 네 종류의 수입으로 나뉜다. 임금, 이자, 지대, 이윤이다.

2.1 임금: 가격은 상품의 가치를 반영하지만 가치가 가격으로 환원되지는 않는다. 마찬가지로 임금은 상품화된 노동의 교환가치를 반영하지만 상품화된 노동이 임금으로 환원되지도 않는다. (1.2.2 참고)

• 일러두기: 여러 사용자 사이에 경쟁이 커질수록 임금은 노동자의 상품화된 노동의 교환가치를 보다 잘 반영하게 된다. 그러니 하나 혹은 소수의 사용자가 지배하는 노동시장에서는 임금이 노동자의 상품화된 노동의 교환가치 아래로 떨어지게 되는데, 이는 사용자가 얻는 일종의 독점 지대(2.3.3 참고)가 된다.[4]

2.2 이자: 자본가들은 생산을 시작하기에 앞서 노동, 토지, 자본재를 구매할 비용을 빌려와야 한다.(때로는 축적된 이윤을 통해 마련하는데 이는 스스로에게 빌리는 것과 다를 바 없다.) 수지를 맞추려면 그들의

---

4 아주 조금 더 정확하게 말하자면, (사용자가 수요독점자로서 상품화된 노동을 구입하고 있으므로) 우리는 이를 수요독점 지대라 불러야 할 것이다.

매출은 다른 전체 비용 위에 금융가들이 그들에게 부과한 이자까지 감당할 수 있어야 한다.(혹은 자본가들은 생산에 투입하지 않은 저축을 통해 이자를 얻게 된다.)

2.3 지대: 지대는 구매자가 상품의 교환가치(1.1.2)를 가장 근접하게 반영하는 가격 이상으로 지불한 가격이다. 마찬가지로 지대는 한 상품을 구입하기 위해 지불한 가격에서, 그 상품이 생산되기 위해 필요했던 최소한의 가격을 뺀 나머지로 정의될 수도 있다. 자본주의에서 흔히 통용되는 지대는 다음 네 가지 유형으로 나뉜다.

2.3.1 금융 지대Financial Rent

2.3.2 토지 지대Ground Rent

2.3.3 독점 지대Monopoly Rent

2.3.4 브랜드 지대Brand Rent

금융 지대는 금융가(예컨대 은행가)에게 지불되는 돈 중 금융가로부터 대출을 받기 위해 필요한 최소한의 이자를 초과하는 모든 액수다. 또한 금융 지대에는 주식, 부동산, 파생시장, 사모펀드 등의 투기를 통해 얻어지는 모든 것이 포함된다.

토지 지대는 자본주의 이전으로 거슬러 올라가며 일반적으로 말하는 '지대'와 (비록 완전히 동일하지는 않지만) 매우 가까운 것이다. 땅을 빌릴 때 토지의 소유자가 땅을 빌려주게끔 할 (아마도 0에 가까울) 최소한의 비용보다 초과되는 비용이 토지 지대다.

독점 지대는 (과점이나 독점으로) 경쟁이 낮거나 존재하지 않기에 발생한다. 판매자가 구매자로 하여금 상품의 교환가치를 초과한 지출을 하게끔 만들 수 있는 경우다. 통상적인 화법에서 독점 지대의 금전적 등가물은 흔히 '마크업mark-up'(혹은 가격-비용 마진)이라 부르는 것으로, 상품의 교환가치 이상으로 판매자가 고객에게 부과할 수 있는 가격을 의미한다.[5]

브랜드 지대는 일종의 독점 지대로 판매자가 소비자에게 상품이나 서비스의 브랜드를 보고 더 많은 교환가치를 지불하고자 충동을 불러일으키는 것이다. 가령 신분을 드러내고 싶은 욕구, 위신재를 구입하고 싶은 마음에 더 많은 비용을 지불하는 것이다. (말하자면 그 자체의 가치가 아니라 남들이 그것을 갖지 못한다는 이유로 갖고 싶은, 가령 한정판 책이나 골동품 도자기 같은 것이다.)

2.4 이윤: 이윤은 노동자의 임금, 지주에게 갈 토지 지대, 금융가에게 갈 이자와 금융 지대, 또한 브랜드 지대를 구축하는 데 필요한 전문가(가령 마케터와 광고 에이전트)에게 지불해야 할 비용을 모두 내고 난 후 매출에서 남아서 자본가가 가져가는 부분이다.

---

5 판매자는 그들이 가진 '시장 지배력(혹은 소비자를 '등쳐먹을 수 있는 역량)'에 따라 마크업(혹은 독점 지대)를 부과하게 된다. 고도로 경쟁이 심화된 시장이라면 독점 지대는 0에 가깝게 향할 것이다. 달리 표현하자면 상품의 시장이 더 독점화될수록 상품의 가격은 그것의 생산에 투입된 경험적 노동의 전체 가격과 등가를 이루는 경향을 보일 것이다. 모든 상품의 교환가치(1.1.2)는 그것의 생산에 투입된 경험적 노동(1.2.1)의 전체 가치와 같기 때문이다. -역자 주

| 3. 자금과 순환 |

자본주의가 만드는 교환가치들은 상품이 돈과 교환되는 시장에서 가격, 임금, 이자, 이윤으로 전환된다.(그림 1. 참고)

생산을 시작하기 위해서는 상품화된 노동(1.2.2 참고), 물리적 자본(1.3.2 참고), 건물과 토지, 그 외 원자재로서 요구되는 상품들이 필요하며, 그에 필요한 비용은 (기존의 이윤 및 신규 은행 대출을 포괄한) 사적 자금으로 마련된다.

기업 내에서 잉여가치는 기업의 소유자의 몫으로 남는데, 이는 노동과 자본이 각각 지닌 이중적 본성 때문이다. 말하자면 자본의 착취력으로서의 본성은 기업으로 하여금 노동자의 경험적 노동을 착취(무상으로 이용)할 수 있게 해주는데, 이 경험적 노동이 투입됨으로써 상품에 투입된 교환가치보다 상품으로부터 산출되는 교환가치가 더 커진다.

일단 상품이 팔리면 기업은 (생산 과정에서 생성된 잉여가치의 대가로) 생산 과정은 시작하기 전보다 더 많은 돈으로 끝나게 된다. 이 돈은 여러 유형의 수입이 된다.(임금, 세금, 기타 등등. 2.2 참고)

세금, 금융가와 지주에게 갚는 등 모든 지출을 제외한 순이익으로서의 증강된 사적 소득과 공적 지출과 새로운 소비자 대출을 합하면 소비자와 정부의 (사적 그리고 공적) 지출이 되며 이는 시장으로 되돌아간다. 마지막으로 보내지지 않은 자본가의 이윤은 기업이 낸 새로운 부채와 결합해 생산 과정의 새로운 순환의 자금이 된다. 이렇게

그림 1: 자본주의하에서 가치의 생산과 분배

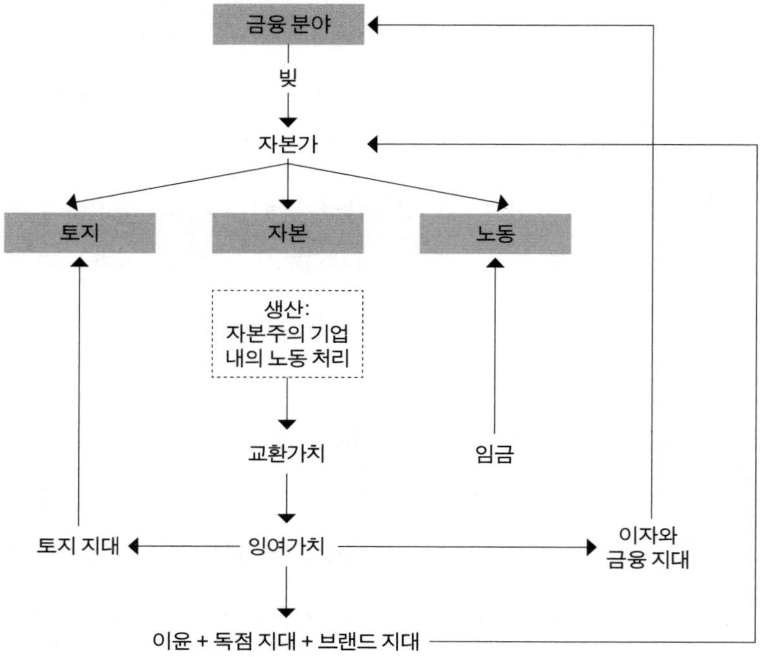

계속되는 것이다.

자본주의의 순환 과정을 함께 떠받치고 있는(그림 2. 참고) 두 개의 축은 다음과 같다.

3.1 자본주의의 주요 연료로서의 이윤과 사적 대출
3.2 가치의 탈중앙화된 분배 기구로서의 시장

이윤은 자본 축적의 연료가 되며, 자본가들에게 동기를 부여하고,

자본주의의 톱니바퀴에 윤활유를 제공한다.[6] 동시에 사적 금융(금융가들이 허공에서 만들어내는 것)[7]은 자본가들이 고정된 비용으로 막대한 자금을 끌어올 수 있게 함으로써 새로운 공장과 물리적 자본의 네트워크 건설에 기여한다.[8]

시장은 **탈중앙화된 가격 형성 기제**로서 교환가치가 돈으로, 즉 가격과 임금, 명목이율, 임대료율 등으로 구체화되는 곳이다.

| 4. 자본 축적 |

자본재는 모든 상품과 마찬가지로 자본주의적 기업 내에서 임금 노동 및 기존에 생산된 자본재를 활용하여 생산된다. 자본 축적은 그러므로 미시적 차원(즉 기업, 회사, 거대 복합 기업 단위. 4.1 참고)에서 발생한다. 하지만 기업 내에 자본이 축적되는 비율은 미시적 차

---

6 이윤은 자본주의가 봉건주의를 끌어낸 다음에야 경제의 주요 동력으로 떠오를 수 있었다. 봉건주의하에서 사회 경제의 동력 역할을 수행한 것은 토지 지대였다. 이윤은 물론 언제나 존재하며 환영받고 있었지만, 자본주의로 인해 토지가 권력의 주요 근원의 지위를 빼앗기기 전까지는 사회의 주요 동력으로 환영받지 못했다. 추가적인 내용은 《딸에게 들려주는 경제 이야기》 4장 참고.

7 은행가 및 관련된 여러 금융가들은 미래의 가치를 현재로 대범하게 이전함으로써 허공에서 대출을 생성해낸다. 이렇게 발생한 대출은 자본주의적 야심가들에게 투자되어 어쩌면 미래에 충분한 가치를 생산하리라는 희망의 씨앗이 된다. 물론 이자도 따라붙지만.

8 봉건주의는 생산 → 분배 → 금융화의 패턴을 따른다.(가령 농노가 곡식을 생산하면 지주가 그들의 몫을 가져가고, 오직 그 후에만 잉여생산물이 시장에 팔려 돈의 축적으로 이어지며 돈이 있어야 빌려준다.) 반면 자본주의는 순차적 단계를 뒤집는다. 빚(혹은 금융화)이 먼저고(사업을 하려면 우선 자금을 확보해야 한다는 의미에서), 분배가 그 뒤를 따르며(말하자면 자본가가 임금, 임대료, 금융 계약에 서명을 하는 것이다.), 그러고 나서야 생산이 시작된다. 추가적인 내용은 《딸에게 들려주는 경제 이야기》 3장 참고.

그림 2: 자금과 순환

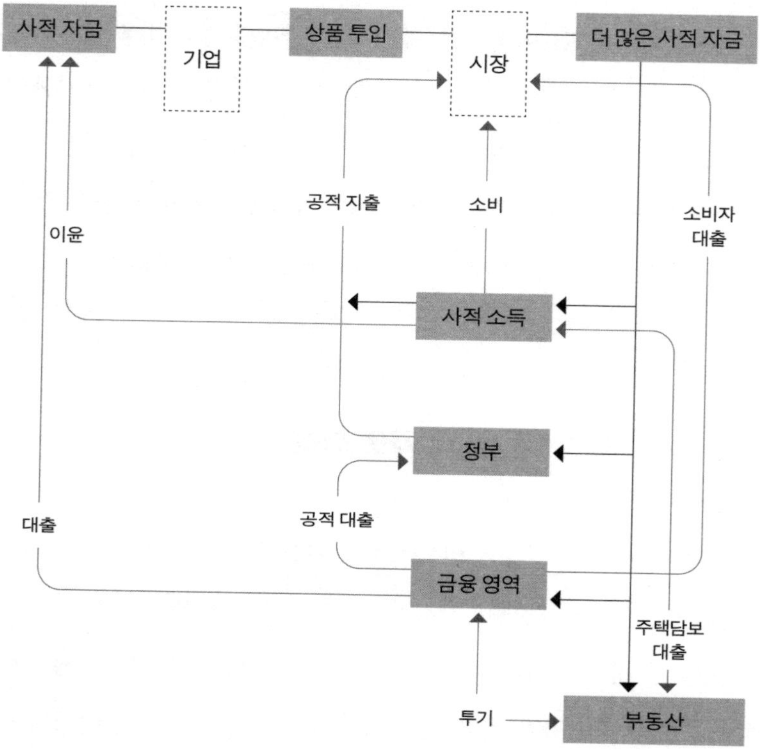

사적 자금 기업 상품 투입 시장 더 많은 사적 자금

공적 지출 소비 소비자 대출

이윤

사적 소득

정부

대출 공적 대출

금융 영역

주택담보 대출

투기 → 부동산

원으로 환원되지 않는 거시적 힘에 의해 결정된다.(4.2 참고)

4.1. 미시적 (기업 내) 자본 축적의 결정 요인: 이 결정 요인에는 (지난 이윤과 신규 대출을 합친 금융으로 이루어진) 투자, 연구 개발 투자, 혁신적 디자인, 경영 전략 등이 포함된다.

4.2 거시적 (기업 외) 자본 축적의 결정 요인: 자본가의 자본 축적

동기는 본인의 산출에 대한 수요의 기대치에 따라 결정되며, 이는 대체로 총(혹은 경제 전반의) 수요 수준에 따라 결정된다. 후자는 다음에 의존하고 있다.

- 자신 외 모든 자본가들이 얼마나 투자 지출할 것인가.(자본가 계급의 전반적 투자가 커지면 커질수록 상품에 소비되는 경제 전반의 수입 역시 커지므로) 이는, 자본가 계급의 **야생적 본능**animal spirits[9]이라 할 수 있다.
- 정부의 지출(즉 재정정책)

| 5. 위기 |

두 가지 주요 원인에 의해 자본주의는 위기로 향한다.

5.1 이윤율의 저하: 이윤이 저하되면 기업이 새로운 자본을 투자할 수 있는 역량이 위축되고, 이는 향후 잉여가치를 제한하는 결과를 낳는다. 어느 시점이 되면 가장 약한 기업이 파산하게 된다. 그 결과 노동자들은 직장을 잃고 이는 소비의 위축을 불러와, 순차적으로

---

9 이는 존 메이너드 케인스가 자본가들의 집단적 분위기(혹은 대중 심리)를 포착하기 위해 쓴 용어다. 자본가들의 집단적인 투자 지출이 전체 수요를 높이는 현상을 설명하기 위한 것이다.

간신히 살아남아 있던 기업의 이윤을 위축시키게 되고, 그 기업 역시 부도가 나면서 일종의 악순환, 연쇄 부도 효과를 낳게 되는 것이다. 이는 관련된 금융 및 부동산 분야의 불경기를 낳고 또한 그로 인해 증폭된다.[10]

5.2 부채 위기: 금융가들의 호시절, 그들의 지대는 지수함수적으로 늘어난 게 아니라 기하학적으로 늘어났다. 황금을 향한 열병에라도 걸린 듯 그들은 자본가들에게 막대한 액수를 대출해 주었는데, 그 돈의 출처는 미래에서 빌려온 것이었다. 현재가 미래에 되갚을 수 있을만한 생산량을 산출하지 못하게 되는 어느 시점이 오면 버블은 터지고 심리적 추가 반대 방향으로 흔들려, 금융가들은 대출을 거부하게 된다. 그 결과 연쇄 작용이 일어나 기업이 무너지고, FIRE(금융, 보험, 부동산) 영역이 무너지며, 종종 그 부담은 공공의 부채가 되고 만다.[11]

• 일러두기: 경기 침체는 종종 자기 교정 효과를 불러온다. 경제가 슬럼프에 빠진 동안 임금과 생산가격이 많이 하락하면 살아남은

---

10 칼 마르크스는 다른 모든 조건이 동일하다면 자본의 축적은 장기적으로 볼 때 이윤율의 저하를 불러온다고 주장했다. 왜냐하면 생산이 점점 더 자본 집약적으로 변할수록 산출물의 각 단위에서 인간의 경험적 노동이 차지하는 비중은 점점 더 작아지기 때문이다. 결과적으로 산출의 각 단위당 교환가치는 현실적으로 하락의 길을 걷게 되는 것이다. 결국 이윤율은 불가피하게 하락한다!

11 하이먼 민스키는 존 메이너드 케인스의 작업 위에서 금융이 안정적인 시기에 어떻게 금융 불안정이 야기될 수 있는지 보여주었다. (안정이 도래하고 시간이 흐르면 지금까지는 위험을 회피해왔던 금융가들이 멍청한 위험을 무릅쓰기 시작한다.)

기업들은 수많은 경쟁자가 문을 닫은 덕분에 상대적으로 덜 치열한 경쟁에 놓이게 되고, 그들의 이윤율이 다시 올라가는 것이다. 하지만 은행이 움츠려들고 자본가들의 야생적 충동이 억눌릴 정도로 위기가 너무 심해진다면 재정 정책을 완화하고 은행과 기업에 구제금융을 투입하는 경기부양책을 동원하는 국가의 개입만이 자본주의를 구해낼 수 있다.

| 6. 사회 계급 |

6.1 계급: 어떤 공동체 내의 사람들의 집단. 사회적 생산 체계 속에서 그들이 갖는 위치로 정체성을 부여받는다. 어떤 계급 혹은 계급들은 다른 계급 혹은 계급들이 생산해내는 경험적 노동의 결과물을 착복하는데 성공하기도 한다.

6.2 계급 체계: 사회 구조 내에 착취가 내재해 있는 방식의 집단적 사회적 표현

6.3 계급 사회: 계급 체계를 중심에 두고 건설된 사회는 어떤 사회건 계급 사회다. 하나 혹은 다수의, 수적으로 적은 이들로 이루어진 계급이 생산의 주요 수단을 소유하고 통제하며, 다른 계급으로부터 나오는 가치를 착취하는데, 이것은 모든 계급 사회의 본성에 속한다.

그렇게 부와 권력의 축적이 이루어진다.

6.4 자본주의의 계급 체제: 자본주의 계급 체제는 자본가와 프롤레타리아(임금 노동자), 그리고 중산층(자영업자, 고용된 숙련직 노동자 등)으로 이루어진다. 중산층은 자본주의적 위기 혹은 기술 혁신이 벌어질 때마다 쪼그라든다.

• 일러두기: 봉건주의하에서 토지는 생산의 지배적인 요소이며, (농노와 가신들이 영주에게 지불하는) 토지 지대는 정치적, 사회적 권력이 존립하게 해주는 주된 소득원이다. 중세 계급 사회는 (장인, 농노, 가신 등) 다양한 피지배계급을 포괄하고 있지만 생산의 주된 요소는 단 하나(토지)밖에 없으며 이는 단일한 지배 계급(영주)과 유일하게 강력한 소득원(토지 지대)으로 귀결된다. 자본주의 하에서 토지는 자본에 주된 생산 자리를 내주었고, 장원은 시장으로 대체되었으며, 토지 지대는 이윤으로 대체되었다.

| 7. 착취력의 유형 |

자본주의 이전 사회에서 모든 권위의 체계는 다음 세 가지 착취력에 의존하고 있었다.

7.1 직접적 폭력: 다양한 유형의 물리적 폭력을 휘두르거나 (그럴듯하게 위협함으로써) 행사하게 되는 권력

7.2 정치적(혹은 의제 설정) 권력: (a)집단적 의사결정이 이루어지는 장에서 누가 대표를 하게 될지, 혹은 (b)그 의사결정의 장에서 무엇이 거론되고 논의되는지, 혹은 (c)사회 전반에서 어떤 주제가 언급되지 않고, 함구되며, 매장되는지 결정할 수 있는 능력.

7.3 부드러운(혹은 선동적) 권력: 무엇을 견딜 수 있고, 무엇을 소망하고, 궁극적으로 무엇을 할지에 대한 다른 이들의 생각의 형태를 규정할 수 있는 능력. 자본주의는 네 번째 유형의 착취력을 도입하였으며, 그것을 통해 세계의 모습을 바꾸는데 도움을 받았다.

7.4 자본주의적 권력: 자본의 소유로부터 부유되는 권력. 자본을 보유하지 못한 이들이 **자발적으로** 자본가의 기업에 들어가 잉여가치의 생산에 임하게 명령할 수 있는 힘.

• 일러두기: 자본주의적 권력(7.4)은 해당 자본주의 기업의 범위에 국한되지 않고 이미 존재하는 세 가지 유형의 권력에도 영향을 미친다. 다시 말해 자본가 계급은 국가가 독점하고 있는 물리적 폭력의 행사에 큰 영향을 미치며(7.1), 사회의 의사 결정 과정을 지배하고(7.2), 미디어, 교육 시스템, 선전 선동 기구 등을 통해 부드러운

권력마저 휘두른다.(7.3)

8. 어떻게 테크노스트럭처는 자본의 두 번째 본성을 향상시켰는가

테크노스트럭처(2장 참조)는 노동자와 소비자의 행동을 각각 조작하기 위한 목적으로 두 개의 경제 분야를 개발해냈다. 이러한 **행동 조작 분야**는 고도의 전문성을 지니고 있으며 자본의 힘(특히 두 번째 본성)을 크게 향상시켜 주었다.

8.1 노동 지배 서비스 영역Labor Command Service Sector : 직장 내부와 주변에 자리하고 있는 이 전문가들은 잘 연구된 과학적 관리 기법을 동원해 노동의 작업 처리 속도를 높이고 주어진 상품으로서의 노동으로부터 더 많은 경험적 노동을 짜낸다. 그들의 기법에는 테일러주의적 공장 배치 기법, 섬세한 노동자 관리 감시, 포드주의적 생산 라인, (노동자가 회사의 이념에 협조하게 하는) 일본식 관리 기법, 기타등등이 포함된다.

8.2 소비자 지배 서비스 영역 – (드라마 속 캐릭터 돈 드레이퍼를 통해 3장에서 살펴보았듯) 광고업자, 마케터, 카피라이터, 창의적인 유형의 인물들로 가득 찬 이 분야는 거대 기업의 브랜드가 붙은 제품에 대한

소비자의 욕망을 제조하여 브랜드 지대를 최대화하는데 일조한다.

이 두 영역의 개발은 완전히 새롭게 열린 다음 두 시장에 반영되
었다.

- 전문적 인플루언서 시장: 새로운 유형의 관리자들이 거대 기업
집단을 지배하기 시작하면서, 이전까지 회사에서 높은 직군을 차지
하던 엔지니어들을 밀어내기 시작했다. 그러한 관리자를 위한, 그들
을 훈련시키기 위한(가령 MBA에 대한 숭배를 떠올려볼 것) 시장은 전
통적인 영역에서 월스트리트를 넘어 심지어 공직 영역까지 확대되
었다.
- 사람들의 관심 시장: 소비자 지배 서비스 영역은 텔레비전과
라디오에서 사람들의 관심을 광고주에게 판매하기 전 그것을 사로
잡고 끌어 모으는데 특화된 영역을 열었다.(이 책의 2장 관심 시장과
소련의 복수 참고)

이와 같은 두 가지 지배 서비스 영역과 시장에 접근함으로써 테크
노스트럭처는 전례를 찾기 어려운 두 가지 특권을 확보하고 지켜낼
수 있었다. 노동자와 소비자 모두의 행태를 조작하고 뜯어고칠 수
있는 비대칭적 (부드러운) 권력을 갖게 된 것이다.

테크노퓨달리즘^{Technofeudalism}

자본주의가 생산의 주요수단에서 토지를 밀어내고 자본으로 대체하면서 봉건주의를 밀어냈듯이, 테크노퓨달리즘은 자본의 변종인 클라우드 자본의 날개를 달고 자본주의의 설 자리를 빼앗고 있다.

| 9. 클라우드 자본 |

클라우드 자본은 물리적으로 볼 때 컴퓨터, 소프트웨어, AI로 강화된 알고리즘과 통신 하드웨어가 네트워크로 연결되어 지구를 뒤덮고 다양한 종류의 과제를 수행해나가는 것으로 정의된다. 그렇게 수행되는 과제에는 새로운 것도 낡은 것도 있다. 가령,

• 수십억 명이 임금도 받지 않으면서 (클라우드 농노가 되어) 클라우드 자본의 자산(가령 인스타그램이나 틱톡에 올라온 사진과 비디오, 동영상 사이트에 올리는 영화, 식당과 책의 리뷰 등)을 불리기 위해 공짜로 (그리고 종종 무의식적으로) 일하도록 유혹한다.

• 집 전등 끄는 일을 도와주면서 우리에게 책, 영화, 휴가지 등, 놀랍게도 우리의 취향에 맞게 조율되어 있는 것들을 추천하기. 그것이 가능한 건 우리가 아마존 같은 클라우드 장원 혹은 플랫폼에서 이미 다른 상품을 구입하면서 우리의 취향을 그들에게 흘렸기 때문

이다. 그리하여 집 전등을 끄는 일을 도와주는 바로 그 디지털 네트워크가 우리에게 책, 영화, 휴양지 등을 추천해줄 수 있는 것이다.

• AI와 빅데이터를 이용하여 노동자(클라우드 프롤레타리아)들에게 노동 지시를 내린다. 이런 작업은 송전망, 로봇, 트럭, 자동화된 생산 라인과 전통적 제조 과정을 우회하는 3D 프린터를 운영하는 동시에 이루어진다.

클라우드 자본은 테크노스트럭터가 가지고 있던 두 개의 행동 조작 분야(8.1과 8.2 참고)를 자동화한다. 그럼으로써 클라우드 자본은 그 영역을 경제의 인간 주도 서비스 경제에서 제고하고 완전히 기계화된 네트워크에 편입시킨다. 테크노스트럭처의 지배 하에서는 상점의 층별 관리자, 광고 업계인, 마케터 등이 하던 일이 테크노퓨달리즘 하에서는 AI로 강화된 알고리즘에 의해 완전히 클라우드 자본 속에서 이루어진다.

클라우드 자본은 기존의 자본이 본래 가지고 있던 쌍둥이 같은 본성(1.3.1과 1.3.2 참고)에 세 번째 본성을 추가한다.

1.3.3 클라우드 자본의 세 번째 본성: 행동 조작과 개인화된 지시를 위해 만들어진 수단.

클라우드 자본의 세 번째 본성은 알고리즘적 행동 조작의 세 유형으로 다리를 뻗는다. 첫 번째 다리는 소비자들이 클라우드 자본을 재생산하게끔(즉 스스로를 클라우드 농노로 만들게끔) 지배한다. 두 번째 다리는 임금 노동자들이 더 열심히 일하게끔(즉 프롤레타리아와 불안정 노동에 종사하는 프레카리아트를 클라우드 프롤레타리아가 되게끔) 지배한다. 그리고 세 번째 다리는 시장을 클라우드 장원으로 대체한다. [그림 3]에 설명되어 있다시피, 어떤 면에서 보자면 클라우드 자본의 세 번째 본성은 그 소유주(클라우드 영주)로 하여금 전혀 새로운 힘을 가질 수 있게끔 해준다. 전통적인 자본가의 영역에서 부가가치를 뽑아내는 새로운 힘을 갖게 된다.

보다 분석적으로 보자면 클라우드 자본의 세 번째 본성은 그것의 세 기능 혹은 형태를 갖추고 있는 것이다.

9.1 노동 지배를 위해 만들어진 수단(8.4에서 설명한 자동화)

9.1.1 클라우드 프롤레타리아: 클라우드 기반 장비들은 노동 과정(공장, 물류 창고, 사무실, 콜센터 등)에 들어오면서 지금까지 일자리에서 잉여가치를 추출해내고 초과 생산을 이끌어왔던 테일러주의적 중간 관리자를 대체했다. 하여 프롤레타리아는 더 취약해졌고 점점 더 빨라지는 클라우드 자본의 속도에 맞춰가야 할 처지가 되었다.

9.1.2 클라우드 농노: 그 어떤 기업에도 속해 있지 않은 (즉 노동자가 아닌) 사람이면서도, 오랜 시간, 종종 고된 노동을 공짜로 하며 클라우드 자본의 상품 재고, 즉 블로그 포스트나 비디오, 사진, 리뷰, 그 외 디지털 플랫폼을 다른 이들에게 매력적인 것으로 보이게 해줄

그림 3: 테크노퓨달리즘 하에서 가치의 생산과 분배

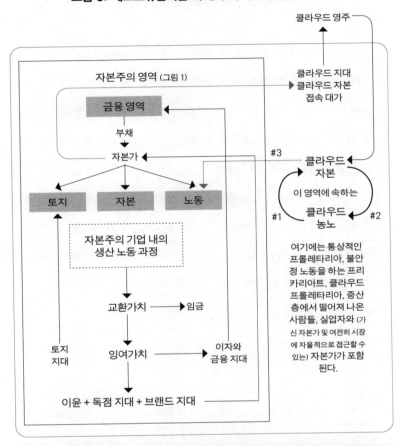

#1. 클라우드 농노 → 클라우드 자본: 무급 노동은 클라우드 자본의 재생산을 돕는다.
#2. 클라우드 자본 → 클라우드 농노: 클라우드 농노의 욕망, 신념, 성향 뿐 아니라 그들의 소비자로서의 선택도 조작한다.
#3. 클라우드 자본은 자본주의 영역 내에 있는 임금 노동자의 노동 속도도 끌어올린다.

수많은 것을 생산하고 클릭하는 사람.

• 일러두기: 사상 최초로 자본이 무급 노동자에 의해 (재)생산되고 있다. 클라우드 자본은 사용자들이 그곳을 열심히 이용하면 노동 시장에서 벗어나 게임처럼 즐기고 인생의 새로운 기회를 엿볼 수 있으며 복권에 당첨된 듯 대박을 얻을 수도 있다는 듯 포장된 플랫폼으로 사용자들을 유인한다. 하지만 실제로 사용자들이 하는 일은 기계적, 반복적, 포디즘적 노동일 뿐이다. 디지털 공간은 현대적이고 멋들어지며 사용자 친화적이고 중립적인 곳처럼 보이지만 실제로는 노동 시장에서 구해야 할 유급 노동을 떼어올 수 있도록 섬세하게 디자인된 프로젝트다. 그리하여 임금을 안 줄 수도 있는 사람들, 심지어 일련의 도박꾼들로 노동자를 대체한다.[12]

---

12 세상에는 실제로 노동에 대한 대가라는 측면에서 회색 영역에 떨어져 있는 노동자들이 있다. 그들은 클라우드 영주들에게 이득이 되는 일을 하면서도 그들에게 지불되는 돈은 일종의 선택 가능한 부가 비용 정도로 여겨진다. 그 기원은 디지털 플랫폼 혹은 클라우드 장원이 퍼져나가기 이전부터 존재했던, 다수의 플레이어가 동시에 플레이하는 온라인 게임에서 사용된 가짜 보상 시스템으로 거슬러 올라간다. 처음에는 게이머들이 스스로 원해서 게임 내에서 상대적으로 높은 교환가치를 지니는 디지털 아이템(가령 특정한 검이나 헬멧)들을 찾았고 그렇게 게임에 숨결을 불어넣었다. 하지만 머잖아 그들은 게임을 운영하는 회사로부터 그들의 노고에 대해 디지털 아이템으로 보상을 받게 되었다. 그렇게 주어진 아이템과 NFT가 결합되자 게이머 커뮤니티 바깥에서도 큰 분노가 솟구쳤는데 그것이 2020년의 일이었다.
이후 기업들은 자신들의 클라우드 자본에 보탬이 되는 노동을 '게임화'하는 방법을 찾아냈다. 아마존이 그들의 노동자를 '어소시에이트'라 브르듯, 그러한 노동자들은 노동자라 불리지 못한다. 대신 '플레이어', '유저', '태스크 수행자' 등으로 불린다. 그들이 클라우드 자본을 위해 일하게 하고자(가령 아마존의 클라우드 저임금 공장인 '메커니컬 터크'는 2020년 현재 한 시간에 2달러도 안 되는 돈을 받고 노동자들이 일하는 곳이며, 그곳에 제시되는 과제들 중 90퍼센트 가량의 보상은 과제당 0.10달러에도 미치지 못한다) 비금전적, 토큰 기반 보상을 과다 투입하고 있으며, 결정적으로, 더 큰 노동을 끌어내기 위해 노동자들 사이의 경쟁을 부추기고자 화면에 항시 순위를 매기고 있다.

9.2 자본가들이 클라우드 장원에 접속하는 대가로 클라우드 지대를 추출하기 위해 생산된 수단 (이는 8.5에서 설명된 자동화로 인해 부분적으로 성취되었다.)

앞서 3장에서 설명되었다시피 아마존이나 알리바바 같은 전자상거래 플랫폼은 (1.0과 3.4에서 정의된 바와 같은) 시장이 아니다. 그것들을 시장으로 여길 수 없는 이유는 클라우드 영주들의 알고리즘이 모든 구매자를 다른 구매자로부터 격리시키고 있으며, 모든 판매자 역시 다른 판매자로부터 격리되어 있기 때문이다. 그 결과 클라우드 영주들의 알고리즘은 판매자와 구매자를 매치시킬 수 있는 힘을 자신들의 손에 독점하게 된다. 이것은 시장이 존재하는 본연의 목적인 탈중앙화와 정확히 반대되는 것이다. 클라우드 영주들의 알고리즘에 배태해 있는 이러한 힘은 알고리즘의 소유주로 하여금 판매자(즉 전통적인 자본가)에게 고객과 접촉하는 대가로 막대한 지대(클라우드 지대)를 부과할 수 있게끔 해준다.

9.2.1 클라우드 장원은 구매자와 판매자가 클라우드 자본의 알고리즘에 의해 매치되는 디지털 거래 플랫폼이다. 클라우드 장원은 시장처럼 보이지만 (개별적인 판매자 구매자의 정보 일체에 바탕을 두고 결정을 내릴 수 있는 알고리즘의 힘으로 인해) 완전히 중앙화된 곳이며 그에 따라 디지털 거래 플랫폼은 클라우드 장원을 이룬다. 클라우드 장원은 알고리즘이나 클라우드 자본을 소유한 이에게 귀속되어 있

는데 그들은 (a)플랫폼을 건설하고 (b)클라우드 농노들이 구매자 역할을(하면서 클라우드 자본 자체에 기여하게끔), 가신 자본가들이 판매자의 역할을 '플레이'하게끔 유인한다.

9.2.2 가신 자본가들은 자본주의적 생산자로서, 자신의 상품을 판매하기 위해 클라우드 영주들의 클라우드 장원에 접속해 클라우드 지대를 지불해야만 하는 사람들이다.

9.2.3 클라우드 지대는 클라우드 영주들이 가신 자본가에게 클라우드 장원의 접속 대가로 뽑아내는 지불액이다.

요약하자면, 클라우드 자본의 가장 큰 성취는 단지 노동자와 소비자의 행동을 클라우드 영주들의 이익에 부합하도록 조작하는 쪽으로 끌어들였다는 것뿐 아니라, 시장 그 자체를 AI-알고리즘-디지털 네트워크에 점점 더 끌어들이고 있다는 데 있다. 그리하여 자본가 계급 전체가 클라우드 영주의 가신으로 변모하고 있는 것이다.

| 10. 테크노퓨달리즘 하에서의 분배 |

[그림 1]은 자본주의 하에서 벌어지는 교환가치의 분배를 보여준다. 테크노퓨달리즘 하에서 자본주의적 영역은 여전히 (자본주의 하에서 그랬듯이) 경제의 모든 교환가치를 생산해낸다. 하지만 자본주

의 영역은 이제 클라우드 자본 위에 건설된 클라우드 장원이라는 더 큰 왕국의 내부로 포섭되고 종속되고 있다. 클라우드 자본이 축적됨에 따라 클라우드 농노들의 무급 노동과 가신 자본가들의 클라우드 지대는 자본주의 영역에서 생산되는 잉여가치를 점점 더 많이 클라우드 지대의 형태로 빨아들여 클라우드 영주들의 몫으로 만든다. [그림 3]은 이 과정을 보여준다.

10.1 보편적 착취: 자본가들이 오직 그들이 고용한 노동자만 착취할 수 있었던 데 반해 클라우드 영주들은 보편적 착취의 혜택을 받는다. 말하자면 클라우드 농노들은 클라우드 자본을 살찌우기 위해 공짜로 노동하고 있다. 또한 자본가에게 고용되어 잉여가치를 착취당하는 노동자들은 점점 더 클라우드 자본에 의해 지시받고 채찍질당하는 클라우드 프롤레타리아로 변해가고 있는데, 이 또한 클라우드 영주들이 더 많은 잉여가치를 축적하게 한다.

| 11. 요약 : 자본주의와 테크노퓨달리즘의 주요 차이점 |

11.1 클라우드 자본: 클라우드 자본의 세 번째 본성(1.3.3 참고)은 테크노스트럭처의 서비스 영역에서 해오던, 자본의 이익에 부합하도록 노동자와 소비자의 행태를 조작하는 일(8.1과 8.2 참고)의 완전 자동화를 가능케 한다. 그 결과로 탄생하는 새로운 유형의 자본(클라우

드 자본)을 한편으로 노동을 지배하면서 다른 한편으로는 소비자와 접하고자 하는 자본가로부터 클라우드 지대를 짜낸다.(9.1과 9.2 참고)

11.2 이윤과 시장은 왕좌에서 밀려나고 테크노퓨달리즘이 그 자리를 차지한다. 자본주의의 두 기둥인 이윤(2.4와 3.3)과 시장(1.0과 3.4)을 밀어내고, 대신 자신의 두 기둥인 클라우드 지대(9.2.3)와 클라우드 장원(9.2.1)을 세운다.

11.3 테크노퓨달리즘 계급 체제: 테크노퓨달리즘 하에서 클라우드 영주(자본가 계급 중에서 상당한 클라우드 자본의 축적을 이루어낸 일부)는 우리의 새로운 지배 계급이 되어 (클라우드 자본에의 충분한 접속을 결여한)나머지 자본가들을 가신 자본가로 묶어둔다.(9.2.2) 한편 임금노동자들은 점점 더 취약한 노동을 하는 클라우드 프롤레타리아가 되며(9.1.1) 거의 모든 이들은 클라우드 농노 역할을 하면서 (9.1.2) 클라우드 자본의 축적 및 시장을 대체하고 있는 클라우드 장원의 건설을 돕는다.(9.2.1)

11.4 자본 축적: 표준적인, 혹은 지상의 자본은 엄격하게 자본주의적 기업 내에 축적되지만(4.1), 이와 달리 거시경제적 차원에서 지시되는 바에 따라(4.2) 축적되는 클라우드 자본은 우리 대부분이 제공하고 있는 클라우드 농노 노동(9.1.2)의 등에 업혀 더욱 강하게 부를 축적한다. 또한 클라우드 자본은 서구의 중앙은행으로부터 직접

적으로 자금을 받았다.(4장 참고)

11.5 착취력의 다섯 번째 유형: 클라우드 자본은 이미 존재하는 네 종류의 착취력- 직접적 폭력(7.1), 정치적 힘(7.2), 부드러운 힘 (7.3), 자본주의적(7.4)- 에 다섯 번째 새로운 유형을 추가한다. 클라우드 자본의 소유자들에게는 클라우드 자본을 소유하거나 통제하지 못하는 이들의 행동을 조작할 수 있는 힘이 부여되는 것이다. 그들은 자본주의 영역에서 생산되는 막대한 잉여가치를 클라우드 지대의 형태로 클라우드 영주들이 통제할 수 있게끔 한다.

11.6 위기: 클라우드 자본의 축적은 심각한 자본주의 위기를 발생시키는 두 힘을 증폭시킨다. 이윤율의 저하(5.1)와 민간 부채 및 공적 부채의 버블과 붕괴(5.2)가 그것이다. 테크노퓨달리즘 하에서 노동의 탈상품화(클라우드 농노 노동)와 아울러 벌어지는 클라우드 프롤레타리아의 임금 인상 억제가 합쳐지면서 사회의 총 소비력 혹은 총 수요는 크게 억눌리게 된다. 한편 더 많은 잉여가치가 가신 자본가에서 클라우드 영주들에게로 넘어가는 것 역시 지상의 자본에 대한 투자를 줄이게 만들고, 이는 총수요에 부정적 영향을 주는 또 다른 요인이 된다.

• 일러두기: 테크노퓨달리즘은 착취의 보편화(10.1 참고) 및 가치 기반의 축소와 동음이의어다. 이러한 동역학은 체제가 가지고 있는

성향을 강화시켜 더 심각하고 더 잦은 위기를 불러온다. 그 결과 애초에 자금을 제공하여 클라우드 자본의 축적을 가능케 했던 중앙은행은(4장 참고) 자본주의 하에서 이윤과 임금이 했던 역할을 대체하기 위해 점점 더 많은 돈을 찍어야 한다는 영구적 압력에 시달리게 된다. 하지만 이것은 클라우드 자본의 축적만을 도울 뿐이다. (클라우드 영주들은 중앙은행이 찍어낸 돈을 착복하는 데 있어서 다른 모든 계급보다 더 뛰어난 역량을 보일 것이다.)

간단히 말해 테크노퓨달리즘은 심지어 자본주의보다 더 변동성이 크고 폭발적인 악순환을 보여주는 운명을 타고난 것이다.

파생상품의 광란

TECHNO
FEUDALISM

그 모든 일은 오래된, 해롭지 않은 발상에서 시작됐다. 수십년간 농부들은 내년의 농작물을 미리 합의된 고정가에 판매할 수 있는 권리(혹은 옵션)를 구입하는 것으로 가격 하락에 대비해왔다. 그것은 보험 계약 이상도 이하도 아니었다. 밀 농부가 천재지변 수준으로 밀 가격이 폭락하는 것에 대비하고자 프리미엄을 지불하는 것이다.

보험에 드는 '무언가'가 (밀처럼)어떤 사물이 아니게 되었을 때, 이 아이디어는 무언가 사악한 것으로 변태하는 첫 단계를 밟았고 이 계약은 일종의 도박이나 노름 같은 것이 되고 말았다.

1백만 달러의 가치만큼 주식을 사려는 잭이 있다고 해보자. 마치 보험에 가입하여 스스로를 밀 가격 폭락으로부터 지키려 하는 농부처럼, 잭은 질이 판매하는 '나를 여기서 꺼내줘' 옵션을 구입했다. 그가 산 주식을 질에게, 말하자면 80만 달러에 팔 수 있는 옵션이다.(즉 잭은 그의 잠재 손실을 20만 달러로 제한한 것이다.) 여느 보험이 모두 그렇듯 재앙이 닥쳐오지 **않는다면**(즉, **주가가 20퍼센트 이상 하락하여 80만 달러 이하로 떨어지지 않는다면**) 잭의 보험(내지 옵션)은 잭에게 아무런 득이 되지 않을 것이다. 하지만 만약 잭의 주식 가격이 구입 시점보다 40퍼센트가 떨어진다면 잭은 본인의 손실 중 절반을 보상받는다. 훌륭하지는 않지만 끔찍하지도 않은 결과다.

이 옵션(혹은 파생상품)은 브레튼 우즈 체제 하에서도 가능했다. 하지만 진정 위험한 무언가로 변태하기 위해서는 우선 브레튼 우즈부터 죽어야 했다. 브레튼 우즈의 죽음은 은행가가 뉴딜 정책의 사슬에서 해방되었다는 것을, 주식시장에서 처음에는 다른 사람들의 돈으로 도박을 할 수 있게 되더니 나중에는 허공에서 만들어낸 돈으로 도박을 할 수 있게 되었다는 것을 의미했다. 곧, 특히 1982년 이후로, 월스트리트는 난장판이 되었다. 심지어 그럴듯한 이유도 없이 금융계의 떡잎들은 스스로를 신성불가침한 우주의 지배자로 여기기 시작했다. 그러한 분위기 속에서 그들은 아이디어를 떠올렸다. (자신들이 구입한 주식의 가격이 떨어질 때를 대비한 보험으로서)주식을 **판매할 수 있는 옵션**을 구입하는 대신 더 많은 주식을 **구입할 수 있는 옵션**을 사는 건 왜 안 된단 말인가? 미친 소리 같다고? 그럴지도. 하지만 다들 돈벌이에 눈이 뒤집힌 불협화음 속에서 이 광기는 눈에 띄지도 않았다.

이제 잭이 무슨 짓을 할까? 가령 잭이 마이크로소프트 주식 몇 주를 1백만 달러에 샀고 해 보자. 그는 질에게 10만 달러를 추가로 지불하여, 올해 중 언젠가 질이 잭에게 같은 양의 주식을 오늘과 같은

1백만 달러에 팔기로 약속을 받는다. 그들의 언어를 빌자면 잭은 질로부터 올해 중 언젠가 오늘의 시가로 마이크로소프트 주식에 대한 **매수옵션(콜옵션, option to buy)**를 구입한 것이다.

왜 그럴까? 향후 12개월 중 언젠가 마이크로소프트의 주가가, 가령 40퍼센트 상승했다고 해보자. 잭은 기존에 실제로 구입한 마이크로소프트 주식의 가격이 올라서 40만 달러의 이득을 얻게 되며, 작년의 낮은 가격으로 마이크로소프트를 구입할 수 있도록 맺었던 매수옵션 덕분에 40만 달러를 추가로 벌게 되는 것이다. 게다가 잭은 번거롭게 이 옵션을 행사하여 마이크로소프트를 스스로 매수하고 매도하는 대신 그냥 남에게 옵션을 팔고 40만 달러를 벌 수도 있다. 옵션을 사느라 질에게 10만 달러를 지불했다는 점을 놓고 보면 잭의 순수익은 70만 달러가 된다. 마이크로소프트 주식을 100만 달러 샀을 때 얻을 수 있는 40퍼센트의 이익보다 훨씬 큰, 110만 달러로 70만 달러를 버는 64퍼센트의 수익률이다.

월스트리트는 한때 오래도록 주가 상승을 의미하는 황소가 주가 하락을 뜻하는 곰을 압도하는 시기를 겪었다. 모든 것의 가격이 오르고 오르고 그저 또 오르는 와중에, 올리버 스톤 감독이 1987년에 발표한 영화 〈월스트리트^{Wall Street}〉에서 잘 포착했듯 견제받지 않는 탐욕에 감염된 수많은 잭과 질은 한층 더 급진적인 발상을 떠올렸다. 애초에 왜 주식을 사는 거지? 그냥 옵션만 사면 안 돼?

그들의 머릿속에 떠오른 발상은 이랬다.

만약 잭이 110만 달러를 마이크로소프트 주식이 아니라 오늘의 주가로 주식을 살 수 있는 옵션에 모두 넣었다고 해 보자. 그리고 주가가 똑같이 40퍼센트 올랐다면, 그의 순수익은 무려 330만 달러가 된다. 입이 떡 벌어지는 숫자다. 무려 300퍼센트의 수익을 올리게 되는 것이다! 이것을 간파한 잭은 올인하기로 했다. 최대한 많은 돈을 빌려서 질이 파는 옵션을 샀다. 자신이 파는 매수옵션을 잭이 사가는 모습을 본 질은 잭의 전략을 모방하기로 결정했다. 잭에게서 받은 돈까지 합치고 빌릴 수 있는 만큼 빌려서 질 역시 또 다른 트레이더로부터 비슷한 매수옵션을 구입했다.

이쯤에서 의문이 들 법도 하다. 월스트리트에는 이런 광경 앞에서 경고등을 켤 만큼 똑똑한 사람이 없었단 말인가? 물론 있었다. 하지만 그들의 경고는 묻혀 버렸다. 몇 달째 질과 잭은 엄청난 이익을 긁어모으고 있었다. 그런 행태에 반하는 목소리를 냈던 트레이더들은 그저 웅얼거리는 패배자 취급을 당할 뿐이었다. 파생상품의 복잡성을 거의 이해하지 못하는 관리자들은 금고에 돈을 가득 채워 넣고는 불만의 목소리를 억누르면서 흡족해할 뿐이었다.

반대자들에게 주어진 선택지는 결국, 그만두거나, 막대한 빚을 져서 이상한 도박판에 쏟아 붓는, 기술적으로는 그럴싸한 말인 **레버리지**의 난장판에 자신도 참여하거나였다.

일이 잘 굴러가고 있는 동안은 좋았다. 마치 자기 집 거실에 아무 은행 계좌에서나 무한대로 돈을 뽑아낼 수 있는 현금인출기를 설치한 것 같은 기분마저 들었을 것이다. 그저 내일이 없는 것처럼 돈을 빌려대기만 하면 그만이었으니 말이다. 그러니 2007년 당시 인류의 총 소득보다 열 배나 많은 돈이 월스트리트와 런던 시티의 도박판 룰렛에서 돌고 있었다는 건 그리 놀랄 일도 아니다.

닉슨 쇼크가 촉발시킨 이 새로운 도금 시대에서 테크노스트럭처는 최고의 두뇌들을 끌어모으는 일에 난조를 겪게 되었다. 최고의 학교를 나온 물리학 박사들, 입이 떡 벌어지게 하는 수학 천재들, 심지어 예술가와 역사가들마저도 월스트리트로 몰려가고 있었던 것이다. 포드 자동차, 힐튼 호텔, 돈 드레이퍼가 갖고 있던 권력은 빠른 속도로 골드만 삭스, 베어 스턴스, 리먼 브라더스로 옮겨갔다.

이 금융화의 버블이 터진 직후인 2009년, 부도난 제너럴 모터스를 들여다본 회계감사자들은 자동차와 트럭을 만들고 팔던 회사가 어느새 옵션을 사고파는 헤지펀드로 변해 있다는 사실을 발견했다. 자동차를 조금 만들고 있긴 했는데 그건 어디까지나 그럴듯한 외관을 유지하기 위한 것일 뿐이었다.

나를 '테크노퓨달리즘'이라는 단어로 이끌어준 영향력의 근원을 한 곳만 짚자면 존 케네스 갤브레이스가 1967년 쓴 책《새로운 산업 국가^The New Industrial State》일 것이다. 그 책에서 갤브레이스는 미국의 정부와 기업이 전문적인 관리자, 마케터, 분석가, 금융가, 엔지니어 인력군을 사실상 공유하며 자본가와 노동자와 구분되는 계급을 형성해나가는 모습을 그려내면서 '테크노스트럭처'라는 용어를 제안했다. 갤브레이스의 테크노스트럭처는 자본주의를 저해하는 위협을 전혀 제기하지 않았지만(사실 정 반대의 기능을 수행했다. 2장 참고), 그 궤적을 이어보면 반세기 후 우리가 도달하게 될 테크노퓨달리즘 질서로 이어진다는 점을 분명히 알 수 있다.(3장과 4장 참고)

　2018년 나는 다양한 논문과 강연을 통해 나의 테크노퓨달리즘 가설을 시험하고 있었다. 한편 쇼샤나 주보프^Shoshana Zuboff의 책《감시 자본주의 시대: 권력의 새로운 개척지에서 벌어지는 인류의 새로운 미래를 위한 투쟁》은 감시 자본주의라는 용어를 대중화하면서 빅테크가 미치는 영향에 대한 관념에 영향을 미쳤다. 2년 후 세드릭 뒤랑^Cédric Durand은《Technoféodalisme: Critique de l'Économie

Numérique(테크노봉건주의: 디지털 경제 비판)》을 통해 논의를 한층 더 즐겁게 만들었다.

주보프와 뒤랑은 모두 빅테크를 독점 자본가로 보았다. (페이스북, 아마존 같은)빅테크의 디지털 플랫폼을 (전기 공급자, 상하수도 기업, 철도 회사나 전화 회사 같은)기반시설로 보았던 것이다. 다만 빅테크는 클라우드를 통해 우리의 데이터를 긁어가고 그것을 통해 우리에 대한 독점적 지배력을 강화한다는 것이 다를 뿐이라는 것이다. 그들의 논제에 공감하면서도 나는 실리콘 밸리 자본가들 사이에서 벌어지는 일이 그저 클라우드에 기반을 둔 감시를 수단 삼아 시장 지배력을 늘리는 것보다 한참 더 큰 것이라는 확신을 품었다.

나는 어떤 책을 통해 뭔가 훨씬 근본적인 일이 벌어지고 있으며 자본주의 자체가 의문시되는 상황에 놓이게 되었다는 생각이 틀리지 않았다는 용기를 얻게 되었다. 그 책은 맥켄지 와크^McKenzie Wark가 2019년 펴낸 역작 《Capital Is Dead: Is This Something Worse?(자본은 죽었다: 더 나쁜 일일까?)》였다. 이 책은 아무리 추천해도 부족할 것이다. 나의 생각 중 많은 것이 와크의 그것과 공명하지만 한 가지 예외가 있다. 와크는 생산과 소비의 모든 단계에서 물질의 공급자들을 연결해주는 벡터를 지배하는 자들을 새로운 '백터럴리스트^vectoralist' 계급이라 칭하며, 그들이 자본을 위협하고 자본에 반기를 들 것이라 말한다. 나는 그렇게 보지 않는다. 와크가 언급하고 있는 자본의 목을 조르는 벡터는 내게 그저 자본의 새로운 변태로 보일 뿐이다. 너무도 유독한 신종 자본, 마치 중세처럼 권력을 갖고 부를 착취하는 새로운 계급의 클라우드 자본인 것이다.

　나를 조금이라도 아는 독자라면 내가 〈스타트렉〉을 언급했다는 점에 대해 조금도 놀라지 않으리라. 믿건 말건 '클라우드 자본'이라는 나의 용어는 (1969년 2월 28일 첫 방송된) 오리지널 스타트랙 3시즌 21화, 첫 방송 당시 〈클라우드 마인더스The Cloud Minders〉로 거슬러 올라간다. (데이비드 게럴드와 올리버 크로포드가 쓴 줄거리에 바탕을 두고) 마가렛 아멘이 집필한 그 에피소드의 이야기는 아르다나라는 행성에서 펼쳐진다. 그곳은 지배계급이 행성의 구름 위에 붙박이로 떠 있는 도시 스트라토스에서 호화로운 삶을 누리며 사는 곳이다. 한편 모든 노동자들은 지상과 지하 터널에서 일하고 있으며, 피지배계층은 트로길리트Troglytes에 의해 지속적으로 유해한 가스에 노출되며 정신적으로 마취된다.

　〈스타트렉〉의 클라우드 마인더스에서 테크노퓨달리즘의 클라우드 자본으로 도약하고자 하는 충동에 저항하는 것은 불가능한 일로 확인되었다. 그리고 2022년 브레트 스코트Brett Scott가 탁월한 신러다이트주의 저서인 《Cloudmoney: Cash, Cards, Crypto and the War for our Wallets(클라우드머니: 현금, 카드, 암호화폐, 그리고 우리의 지갑을 위한 전쟁)》을 펴냄으로써 나는 다시 한 번 나의 취향과 충동의 정당성을 확인했다.

　맥킨지 와크와 함께 코리 독토로Cory Doctorow는 그 주장과 발상이 나와 가장 가까운 저자라 할 수 있다. 그가 블로그에 쓰는 글과 잡지 (가령 〈와이어드〉)에 기고하는 글은 모두 읽어볼 것을 권한다. 아울러 그가 2022년 레베카 기블린^{Rebecca Giblin}과 공저한 책《Chokepoint Capitalism: How Big Tech and Big Content Captured Creative Labor Markets and How We'll Win Them Back(초크포인트 캐피탈리즘: 빅테크와 빅 컨텐츠는 어떻게 창조적 노동 시장을 집어삼켰으며 어떻게 그들에 맞서 싸워 이길 수 있는가)》을 권한다.

마지막으로 나의 편집자인 윌 해먼드에게 감사를 표해야겠다. 그와 함께 일하는 것은 언제나 변치 않는 기쁨을 준다. 현대 알고리즘, 프로그래밍, 빅테크 등에 대한 나의 부족한 지식을 채워준 친구이자 동료인 주디스 마이어에게도 큰 감사의 뜻을 표한다.

i. 야니스 바루파키스, 정재윤 역, 임승수 해제 《딸에게 들려주는 경제 이야기》 롤러코스터, 2024

ii. 호메로스, 천병희 옮김, 《오뒷세이아》 도서출판 숲, 2006

iii. 헤시오도스, 《노동과 나날(Works and Days)》

iv. 칼 맑스, 최인호 외 옮김, 《칼 맑스 프리드리히 엥겔스 저작 선집 2》 박종철출판사, 1992.

v. 칼 맑스, 최인호 외 옮김, 《칼 맑스 프리드리히 엥겔스 저작 선집 1》 박종철출판사, 1992

vi. 위와 같은 책

vii. 위와 같은 책

viii. 위와 같은 책

ix. https://time.com/mad-men-history/

x. 칼 맑스, 최인호 외 옮김, 《칼 맑스 프리드리히 엥겔스 저작 선집 1》 박종철출판사, 1992

xi. 이러한 상황에 대한 보다 자세한 논의는 다음을 참고.
https://www.theverge.com/2019/4/25/18516004/amazon-warehouse-fulfillment-centers-productivity-firing-terminations.

xii. https://www.theguardian.com/business/2020/aug/12/uk-economy-covid-19-plunges-into-deepest-slump-in-history.

xiii. https://markets.ft.com/data/indices/tearsheet/historical?s=FTSE:FSI.

xiv. https://www.pionline.com/money-management/blackrock-aum-recedes-10-trillion-high;
https://corporate.vanguard.com/content/corporatesite/us/en/corp/who-we-are/sets-us-apart/facts-and-figures.html;
https://newsroom.statestreet.com/press-releases/press-release-details/2022/State-Street-Reports-First-Quarter-2022-Financial-Results/default.aspx.

xv. 시몬 베유가 스페인 내전을 경험하고 그로부터 영감을 받아 쓴 '말의 힘(The Power of Words)'이라는 에세이에서 인용했다.

xvi. https://www.cnbc.com/2021/10/31/ula-inside-jeff-bezos-first-investment-in-indonesian-e-commerce-.html.

xvii. https://www.theguardian.com/business/2020/oct/07/covid-19-crisis-boosts-the-fortunes-of-worlds-billionaires.

xviii. https://www.ft.com/content/65713f3f-394c-4b31-bafe-043dec3dc04d.

xix. https://www.nytimes.com/2022/10/07/business/economy/biden-chip-technology.html

xx. Michael Pettis, 'Will the Chinese renminbi replace the US dollar?', Review of Keynesian Economics, Vol. 10, No. 4, Winter 2022, pp. 499-512. 또한 그가 쓴 다음의 책도 참고할 것. Trade Wars Are Class Wars: How Rising Inequality Distorts the Global Economy and Threatens International Peace (co-authored with Matthew C. Klein), Yale University Press, 2020.

xxi. https://www.theverge.com/2018/8/13/17686310/huawei-zte-us-government-contractor-ban-trump https://www.reuters.com/article/us-usa-tiktok-ban-q-a-idINKBN2692UO.

xxii. 다음을 참고.
Kathrin Hille, 'Foxconn to raise salaries 20% after suicides', Financial Times, 29 May 2010
Saloni Jain and Khushboo Sukhwani, 'Farmer Suicides in India: A Case of Globalisation Compromising on Human Rights', Defending Human Rights and Democracy in the Era of Globalization, IGI Global, 2017.

xxiii. 다음을 참고.
Anne Case and Angus Deaton, Deaths of Despair and the Future of Capitalism, Princeton University Press, 2020.

xxiv. 2017년 11월 4일자 〈Irish Times〉에 게재된 Paschal Donohoe의 서평 참고.

Nous 사회와 경제를 꿰뚫는 통찰

'nous'는 '통찰'을 뜻하는 그리스어이자 '지성'을 의미하는 영어 단어로,
사회와 경제를 꿰뚫어 볼 수 있는 지성과 통찰을 전하는 시리즈입니다.

Nous 04

테크노퓨달리즘

1판 1쇄 인쇄 2024년 8월 21일
1판 1쇄 발행 2024년 9월 4일

지은이 야니스 바루파키스
옮긴이 노정태
감수 이주희
펴낸이 김영곤
펴낸곳 ㈜북이십일 21세기북스

정보개발팀장 이리현
정보개발팀 최수진 이수정 강문형 이종배 박종수 김설아
교정 교열 박혜연 **디자인 표지** 장마 **본문** 푸른나무
출판마케팅영업본부장 한충희
마케팅1팀 남정한
출판영업팀 최명열 김다운 김도연
제작팀 이영민 권경민
해외기획실 최연순 소은선

출판등록 2000년 5월 6일 제406-2003-061호
주소 (10881) 경기도 파주시 회동길 201(문발동)
대표전화 031-955-2100 **팩스** 031-955-2151 **이메일** book21@book21.co.kr

© 야니스 바루파키스, 2024

ISBN 979-11-7117-794-3 03320
KI신서 13016

㈜북이십일 경계를 허무는 콘텐츠 리더

21세기북스 채널에서 도서 정보와 다양한 영상자료, 이벤트를 만나세요!
페이스북 facebook.com/jiinpill21 　　**포스트** post.naver.com/21c_editors
인스타그램 instagram.com/jiinpill21 　　**홈페이지** www.book21.com
유튜브 youtube.com/book21pub